디아스포라와 초국가주의의 이론과 실태

서문

지금까지 국내에서 재외한인 연구는 다양한 분야에서 활발히 진행되어 왔지만 여전히 학제 간 종합적인 연구 성과를 도출하는 데 미흡했고, 연구자 및 연구 기관 간의 국제적 혹은 학제적 공동 연구가 활발하지 못했다. 또한 현재의 재외한인은 초국가적 연결망에 의해서 모국과 거주국 간에 긴밀한 상호 작용을 하고 있음에도 불구하고 국내의 재외한인 연구는 여전히 민족주의적 디아스포라 관점이 강하고 초국가적 네트워크에 기초한 연구가 부족하다. 아울러 우리에 앞서 오랜 디아스포라의 역사를 갖고 모국과 거주국 간 강력한 초국가적 네트워크를 발전시켜 온 타 민족의 사례를 충분히 검토하지 못하고 우리 민족의 사례에 치중한 면이 있다. 본 편저서에서는 세계 주요 민족의 디아스포라와 초국가주의의 과거와 현재에 대한 심도 있는 이론적 검토와 경험적 연구를 통해 재외한인 연구의 외연을 확장하고 향후 연구의 방향을 제시하고자 한다.

본 편저서의 구성은 제1부에서 세계의 디아스포라와 초국가주의의의 동향과 관점을 다루고, 제2부에서는 코리안 디아스포라와 초국가주의의 실태와 쟁점을 다룬다.

제1부의 1장에서는 디아스포라와 초국가주의 이론의 발전 과정을 검토하고 한국에서의 관련 연구 동향과 미래 과제를 논의한다. 디아스포라와 초국가주의의 차이는 전자가 '홈리스 상태(being homeless)'와 '연결되지 않은 상태(being disconnected)'인 반면 후자는 '연결된 상태(being connected)'라고 할 수 있다는 점이다. 두 개념은 반드시 상반된 것이고 어느 하나를 선택해야 하는 것이 아니라 상황에 따라 더욱 적합한 개념을 선택하는 것이 바람직하다. 사할린 한인, 조선적 재일동포, 그리고 북한을 탈출하여 한국에 입국한 후 적응하지 못하고 다시 '탈남'하여 영국, 미국, 캐나다 등지에서 난민 지위를 부여받아 생활하는 북한 이탈주민의 경우에 디아스포라는 여전히 유효한 관점이다. 반면 중국동포, 유학생, 기러기 가족, 그 외 최근 한인 이민자들의 경우에는 초국가주의가 보다 현실적이고 설득력 있는 관점과 방법론을 제공한다. 그리고 재외한인과 재외한인 사회는 끊임없이 변하는 실체이기 때문에 기존 개념과 이론, 방법론을 끊임없이 현실과 비교해서 개선하는 노력이 필요하다. 재외한인의 이주를 연속적 이주의 관점에서 보는 것, 하나의 재외한인 사회에 다양한 국적, 이주 시기, 계층 배경을 가진 한인들이 혼재한 상황을 설명하기 위해 다중종족 모델의 관점을 취하는 것, 그리고 초국가주의는 기본적으로 관점이고 분석틀이기 때문에 미시적이고 중범위적인 수준에서 초국가주의가 재외한인의 생활, 문화, 정체성에 영향을 미치는가를 연구하는 것들이 필요하다.

2장에서는 신화교화인의 초국가적 정체성과 한국 사회에서의 적응 양상을 분석한다. 신화교화인은 1970년대 중국의 개혁개방 이후 해외로 이주한 중국인을 가리키는데 한국에서는 1992년 한중수교 이후 한국에 입국한 본토 중국인을 지칭한다. 이들은 19세기 말부터 1948년 한국 정부 수립 이전까지 중국에서 입국해서 대만 국적을 유지해 온 구화교와는 구별되는 특성들을 갖고 있다. 대체로 한국의 신화교화인은 결혼이주여성, 외국인 노동자, 불법체류자 등 낮은 계층에 속하지만 2006년 제주특별자치도 시행 이후 투자이민으로 입국한 중상층 이민자들도 있다. 구화교는 신화교화인을 자신들과 같은 화교의 범주에 넣지 않을 정도로 두 집단 간의 관계는 소원하지만, 제주도에서는 투자와 관련해서 상호 협력 관계가 발전할 가능성이 있다. 신화교화인은 거주국 내에서 확장된 시민권을 추구하는 한편 모국의 시민권을 유지하려는 초국가적 정체성 정치를 실현한다는 측면에서 이들을 과거의 화교, 화인이라는 관점이 아닌 초국가적 관점에서 연구할 필요가 있다.

3장에서는 일본의 이민 정책과 일계인의 모국 귀환 정책, 그리고 일계인의 현황과 대처 방안을 살펴본다. 1980년대 급속한 경제 성장으로 인한 노동력 부족을 해결하기 위해 브라질과 같은 남미 국가들로부터 일계인을 이주노동자로 받아들이기 시작했다. 그러나 2000년대에 들어서 일본 경제가 침체되고 일본 정부가 일계인의 정주 자격을 엄격하게 제한하면서 일계인의 수는 감소하게 되었다. 한때 30만 명에 달하던 브라질 출신 일계인은 실업, 생활의 불안정, 자녀의 교육 문제 등의 이유로 약 10만 명이 브라질로 귀국하여 현재 20만 명 정도가 일본에서 생활하고 있다. 이들은 일본어 능력이 떨어지고 일본 사회문화에 적응하지 못하고 단순노동자 신분에 머물고 자녀들은 학교교육에서

뒤처지는 문제를 안고 있다. 처음에 일본 정부는 '민족적 경계'에 따라 일계인을 선택했지만 점차 '국적 경계선'을 따라 다른 외국인들에게 적용하는 차별적인 정책을 취하게 되었다. 일계인 사회는 이러한 문제들에 대처하기 위해 일계인 교회 네트워크를 통해 주체적인 정착 기반을 만들어 가는 노력을 하고 있다.

4장에서는 초국가적 시대의 인도 정부의 디아스포라 정책의 변화와 전문직 디아스포라의 성격을 다룬다. 인도 정부는 독립 이후 인도인 재외동포에 대해 방관적인 자세를 취했으나 1990년대 초반에 닥친 경제 위기를 극복하는 방안으로 재외동포의 투자 유치를 이끌기 위해 적극적인 재외동포 정책을 취하기 시작했다. 대표적으로 인도계 재외동포에게 모국에서 자유로운 경제적 투자와 경제활동을 허용하는 PIO 카드와 정치를 제외한 경제, 문화, 교육 영역에서 인도 국민과 거의 동일한 권리를 부여하는 OCI 카드, 그리고 2015년에는 두 카드를 병합한 '해외인도인 카드'(OIC) 제도를 도입해서 더 많은 수의 인도인 전문직 디아스포라를 모국으로 유인하기 위한 조치를 취하고 있다. 이와 같은 인도 정부의 디아스포라 정책은 기술력과 자본력뿐만 아니라 관련 업계의 막강한 글로벌 네트워크를 지닌 전문직 인도인 디아스포라의 모국 귀환을 촉진했다. 그리고 인도인 전문직 디아스포라는 인도나 서구 국가의 어느 한쪽이 아닌 '다중지역'을 넘나들며 다양한 정체성과 네트워크 및 삶의 양식을 유지하는 '초국가적 이주자'의 생활을 하고 있다. 따라서 이들의 이주는 더 이상 '인재 유출'이나 '인재 재획득' 등 일방향적인 이동이 아니라 초국가적 맥락에서 순환하는 '인재 순환'의 관점에서 볼 필요가 있다.

5장에서는 필리핀 디아스포라의 역사와 필리핀 이주자 특성의 변화, 그리고 재외동포의 모국 발전에의 기여를 소개한다. 필리핀인의 해외이주는 미국과의 정치, 경제적 관계 속에서 시작되고 발전해 왔다. 1898년 미국이 필리핀을 합병하고서 필리핀 유학생들이 미국으로 고등교육을 받으러 떠났고, 1990년대 초반에는 하와이 사탕수수 농장 노동자 신분으로 이주했다. 1965년 미국 이민법이 개정되면서 의료 전문가들이 미국 이민행에 올랐다. 1970년대에는 미국 외의 지역과 국가로의 해외이주가 다변화되었는데 중동의 건설 붐을 쫓아 엔지지어와 단순노동자들이 중동으로 이주했다. 1980년대에는 홍콩, 캐나다, 유럽 국가들로 임시직 서비스 노동자들의 이주가 늘어났고, 1990년대에는 고숙련 전문직 노동자들도 사우디아라비아, 쿠웨이트, 리비아, 미국으로의 이주 행렬에 동참했다. 2000년대에는 영국, 캐나다, 아일랜드, 사우디아라비아, 아랍에미리트, 싱가포르, 일본으로 간호사와 엔지니어들이 해외취업을 위해 필리핀을 떠났다. 이런 오랜 기간의 해외이주로 인해 필리핀 태생 재외동포는 2013년 기준으로 1천만 명을 넘어섰다. 그리고 필리핀 정부는 스스로를 초국가적 국가로 정의하고 재외동포를 필리핀 정치, 경제, 사회, 문화 영역에 통합하고자 적극적인 노력을 하고 있다. 재외동포 자신들도 모국과의 강한 연대감과 네트워크로 인한 개인 송금, 지역사회 발전을 위한 집단 송금, 디아스포라-기반 투자 기금, 지식 이전 등의 형태로 모국 발전에 기여하고 있다.

제2부의 6장에서는 재미 한인 이민자가 고국과 맺는 초국가적 차원의 사회문화적 유대관계를 분석하였다. 재미 한인 이민자는 고국 방문, 전화 또는 인터넷 통신을 통해 고국에 있는 가족, 친척, 지인과 긴

밀한 유대관계를 유지하고 있다. 또한 조기유학생으로 인해 생겨난 기러기 가족, 부부가 한국과 미국에 떨어져 살면서 생겨난 국제별거 가족 등 초국가적 가족 형태도 빈번하게 발생한다. 비록 물리적 거리로 인해 대면 접촉은 빈번하지 않지만 전화 또는 인터넷 통신을 통해 친밀한 가족관계를 유지한다. 한국 TV 방송, 한인 신문 등 종족 미디어 시청은 한인 이민자를 고국과 긴밀하게 연결시키고 고국과의 정서적 유대를 유지하게 한다. 이 같은 개인 수준의 초국가적 활동 외에도 한국문화축제와 같은 조직 수준의 초국가적 활동은 한국의 중앙정부와 지방정부, 이민자 단체, 개별 이민자 간에 공통의 목적을 두고 협력하게 하는 기제로 작용한다. 또한 한국 예술 단체들의 한국과 미국 간 빈번한 상호 방문과 교류 활동은 재미한인 이민자와 자녀가 한국 문화와 한민족 정체성을 계승 · 유지하는 데 기여한다.

7장에서는 중국 조선족 정체성을 구성하는 세 가지 차원에 대해서 검토한다. 조선족의 정체성을 이해하기 위해서는 중국 국민으로서의 조선족(국민정체성), 한민족으로서의 조선족(종족정체성), 동아시아인 또는 글로벌 시민으로서의 조선족(초국가적 정체성)을 동시에 고려하는 것이 필요하다. 조선족은 중화인민공화국의 건설 이후로 국민 만들기 과정 속에서 중국 국민이라는 인식과 자부심을 강하게 형성했다. 동시에 한민족의 고유한 문화와 여타 민족보다 높은 사회경제적 지위로 모범적인 소수민족이라는 자긍심을 유지했다. 조선족은 이 두 가지 정체성을 동시에 가지면서도 융합하여 제3의 정체성을 만들어 냈다. 더욱이 조선족의 생활 영역이 한국, 일본, 더 나아가 전 세계로 확장되면서 국민과 종족의 경계를 넘어서 동아시아인 또는 글로벌 시민이라는 초국가적 정체성을 만들어 나가고 있다.

8장에서는 한중 수교 이후 한중 간 경계를 가로지르는 한인의 초국가적 이주 양상을 살펴보고 이를 바탕으로 형성된 베이징 왕징 코리아타운의 한인 종족 공동체의 변화를 논하였다. 구체적으로 코리아타운 내에서의 한국인과 조선족 간의 상호 인식, 정체성, 집단 동일시, 사회관계를 분석하였다. 코리아타운 형성 초기 단계에서는 조선족과 한국인은 이주자로서 서로 돕는 공생관계를 맺어 갔다. 그러나 거주 기간이 길어지고 가치관과 생활양식의 차이를 발견해 가면서 두 집단 간의 상호 인식과 사회관계는 더욱 부정적인 방향으로 향하고 있다. 한국에서 조선족이 무시당하고 차별당한 것에 대한 울분과 분노의 감정이 중국에 있는 한국인에게 투영되었다. 또한 조선족은 한국인과 달리 중국 국민으로서의 정체성은 강했으나 해외에 거주하는 한인이라는 초국가적 종족정체성은 약했다. 이로 인해 조선족과 한국인 간의 사회관계는 경제적 영역에서만 조금 빈번하고 정서적 관계, 조언자적 관계에서는 매우 약했다. 이런 연구 결과로 볼 때 왕징 코리아타운과 같은 재외한인 사회는 더 이상 동질적인 단일동족 집단으로 보기 어렵고 이주 시기, 국적, 정체성, 사회문화 양식 등의 차이로 인해 이질적이고 분화된 다자적 동족 집단이라는 점을 확인할 수 있다.

9장에서는 재일한인의 투표권을 사례로 하여 투표권의 '초국가주의'적인 성격을 검토하였다. 재일한인에게 한국의 선거에 참여하는 재외국민 투표나 일본의 지방선거에 참여하는 지역주민 투표는 모두 정치 과정으로서의 의미보다 정치적 정체성이나 사회적 소속감을 확인하게 하는 의미가 더욱 크다. 따라서 정치권력적인 차원이 아니라 인권의 차원에서 접근해야 할 사안임에도 불구하고 한국 정부와 일본 정부는 현실 정치의 논리로 공히 소극적으로 대처해 왔다. 한국 정부는 지정 투표소에서만 투표를 허용하여 지리적으로 분산되어 있는 동포 사회의 현실을 외면했고 우편투표 제도와 같은 투표 참여의 편의성을 제고하는 방안을 마련하는 데 소극적이었다. 일본에서 재일한인의 지방참정권 운동은 1990년에 시작하여 2009년에 민주당이 지방참정권 부여를 선거 공약으로 내세우면서 활발하게 진행되었으나 보수파와 우익단체들의 반대 운동에 부딪혀 결과적으로 물거품이 되고 말았다. 일본 정치와 사회의 보수화 경향은 재일한인의 지방참정권을 포함해서 소수주민의 인권 운동과 다문화공생 운동을 위축시키는 결과를 낳았다.

10장에서는 초국가주의 관점에서 재일한인의 정체성의 변화를 살펴본다. 국가주의가 팽배했던 과거에 재일한인의 정체성은 거주국과 모국이라는 이분법적 경계의 틀에서만 논의되고 민족과 국가와 결부시켜 다분히 획일적이고 집단적인 것으로 인식되었다. 그러나 초국가주의가 일상이 된 현재에 재일한인의 정체성은 단일한 집단정체성은 약화되고 대신 여러 가지 다양한 정체성 간의 혼재성과 중층성이 두드러진다. 그리고 국민국가의 틀에서 '경계인'으로 인식되었던 재일한인은 동아시아 내의 민족과 국가 경계를 넘나들면서 지역 통합을 주도할 수 있는 유연하고 역동적인 '초국가적 월경인'으로 자리매김할 가능성을 갖고 있다.

11장에서는 재외한인의 모국 귀환에 대한 최근의 경험적 연구로서 광주광역시 고려인의 이주와 정착을 다룬다. 우즈베키스탄의 경제문제와 소수민족에 대한 차별과 같은 배출요인과 한국의 외국 인력 수요와 같은 흡인요인은 고려인으로 하여금 역사적 조국으로의 '민족적 귀환이주'를 선택하게 하였다. 이주 후에는 가족 재결합과 세대 간 호혜적 돌봄을 통해 새로운 정착지에서 안정된 이주 생활을 영위한다. 노동과 생계를 담당하는 중장년층이 정착하면서 자녀들이 입국하고 이들 손자녀들을 돌보기 위해 노부모 세대들이 입국하여 3세대형 가족 재결합이 일어난다. 또한 고려인을 지원하는 민간 차원의 지원 단체가 고려인 공동체를 활성화하는 데 기여한다. 고려인은 언어 장벽과 차별 문제에도 불구하고 가족과 친족 간의 강한 연대와 네트워크, 민간 단체의 지원을 통해 정착의 어려움을 극복해 나간다.

본 편저서에 포함된 10편의 원고들은 고려대학교 아세아문제연구소 한민족공동체연구센터가 2012년 9월 21일 고려대학교 청산MK문화관에서 개최된 국제학술대회(《디아스포라와 트랜스내셔널리즘의 이슈, 이론, 방법론》)에서 발표되었던 논문들을 수정 · 보완해서 작성되었다. 마지막 장은 국제학술대회에서 발표되지 않았지만 재외한인의 모국 귀환이 중요한 현상으로 부상하면서 이에 대한 경험적 연구의 필요성을 인식하여 김경학 교수의 원고를 추가한 것이다.

본 편저서는 한국학중앙연구원 한국학진흥사업의 2011년도 선정 한국학 특정 분야 기획연구(해외한인연구)의 연구과제인 "한인 디아스포라 연구 네트워크, DB 및 정책 개발을 위한 중앙허브 구축사업"의 첫 번째 결과물로서 작성되었다. 5년간 연구 활동을 후원해 준 한국학중앙연구원 한국학진흥사업단에게 감사를 드린다.

2017년 11월 16일

편집자 윤인진

차례

제3장 일본의 이민 정책과 일계인의 모국 귀환 정책

제4장 초국가적 시대의 인도 정부의 디아스포라 정책과 전문직 디아스포라의 성격

제5장 필리핀 디아스포라

제2부 코리안 디아스포라와 초국가주의의 실태와 쟁점

제6장 재미 한인 이민자의 한국과의 초국가적 사회문화 유대 관계

제7장 조선족 정체성 다시 읽기: 세 차원의 의식에 관한 시론

제8장 재외한인의 연속적 이주와 다자적 동족 집단 관계의 형성: 왕징 코리아타운 사례연구

제9장 초국가주의의 시각에서 본 재일한인의 투표권

〈표 차례〉

〈그림 차례〉

〈사진 차례〉

제1부

세계의 디아스포라와 초국가주의의 동향과 관점

제1장
디아스포라와 초국가주의 연구의 동향과 미래 과제[1]

윤인진 · 이윤경(고려대)

1. 디아스포라 연구 동향

1) 고전과 현대 연구

디아스포라는 본래 유대인의 강제이주와 민족분산이라는 비극적인 역사에서 유래했다. 그래서 초기의 디아스포라연구는 강제이주를 당하고 새로운 거주지에서 원주민들로부터 차별과 핍박을 받은 이주민 집단들을 대상으로 진행됐다. 그러나 시간이 지나면서 다양한 이주 배경과 원인을 가진 이주민 집단들로 연구가 확대됐고 디아스포라 용어 자체도 대중적으로 사용되게 되었다(Cohen, 2008). 아울러 디아스포라는 과거 개별적으로 연구되었던 이주, 차별, 적응, 문화변용, 공동체, 민

1 본 장은 2012년 9월 21일 고려대학교 청암MK문화관에서 개최된 2012년 한인 디아스포라 연구 국제학술대회에서 발표한 원고와 이후 『재외한인연구』 28: 7-47에 게재된 논문 "디아스포라와 초국가주의의 고전 및 현대 연구 검토"를 수정 · 보완하여 작성하였다.

족문화, 민족정체성 등의 주제들을 통합적인 시각에서 이해할 수 있다는 이유로 학계에서 유용한 개념으로 받아들여졌다(윤인진, 2004).

재일동포 2세로 현재 미국에서 활동 중인 소냐 량(Ryang, 2008)은 디아스포라 연구를 그 성격에 따라 고전적 연구와 현대적 연구로 나눈다. 이 둘을 나누는 기준은 이주의 성격(강제이주 또는 자발적 이주), 모국과의 연계성, 그리고 종족정체성이다. 고전적 연구는 강제이주를 경험하고, 모국에 대한 애착과 귀환 욕구가 강하고, 종족문화와 정체성을 강하게 유지하는 이주민 집단들을 대상으로 했다. 소냐 량은 이런 고전적 연구를 정치고전 모형(politico-classical model)이라고 불렀다. 강제이주와 민족적 박해와 같은 정치적인 요인이 그들을 영구적으로 분산시키고 고향을 잃게 만든 원인이기 때문이다. 이 모형에 해당하는 유대인과 아르메니아인은 모국에 대한 공통의 기억, 신화, 향수를 갖고 있다고 보았다.

초기의 디아스포라 연구자들은 디아스포라의 구조적, 역사적 요인을 강조하였다. 예를 들어, 셰퍼(Sheffer, 1986)는 디아스포라의 세 가지 조건으로 ① 집합적 정체성의 유지, ② 모국의 자민족 집단과 거주국의 타민족 집단과의 구분, ③ 모국과의 지속적인 접촉을 들었다. 셰퍼는 디아스포라의 요건 중에 모국과의 연계성과 거주국과의 분리에 주목하였다. 퇴뢰리안(Tölölian, 1991)은 디아스포라가 한때 유대인, 그리스인, 아르메니아인의 분산을 가리켰지만, 이제는 이주민, 국외로 추방된 난민, 초빙 노동자, 망명자 공동체, 소수민족 공동체와 같은 용어도 포함하는 보다 넓은 어원을 가진 의미라고 확대 해석했다. 사프란(Safran, 1991)은 디아스포라를 '국외로 추방된 소수 집단 공동체(expatriate minority communities)'라 하면서 그 요건으로서 ① 특정한 기원지로부터 외국의 주변적인 장소로의 이동, ② 모국에 대한 집합적인 기억, ③ 거주국 사회에서 수용될 수 있다는 희망의 포기와 그로 인한 거주국 사회에서의 소외와 격리, ④ 조상의 모국을 후손들이 결국 회귀할 진정하고 이상적인 땅으로 보는 견해, ⑤ 모국에 대한 정치적 · 경제적 헌신, ⑥ 모국과의 지속적인 관계 유지의 여섯 가지를 들었다. 이와 같이 고전적 디아스포라 연구는 모국으로부터의 분리, 모국에 대한 애착, 모국과의 지속적인 관계를 핵심적인 요소로 보았다.

디아스포라 연구가 진행되면서 디아스포라를 유형화하는 작업들이 진행되었다. 암스트롱(Amstriong, 1976)은 디아스포라를 교환이론의 기초인 합리적 계산(rational calculation)에 근거하여 '동원된 디아스포라(mobilized diaspora)'와 '프롤레타리안 디아스포라(proletarian diaspora)'로 구분하였다. 동원된 디아스포라는 거주국에서 경제적, 언어적, 문화적 이점을 가지고 있는 반면 프롤레타리안 디아스포라는 경제적, 언어적 자원이 부족하다. 여기서 동원된 디아스포라는 거주국에서 장기간 거주하는 '전형적 디아스포라(archetypal diaspora)'와 일시적으로 거주하는 '상황적 디아스포라(situational diaspora)'로 나뉜다. 전형적 디아스포라가 상황적 디아스포라보다 민족적 신념이 더욱 뚜렷하며 모국의 문화와 정체성을 유지하려고 한다. 그리고 동원된 디아스포라는 거주국의 지배민족 엘리트들과의 상호 작용을 통해 자신들이 가진 자원을 보다 증진하고 자신들의 지위와 역량을 높인다. 반면 프롤레타리안 디아스포라는 비숙련노동직에 집중하고, 언어 장벽을 넘지 못하고, 거주국에서 낮은 지위에 머문다.

박동(2009)은 암스트롱의 디아스포라 유형화 작업을 참고하여 보다 포괄적인 유형화를 시도했다. 그는 디아스포라를 민족이산에 있어서의 강제성 강도와 글로벌 네트워킹의 수준을 교차하여 네 가지 유형으로 구분했다. 민족이산의 강제성과 글로벌 네트워킹 수준이 높은 경우는 '헤게모닉 디아스포라', 민족이산의 강제성은 높지만 글로벌 네트워킹 수준이 낮은 경우는 '원형 디아스포라', 민족이산의 강제성은 낮지만 글로벌 네트워킹 수준이 높은 경우는 '상업 디아스포라', 민족이산의 강제성과 글로벌 네트워킹 수준이 낮은 경우는 '노동 디아스포라'라고 불렀다. 헤게모닉 디아스포라의 예는 건국 이후의 유대인 디아스포라인데, 유대인은 강제적으로 민족이산이 일어났으나 이스라엘을 건국하고 자국 내에서 주도적 지위를 확보하였다. 원형 디아스포라의 예는 건국 이전의 유대인으로 이들은 강력한 외부 충격으로 민족이산이 일어나서 전 세계로 흩어졌다. 상업 디아스포라의 대표적인 예는 화교인데, 이들은 전 세계로 이주했어도 지연과 혈연에 기초하여 글로벌 화상 네트워크를 형성했다. 마지막으로 노동 디아스포라의 대표적인 예는 인교로서 이들은 경제적인 요인으로 인해 자발적으로 이주했으나 화교와는 달리 글로벌 네트워킹 수준이 낮다.

〈표 1-1〉 디아스포라의 유형 분류

구분		민족이산의 강제성 정도	
		저	고
글로벌 네트워킹 수준	고	상업 디아스포라 (화교)	헤게모닉 디아스포라 (건국 이후 유대인)
	저	노동 디아스포라 (인교)	원형 디아스포라 (건국 이전 디아스포라)

출처: 박동(2009)

코헨(1997)은 디아스포라 연구의 교과서라고 불릴 수 있는 *Global Diasporas*에서 이론적 기준에 따라 디아스포라를 유형화하기보다 실재하는 다양한 디아스포라를 기술적으로 분류했다. 그는 디아스포라의 다양한 유형을 정원에서 꽃을 재배하는 원예의 비유를 통해 이해하기 쉽게 설명한다. 정원사가 잡초를 베어 내는 것같이 '피해자 디아스포라'의 유대인, 아프리카인, 아르메니아인, 팔레스타인인은 모국에서 추방, 민족 대량 학살, 인종청소 등의 형태로 이방으로 흩어졌다. 정원사가 산출물을 늘리기 위해 새 땅에 씨를 부리는 것같이 '제국 디아스포라'의 고대 그리스인, 영국인, 러시아인, 스페인인, 포르투갈인, 네덜란드인은 식민지에 이주하여 그곳에서 정착지를 개척하였다. 정원사가 뜰에 화초를 옮겨 심는 것같이 '노동 디아스포라'의 인도인, 중국인, 일본인, 이탈리아인은 계약노동자의 형태로 거주국에서 일을 하고 돈을 벌어 모국으로 돌아갈 꿈을 유지했다. 하지만 상당수의 사람들이 애초 기대했던 목표를 이루지 못하고 거주국에서 뿌리내리고 살게 되었다. 정원사가 땅과 접한 가지 부분에서 뿌리를 내리는 것(휘문이법으로 번식시키는 것)은 '통상 디아스포라'의 과거의 베네치아인, 중국인, 레바논인, 그리고 최근의 인도인과 일본인이 해외에 통상 전초기지 또는 지사를 설치하는 것과 같다. 끝으로 열매를 맺기 위해 꽃에 가루받이(타화수분)를 하는 것은 '문화 디아스포라'의 카리브해인들이 거주국에 살면서 서로 다른 문화, 예술, 정체성을 혼용해서 원래 문화와는 다른 '잡종문화' 또는 '혼용문화'를 만들어 내는 것과 같다. 카리브해 자메이카에서 발생한 새로운 대중음악 장르인 레게(reggae)가 전통적인 흑인 댄스 뮤직에 미국의 솔 뮤직 등의 요소를 혼합하여 만들어진 것이 대표적인 예이다. 코헨은 2008년에 출판한 *Global Diasporas* 개정판에서 '문화 디아스포라'를 '탈영토화 디아스포라(deterritorialized diasporas)'라고 개칭하면서 카리브해 흑인뿐만 아니라 봄베이 인도인의 디아스포라 경험을 소개했다.

아울러 코헨은 다양한 디아스포라를 비교하면서 사프란이 제시한 디아스포라의 여섯 가지 조건들을 확장했다. 코헨이 제시한 조건들은 ① 기원지로부터 보통 비극적인 방식으로 2개 이상의 이방으로의 분산, ② 노동, 통상, 또는 식민지 개척을 위해 모국으로부터의 인구 확장, ③ 모국에 대한 집합적인 기억과 신화, ④ 상상의 고국에 대한 이상화와 그것의 유지, 복원, 안전 및 번영, 심지어 창조에 대한 집합적인 헌신, ⑤ 귀환 운동의 발생, ⑥ 공통의 역사와 공동운명체 의식에 기초한 강하고 지속적인 민족 집단의식의 형성, ⑦ 거주국 사회와의 힘들고 갈등적인 관계, ⑧ 타국의 동족과의 감정 이입과 연대감, ⑨ 다문화주의를 허용하는 거주국 사회에서의 고유하고 창조적이며 풍성한 생활의 가능성이다.

이런 면에서 코헨은 디아스포라가 단지 비극적인 사건에 의해 비자발적으로 이주하는 것만이 아니라 자발적이고 적극적으로 이주하는 것도 포함했다. 그리고 이주민들이 거주국에서 차별과 핍박을 받는 비참한 존재일 뿐만이 아니라 그들을 수용하는 관용적인 사회에서는 그들만의 독특하고 창조적인 문화와 생활양식을 만들어 내기도 한다고 지적한다. 유대인들이 유럽과 미국에서 아웃사이더로 살면서 학문, 문화, 예술 분야에서 창조적 리더십을 발휘한 것이 그 대표적인 예이다. 인도인 과학기술 분야 유학생들이 미국으로 대거 유학 갔을 때는 두뇌 유출(brain drain)이라는 논란이 많았으나 이들이 귀국하여 인도를 IT 분야의 강대국으로 발전시킨 사례도 있다. '인도의 실리콘밸리'라고 불리는 방갈루루는 미국의 실리콘밸리, 보스턴, 런던에 이어 세계 네 번째로 큰 테크놀로지 시티로 통한다. 디아스포라가 관용적이고 다문화주의적인 환경에서 새로운 융합문화를 꽃피운 사례는 고전과 현대를 막론하고 부지기수이다. 이제는 디아스포라를 더 이상 핍박과 고통의 역사가 아니라 창조와 융합의 동력으로 볼 시기가 도래한 것이다.

고전적 디아스포라 연구는 과거와는 달리 현재 이민이 자발적이고도 다차원적으로 발생하고, 2세와 그 이후 세대들이 문화적 및 구조적으로 현지 사회에 동화되어 있으며, 공통의 민족 구성원들 간에 피해자 의식이 거의 혹은 전혀 없는 오늘날의 상황에 적용하기에는 어려운 한계점을 갖고 있다. 이 같은 문제들에 직면하여 소냐 량(Ryang, 2008)은 민족분산과 집단기억, 자신의 본래의 문화를 보존하려는 노력 등과 같은 객관적이고 집합적인 기준보다는 디아스포라적인 의식 또는 정신 상태에 기초하여 디아스포라를 정의하고자 했다. 이런 점에서 '고향 상실감'을 경험하고 현지 사회로부터 '국외자들'로 취급되는 한인들은 디아스포라적인 민족으로 간주되었다. 이와 같이 현대적 디아스포라 연구는 모국에 대한 집합적인 기억과 애착이 강한 이민 1세들에 초점을 두었던 고전적 연구와는 달리 거주국에서 출생해서 모국에 대한 기억과 애착이 강하지 않은 이민 2세와 그 이후 세대에 관심을 갖는다. 2세대 이후의 디아스포라는 모국에서 형성된 기억과 정체성이 약하기 때문에 모국으로 귀국하거나 연계하고자 하는 욕구가 낮다. 따라서 이들은 거주지에서 새로운 정체성을 설계하는 과정을 거치게 되며, 나아가 자체적인 네트워크를 형성하며 살아간다. 소냐 량(Ryang, 2008)은 이러한 흐름에 적합한 설명을 시도하는 디아스포라 연구를 '사적 현대 모형(personal modern model)'이라 지칭하였다. 이 모형은 존재론적 불안전성(ontological insecurity)과 정체성의 위기에 배경에 두고 있다. 그녀는 이러한 현대적 디아스포라의 특성을 고향 및 모국의 상실로 설명한다. 그리고 현대적 디아스포라의 자기의식을 '홈리스(homeless)', '유랑(displaced)', '탈구(dislocated)' 상태로 보았다. 홈리스 상태에 있는 현대적 디아스포라는 고전적 디아스포라 연구에서 논의했던 정주 과정을 변천 및 탈바꿈한다. 이들은 자신들의 정체성을 거주국과 통합시키기도 하며, 한편으로는 모국도 거주국도 아닌 초국적 디아스포라 정체성으로 발전시킨다(Lee, 2001).

소냐 량(Ryang, 2008)은 재일한인 디아스포라를 예로 들면서 이민 1세대 디아스포라는 정치적 고전 모형에, 2세대 이후의 디아스포라는 사적 현대 모형에 속한다고 보았다. 1세대는 자신들을 일본에서 일시체류자로 인식했고 일본인들로부터 차별과 핍박을 받으면서 자신들의 종족성을 강하게 유지했다. 반면 일본에서 태어나고 성장한 2세대 이후는 교육과 취업에서 차별을 당하면서 자신들을 일본인으로 인식할 수 없었다. 그렇다고 한인으로서의 언어와 문화 역량이 부족했다. 즉 이들은 한인도 일본인도 아닌 모국과 고향이 없는 상태로 있으며, 현재 일본 내에서도 이등국민(second-class citizen)으로 살아간다. 소냐 량은 2세대 이후의 재일한인이 일본에서 일본인과 다른 처우를 받으면서 살아가면서도 더 이상 모국과 고향이 자신들의 정체성의 기반이 되지 않으며 모국으로 돌아가겠다는 욕구가 적은 것에 주목했다. 이렇게 현대적 디아스포라 연구는 모국으로 귀환하려는 희망을 포기하였거나 또는 처음부터 그러한 생각을 갖지 않은 이주민 집단도 디아스포라로 간주하고 있다. 무딤베와 엥글(Mudimbe and Engle, 1996: 6)의 표현에 따르면 디아스포라는 “정치적 이유로 거주국 사회에 동화될 수도 없고 동화하려고 하지 않으며 그렇다고 그들 자신이 고안해 낸 이상화된 기원지로 귀환할 수 없는 사람들의 공동체”라는 것이다. 이런 시각에서 디아스포라는 동화할 수도 없고 동화를 거부하는 사람들의 망명 상황과 같다. 같은 맥락에서 그레월(Grewal, 1995)과 소냐 량(Ryang, 2002)은 디아스포라가 이동성보다는 부동성의 측면을 갖는다고 본다. 즉 디아스포라는 자신의 의지에 반해서 또는 자신이 어찌할 수 없는 외부 요인에 의해서 갇혀 있는 상태라는 것이다.

2) 국내 디아스포라 연구 동향

국내 학계에서 디아스포라 연구는 1980년대 초 신학 분야에서 시작했다. 각국에 거주하는 한국인 디아스포라를 대상으로 한 이민교회의 선교 방안(조동진, 1984)과 성서에 나오는 유대인 디아스포라에 대한 선교를 바탕으로 한인 디아스포라에 대한 선교의 방향을 제시하는(임태수, 1988) 방식으로 디아스포라를 대상으로 한 선교 방안을 모색하는 연구가 효시였다.

사회과학적 관점에서 재외한인의 이주의 역사와 정착의 과정을 연구하기 시작한 것은 2000년에 들어서부터이다. 정근식 · 염미경(2000)은 역사적 배경을 중심으로 사할린 한인의 디아스포라로서의 정체성을 연구했다. 사할린 한인은 역사적으로 볼 때 식민지 정책으로 인하여 국제적 인구이동을 경험했고, 그 이후에 조국으로의 귀환을 꿈꿔왔으나 실제로 실현의 어려움을 겪고 있다. 일반적으로 디아스포라 집단이 공유하고 있는 조국 귀환 신화는 항상적으로 유지되기보다는 해당 집단과 조국, 그리고 현재 거주하고 있는 거주국 사회(host society), 이 삼자 간의 관계에 따라 변화되며(Sheffer, 1986), 현재 소속되어 있는 사회의 다수자-소수자 관계라는 측면에서 정치적으로나 사회적으로 다양하게 이용된다. 그러나 사할린 한인의 경우 이 삼각관계는 훨씬 더 복잡한 모델로 수정되어야 한다. 그것은 사할린으로 이주한 한반도의 디아스포라들은 시간적으로나 출신지로 볼 때 남과 북이 포함된 과거 조선 출신이었기 때문에 조국에 대해 더 복잡한 구성을 보이며, 최초 이주 시에 사할린의 주인은 일본인이었지만, 1945년 이후의 주인은 러시아인으로 바뀌었기 때문이다. 그리하여 시기의 흐름을 거치면서 1945년 이후 사할린의 소련화와 이에 따른 북한-소련과의 관계, 1965년 한국과 일본의 수교, 1980년대 후반의 소련의 페레스트로이카와 한러 수교 등은 이 관계를 몇 차례나 질적으로 변동시켰으며, 이러한 역사적 맥락은 사할린 한인의 정체성과 국적 문제에 잘 반영되어 있다.

또한 사할린 이주민의 역사가 길어질수록 고국에 대한 경험이 적은 2 · 3세들은 고국에 대한 문화적 차이 등으로 인해 자신의 정체성에 대한 갈등을 느끼며, 이들에게 고향과 조국은 다른 의미로 다가온다. 결과적으로 사할린 한인에게 한국은 단지 돌아가야 할 기원만은 아니며, 고향으로서의 한국은 한인 1세들에게 한정되어 적용된다. 다른 해외 디아스포라 집단에 비해 사할린의 한인은 '고향주의'를 강하게 유지해 왔고, 이것이 귀환의 원동력이 되었으나, 2 · 3세에 들어와서는 일부 경제인들이나 단체의 주요 임원들, 또는 청년층에게 한국어는 생활수단을 제공하는 경제적 정치적 자원을 제공하는 '자원의 획득처'가 되고 있다. 따라서 디아스포라의 정체성은 그들의 사회적 배경이 되는 정주국과 이민 1세대에서부터 전해져 오는 문화 또는 이데올로기에서 오는 내부적 자기인식이 혼합되어 나타나므로 정주국의 환경과 시간에 따른 세대별 흐름에 다양하게 발현되는 것이다.

권준희(2002)는 재일조선인의 '조선적(籍)'에 관해 연구하면서 '분단 내셔날리즘'이라는 개념을 개발했다. 그에 따르면 한국전쟁 후 국가건설 과정에서 형성된 한국의 민족주의의 성격은 반공주의와 강하게 결합했고, 이러한 민족주의와 반공주의의 결합이 분단 내셔날리즘으로 나타났고, 이런 관점에서 조선적 재일조선인은 반공주의의 표상이 되는 것이다. 한편 이들은 일본 사회의 정주민으로서 일본의 삶과 밀착되어 있지만 실제로 국적을 가지고 있지 않기 때문에 일본, 남한, 북한 어느 곳에서도 '국민'으로 존재하지 않는다. 이처럼 조선적 재일조선인은 어떠한 국가에 소속되지 않은 채 '조선적'의 에스닉적 의미를 강조하며 남북한, 일본의 '국민'과 재일조선인인 자신들을 구분 지으면서 스스로를 디아스포라의 주체로 위치시키고자 한다. 재일조선인 1세의 경우 그들은 본국에 대한 전통과 문화를 유지하면서 '본국'과의 연속성을 강조하며, 이러한 연속성을 보존하고 유지함으로써 '조선민족'이라는 에스닉을 유지해 갈 수 있다. 그러나 재일조선인 3세의 경우, 1 · 2세와는 다른 생애사적 차이를 보인다. 이들에게 모국에 대한 기억은 간접적으로 체험한 것이며, 일상적인 일본에서의 가치관과 삶의 양식과는 거리가 있다. 또한 이들은 일본 사회에서 1 · 2세보다 더 밀착된 사회 구성원으로 살아가기 때문에 사프란의 디아스포라 개념은 이들에게 적용하기 어렵다. 따라서 남북한과 일본, 이 세 경계가 혼합된 문화를 형성하면서 유동적인 정체성을 갖고 살아가는 3세를 고전적 디아스포라 이론이 설명하는 데 한계를 갖는다고 본다.

이 같은 현상은 재일조선인뿐만 아니라 일본 사회에 정주하는 3 · 4세 재일코리안 디아스포라에서 공통적으로 나타난다. 문재원과 박수경(2011)은 재일코리안 청년연합 KEY의 활동에 대해서 연구하면서 이들의 디아스포라적 네트워크와 인식의 변화를 조사했다. KEY의 멤버들은 일본 현지 외국인과의 교류와 공생 운동, 전통악기의 계승, 일본 문화와의 혼합, 소수자로서의 메시지 등 '재일'이라는 상황으로부터 새로운 문화 창출을 통해 자신이 처한 현실적 상황과 국적의 딜레마 속에서 나름의 새로운 디아스포라적 공간을 만들어 낸다. 일본 사회에서 '구별 짓기'의 근거로 작용되었던 '재일'을 오히려 개인 정체성을 확인하는 근거로 삼고 있다. 즉 이들은 자신이 속한 사회에서 소수자적 입장을 취하면서도 이주 혹은 동화의 소극적 자세를 취하는 것이 아닌 공생의 수단으로서 능동적 정착 방식을 모색한다.

임채완 · 김경학(2002)은 조선족으로 불리기도 하는 재중한인을 대상으로 민족의식, 거주국 중국의 소수민족 정책, 재중한인의 한국 정부의 재외동포 정책에 대한 인식 조사를 통하여 그들의 정체성을 다양한 시각에서 파악했다. 1980년대 중국의 개혁개방 정책 이후 재중한인은 일자리를 찾아 이주하게 되었고, 이런 인구 이동은 집거구의 해체, 조선족 학교의 폐교와 민족교육의 피폐, 민족 언어의 상실 등 연변자치주의 사회경제문화적 기반을 약화시켰다. 임채완 · 김경학은 이런 상황에 처한 재중한인을 '어느 한곳에 머무르지 못하고 우왕좌왕하는 바람꽃'에 비유하며 급격히 시행된 중국의 정책이 정체성의 혼란과 동시에 '중화민족'으로의 동화를 가속화할 위험이 크다고 예측했다. 그러나 실제 조사에서는 우려에도 불구하고 재중한인이 여전히 높은 민족정체성을 가지고 있었으며, 그러한 노력의 일환으로 한국 지방정부 간 자매결연 확대, 이중국적 허용, 한국의 경제생활에도 참여하려는 의지 등 본국과의 지속적인 관계 유지를 원하는 것으로 드러났다. 이런 결과는 재중한인이 디아스포라적 정체성을 유지하며 자발적 모국과의 교류에 대한 의지가 강하다는 것을 보여 준다.

국내에서 디아스포라연구는 2000년도 중반에 접어들면서 재외한인을 넘어서 타 민족의 디아스포라를 연구하기 시작했다. 이런 연구들은 공통적으로 타 민족의 디아스포라를 연구해서 한인 디아스포라와 비교하려는 목적을 갖고 있다. 대표적으로 김경학(2005; 2006)은 인도인 디아스포라를 집중적으로 연구했다. 그에 따르면 인도계 재외동포는 결코 동질적인 집단이 아니며, 강도에는 차이가 있을지라도 대부분의 인도인이 종족적 정체성을 유지해 왔고, 일부를 제외하면 본국의 원주민보다 경제적으로 우월한 지위에 있지만, 그럼에도 불구하고 대부분의 인도계 디아스포라는 소수자로서의 지위를 벗어나지 못하고 있다고 한다.

같은 비교연구의 관점에서 이채문(2007)은 중국으로 이주한 러시아 디아스포라와 러시아에 이주한 중국인 디아스포라에 대해 연구했다. 19세기 말에서 20세기 초에 중국의 풍부한 노동력이 러시아 극동 지역 발전의 원천으로 인식되면서 많은 수의 중국인이 러시아로 이주했다. 그리고 20세기 초반에 러시아와 만주를 잇는 철도가 완성되면서 발달한 중국 하얼빈에 러시아인들이 이주, 정착하게 되었다. 이렇게 이채문은 디아스포라를 유출국과 유입국 간의 관계를 중심으로 연구했으며, 같은 맥락에서 러시아 · CIS의 고려인에 대한 연구도 정착지만이 아니라 유출국인 한국과의 관계를 동시에 고려해야 한다고 지적했다.

재외한인에 관한 연구 성과가 인문학, 사회과학 분야에서 축적되면서, 특정 지역의 재외한인에 관한 기술적인 연구에서 벗어나 여러 지역과 국가의 재외한인들을 비교하고 이들의 다양한 디아스포라 경험을 이론화하려는 시도가 2000년도 중반에 들어서 시작되었다. 대표적으로 윤인진(2004)은 중국, 러시아 · CIS, 일본, 미국, 캐나다의 재외한인들의 이주, 적응, 정체성을 비교하고 이들 간의 공통점과 차이점을 찾아내고자 했다. 주된 결론은 재외한인의 적응 유형은 이주 초기에는 고립형이 지배적이지만 거주 기간이 길어지면서 수용형과 동화형이 증가한다는 것이다. 결국 이민자의 신분으로 거주국 사회에 편입되고 인구와 권력 면에서 소수 집단인 한인이 살아남기 위해서 동화는 불가피한 생존 전략인 것이다. 거주국 사회의 제한된 기회 구조 내에서 신분 상승을 추구하면서도 민족 문화와 정체성을 유지하는 수용의 전략을 택하는 경향이 있으나, 이민 3 · 4세 이상으로 넘어가면 거주국 주류 사회에 참여하고 타 인종, 민족과 혼인하는 비율이 높아지면서 동화형이 더욱 우세해진다는 것을 발견하였다.

디아스포라 개념이 다양한 지역과 국가의 재외한인들의 경험을 개별적인 사례로 보지 않고 일관된 분석틀을 갖고 비교분석하는 데 유용하게 사용되면서 디아스포라 연구는 2000년대 중반 이후 크게 증가했다. 국회도서관의 자료 검색 사이트를 사용해서 '디아스포라'라는 단어를 가진 단행본, 학술지논문, 학위논문의 간행 건수를 시기별로 조사한 결과, 1984-2000년 기간에는 8건에 불과했으나 2001-2005년 기간에는 78건, 2006-2011년에는 488건으로 급격히 증가했다. 재외한인이 거주하는 국가별로 간행 건수를 비교한 결과 일본의 재일한인을 다룬 연구가 가장 많았고 그다음으로 중국, 러시아, 미주 순으로 나타났다. 재일한인의 이주가 다른 국가들에 비교해서 강제성이 강했고, 이주 후에도 차별과 핍박이 심했기 때문에 디아스포라의 관점에서 연구한 것이 많았기 때문인 것으로 해석된다. 하지만 2012년 이후의 재외한인 관련 연구 성과들을 검색하면 단연 재중한인에 관한 연구들이 압도적으로 많으며, 특히 한국에 체류하는 중국동포에 관한 연구가 갈수록 증가하는 추세이다.

그러나 디아스포라 연구가 확대되면서 이런 관점에 대한 반론과 비판도 함께 제기되었다. 대표적으로 전경수(2005)는 디아스포라론(論)이 재외한인에 대한 논의가 과거 지향적이고 개인적(또는 집단적) 고생을 강조하고 1960년대 이후로 해외로 나간 신이민자들의 경험과는 일치하지 않기 때문에 이것을 포기해야 한다고 주장했다. 그는 대신 현상에 대한 보다 객관적인 입장을 지향하는 '민류학(民流學)'을 제안했다. 윤인진(2008)은 1960년대 이후 한국인들의 자발적 국제이주, 이민자의 중산층 배경과 거주국에서의 빠른 신분 상승, 쌍방향적인 모국과 거주국 간의 인구이동, 초국가적인 생활 세계, 유연적, 다중적 정체성 등 새로운 현상들에 주목하면서 디아스포라라는 하나만의 개념을 가지고 다양한 지역과 국가에서 살고 있는 재외한인들을 설명하기에는 역부족이라고 지적했다. 새롭게 부상한 현상을 설명하기 위해 무리하게 디아스포라 개념을 확정하기보다는 새로운 개념을 도입하는 것이 바람직하다고 했다. 이런 차원에서 초국가주의 개념은 최근 재외한인의 이주, 적응, 정체성을 설명하는 데 설명력이 높다고 지적하였다.

2000년 이후 국내의 디아스포라와 재외한인 연구에서 두드러진 경향은 귀환이주(return migration)와 국내 체류 재외한인에 관한 연구가 증가했다는 것이다. 1990년 이후 재외한인의 모국 이주가 증가하고 이들이 한국 사회의 실질적인 구성원으로 자리 잡아 가면서 이들에 대한 학술적, 정책적 관심이 증가한 것이 주된 원인이라고 할 수 있다. 이로 인해 국내의 재외한인 연구는 대략 2010년을 기점으로 해서 '밖에 있는 재외한인'에서 '안에 있는 재외한인'에 대한 연구로 중심축이 옮겨졌다고 볼 수 있다.

이런 연구 추세는 외국에서 1990년대부터 나타났다. 1991년 구소련 체제의 붕괴 이후 독일과 러시아는 중앙아시아 국가들에 거주하던 자국 동포들에게 귀환할 수 있는 권리와 시민권을 부여하는 포용 정책을 전개했다. 일본은 1990년대와 2000년대에 중남미 국가에서 거주하던 일계인들을 외국인 노동자의 신분으로 받아들였다. 혈통은 공유하지만(또는 그런 것으로 인식하지만) 오랜 기간 상이한 정치, 경제, 사회, 문화 체계에서 살아온 귀환 동포들의 모국에서의 사회 적응과 통합 과정은 이민과 시민권, 민족관계, 종족정체성과 국민정체성 등을 포함한 많은 쟁점들을 유발했고 이와 관련한 학술연구를 촉진했다(Iglicka, 1998; Skrentny, Chan, Fox, and Kim, 2007; Tsuda, 2009, 2010; Silbereisen, Titzmann, and Shavit,

2014).

국내에서는 2000년대에 들어서 재외한인의 모국 귀환이주와 국내에서의 사회경제적 활동과 사회 문제에 관한 연구들이 본격화되었다. 국내 체류 재외한인 중 다수를 차지하는 중국동포에 관한 연구가 가장 먼저 시작되었고 지금도 가장 많은 수를 차지하고 있다. 하지만 고려인, 사할린동포, 해외입양인, 탈북민(한국에서 탈북민은 대체로 재외동포로 인식되지 않지만 이주 동기와 거주국에서의 사회 적응과 통합 등에서 유사한 점들이 많아서 디아스포라의 관점에서 볼 수 있음) 등 다양한 성격의 재외한인 집단들에 대한 연구가 진행되고 있다. 재외한인 연구의 동향을 살피기 위해 한국교육학술정보원이 제공하는 학술문헌 검색 서비스(http://www.riss.kr)에서 2000년 이후 박사학위논문 중 '디아스포라', '재외한인', '재외동포' 등의 키워드를 가진 논문들을 검색하였다.[2] 그 결과 중국동포의 귀환이주와 한국에서의 실태와 관련된 논문으로 2005년에 채한태의 "중국동포 노동자의 기본권 보호"라는 논문이 작성되었고 그 이후 2011년

---

2 한 개인 연구자에게 석 · 박사학위논문은 자신의 학문적 정체성을 형성하는 초석과 같은 것이다. 특히 박사학위논문은 독립적인 연구자로서의 학문적 성과를 보여 주는 것이라고 할 수 있다. 그리고 박사학위논문은 당시의 중요하고 시급한 연구 주제를 다루기 때문에 시기별로 박사학위논문의 주제를 분석하면 재외한인 연구의 동향을 파악할 수 있다. 필자는 2011년에 출판된 『재외한인연구의 동향과 과제』(북코리아)에서 재외한인 관련 석 · 박사학위논문들을 검색하여 연도별, 학문 분야별, 연구 대상별, 연구 주제별 동향을 분석한 바 있다. 주요 결과는 다음과 같다. 재외한인연구는 1960년대부터 시작되었으나 1990년대에 들어서 본격적으로 활성화되었다. 1960-1970년대에는 재일한인에 관한 연구가 주류를 이루었고, 1980년대에는 재미한인에 관한 연구가 활발했고, 1990년대부터는 중국동포에 대한 연구가 폭넓게 진행되었다. 특히 국내에 체류하는 중국동포에 대한 연구는 다문화연구의 시각에서도 진행되어 재외한인연구의 경계를 확장했다. 하지만 중앙아시아와 러시아, 유럽, 남미, 오대양 지역의 재외한인에 대한 연구는 극히 미미하여 지역 간 불균형이 심하다.

에 한일숙의 "중국동포 이주 고령노동자 경험 연구"와 김미옥의 "한국계 중국인 결혼이주여성의 여가욕구 및 여가행태", 2012년에 김일권의 "재한 중국인의 포섭과 배제를 통해 본 한국 다문화주의 연구", 2013년에 이해응의 "중장년 조선족 이주여성의 노동경험과 탈구적 삶에 관한 연구" 등의 논문을 확인할 수 있었다. 고려인과 사할린동포와 관련해서는 2012년에 강희영의 "한인여성 디아스포라의 이주경험과 트랜스로컬 정체성에 관한 연구: 구소련권 유학이주여성의 한국 체류 경험을 중심으로"와 2016년에 박봉수의 "영주귀국 사할린 한인의 통과의례 내러티브 탐구" 등이 작성되었다. 전문학술지에 게재된 연구논문들을 검색한 결과도 중국동포, 고려인, 사할린동포 등 귀환 재외동포들의 모국에서의 재적응과 그 과정에서 경험하는 사회문화적 충돌, 편견과 차별, 정체성의 재구성 등의 이슈들을 분석하고 있다. 예를 들어, 2000년 정근식 · 염미경의 "디아스포라, 귀환, 출현적 정체성-사할린 한인의 역사적 경험", 2014년 정진아의 "국내 거주 고려인, 사할린 한인의 생활문화와 한국인과의 문화갈등", 2015년 박경화 · 박금해의 "민족과 국민 사이: 조선족의 초국가적 이동과 민족정체성의 갈등" 등의 논문들에서 확인할 수 있듯이 모국에 대한 기대와 애정을 갖고 시작한 한국에서의 생활은 문화와 가치관의 차이를 목격하고 주변화와 사회적 배제를 경험하고 결국은 재외동포로서의 정체성을 재확인하는 결과를 낳는 것으로 밝혀졌다.

2. 초국가주의 연구 동향

1) 초국가주의 개념

초국가주의적 현상은 전 지구적으로 국민국가의 경계를 넘어 사회, 문화, 정치, 경제 등 제반 영역에서 나타나고 있다. 1990년대 후반 들어 많은 학자들이 초국가적 전환(transnational turn, 국가의 경계를 넘나드는 사람, 장소 그리고 제도 사이의 연계)에 주목하기 시작했다(Castells, 1997; Foner, 1997; Beck, 1998; Sassen, 1998; Levitt, 1998; Portes, 1998; Vertovec, 1999). 이들은 국가의 경계를 연결하는 활동, 실천, 패턴이 강화되는 현상을 국가 차원에서는 분석할 수 없다고 인식하고 새로운 분석적 도구(tool), 관점(perspective), 렌즈(optic)로서 초국가주의를 도입하게 되었다. 초국가주의적 접근은 현대의 국제이주가 과거에 비교해서 모국과 거주국 간의 쌍방향적인 인구이동이며, 이주민이 거주국에서 정착하면서도 모국과 긴밀한 관계를 유지하는 것에 주목한다.

초국가주의 개념은 디아스포라와의 비교를 통해 보다 명확히 이해될 수 있다. 앞서 설명했듯이 디아스포라가 오랜 기간 동안 역사적 경험을 가진 용어로 사용되면서 주로 '분산', '공동체(community)', '집단(group)'을 일컫는다면, 초국가주의는 1990년대 초반 이주 연구 영역에서 사용되기 시작했으며 '과정(processes)'을 강조한다. 부르노(Bruneau, 2010)는 디아스포라와 초국가주의 사이를 구분 짓도록 해 주는 것이 장소(places)와 영토(territories)의 관계라고 보았다. 디아스포라는 모국에 매우 강하게 정박하는 것을 의미한다. 종종 모국을 잃었거나 모국에 접근할 수 없을 때 모국과의 완전한 단절을 의미한다. 이런 것들은 영토적 표시, 기억의 장소들을 창출해 냄으로써 보상되며 모국과의 연계를 고정시키는 도상에 의해 선호된다. 그러나 초국적 공간과 영토의 이동성 내에서는 이러한 단절은 일어나지 않으며, 모국이라는 곳에 다시 뿌리 내려질 필요도 없다고 본다. 초국가주의의 프레임에서는 이주자 가족은 두 개 이상의 국가에서 평행적인 삶을 갖는다. 즉 가족이 이주한 거주국도 지배적이고, 모국도 동시에 지배적이다. 반면에 디아스포라에 있어서 정체성이라는 것은 이전부터 존재해 왔으며, 그것을 다시 만들어 내기 위해 재창조되고, 재모델화되도록 시도된다고 본다.

파이스트(Faist, 2010)는 디아스포라의 개념이 초국가주의와 맞물려 변화되고 있으며 디아스포라의 본래의 의미가 최근에 새롭게 변화되고 있다고 보았다. 본래 디아스포라는 강제이주, 모국으로의 귀환, 거주국에서의 통합의 어려움의 특징을 갖고 있었다. 그런데 초국가주의로 인해 유대인과 팔레스타인의 강제이주는 터키인과 멕시코인의 노동이주, 중국인의 무역 디아스포라 등 자발적 이주와 분산을 일컫게 되었다. 모국으로의 귀환은 순환적 이주와 초국가적 이동성이라는 새로운 의미를 갖게 되었다. 그리고 거주국에서의 통합의 문제는 혼종성(hybridity)의 문제로 대치되었다.

디아스포라와 구분되는 초국가주의 개념을 처음으로 이론화한 학자들은 바슈(Linda Basch), 글릭 쉴러(Nina Glick Schiller), 블랑-스잔튼(Cristina Blanc-Szanton)이다. 이들 학자들은 미국으로 이주한 아이티인과 같은 카리브해 출신 이주자들과 필리핀 이주자들이 이전의 이주자들과 다르게 적극적으로 본국과 지속적으로 관계를 맺는 현상에 주목하고 이런 새로운 현상을 초국가주의라고 명명하고 이를 실행하는 이주자들을 초국가이주자(transmigrants)라고 불렀다(Schiler, Basch, and Blanc-Szanton, 1992). 바슈와 그녀의 동료들(Basch et al., 1994)은 초국가주의를 이주자들이 모국과 정착국의 양쪽을 연결하는 다양한 사회적 관계를 형성하고 유지하는 과정이라고 정의하였다. 이들의 분석이 이전의 접근과 다른 점은 이주를 지구화된 경제의 맥락에서 파악하고, 이주자들이 참여하는 활동에 국민국가가 하는 역할과 이주자들이 만들어 내는 정체성에 관심을 가진 것이다. 국민국가의 역할은 이주자들이 이동하는 방식, 제한적인 비자 정책과 같이 이주자들에게 가하는 장벽을 만들거나 선진국 내의 취업과 같은 기회를 제공함으로써 그들 자신을 조직해 내는 방식에 영향을 미친다. 그러므로 초국가주의는 물리적, 사회적, 정치적 공간이 국민국가의 영토라는 지리적 영역에 완전히 중첩된다고 간주하는 공간이라는 개념을 문제 삼게 된다.

초국가주의 개념은 세계화 개념과 중첩되기도 하며 혼동되어 사용된다는 점에서 이 둘의 특징과 차이점을 비교하는 것이 필요하다. 키어니(Kearney, 1995)는 초국가주의 개념을 세계화 개념과 비교하면서 다음과 같은 차이를 강조한다. 세계화 과정이 '하나의 국가'에서 '다차원적인 지구 공간'으로 이동하는 흐름이라고 한다면 초국가적 이동은 '한 국가'의 국경을 넘어서 '다른 국가'로 이동하지만 일방향적 이동이 아니라 쌍방향적 이동이라는 것이다. 파이스트(Faist, 2010)는 세계화의 영향은 보편적이며 전 세계적인 반면 초국가주의는 특정 지역이나 국가의 제한적 사회적, 지리적 공간 속에 발생하는 현상이라고 하였다. 그는 세 가지 측면에서 초국가주의적 접근이 세계화 이론과 차이가 있다고 보았다. 첫째, 모든 국경 가로지르기의 개념에서는 탈영토화된 정치, 경제, 문화를 일컫는다. 즉 초국가주의 접근은 국가적, 지역적 영토에 강한 연결을 강조하며, 국경 가로지르기의 사회적 현상은 분명한 영토적 선호가 있고, 특정한 목표나 초점이 국가적이거나 지역적이라는 점이 특징이다. 둘째, 초국가주의는 지구적이거나 세계적인 의식이 단선적인 방법으로 진화된다고 주장하지 않는다. 강화된 국경 가로지르기의 과정들이 반드시 지구적 의식, 세계 사회의 지구적 수평선, 지구적 정의, 코즈모폴리터니즘, 혹은 증가하는 보편적 규범의 중요성과 연관되지는 않는다. 셋째, 초국가주의는 권리의 보편화라는 (단선적) 진보를 제안하지 않는다. 권리나 시민권에 관한 포괄적인 이론을 제공하지 않으며, 지구적으로 확산된 규범에 대한 명확한 전제가 없다. 초국가주의는 국가적, 그리고 초국가적 영역 내의 권리를 둘러싼 논쟁적인 갈등에 초점을 맞춘다. 이렇기 때문에 초국가주의는 '글로컬라이제이션(glocalization)'과 밀접히 연관된다고 볼 수 있다.

초국가주의의 첫 번째 특성은 다른 국가들 사이에 사는 사람들을 묶어 내는 연계(linkage)를 강조한다는 것이고, 두 번째 특성은 초국가적 연계를 지속시키는 동시성(simultaneity)이다. 버토벡(Vertovec, 1999)은 국민국가의 경계를 가로지르는 사람-제도를 연결 짓는 상호 작용과 다중적 연계에 초점을 맞추어 네트워크 안에서의 사람의 중요성을 강조하였다. 클리퍼드(Clifford, 1994)는 초국적 정체성을 형성하는 데 기여하는 경계를 가로지르는 아이디어와 연대의 감정과 같은 비물질적인 흐름을 강조하였다. 새로운 과학기술은 먼 거리의 이동과 커뮤니케이션을 더 빈번하고, 빠르고 규칙성 있게 만들었다. 이것은 이주자들이 모국과 그들이 사는 정착국가들에서 동시적으로 관여할 수 있도록 한다. 동시적 관여(engagement)라는 것은 여기저기 다른 공간으로 분산된 사람들 사이를 좁히고, 사회적 제도를 변화시키고 새로운 삶의 기회를 출현시키는 역할을 한다. 이러한 점에서 초국가주의 학자들은 연계와 동시성이라는 두 가지를 초국가주의의 특징으로 간주한다. Mazzucato(2000)은 그의 연구에서 모국과 거주국 간의 연계와 이러한 연계를 유지하고 생성해 내는 흐름의 동시성(simultaneity)을 두 가지 주요 변수로 설정하여 이주자들의 현실을 이해하고자 하였다.

이러한 두 가지 특징은 포르테스(Portes, 1999)의 글에서도 확인할 수 있다. 그는 초국가주의라는 현상을 이해하기 위해, 즉 이전의 이민의 시기와는 다른 초국가주의의 선행 조건을 확인하는 것이 중요하다고 본다. 그는 비행기와 같은 교통수단과 장거리 통신과 같은 기술적 혁신이 정부와 주요 기업들의 위로부터의 초국가주의의 과정을 가속화했으며 일반 사람들의 경우에도 그들 자신의 장거리 기업을 실현 가능하도록 하였다는 것이다. 공간과 시간을 압축시키는 기술에 대한 접근력이 클수록, 초국가적 활동의 범위와 빈도가 더 커진다. 두 번째 선행 조건은 공간들을 가로지르는 네트워크의 확립이라고 보았다. 다른 모든 조건이 같다면, 모국이 더 멀수록, 초국적 기업의 응집력은 더 떨어진다. 이러한 가설은 거리가 더 멀어서 부가된 더 높은 비용과 규칙적인 접촉의 어려움이라는 가설에 기반하며 이런 경우 초국적 활동에 참여하는 비율은 상대적으로 감소한다. 반면에 모국이 짧은 비행 거리에 있고 응집된 커뮤니케이션의 네트워크에 연계된 사람들은 국경을 가로지르는 모험을 시작할 더 좋은 위치에 놓이게 된다고 보았다.

초국가적 공간을 빈번하게 이동하는 이주자들은 모국과 거주국,

그리고 중간의 경유국을 연결하는 초국가적 사회적 장(transnational social field)에서 정치, 경제, 사회, 문화의 다층적 사회 연결망을 형성하고 그들의 초국가적 생활을 펼쳐 나간다. 그리고 이런 초국가적 사회적 장에서 초국가적 공동체와 소속감이 형성되어 모국, 경유국, 거주국에서 평행적인 생활이 가능해진다(Bruneau, 2010). 이런 면에서 초국가주의는 오랫동안 서구에서 이주자들이 거주국에 통합되는 모델로 여겨졌던 동화(assimilation)와는 구별되는 양식을 보여 준다. 즉 종족집단의 고유한 문화와 정체성을 버리고 거주국의 문화로 일방적으로 동화되는 것이 아니라, 모국과의 연계성을 유지하고 그것을 신분 상승의 자원으로 활용하는 것이다. 실제로 포르테스(Portes, 2007)와 같은 연구자들은 교육수준이 높고 거주국에서 성공적으로 적응한 이주자들이 초국가적 활동에 더욱 적극적이라고 보고했다.

2) 초국가주의의 유형화

선행연구에서는 이주민 개인과 집단의 초국가성의 정도(degrees of transnationalness)에 따라 유형화하고 왜 초국가적인 활동이 발생하는지, 그리고 그것의 결정 요인은 무엇인지를 규명하려는 노력을 하였다. 초국가적 활동 또는 실천은 초국가성의 정도에 따라 좁은 의미의 활동과 넓은 의미의 활동으로 구분할 수 있다. 좁은 활동은 모국 단체나 정당에 실질적인 회원이 되는 것을 의미하며, 넓은 활동은 간헐적인 미팅이나 이벤트에 참여하는 것을 일컫는다. 같은 맥락에서 핵심적 초국가주의는 정기적이며, 패턴화된, 그리고 한 개인의 삶에 통합적인 활동으로 정의되지만 확장된 초국가주의는 그보다 간헐적이고 비조직화된 활동까지 포함한다.

유형화를 시도한 학자 중에 파이스트(Faist, 2000)는 초국가적 사회적 공간을 ① 초국가적 친족 집단, ② 초국가적 순환, ③ 초국가적 공동체로 나누었다. 이런 유형화는 사회적 연계(상호 호혜성, 교환, 연대 등)가 배태된 일차적 자원에 초점을 맞춰 초국가적 공간의 생성에 대한 통찰력을 제공한다. Dahinden(2010)은 초국가적 형성의 역동성을 보여 주기 위하여 '이동성'과 '지역성'을 교차하여 네 가지 이념형을 만들었다. 첫째, 낮은 초국가적 이동성과 거주국 내 높은 지역적 정착, 모국의 낮은 지역적 정착(예: 아르메니아인, 유대인 등), 둘째, 높은 초국가적 이동성과 거주국과 모국 내 높은 지역적 정착(예: 전후 노동이주의 첫 세대들), 셋째, 높은 초국가적 이동성과 거주국 내 낮은 지역적 정착, 모국 내 높은 지역적 정착(예: 전문직, 숙련직 이주자, 계절노동자), 넷째, 낮은 초국가적 이동성과 낮은 지역적 정착(예: 불법노동자, 주변화된 노동자)이다. 포르테스와 그의 동료들(Portes et al., 1999)은 초국가주의의 다양한 활동이 이루어지는 영역을 경제, 정치, 사회문화의 세 가지로 유형화했다. 첫째, 경제적 영역에서 초국가적 기업가들이 물품의 공급처, 자본, 시장을 찾기 위해 경계를 가로지르는 활동, 둘째, 정치적 영역에서 정당, 정부 관리, 공동체의 장이 모국과 거주국에서의 정치적 권력을 확보하고 영향력을 행사하려는 활동, 셋째, 사회문화적 영역에서 해외에서의 모국 지향성 강화, 집단적 문화적 행사 및 물품의 향유를 지향하는 활동이다. 여기서 더 나아가 그는 세 가지 활동을 제도화의 정도에 따라 높은 제도화, 낮은 제도화에 따라 세분화하여 6개로 나누었다.

〈표 1-2〉 초국가주의의 영역별 제도화의 수준

구분		영역		
		경제적	정치적	사회-문화적
제도화 수준	낮음	비공식적 무역 소규모 사업 장거리 순환이주노동	모국 정치 결사체와 제휴 모국 선거 후보자의 기금 조성 모국 시민단체 조성	아마추어 스포츠 경기 민속음악가 모국의 성직자 방문
	높음	다국적 기업의 투자 관광시장의 발달 모국 은행의 대행	정치적 정당의 대표 이중 시민권 부여 모국 정치인으로 선출	국제 전시회 주요 모국 예술인 대사관에 의한 정기적 문화 이벤트

출처: Portes et al.(1999)

3. 초국가주의 연구 동향

1) 외국의 연구 동향

외국에서 초국가주의 연구는 1990년대 초반부터 시작하여 현재까지 사회, 정치, 경제 등 다양한 분야에 걸쳐 진행되었다. 본 장에서는 초국가주의를 처음으로 개념화한 글릭 쉴러와 이 분야의 대표적인 사회학자인 포르테스를 중심으로 1990년대부터 현재까지의 연구 동향을 살펴보고자 한다.

(1) 글릭 쉴러

글릭 쉴러(Nina Glick Schiller, 바슈, 블랑-스잔튼, Basch, Blanc-Szanton, 1992)은 새로운 형태의 이주자 집단이 증가하면서 이들의 삶이 국가의 경계를 가로질러 두 사회를 하나의 사회적 장으로 구성하고 있는 현상을 다루기 위해, 새로운 분석틀로서 초국가주의를 도입하는 것이 필요하다고 역설했다. 이들은 새로운 형태의 이주자 집단을 초국가이주자(transmigrants)로 묘사하며 초국가주의는 모국과 거주국을 연결하는 과정이라고 정의했다. 그리고 초국가적 이주자들의 삶과 경험을 조망하는 연구들을 지속적으로 하면서 글릭 쉴러(Glick Schiller, 2002; 2003)는, 방법론적 내셔널리즘(methodological nationalism)이 주류 사회과학의 개념이며 근대적 국가 만들기 과정에서 발전된 개념으로 이민과 통합정책을 연결시키는 역할을 해 왔다고 주장했다. 그녀는 방법론적 내셔널리즘이라는 것은 '사회적이며 역사적인 과정들에 대한 연구들이 마치 그러한 과정들이 하나의 국민국가 안에 담겨 있는 것처럼 접근하는 이데올로기적 경향'이라고 규정했다. 만일 우리가 이러한 관점을 견지한다면 마치 국민국가 내의 구성원들은 동질적인 가치, 규범, 관습, 제도들을 포함한 문화를 공유하는 것처럼 받아들여져 비역사적인 관점의 위험성을 갖는다고 하였다. 그러므로 '초국가적 공동체' 연구는 관찰의 새로운 대상이 등장하였음이 아니라 방법론적 내셔널리즘으로부터 벗어나 인식적론인 이동(epistemic move)의 결과로 이어져야 함을 강조하며 초국가주의라는 새로운 분석개념을 위해서는 방법론적 내셔널리즘을 넘어서야 한다고 하였다.

그녀는 방법론적 내셔널리즘의 문제점을 지적하는 데서 더 나아가 많은 초국가적 이주연구들이 종족 집단(ethnic group)을 분석의 단위로 의존해 왔음을 비판했다. 이주연구에서 정착, 초국가적 연계가 반드시 종족 집단에 종속적이지 않으며 이렇게 종족적 렌즈를 통한 분석은 비종종적 형태의 사회적 정착이나 연계를 배제하는 결과를 낳게 된다고 본다. 다시 말해 이주자들의 다양한 관계 형성들이 출발과 도착의 특정한 지역성(locality)과 연결된다는 점에서 종족 집단을 분석 단위로 하게 될 경우 여전히 국민국가의 경계를 가로지르거나 국민국가 틀 내에서 분석이 될 뿐 장소에 기반을 둔 이주를 체계적으로 분석하기 어렵다는 것이다. 그녀는 방법론적 내셔널리즘과 마찬가지로 방법론적 종족성(methodological ethnicity)은 종족 집단이 동질적인 통합의 통로를 갖는다고 가정하기 때문에 다양한 통합의 통로들을 살펴보지 못하는 한계가 있다고 지적했다. 그러므로 이주와 도시 간의 관계 및 지역성의 역할을 고려하는 도시규모(city scale)와 이주자의 통합을 분석하는 지역성 이론(theory of locality)으로 나아가야 한다고 주장한다(Glick Schiller, 2008).

글릭 쉴러와 그녀의 동료들(Glick Schiller et al., 2011)의 최근 연구에서는 초국가주의를 세계시민주의(cosmopolitanism)와 연결하는 작업을 하면서 여전히 민족과 국가의 경계에 주목하는 국제이주와 디아스포라 연구의 한계를 벗어나고자 한다. 초국가적 이주와 정체성을 인정하는 선행연구들은 모국과 거주국 간의 연계성을 강조하면서 국제이주가 '원거리 민족주의(long-distance nationalism)'를 발생시키는 것으로 이해하고(Anderson, 1994), 한 개인을 둘러싼 종교, 문화, 민족, 국민의 특수성과 배타성을 인정한다. 하지만 초국가적 이주와 그로 인한 초국가적 정체성과 생활문화는 복수의 이질적인 문화에 대한 개방성과 포용력을 촉진하고 인류 보편적인 감정의 공유를 가능케 할 수 있다. 글릭 쉴러와 동료들은 이런 역량을 '세계시민적 사교성(cosmopolitan sociability)'이라고 개념화했다.[3] 보다 구체적으로 정의하면 세계를 향한 포용적이고 개방적

3 여기서 사교성(sociability)은 모든 사회적 관계를 아우르는 사회성(sociality)과 구분되는 개

인 사회관계를 만들어 낼 수 있는 인간 능력이라고 할 수 있다. 이런 역량을 가진 초국가적 이주자들은 모국과 거주국의 정치적, 경제적, 사회적, 문화적 차이와 갈등에도 불구하고 국민국가를 뛰어넘는 보다 보편적이고 전 지구적인 아젠다를 위해 노력하게 된다.

(2) 포르테스

포르테스(Alejandro Portes)는 미국 사회 내의 여러 다양한 이민자 집단의 적응과 통합에 관한 연구를 수행해 온 대표적인 사회학자로 이들 집단의 거주국 내의 통합을 초국가적 행위의 참여와 연관하여 연구하기 시작하였다. 1999년 출간된 논문("Conclusion: Towards a new world - the origin and effects of transantional activities")에서 그는 초국가적 행위가 거주국 사회와 문화에 비통합적인 결과를 초래한다는 종전의 주장과 상반된 결과를 보여 주었다. 미국에서 시민권을 획득한 이민자가 그렇지 않은 이민자보다 모국 정치에 더 적극적이라는 점을 밝혔다. 즉 초국가주의적인 모국 정치의 참여가 그들의 거주국 내에서의 통합을 방해하지 않는다는 것이다. 그 이유는 초국가주의적 정치적 지향은 그들에게 목소리를 주며 목적의식과 자기 가치감에 투자하게 되고, 이로 인해 하향 동화로의 경향에 효과적인 해독제의 역할로 작용한다고 보기 때문이다. 그는 같은 해 초국가주의 연구에 대한 명확한 이론적 틀이나 분석력이 미약하다고 비판하면서 초국가주의의 개념적 가이드라인을 제안했다.

념으로 이해된다. 사교성은 다수의 타자들과 관계를 맺을 수 있는 인간의 능력으로서 특별히 공리적 또는 실용적 목적들에 국한되지 않은 인간관계를 추구하는 요국에 기반을 두고 있다(Glick Schiller et al., 2011: 414-415).

그는 초국가주의 연구에 있어 5가지 측면, 즉 ① 현상을 확립하기, ② 현상에 한계 그리기, ③ 분석 단위 정의하기, ④ 초국가적 행위의 유형, ⑤ 필요한 조건을 명확히 해야 함을 주장했다. 초국가적 현상을 확립하기 위해서는 첫째, 이주자와 모국이라는 대상들이 상당히 유의미할 정도의 비율을 포함하는 과정이 있어야 한다. 둘째, 예외적이거나 산발적인 활동이 아닌 시간의 경과를 갖고 특정한 안정성과 견고성을 담지하는 활동이어야 한다. 셋째, 이전의 개념으로 담아 낼 수 있는 것이 아니고 새로운 용어는 중복적이지 않은 새로운 내용의 활동을 지칭해야 한다. 넷째, 현상의 경계를 그리기 위해서는 간헐적인 접촉이 아닌 국가의 경계를 가로지르는 오랜 시간 지속적이며 규칙적인 접촉을 요구하는 직업(occupations)과 활동(activities)으로 범위를 정해야 한다. 다섯째, 분석 단위로는 개인이나 개인을 지원하는 네트워크가 가장 적절하다.

포르테스(Portes, 2001; 2003)는 초국가주의라는 주제에 대한 끊임없는 회의와 논쟁은 크게 ① 초기 문헌에서 초국가적 행위자들이 과다 추정되었다는 점, ② 초국가적 행위가 이전부터 있었기 때문에 새로울 것이 없다는 점, ③ 초국가주의가 다중적으로 해석된다는 점에 기인한다고 보았다. 그러나 이런 비판에도 불구하고 초국가주의는 여전히 중요하고 유용한 개념이라고 보았다. 첫 번째 비판에 대해서 그는 초기 연구에서 인류학에 기반을 둔 민족지학적 연구가 소수의 초국가적 행위자들에게 초점을 맞추어 과다 추정의 문제가 발생했다고 지적했다. 그러나 이런 문제는 대표성 있는 표본에 근거한 사회과학적 방법을 통해서 극복할 수 있다고 보았다. 두 번째 비판에 대해서는 과거에도 초국가적 현상이 있었지만 세계화, 정보화가 고도로 발전한 현대 사회에서 나타나는 초국가적 현상은 양적으로나 질적으로 특별한 현상으로 다루어야 한다고 했다. 세 번째 비판에 대해서는 초국가주의 다중적 의미의 문제는 분석 단위를 비제도적인 행위자인 개인과 그들의 네트워크로 한정하고, 다른 제도적 행위자들과 구분하는 방식으로 해결할 수 있다고 보았다. 결론적으로 모든 이주자들이 초국가적 행위에 참여하지 않고 그 수가 미약하다고 할지라도 향후에 점차적으로 그 수는 증가할 것이고 영향력이 커질 것으로 예측했다. 이주자들이 모국으로 보내는 송금의 경우처럼 개개인이 보내는 송금액은 크지 않을지라도 그것들이 모이게 되면 모국의 사회와 경제에 상당한 영향력을 행사한다고 지적했다.

포르테스는 다른 초국가주의 연구자들이 주로 질적 연구를 하는 것과는 달리 초국가성의 정도와 이것에 영향을 미치는 결정 요인들에 대한 양적 연구를 시도했다. 2002년에 Guarnizo와 공동으로 수행한 연구에서는 그는 초국가적 자영업자들의 경제 적응에 관해 조사하여 주류 사회과학에서 거의 관심을 갖지 않았던 이들의 모국과의 연계를 밝혀냈다. 그의 연구에 따르면 초국가적 자영업자들은 주변에 위치한 저소득층이 아니라 엘리트 집단으로 교육 연수가 높고 거주국 내의 법적 지위도 안정되어 있으며 소득 수준도 평균 소득보다 높은 것으로 밝혀졌다. 2003년에 출간된 논문에서는 정치적 초국가주의에 관한 실증연구를 통해 초국가적 정치적 참여의 강도와 이것의 결정 요인을 분석하였다. 초국가적 정치적 실천을 선거와 관련된 변수군들과 선거와 관련되지 않은 변수군들로 구분하여 이러한 실천들이 규칙적으로 이루어지는가를 조사했다. 연구 결과, 좁은 의미의 초국가적 정치를 실천하는 개인들은 많지 않았으나 넓은 의미의 초국가적 행위자들을 포함하면 조사 대상자의 1/3이 초국가적 정치에 관여하였으며 이런 참여가 거주국 정치에 대한 관심을 줄이지 않는다는 점이 밝혀졌다.

포르테스는 최근 연구(2007; 2012)에서 분석 단위를 개인 이민자가 아닌 이민자 단체로 선회하였다. 그는 초국가주의의 대부분의 연구가 개인이나 가족, 네트워크에 초점이 맞추어져 있어 개인들의 모국과의 연계를 이어 주는 제3의 행위자인 단체에 관한 연구를 소홀히 하게 될 수 있다고 지적했다. 그는 영향력 있는 초국가적 행위자들은 나이가 있고 고등교육을 받은 조직화된 이민자들이라는 점을 밝혔다. 2007년에 출간된 논문에서는 초국가적 자선단체와 모국의 발전과의 연관성 속에서 멕시코, 도미니카, 그리고 콜롬비아 종족 집단 단체들의 주요 특징들과 조직 정도와 발생에 영향을 미치는 결정 요인을 연구했다. 2012년에 Min Zhou와 공동으로 출간한 논문에서는 멕시코인과 중국인 종족 집단의 단체들과 모국과의 발전에 관한 실증분석과 모국의 정부 기관 담당자들의 심층면접을 실행했다. 이런 연구를 통해 그는 초국가적 행위가 거주국 내의 통합과 적응에 방해가 되지 않는다고 결론을 지었다.

2) 국내의 연구 동향

국내에서 초국가주의 연구는 외국에 비교해서 적은 편이나 최근 들어 초국가주의 관점으로 국제 이주자들의 삶과 경험을 분석하고자 하는 연구들이 증가하고 있다. 국제이주자들이 급증하는 현 상황에서 국내의 초국가주의 연구는 국내에 체류하는 외국인 이주자 집단과 해외에 체류하는 한국인 이주자들과 재외한인 집단을 중심으로 진행되어 왔다.

〈표 1-3〉 국내 이주 연구의 동향

연구 대상별	국내 이주 연구 동향의 변화	
	적응, 동화 및 통합 모델	초국가주의 모델
국내 외국인 집단 이주노동자 결혼이주자	적응의 실태, 과정 및 어려움 사회통합	초국가적 삶, 경험, 정체성 초국가적 연계망
국외 한국인 집단 국외체류 한국인 재외한인		
국외 외국인 집단		

국내 체류 외국인 이주자 집단의 경우 중국, 필리핀, 베트남에서 이주한 이주노동자, 결혼이주자들이 다수를 이루고 있어 이들에 관한 연구들이 활발히 진행되어 왔다. 초기 연구에서는 이들의 한국으로의 이주, 한국에서의 적응, 차별, 공동체에 초점을 맞추었고, 이민 연구의 전통적인 통합 이론에 근거하여 연구가 진행되었다. 해외에 체류하고 있는 한국인 집단에 관한 연구는 조기유학 붐이 일어나고 이로 인해 가족 구성원이 서로 떨어져 지내는 기러기 가족이 사회의 화두로 등장하면서 이들의 실태 파악과 적응상의 문제점에 대해 연구하게 되었다(안병철, 1996; 김홍주, 2001; 조명덕, 2002; 강지연, 2002). 재외한인 집단에 관한 연구도 재외한인이 밀집해 있는 미국, 중국, 일본 등을 중심으로 이들의

적응과 동화와 관련된 문제에 집중하여 진행되었다.

영구 정착을 목적으로 하는 이민과는 다른, 예를 들어 교육과 노동을 위해 국경을 넘어 외국에 장기체류하는 이주가 늘면서 국내의 이주 연구는 국민국가를 기반으로 하는 분석틀에서 벗어나기 시작하였다. 국회도서관 및 학술연구정보서비스(RISS)의 검색을 통해 초국가주의에 관한 연구논문, 석・박사학위논문, 정부보고서들을 검색한 결과 2000년대 후반 들어 초국가주의 연구가 증가 추세를 보였다.

대표적으로 김경학(2005; 2007)은 인도인의 초국가성에 관한 연구를 진행하면서 이주 연구에서의 초국가주의의 필요성을 역설하였다. 아래로부터의 초국가주의의 행위자로서 해외인도인을 연구 대상으로 그들의 경제적, 사회문화적, 정치적인 삶 속에서 모국과의 네트워크를 통한 초국가적 특성을 규명하였다. 윤인진(2008)은 기존의 디아스포라 개념으로는 재외한인의 실태를 파악하기 어렵다고 지적하면서 디아스포라에서 초국가주의로의 패러다임 전환이 필요하다고 하였다. 그는 중국동포가 중국과 한국 간의 초국가적 경제 생활, 가족 경영, 그리고 지리적인 근접성을 기반으로 하지 않는 공동체를 발전시킨 사례를 분석하면서 초국가주의 관점에서 중국동포와 같은 재외한인의 현대적 생활 세계와 의식을 연구해야 한다고 역설했다. 한편 박경환(2007)은 초국가주의가 국제이주자들의 삶을 설명하는 데 유용한 개념이지만, 이것이 비공간적 네트워크를 지나치게 강조하면 각기 다른 초국가주의를 동질화시킬 수 있는 위험성, 이주자들을 본질화시키는 위험성, 초국가적 민족주의를 간과할 수 있는 위험성이 있다고 경고했다.

결혼이주자의 초국가성에 관한 연구는 김동엽(2010)과 장남혁

(2012)의 연구를 들 수 있다. 김동엽(2010)은 필리핀 결혼이주자들이 결혼이주 후 현실적인 삶의 장벽과 모순을 극복해 나가는 과정에서 나타나는 초국가적 행태에 주목하면서 이들의 초국가적 정체성에 내포된 가능성을 강화시켜 나가는 것이 필요함을 강조한다. 장남혁(2012)도 필리핀 결혼이주자들의 삶을 조명하면서 동화보다는 이들이 가진 초국가적 사회 영역이 그들의 모국과 거주국을 잇는 교량 역할을 할 수 있고, 이들이 가진 이중문화 환경을 자원화하는 방안을 모색해야 한다고 본다. 임안나(2005)의 학위논문 "한국 남성과 결혼한 필리핀 여성의 가족관계와 초국가적 연망"에서도 결혼이주자들의 초국가적 네트워크를 통한 그들의 행위성을 드러내고 있다.

조기유학에 관한 연구들도 실태 및 적응에 초점에서 더 나아가 초국가주의에 근거하여 진행된 논문들은 유희연(2008)의 '조기유학의 초국가적 네트워크의 특성과 정체성'인 석사학위논문과 박소화(2010)의 '조기유학경험의 초국가성에 대한 근거이론적 분석'인 박사학위논문을 들 수 있다. 유희연의 논문은 조기유학을 초국가적 현상으로 규정하면서 민족적 네트워크와 초국가적 정체성에 주목하고 있으며, 박소화의 논문은 교육의 초국가성을 탐색하고 있다. 박경환과 백일순(2012)은 조기유학을 통해 민족국가의 구성원의 재생산이 초국적 네트워크로 이루어지고 있음을 보이고 있다.

재외한인에 관한 학술논문은 임채완(2008)의 "지구화시대 디아스포라의 초국가적 활동과 모국", 김용찬(2009)의 "초국가주의와 초국가적 공동체: 재외동포와 터키인공동체 비교", 양영자(2010)의 "재독한인 1세대 여성의 가치관과 정체성의 변화과정에 대한 생애사 연구", 이채문(2010)의 "중앙아시아의 이산민족과 초국가주의 고려인과 아흐스카 튀르크인의 비교", 백일순(2010)의 학위논문 "이동과 장소의 초국가성: 싱가포르 거주 한인들의 국제적 이주, 적응 그리고 네트워크 구성에 관한 연구"와 장수현(2010)의 "이산민의 초국가성과 다층적 정체성", 그리고 박동훈, 안화선(2012)의 "중국조선족의 초국가적 활동과 한반도"가 있다. 임채완의 연구는 동남아 화인과 중국동포의 초국가적 활동을 비교하면서, 중국동포는 모국과의 관계 속에서 종속되고 있어 이들에 대한 수평적이고 대등한 관계를 발전시켜야 한다고 주장한다. 김용찬의 연구에서는 재외한인들의 공동체는 국가로부터 진행된 위로부터의 초국가주의로 보고, 터키인 공동체는 아래로부터의 초국가주의의 사례로 설정하여 비교 분석하고 있다. 양영자의 연구에서는 기존의 이민자 집단에 관한 통합 이론이 민족주의적 관점에 따른 편협성, 비통합의 이중적인 딜레마를 양산한다고 보며 초국가적 관점이 위기뿐만 아니라 기회의 요인까지 주목하는 논의를 진척시킬 수 있다고 본다. 이채문의 연구는 초국적주의적 관점에서 중아아시아 지역의 소수민족인 고려인과 아흐스카 튀르크인이 모국과 유지하고 있는 초국가적 관계가 어떠한 관련성이 있는지에 대해 이민자 단체의 초국가적 활동, 모국의 초국가적 활동, 대중 매체의 초국가적 활동, 초국가적 경제활동의 4가지 차원을 중심으로 비교 분석하고 있다. 백일순은 싱가포르에 거주하고 있는 한인을 사례로 들며, 이주는 적응과 네트워크의 구성 주체이자 강한 이동성을 기반으로 하는 글로벌 노마드로서의 행위이고, 사회적 자본 · 네트워크 자본 · 공간 자본으로 구성된 초국가적 공동체, 이주자 공동체의 지지자이자 이주자 정체성에 영향을 미치는 구조적 매개자로서의 국가가 상호 영향을 미쳐 이루어지는 복잡한 과정이며, 이를 연결하는 것이 '초국가적 이동'이자 초국가적 장소 안에서 이루어지는 다양한 동기들을 바탕으로 한 지속적인 진행, 반복, 적응의 협상 과정 및 전략이라고 설명하고 있다. 장수현은 중국 산동성 위해 지역으로 이주한 한국화교들에 대한 사례연구를 통해 전 지구화 시대 초국가적 이산민의 유동성과 그 정체성의 문제를 살펴본 결과, 초국가적 이산민은 기존의 모국/고향에 대한 향수나 갈망이라는 정서적 차원보다는 삶의 주변성 및 불안정성에 기인하는 유동성의 관점으로 보아야 하며, 재중국화 과정에서 중국적 정체성의 강화보다는 현지 중국인들과 구분되는 자신들의 이질성에 주목하여 자신들의 다층적 정체성에 대한 새로운 인식을 갖는 계기가 된다고 밝히고 있다. 박동훈과 안화선의 연구는 디아스포라의 초국가적 성격에 초점을 두고 조선족 사회와 한반도 사이의 관계를 관찰한 것으로서, 조선족 사회의 존속 및 잠재하고 있는 문화적 기능의 발굴을 위해 한반도와의 지속적인 유대관계 강화가 필요하다고 하였으며, 이를 위해 상호주의 원칙에 기반을 둔 수평적 유대관계 구축을 제안했다.

초국가주의 관점에서 재외한인의 가족과 청소년 문제를 실증조사를 통해 경험적으로 연구한 최근의 대표적인 연구로 송영호(2016)의 박사학위논문 "중국 조선족의 초국가적 가족과 청소년 사회심리적응"을 손꼽을 수 있다. 초국가적 가족에 관한 선행연구들은 주로 미국이나 유럽 지역 등으로 이주하는 아시아, 아프리카 등 비서구권 출신의 이주자들에 집중되어 왔다(Hondagneu-Sotelo and Avila, 1997; Parreñas, 2005; Dreby, 2009; Lutz and Palenga-Mollenbeck, 2012). 그로 인해 비서구권 국가 또는 지역으로 이주하는 초국가적 가족에 관한 연구는 드물었다. 특히 아시아권 내에서 이주하는 초국가적 가족에 관한 연구는 더욱 그러하다. 이런 면에서 송영호의 중국동포의 초국가적 가족에 관한 연구는 서구와 아시아에서의 초국가적 가족의 차이점과 공통점을 비교할 수 있는 기회를 제공한다. 중국동포의 경우에는 모국과 거주국의 거리가 짧아 왕래가 자유롭고, 거주국의 국민이 중국동포와 혈통과 문화를 공유한다는 면에서 필리핀 이주여성들이 미국이나 유럽 국가에서 돌봄노동을 하면서 모국의 자녀를 원거리에서 돌보는 것과는 매우 다른 양상이다. 이런 면에서 중국동포의 초국가적 가족 연구는 초국가적 가족과 돌봄 연구의 새로운 측면을 포착할 수 있게 해 준다. 중국동포의 초국가적 가족과 청소년의 사회심리적응 간의 관계는 부모의 해외이주 기간과 초국가적 가족 유형에 의해 영향을 크게 받았다. 무엇보다 어머니의 해외이주 기간이 길어질수록, 부모 모두가 해외이주하여 중국에서 재결합했을 경우에 자녀의 사회심리적응에 부정적 영향을 미치는 것으로 밝혀졌다.

이주자 집단 외에 문화/문학 연구에서도 초국가주의에 근거한 적지 않은 수의 연구들이 진행됐다. 초국가적 문화의 흐름에서 일방향적이 아닌 쌍방향적인 초국가적 흐름에 주목한 연구들(임춘성, 2008; 김홍구, 2011)과, 민족주의와 탈식민주의의 연장선상에서 문화 읽기를 시도하는 연구들(김영민, 2009; 마정미, 2011)은 초국가주의를 새로운 문화 담론으로 받아들이고 있다. 이와 같이 최근의 연구 동향은 현지에서의 적응과 동화와 같은 분석틀에서 벗어나 이들 연구 집단들이 가진 초국가적 특성에 주목하면서 초국가주의적 관점을 이론적 자원으로 하고 있음을 알 수 있다.

최근까지의 재외한인 연구에서 주목을 받지 못했지만 향후 많은 관심과 연구가 필요한 주제가 한류와 재외한인 간의 관계이다. 한류를 초국가주의 관점에서 조망하고 재외한인에게 미치는 영향에 대해 연구한 논문으로는 김경희(2010)의 "한류를 통한 한국 · 일본 · 재일코리안의 새로운 관계구축을 위한 제언", 이수영(2015)의 "한국과 미국 사이: 미국 내 한류를 통해 바라본 초국적 문화교류 현상", 김영철(2016)의 "중남미 재외동포 사회와 한류", 윤인진 · 윤조은(2016)의 "The Effects of Korean Wave on the Younger Generation of Overseas Koreans" 등이 있다. 한류는 단지 한국 문화의 세계화에 그치는 것이 아니고 재외한인이 그 형성과 확산, 그리고 진화에 지대한 영향을 미치며, 그 성공은 재외한인의 자긍심과 모국에 대한 애착심을 강화하는 효과를 갖는 명실상부한 초국가적인 현상이다. 지금까지 한류에 대한 관심과 접근방법이 국가주의적 세계화였다고 한다면, 앞으로는 한국의 문화적 감성을 세계 여러 나라 사람들이 공유할 수 있는 방법을 찾는 것이 한류의 지속 가능한 성장을 위해 필요한 과제이며, 이 과정에서 재외한인의 '문화 간 중개자'로서의 역할은 더욱 크다고 할 수 있다.

4. 나가며

앞에서 디아스포라와 초국가주의의 개념과 선행연구를 검토한 결과 디아스포라의 핵심적 특징은 '홈리스 상태(being homeless)'와 '연결되지 않은 상태(being disconnected)'인 반면 초국가주의는 '연결된 상태(being connected)'라고 정의할 수 있다. 고전적 디아스포라 개념에서는 강제로 모국으로부터 떨어진 상태인 반면 현대적 디아스포라 개념에서는 스스로 모국과 거주국 어느 쪽에도 속하지 않은 상태를 의미한다. 따라서 디아스포라와 초국가주의를 구분하는 두 가지 중요한 축은 이동성과 모국-거주국과의 연계성이라고 볼 수 있으며, 이 두 차원을 교차하면 〈표 1-4〉와 같이 이론적으로 네 가지의 칸이 생겨난다. 이 중 이동성이 낮고 모국-거주국과의 연계성이 낮은 경우는 재일동포 올드타이머와 같이 디아스포라적 생활을 하는 사람들이다. 반면 이동성이 높고 모국-거주국과의 연계성이 높은 경우는 현대 중국동포와 같이 초국가적 생활을 하는 사람들이다. 2017년 2월 기준으로 80만 명에 달하는 중국동포가 한국에서 살아가고 있는 것으로 알려졌다. 한국 외에도 중국동포는 미국, 일본, 캐나다 등지로 이주하여 초국가적 경제생활뿐만 아니라 초국가적 가족생활을 유지하는 것으로 알려졌다. 이와 같은 중국동포의 이주, 경제생활, 가족생활을 이해하기 위해서는 기존의 모국과 거주국의 이항적인 국민국가 단위의 접근 방식에서 벗어나 초국가적 관점에서 연구하는 것이 필요하다.

〈표 1-4〉 디아스포라와 초국가주의의 구분

구분		이동성	
		저	고
모국-거주국과의 연계성	고		초국가주의 (현대 중국동포)
	저	디아스포라 (재일동포 올드타이머)	

필자는 디아스포라와 초국가주의가 반드시 대치되고 둘 중에서 하나를 선택해야 하는 것이라고 생각하지 않는다. 현재 재외동포의 생활과 의식을 살펴보면 여전히 디아스포라의 관점에서 조명하는 것이 유효한 경우가 있고, 초국가주의 관점에서 분석하는 것이 훨씬 현실적인 경우가 혼재하고 있다. 선행연구에서 검토했듯이 사할린 한인, 조선적 재일동포, 그리고 북한을 탈출하여 한국에 입국한 후 적응하지 못하고 다시 '탈남'하여 영국, 미국, 캐나다 등지에서 난민 지위를 부여받아 생활하는 북한이탈주민의 경우에 디아스포라는 여전히 유효한 관점이다. 반면 중국동포, 유학생, 기러기 가족, 그 외 최근 한인 이민자들의 경우에는 초국가주의가 보다 현실적이고 설득력 있는 관점과 방법론을 제공한다. 따라서 어느 하나의 개념과 관점을 가지고 모든 경우를 설명하려 하기보다 상황에 맞게 선택적으로 적절한 개념을 사용하는 것이 현 시점에서 현명한 자세라고 생각한다.

또한 재외한인 연구가 환경의 변화를 포착하고 보다 설득력 있는 설명을 하기 위해서는 기존 개념과 이론, 방법론을 끊임없이 현실과 비교해서 개선하려는 노력을 해야 한다. 기존의 초국가주의는 원래는 초국가적인 연결망을 연구한다고 하고서는 실제로는 모국과 거주국 간의 이항적인 이주에 초점을 맞추는 방법론적 일국주의(methodological nationalism)의 오류를 범하고 있다. 그러나 쓰지모토 도시코(2012)가 필리핀 이주노동자들의 초국가적 이주를 연구한 결과에서 밝히듯, 현대 이주노동자들의 이주는 연속적 이주의 형태를 띠고, 모국과 거주국만이 아닌 이 둘 사이를 연결하는 경유국에서의 경험과 연결망이 새로운 거주국에서의 정착과 정체성에 큰 영향을 주고 있다.

또한 기존의 초국가주의는 한 거주국 내에서 하나의 소수종족 집단과 다수원주민 집단과의 관계에 초점을 두고 마치 하나의 종족 집단이 내부적으로 동질적인 특성을 가진 것처럼 가정한다. 그러나 이런 사고는 모국에서 거주국으로 큰 시차를 두고 이주가 일어나서 하나의 종족 집단 내에 올드타이머와 뉴커머 간에 배경 특성과 정향성이 크게 다르게 된 경우에는 적합하지 않다. 대표적으로 중국 북경시 왕징 코리아타운에는 동북 3성에서 이주해 온 중국동포(올드타이머)와 1990년대 이후 사업, 선교, 유학의 목적으로 중국에 이주한 한국인(뉴커머)들이 때로는 공생관계, 때로는 갈등관계를 맺으며 생활하고 있다. 이렇게 하나의 도시에서 원주민 집단, 올드타이머 종족 집단, 뉴커머 종족 집단이 복잡한 관계를 맺는 경우에는 다중종족 모델(multi-ethnic model)의 관점을 취하는 것이 필요하다. 초국가주의의 다중종족 모델은 북경의 왕징 코리아타운뿐만 아니라 뉴욕과 동경, 그 외 국제도시의 코리아타운에서 한국인, 중국동포, 북한이탈주민 등 이주 시기, 국적, 법적 지위, 계층 배경이 다른 올드타이머와 뉴커머가 혼재되어 복잡한 관계를 맺어 가는 상황을 보다 현실적으로 설명할 수 있다고 생각한다. 이 모델은 필자가 제안한 것으로 몇 편의 논문에서 그 개념 정의와 유용성에 대해서 논의했지만(Yoon, 2012; 이윤경 · 윤인진, 2012), 후속연구에서 경험적 조사연구를 통해 확대 · 발전시킬 계획이다.

끝으로 디아스포라와 초국가주의는 기본적으로 관점이고 분석틀이지 구체적인 방법론을 제공하지는 않는다. 이로 인해 지금까지의 디아스포라 연구와 초국가주의 연구는 대체로 추상적 개념 차원에서 특정 이민자 집단을 연구하는 관점과 접근법을 제시했다. 앞으로 현실 세계에서 설명력과 예측력을 보다 높이기 위해서는 미시적인 중범위 수준의 연구가 실행되어야 할 것이다. 예를 들어, 기존의 사회정체성 이론이 한 사회 내에서 개인의 정체성이 어떻게 형성되는가를 연구했다고 하면, 이 이론을 초국가적 사회정체성 이론으로 발전시켜 어떻게 유학, 이민 등과 같은 장기적이고 긴밀한 외국 문화와의 접촉이 개인의 정체성을 민족과 국민의 수준에서 보다 보편적이고 포용적인 수준으로 확장하는가를 연구할 수 있다. 또한 포르테스가 지적했듯 모국 정치 참여와 거주국 정치 참여 간의 상관관계를 재외동포에 적용해서, 재외국민 선거와 거주국 주류정치 참여 간에 정적 관계가 있는지 아니면 부적 관계가 있는지를 경험적 자료를 사용해서 분석할 수 있다. 끝으로 중국동포가 고향에 자녀를 떼어 두고 한국에서 노동자의 신분으로 살아가면서 초국가적 양육을 하게 될 때, 이것이 자녀의 교육과 복지, 그리고 정체성에 어떤 영향을 미치는가를 실태조사를 통해 분석할 필요가 있다. 이렇듯 역동적인 생활 세계를 살아가는 재외동포에 대한 창의적인 연구는 기존의 디아스포라 연구와 초국가주의 연구의 한계를 극복하고 연구 수준을 한 단계 끌어올리는 기여를 할 것으로 기대한다.

참고문헌

강지연. 2002. "학부모의 교육의식과 자녀 조기유학 선택: 서울 강남지역 학부모들을 중심으로". 이화여자대학교 석사학위논문.

권준희. 2002. "분단내셔널리즘과 조선적 재일조선인". 『한일민족문제연구』 3: 185-218.

김경학. 2005a. 『국제 이주와 인도인 디아스포라』. 집문당.

_____. 2005b. "피지계 인도인의 초국가적 성격". 『인도연구』 10(3): 1-42.

_____. 2007. "인도인 디아스포라와 초국가주의". 『문화역사지리』 19(3): 27-41.

김동엽. 2010. "필리핀 국제결혼이주여성의 초국가적 행태에 관한 연구". 『동남아시아연구』 20(2): 31-72.

김영민. 2009. "새로운 문화담론으로서의 초국가주의". 『영어영문학 연구』 19: 387-105.

김영철. 2016. "중남미 재외동포 사회와 한류". 『한국민족문화』 58: 75-112.

김용찬. 2009. "초국가주의와 초국가적 공동체-재외동포와 터키인 공동체 비교-". 『한국민족연구원』 40: 6-22.

김홍구. 2011. "초국가주의적 문화의 이동과 한국 속 '동남아 현상'". 『한국태국학회논총』 18(1): 113-159.

김흥주. 2001. "조기유학(교육이민)의 실태와 바람직한 대처 시각". 『서울교육』 43(2): 2-16.

마정미. 2011. "문화번역과 재매개 이론에 대한 탐색적 연구". 『한국언어문화』 45: 117-146.

문재원 · 박수경. 2011. "재일코리안 디아스포라 공간과 정체성의 정치: KEY의 문화적 실천 활동을 중심으로". 『일본문화연구』 40: 213-234.

박광성. 2008. 『세계화 시대 중국조선족의 초국적 이동과 사회변화』. 한국학술정보.

박경환. 2007. "초국가주의 뿌리 내리기: 초국가주의 논의의 세 가지 위험". 『한국도시지리학회지』 10(1): 77-88.

박경환 · 백일순. 2012. "조기유학을 매개로 한 '분절가구 초국적 가족'의 부상: 동아시아 개발국가 중상류층 가족의 초국가적 재생산에 관한 논의 고찰". 『한국도시지리학회지』 15(1): 17-32.

박동 · 강일규 · 이영대 · 정지선 · 황규희. 2009. 『글로벌 코리안 인재의 개발 활용을 위한 네트워킹 방안』. 한국직업능력개발원 정책연구보고서.

박동훈 · 안화선. 2012. “중국 조선족의 초국가적 활동과 한반도”. 『평화학연구』 13(1): 173-201.

박소화. 2010. “조기유학 경험의 초국가성에 대한 근거 이론적 분석”, 충남대학교 박사학위논문.

백일순. 2010. “이동과 장소의 초국가성: 싱가포르 거주 한인들의 국제적 이주, 적응 그리고 네트워크 구성에 대한 연구”. 서울대학교 석사학위논문.

안병철. 1996. “조기 유학의 현황과 과제”. 『민족과 문화』 4: 423-468.

양영자. 2010. “재독한인1세대 여성의 가치관과 정체성의 변화과정에 대한 생애사 연구”. 『한국사회복지학』 62(2): 323-351.

유희연. 2008. “조기유학을 통해 본 교육이민의 초국가적 네트워크와 상징자본화 연구”. 『한국도시지리학회지』 11(2): 75-89.

윤인진. 2004. 『코리안 디아스포라: 재외한인의 이주, 적응, 정체성』. 고려대학교출판부.

______. 2008. “Korean Diaspora and Transnationalism - The Experience of Korean Chinese”. 『문화역사지리』 20(1): 1-18.

윤인진 외. 2011. 『재외한인연구의 동향과 과제』. 북코리아.

이수영. 2015. “한국과 미국 사이: 미국 내 한류를 통해 바라본 초국적 문화교류 현상”. 『미국학논집』 47(1): 89-116.

이윤경 · 윤인진. 2012. “멀티 에스닉(multi-ethnic)모델로 본 초국가적 사회공간 내의 재중한인-북경 왕징 코리안타운의 사례를 중심으로-”. 〈디아스포라와 트랜스내셔널리즘의 이슈, 이론, 방법론〉 국제학술대회 발표논문. 고려대학교 MK기념관, 9월 21일.

이채문. 2007. 『동토의 디아스포라』. 경북대학교 출판부.

______. 2010, “중앙아시아의 이산민족과 초국가주의 고려인과 아흐스카 튀르크인의 비교”. 『한국동북아논총』 55: 245-272.

임채완. 2008. “지구화시대 디아스포라의 초국가적 활동과 모국”. 『국제정치학회』 48(1): 243-266.

임채완 · 김경학. 2002. “중국 연변조선족의 민족정체성 조사 연구”. 『대한정치학회보』 10(1): 247-273.

임채완 · 전형권. 2006. 『재외한인과 글로벌 네트워크』. 한울아카데미.

임춘성. 2008. “한국의 중국 대중문화 수용에 관한 초국가적 연구”. 제85차 중국학연구회 정기 학술발표회, pp. 1-19.

임태수. 1988. "성서적 관점에서 디아스포라 선교". 『기독교사상』 32(11): 14-24.

장남혁. 2012. "이주로 형성된 이중문화 환경을 자원화하는 방안 연구". 『선교와 신학』 29: 93-123.

장수현. 2010. "이산민의 초국가성과 다층적 정체성: 중국 위해의 한국화교에 대한 사례 연구". 『현대중국연구』 11(2): 263-297.

전경수. 2005. "중앙아시아 한인동포의 이주사와 생활문화". 『재외 한인동포의 이주의 역사와 문화』. 국립민속박물관·한국문화인류학회 주최 광복 60주년 기념 학술대회 발표논문집, pp. 31-60.

정근식 · 염미경. 2000. "디아스포라, 귀환, 출현적 정체성: 사할린 한인의 역사적 경험". 『재외한인연구』 9(1): 237-280.

조동진. 1984. "선교와 이민교회의 역할; 디아스포라와 선교 8". 『월간목회』 96: 139-145.

조명덕. 2002. "조기유학 붐의 원인과 문제점 및 해결 방안". 『현상과 인식』 88: 135-152.

쓰지모토 도시코. 2012. "연속적 이주의 경유지 한국과 이동성 확보를 위한 트랜스내셔널리즘: 한국에서 캐나다로 이주한 필리핀 이주노동자의 경험과 방법론적 일국주의의 극복". 고려대학교 아세아문제연구소 제1회 크로스로드 세미나 발표논문.

현규환. 1967. 『현대유이민사, 상권』. 어문각.

______. 1976. 『현대유이민사, 하권』. 삼화인쇄.

Amstrong, John A. 1976. "Seattle: University of Washington Press". *The American Political Science Review* 70(2): 393-408.

Anderson, B. 1994. "'Exodus'". *Critical Inquiry* 20: 314-327.

Basch, L., N. Schiller, and C. S. Blanc. 1994. *Nations Unbound: Transnational Projects, Post-Colonial Predicaments, and De-territorialized Nation-States*, Langhorne, PA: Gordon and Breach.

Beck, U. 1998. "The Cosmopolitan Manifesto". *New Stateman* 20: 28-30.

Bruneau, M. 2010. "Diasporas, Transnational Spaces and Communities". Ch. 2 in Rainer Bauböck and Thomas Faist(eds.), *Diaspora and Transnationalism: Concepts, Theories and Methods.* Amsterdam University Press.

Castells, M. 1996. *The Rise of the Network Society*, Oxford: Blackwell.

Clifford, J. 1994. "Diaspora". *Cultural Anthropology* 9: 302-338.

Cohen, Robin. 2008(Second edition). *Global Diasporas: An Introduction*. London and New York: Routledge.

Dahinden, T. 2010. "The Dynamics of Migrants' Transnational Formations: Between Mobility and Locality". Ch. 3 in Rainer Bauböck and Thomas Faist(eds.), *Diaspora and Transnationalism: Concepts, Theories and Methods*. Amsterdam University Press.

Faist, T. 2000. *The Volume and Dynamics of International Migration and Transnational Social Spaces.* Oxford University Press.

______. 2010. "Diaspora and transnationalism". Ch. 1 in Rainer Bauböck and Thomas Faist(eds), *Diaspora and Transnationalism: Concepts, Theories and Methods.* Amsterdam University Press.

Grewal, I. 1994. "The Postcolonial, Ethnic Studies, and the Diaspora: The Contexts of Ethnic Immigrant/Migrant Cultural Studies in the U. S.". *Socialist Review* 24(4): 45-74.

Iglicka, K. 1998. "'Are They Fellow Countrymen or Not? The Migration of Ethnic Poles from Kazakhstan to Poland'". *International Migration Review* 32(4): 995 - 1014.

Kearney, M. 1995. "The Local and the Global: The Anthropology of Globalization and Transnationalism". *Annual Review of Anthropology* 24: 547-565.

Levitt, P. 1998. "Local-level Global Religion: The Case of U. S. Dominican Migration". *Journal for the Scientific Study of Religion* 37(1): 74-89.

Mazzucato, V. 2000. "Transnational Networks and the Creation of Local Economies: Economic Principles and Institutions of Ghanaian Migrants at Home and Abroad". Nederlandse Organisatie voor Wetenschappelijk Onderzoek, grant number 410.13.010P

Mudimbe, V. Y. and S. Engle. 1999. "Introduction". Diaspora and Immigration, *The South Atlantic Quarterly* special issue 98(1/2): 1-8.

Portes, A. 1998. "Globalization from Below: the Rise of Transnational Communities". Oxford: ESRC Transnational Communities Program Working Paper WPTC.

______. 1999. "Conclusion: Towards a New-World- The Origins and Effects of Transnational Activities". *Ethnic and Racial Studies* 22(2): 463-477.

______. 2001. "Introduction: the Debates and Significance of Immigrant Transnationalism". *Global Networks* 1(3): 181-193.

______. 2007. "Migration, Development, and Segmented Assimilation: A Conceptual Review of the Evidence". *Annals of The American Academy of Political and Social Science* 631(1): 73-97.

Portes A., L. Guarnizo and P. Landolt, 1999. "The Study of Transnationalism: Pitfalls and Promise of an Emergent Research Field". *Ethnic and Racial Studies* 22(2): 217-237.

Portes A., W. Haller, and L. Guarnizo. 2002. "Transnational Entrepreneurs: An Alternative Form of Immigrant Economic Adaptation". *American Sociological Review* 67: 278-298.

Portes, A., C. Escobar, and A. Radford. 2007. "Immigrant Transnational Organizations and Development: A Comparative Study". *International Migration Review* 41(1): 242-281.

Portes, A., M. Zhou. 2012. "Transnationalism and Development: Mexican and Chinese Immigrant Organizations in the United States". *Population and Development Review* 38(2): 191-220.

Rainer K. Silbereisen, Peter F. Titzmann, and Yossi Shavit (eds). 2014. *The Challenges of Diaspora Migration: Interdisciplinary Perspectives on Israel and Germany.* Surrey, England; Burlington, Vermont: Ashgate

Ryang. S. 2001. "Diaspora and Beyond: There is No Home for Koreans in Japan". *The Review of Korean Studies* 4(2): 55-86.

______. 2008. "Introduction: The Sacred Text in the Making". *Writing Selves in Diaspora: Ethnogrpahy of Autobiographies of Korean Women in Japan and the United States.* Lexington Books, pp. xiii-liv.

______. 2009. "Introduciton: Between the Nations: Diaspora and Koreans in Japan". *Diaspora withouth Homeland.* Sonia Ryang and John Lie (eds.). University of Califorani Press, pp. 1-20.

Safran, W. 1991, "Diaspora in Modern Societies: Myth of Homeland and Return". *Diaspora* 1: 1.

Sassen, S. 1998. "The de facto Transnationalizing of Immigration Policy". *Challenge to the Nation-State,* C. Joppke (eds), Oxford: Oxford University Press.

Schiller, G., L. Basch, and S. Blanc, 1992. "Transnationalism: A New Analytic Framework for Understanding Migration". *Annals of New York Academy of Sciences* 645: 1-24.

Schiller, G. and A. Caglar. 2008. "Migrant Incorporation and City Scale: Towards a Theory of Locality in Migration Studies". Willy Brandt Series of Working Papers in International Migration and Ethnic Relations 2/07.

Schiller, N., T. Darieva, and S. Gruner-Domic. 2011. "Defining Cosmopolitan Sociability in a Transnational Age. An Introduction". *Ethnic and Racial Studies* 34(3): 399-418.

Sheffer, G. 1986. "A New Field of Study: Modern Diasporas in International Politics". In G. Sheffer (ed.), *Modern Diasporas in International Politics.* London: Croom Helm.

Skrentny, John D., Stephanie Chan, Jon Fox, and Denis Kim. 2007. "Defining Nations in Asia and Europe: A Comparative Analysis of Ethnic Return Migration Policy". *International Migration Review* 41(4): 793-833.

Tölölian, K. 1991. "The Nation State and Its Others: In Lieu of a Preface". *Diasporas* 1: 3-7.

Tsuda, Takeyuki (ed.). 2009. *Diasporic Homecomings: Ethnic Return Migration in Comparative Perspective.* Stanford, California: Stanford University Press.

Tsuda, Takeyuki. 2010. "Ethnic Return Migration and the Nation-state: Encouraging the Diaspora to Return Home". *Nations and Nationalism* 16(4): 616-636.

Vertovec, S. and R. Cohen. 1999. *Migration, Diasporas, and Transnationalism.* Edward Elgar.

Wimmer A. and G. Schiller. 2002. "Methodological Nationalism and Beyond: Nation-state Building, Migration and the Social Sciences". *Global Networks* 2(4): 301-334.

______. 2003. "Methodological Nationalism, the Social Sciences, and the Study of Migration: An Essay in Historical Epistemology". *International Migration Review* 37(3): 576-610.

Yoon, In-Jin. 2012. "Overcoming the Mono-Ethnic Model of Transnationalism: Interaction of Korean Chinese and South Koreans in New Urban Ethnic Communities in China". Paper presented at Sun-Yat Sen University in China. June 23, 2012.

Yoon, In-Jin and Joan Yoon. 2016. "The Effects of Korean Wave on the Younger Generation of Overseas Koreans". Presentation at the 4th World Association for Hallyu Studies World Congress, Oriel College, Oxford University. September 26-28, 2016.

제2장
신화교화인의 초국가적 정체성과 한국 사회[1]

이창호(한양대)

1. 들어가며

오늘날 국제 사회의 새로운 정치적 변화와 이주민 정체성의 역동성을 이해하기 위한 방법 중 하나는 '정체성-국경-질서(identities-borders-orders)'라는 세 가지 개념들 사이의 분석적 관계 혹은 역동적 결합을 이해하는 것이다. 이에 따르면 기존의 국민-국가 모델론의 경우 '국민'을 국민국가 내에 특정 짓는 것을 전제로 해 왔다고 볼 수 있다. 그러나 다양한 세계화 과정과 지역, 글로벌 혹은 코스모폴리탄적인 거버넌스 구조의 등장 및 이주의 증가는 기존의 '정체성-국경-질서'의 근본적인 요소들에 공격을 가하고 대립하는 양상으로 나타난다. 이러한 초국가적 이주의 시대에는 거주국 귀화자가 선거철에 모국으로 돌아가 투표

1 이 논문은 이창호(2014), "신화교의 국내 이주와 정체성의 정치", 『민족연구』 58: 4-27에 실린 것을 수정 · 보완하였다.

권을 행사할 정도로 고국의 정체성을 더 강하게 유지하기도 하지만, 거주국에 대해서는 이전보다 더 많은 권리를 요구한다. 즉 이주를 통해 거주국에 귀화를 하더라도 이주민들에게 있어서 출신국은 오히려 더 정체성의 근원이 되고 거주국은 권리의 근원이 되는 현상 역시 나타나고 있다(Vertovec, 2009: 86-90). 이러한 현상은 거주국의 입장에서 바라볼 때 이주민들이 과연 거주국을 어떻게 생각하고 행동하는지에 대해 의문을 품기에 충분하며, 모국의 입장 역시 과연 이주민들이 거주국에 가서도 모국의 정체성, 혹은 종족성(ethnicity)을 잘 유지하고 모국의 정치 · 경제적 이익을 위해 기여할 수 있을지 궁금하게 만든다. 한편에서는 이렇게 초국가적으로 변모하는 상황 속에서 '화교', '화인', '재외한인', '차이나타운', '코리아타운' 등과 같은 모국 중심의 개념 혹은 용어가 오히려 강화되기도 한다.[2] 과연 이 용어들이 오늘날 변화하는 이주민 사회의 정체성의 변화 양상을 객관적이고 통찰력 있게 분석하는 데 있어 도움이 되는지, 아닌지에 대한 인식의 재고가 필요한 시점이다.

초국가적인 정체성이 가장 잘 나타나고 있는 사례로는 전 세계에 존재하고 있는 화교(華僑), 화인(華人)을 들 수 있다. 특히 1970년대 말 중

2 한편 '코리언'과 같은 용어들이 오히려 모국 중심의 개념을 해체하는 뜻으로 사용되기도 한다. '코리언'은 '해외 코리언(Overseas Korean 혹은 Korean Abroad)'을 줄여 쓴 말이다. 물론 한국어에 '해외동포', '재외한인'이라는 용어가 있기는 하지만 외국인이 포함된 이주 연구자들 입장에서 '동포'라는 표현에 위화감을 느끼는 경우가 많으며, 이주의 유형과 성격에 있어서도 시대별로 다르기 때문이다. 예를 들어 일본에서 '한인'은 전쟁 전에 일본에 건너온 올드 커머(old comer)와 구분지어 전후에 건너온 뉴 커머(new comer)를 가리키는 경우가 많다. '코리안'은 제2차 세계대전 전에 해외로 이주한 사람들뿐만 아니라 현재의 유학생, 나아가서는 탈북자를 아우르는 개념으로, 해외에 거주하는 한반도 출신자들을 포괄적으로 지칭한다(아사쿠라 도시오, 2012: 7).

국의 개혁개방 이후 해외로 진출한 '신화교' 혹은 '신화교화인'으로 불리는 이주민들은 미주와 유럽, 아시아 각국뿐만 아니라 한국 사회에도 1992년 한중 수교 이후 구체적으로 모습을 드러내기 시작하였고, 다문화 사회로 변모하고 있는 우리의 일상에서도 언제든 마주칠 수 있는 존재들이다. 그리고 이들은 과거 우리가 일상적으로 접해 온 '화교'와는 다른 초국가적인 특징을 지니고 있다.

신화교화인을 이전과는 다른 초국가적인 존재로 이해한다는 것은 기본적으로 시간과 공간을 분석의 중요한 단위로 삼아야 한다는 것이다. 그럼에도 불구하고 한국 사회에서는 여전히 화교화인을 아무런 반성 없이 마치 모범적인 소수자 모델처럼 간주하고 있으며, 이것은 재외동포 정책을 강력히 추진하고 있는 한국 정부의 현 상황과도 무관하지 않다. 미국 사회에서 중국인 이민자들과 차이나타운을 분석한 첸(Chen, 1992)은 1980년대 이후 미국 사회에서는 더 이상 고립되고 단일한 종족적 집단으로서의 중국인, 차이나타운은 존재하지 않는다고 주장한다. 화교화인은 어쩌면 일종의 강력한 상상력의 산물일 수 있다. 스켈톤(Skelton, 2007) 역시 중국 개혁개방 이후의 중국인 이주민에 대한 분석을 통해 우리가 오늘날까지 일반적으로 통칭하는 중국인 혹은 화교가 이동의 패턴과 행동의 유형 및 형태에 있어서 다른 이주민 집단과 뚜렷하게 구별되는지에 대해 의문을 제기한다(Skelton, 2007: 35). 오늘날의 중국인 이주민 집단은 주로 남성이고, 비숙련자이며 중국으로 다시 돌아올 의도를 가지고 이주했던 체류자 성격을 지닌 19세기의 화교와는 너무나 다르다는 것이다(Skelton, 2007: 35-36). 따라서 오늘날의 중국인 이주는 '중국인'이라는 맥락보다 오히려 광범위한 세계적 이주 체계의 일부분으로 간주될 수 있다(Thunø, 2007: 7).

지금까지의 한국 화교 연구 역시 주로 누대에 걸쳐 한반도에 영구적 기반을 마련한 이른바 구화교(舊華僑)[3] — 특히 이들의 역사적 배경 및 현대의 소수자 문제 — 에 집중되어 있었다. 반면, 1992년 한중 수교 이후 유학, 결혼, 취업 등의 이유로 한국으로 건너온 이른바 신화교(新華僑) 혹은 신화교화인에 대한 연구는 거의 전무한 상황이다. 신화교는 정체성, 이주 배경, 직업, 학력 등 많은 면에서 기존의 구화교와 대비되는 차별적 존재들이다. 따라서 신화교에 대한 우리의 관심과 연구는 극히 현실적인 문제이기도 하면서 한국 화교사의 체계화를 이룩한다는 면에서 긴박하고 절실한 문제라 할 수 있다(송승석, 2010: 192-193).

본 장에서는 1992년 한중 수교 이후 한국 사회로 유입된 신화교화인들에 대한 문헌조사 및 현지조사를 바탕으로 중국 및 한국 사회라는 상이한 맥락 속에서 이주자들이 어떠한 정체성을 유지하는지 분석하였다. 본 장에서 주목하고자 한 것은 첫째, 구화교 및 신화교화인들의 개념적 정의의 변천 및 이에 대한 모국과 거주국에서의 활용이다. 필자는 우선 신화교 혹은 신화교화인의 정의와 그 활용에 있어 중국과 한국이 어떻게 다른지를 고찰하였다. 이를 통해 송출국과 유입국에서 신화교화인에 대해 거는 기대가 어떻게 다른지, 이것이 이주민의 정체성에 어떤 영향을 주는지를 파악하고자 하였다.

둘째, 1992년 한중수교 이후 한국으로 이주한 신화교화인들의 실제 생활과 문화가 어떻게 이루어지고 형성되고 있는지에 대해서이다.

3 일반적으로 화교들은 신화교와 구별해 노화교(老華僑)라고 부르는데, 필자는 신화교 혹은 신화교화인과 대비해 본문에서 구화교라고 지칭하였다.

필자는 참여관찰을 통해 조선족들의 집거지에 주로 생활하고 있는 신화교화인들이 조선족 등 주변의 종족집단들과 어떠한 연결망을 가지고 있는지, 한국사회에 대해 어떠한 인식과 전망을 가지고 있는지 깊게 이해하고자 하였다.

셋째, 최근 신화교화인의 새로운 유입이 이루어지고 있는 제주도라는 공간에 대해서이다. 필자는 구화교와 신화교화인이 조우하는 접점인 제주특별자치도에 대한 현지조사를 통해 중국 자본과 신화교화인들이 어떠한 과정과 방식으로 한국에 유입되는지, 이를 통해 한국사회의 공간과 문화가 어떤 변화의 과정을 겪는지 심층적으로 분석해보고자 하였다.

조사 방법으로는 인류학의 다현지조사 방법(multi-sited ethnography or multi-sited fieldwork)[4] 혹은 이동식 민족지 방식(mobile ethnography)이 적극적으로 사용되었는데, 신화교화인들의 이주의 경로를 따라 현지조사지를 자연스럽게 이동하며 조사가 진행되었다. 신화교화인에 대한 문헌은 2009년 중국신문사(中國新聞社)에서 발행한 『2008년 세계화상발전보고서(世界華商發展報告書)』 및 인터넷 매체인 '중국교망(中國僑网)'의 기사들이 주로 사용되었다. 국내외 각 문헌들에서 '신화교' 및 '신화교화인'의 명칭이 통일되어 있지 않아 본 장에서 역시 원 문헌에서 표기하고 있는 명칭을 혼용하여 사용하였음을 밝힌다.

4 다현지조사란 인류학에서 전통적으로 사용해 오던 기존의 사실주의 민족지를 극복하는 대안으로서 한 지역을 연구하는 것이 목적이 아니라 문화적 의미들, 대상, 정체성들의 순환을 분산된 시간과 공간대에서 연구하고자 하는 것이다(윤택림, 2002; Marcus, 2009[1995]; Falzon, 2009; Robben, 2007).

2. 화교 및 신화교화인의 정의와 특징

1) 화교의 유래

왕궁우(Wang, 2000: 39-71)는 화교(華僑)라는 용어가 근대 민족주의의 산물로서 외세에 의해 나약해진 중국이 호전적인 서구 열강에 맞서기 위해 새롭게 요구된 애국심을 반영시킨 것이라고 보고 있다.

원래 '일시적으로 자리 잡는다'라는 뜻의 '교(僑)'라는 단어는 4-6세기에 걸쳐 남북으로 분열되었던 남북조 시대에 사용한 것으로 외국의 침략에 어쩔 수 없이 남하한 북부 출신 엘리트 가문들을 공식적으로 인정하기 위해 만든 용어였다. 이런 특수한 경우를 제외하고 중국에서 이주는 기원후 천 년 동안 이민(移民)이나 유민(流民), 난민(難民) 및 그 외의 용어로 대변되었으며 모두가 중국 영토 내에서 이루어졌고 해외 이주는 기록에 나와 있지 않다.

그러나 13세기 말 송조(宋朝)가 몽골에 멸망당하자 다수의 피난민과 유신(遺臣)들, 무역상들이 중국 연해를 떠나 동남아시아에서 새로운 터전을 찾았다. 이후 중국인들의 해외이주가 본격적으로 시작되었다. 10세기 이후로는 여러 계층의 중국인이 소규모로, 16세기 말 이후로는 대규모로, 19세기 이후로는 그보다 한층 커진 규모로 물밀 듯이 중국을 떠나 해외로 진출하고 있다는 사실을 깨닫게 되자 청조(清朝)는 이런 이주 현상에 대해 어떻게 설명하고 대처하게 될지 고민하게 된다. 당시만 해도 여성이나 어린이들의 이동은 제약을 받아 대부분의 이주자들은 남성들이었는데, 이 남성들을 지칭하는 용어들은 부랑자 · 탈주자 · 범법자들이거나 단순체류자(sojourners), 방문자, 일시적인 거주자 정도였다. 1370년에서 1893년[5]까지 적법한 이유 없이 중국을 떠난 사람들은 범법자로 취급을 받았다.

청조는 19세기 말에 이르러서야 비로소 해외에 사는 것이 배신이나 범죄 행위가 아니며, 중국인이 해외에서 성공하면 실제로 중국에도 유리하다는 사실을 깨닫기 시작했다.[6] 이로써 개발된 '화교'라는 근대적 개념은 체류자의 정치적인 충성심을 장려하기 위해 만들어진 새로운 규범으로 중국 정부의 공식적인 보호 제공을 대가로 수반했다. 그러나 이러한 정치적 개념은 다른 민족들의 민족주의와 마주칠 때 갈등의 원인이 되며, 또한 화교 자신들의 고통의 원인이 될 수 있었다.

예를 들어 동남아 사회의 경우 화인 및 화교는 다른 소수자들과 구별되는 특징이 있는데 그것은 첫째, 그들의 모국은 동남아 근방에 있으며, 매우 넓고 인구가 많고 잠재적인 힘이 있으며 전통적으로 다른 민족과 지역 문화를 멸시한다는 것이다. 둘째, 그들의 모국은 공산 정부이고 혁명을 통한 세계 지배라는 국제적 음모의 일부로 인식된다는 것이다. 또한 동남아 여러 사회에서는 중국계 시민의 일부가 여전히 자신을 중국인으로 생각하고 있으며 충성스런 시민이 되는 것은 부차적으로 생각할 것이라고 의심한다. 또한 그들이 공산혁명화한 중국을 대신해 일할 것이라고 생각하며, 설령 중국인들이 정치적 · 문화적 동화를

5 청국은 1893년 '외국여행금지법'을 폐지하고, 1896년 일본과 '교역 및 선박조약'을 체결하면서 외국에 있는 모든 중국인을 화교로 규정하기 시작했다.

6 제1, 2차 아편전쟁으로 대외 개방을 강제당한 청조(淸朝)는 서양 열강의 압력하에 각종 불평등 조약을 체결하면서 차츰 화교 문제에 관심을 갖고 정책과 법률을 제정하게 되었다. 당초 화공(華工)을 보호하는 데 초점이 맞추어졌던 화교 정책은 그 후 화교 자본을 유치하여 근대 공업을 발전시키는 방향으로 전환되었다(손준식, 1998: 58).

했다 해도 피상적인 수준에 그칠 것이므로 오로지 긴 세월 동안의 '인종적인 혼합(racial mixture)'만이 사회문제화된 '중국인 문제'를 제거할 수 있을 것이라고 생각한다. 또한 화교와 자국의 중국계 시민의 경제력은 동남아시아 국가들에게는 하나의 오래된 협박으로 다가온다. 그동안 서구 지배의 신식민화 혹은 다국적 교역 시스템이 이들 동남아 국가들을 지배해왔는데 서구 세력이 철수하면 이 '중국인'들의 권력을 제어할 강력한 대책이 필요할 것이라고 여긴다(Wang, 1991: 300-302).

제2차 세계대전 이후 체류자들은 본국에 돌아갈 것인지, 거주국에서 동화를 할 것인지를 선택해야 했다. 거주국에 남아 현지 국가의 국적을 취득한 중국인들은 민족적으로 수 세대에 걸친 문화적 · 민족적 동화와 융화의 과정을 거쳤다. 따라서 이들에게 중국에 대한 충성심이 강조된 화교(華僑)라는 개념은 해당 이민이 거주하는 거주국의 의혹을 살 수 있으며, 심지어 해당 이민의 생존 기반마저 위협할 수 있게 되었다. 그래서 중국은 '교(僑)'가 가지고 있는 정치적 문제를 제거하기 위해 '화교'를 중국 국적 소지자로 제한하고, 문화적 · 민족적 개념으로서의 '화인(華人)'을 적극 부각시킴으로써 '화교화인(華僑華人)'을 일반명사화하여 사용하고 있다(김경국 · 최승현 · 이강복 · 최지현, 2003: 510-511).

2) 정치적 범주에서의 화교, 화인

화교는 한편으로는 '해외에 거주하는 중화인민공화국의 공민'이지만 또 한편으로는 대만(臺灣) 정부와 특별한 관계를 유지해 온 외국의 중국인들이다(Pan, 1999: 16). 청조가 268년 만에 막을 내리고 중화민국

시대로 들어서면서 국민당의 화교에 대한 기본 입장은 "화교는 혁명의 어머니"라는 말에 잘 나타나 있다. 즉 화교는 국민혁명 뒤의 방패로서 중화민국 성립에 지대한 공헌을 했을 뿐만 아니라 특히 재정적 기반이었던 것이다. 따라서 국민당은 신해혁명 이래로 화교에 대해 강력한 관심을 표명했으며 화교 문제를 다루기 위한 기구로서 '교무국(僑務局: 廣東革命政府)', '국민당중앙해외공작위원회(國民黨中央海外工作委員會)', '행정원교무위원회(行政院僑務委員會)' 등을 설립하여 각종 화교 관련 업무를 처리토록 하였다. 그러나 국민당의 적극적인 화교 정책에도 불구하고 국내 동란과 대외 전쟁으로 국민당 정부는 거의 화교 보호 정책을 돌아볼 사이가 없었고 오히려 화교로부터 재정 지원을 기대하는 쪽에 중점이 두어졌다고 할 수 있다. 이러한 현상은 대만 철수 이후에도 경제적 기반이 안정되기까지 계속되었고 경제 발전을 이룩한 이후에도 유엔 탈퇴로 인한 국제적 환경의 곤란에 대처하기 위해 화교를 경제적인 면보다는 국가의 '외벽(外壁)' 또는 '반공복국(反共復國)'의 일익으로 보는 기본 입장을 견지해 왔다.

한편 1949년 신중국 수립 이후 중국 공산당은 "정권 강화를 위하여 이용할 수 있는 모든 세력을 이용한다"라는 통일 전선 방침에 입각해서 해외화교를 인민공화국의 유기적 구성 분자로 보고 그와의 단결을 화교 정책의 기본 방침으로 하였다. 중국 공산당의 정치적 · 경제적 이익을 위해서 화교를 이용한다는 것이었다. 그러나 실권파를 타도하고 부르주아 노선을 철저히 배격한다는 문화대혁명(文化大革命) 노선의 총구는 국내에서 비교적 유복한 생활을 하고 부르주아적 잠재의식을 가진 교권(僑眷)[7]이나 귀교(歸僑)[8]에 겨누어졌다. 해외화교들의 화교 투자공사에의 투자나 이익은 동결되고 화교 가족과 귀국화교는 가산을 몰수당하는 피해를 입었다. 문혁 종식 후 중국 정부는 화교 공작을 부활하고 지방의 화교 사무기구를 재건함과 동시에 새로운 평화공존, 우호외교를 전개하였고 등소평의 개혁개방 정책 이후 더욱 적극적인 화교 정책을 추진하게 되었다(손준식, 1998).[9]

중국 대륙과 대만의 두 정치적 세력뿐만 아니라 홍콩(香港)과 마카오(澳門)까지 정치적으로 어떻게 인정하고 범주화하는지에 따라 '화교'의 개념은 달라진다. 학계에서는 대만, 홍콩, 마카오의 세 지역들에 거주하는 인구들을 화교의 범위에 포함시키기도 하고 제외시키기도 하는데, 대만은 국제 사회가 중국의 일부라고 인정하는 '지역'이지만 중국의 실제적인 국가 권력이 미치지 않으며, 홍콩, 마카오는 중화인민공화국의 국가 권력이 실제로 지배하는 곳이다. 결국 화교의 범위는 서방에 의해 화교가 부정적 수단으로 이용될 수 있는 '중화 경제권'이나

7 교권(僑眷)은 화교 · 귀교의 국내에 있는 권속, 즉 화교 · 귀교의 배우자, 부모와 그 배우자, 형제자매, 조부모(부계, 모계), 손자(부계, 모계) 및 화교 · 귀교와 장기간에 걸쳐 부양관계에 있는 기타 친족을 의미한다(손준식, 1998: 60).

8 중국에 귀국하여 정착한 화교를 가리킨다.

9 중국의 대외 화교 정책은 크게 4가지로 대별된다. ① 화교에 대하여 이중국적을 인정하지 않고 거주국의 국적을 취득하도록 권유한다. 즉 화교의 화인화(華人化)를 추진한다는 것이다. ② 화교의 정당한 권리를 보장하며 화교 거주국 정부에 대하여 화교의 합법적 권익을 보장할 것을 요구한다. ③ 화교가 거주국과 거주국의 법률을 존중하고 거주국 국민과 우호관계를 유지하며 장기간에 걸쳐 공존할 수 있도록 교육한다. ④ 화교 동포의 애국주의 정신을 수호하고 발양하며 가족보다는 나라를 사랑하도록 장려함으로써 화교동포 전체 단결을 도모한다(손준식, 1998: 64).

'화교 네트워크'의 논리적 전개를 위해 신축성 있게 조절된다(김경국 외, 2003: 511). 따라서 중국에서는 이들 지역의 중국인들에 대해서 (특정한) '동포(Compatriot)'를 뜻하는 '퉁바오(同胞)'라는 명칭으로 '화교'와는 구별해서 쓰기도 한다(Pan, 1999: 16). 또한 1990년대부터 화교라는 명칭 대신 많은 학자들이 써 오기 시작한 '중국인 이산민(離散民, Chinese diaspora)'이라는 개념은 '교(僑)'가 가지고 있는 국민국가적 요소들을 제거해 주는 효과를 가지고 있었다(Pan, 1999: 17). 그러나 1980년대 이후에는 이주민들의 보편적 성격을 강조한 '신이민(新移民, new migrants)'이라는 용어가 중국인 이주민을 아우르는 개념으로 사용되기 시작했다(Thunø, 2007: 3).

이렇게 '화교'라는 명칭은 단순하지 않으며 역사적, 정치적 상황에 따라 의미와 해석이 달라지는 성향을 가지고 있다. '구화교' 혹은 노화교(老華僑)로 통칭되는 한국화교의 경우 대부분 1945년 해방 후 거주국인 한국 사회가 분단되면서 거주국 정부와 외교관계가 있는 대만의 국적을 소지했고, 1992년 한중 수교 이전에는 고향인 중국으로의 입국이 금지되기도 했다. 거주국인 한국의 특수한 정치적 상황으로 인해 한국 거주 '화교'들은 거주국 정부나 학자들에 의해 시대적, 정치적으로 유리한 상황에 맞춰 자의적으로 개념화되고 해석될 수 있는 요소들을 지녀 왔다고 할 수 있다.

3) 현대 중국에서의 신화교화인

앞서 언급했듯이 중국에서는 일반적으로 화교(혹은 여외[旅外]화교)는 해외에서 거주하는 중국 공민을 가리키고 화인(혹은 외적[外籍]화교)은 화교나 그의 후손이 이미 거주국의 국적을 취득한 자를 가리켰다. 그러나 개혁개방 이후 중국을 떠난 이민자들의 경우에는 '신화교화인'이라는 용어가 사용되기 시작했다. 이 신화교화인은 개혁개방 이후 이민하거나 개인의 사정으로 해외로 나간 중국 공민을 가리킨다. 여러 통로를 통하여 해외로 이주해 나가는 이민자, 그리고 그들과 같이 이주하거나 해외에서 태어나는 자녀도 이에 해당된다. 이 집단들은 '신이민'이라 칭해지기도 했는데 개혁개방 이후 중국 정부에서는 공식적으로 이들을 '신화교화인'이라고 부르기 시작했다(中國新聞社, 2009: 3). 즉 신화교화인은 1978년 중국 개혁개방 정책의 실행 이후 출현한 새로운 해외 화교화인 집단이다. 이 집단은 다음과 같이 5가지 유형으로 나누어진다.

첫째, 20세기 80년대 국비 장학생의 신분으로 해외로 나간 유학생.

둘째, 20세기 90년대 이후 중국의 경제 발전에 따라서 나타난 자비 유학생.

셋째, 해외 투자를 하는 기업가와 기술 이민자.

넷째, 해외에서 거주하는 구화교의 2세나 3세.

다섯째, 해외에서 성공적으로 정착하여 주류 사회에 융합된 이민자들이며 이들은 거주국에 있는 과학연구원, 고등학술 단위와 기술 기업의 중요한 세력이 된다(中國僑网, 2009).[10]

10 『중국교망(中國僑网)』, 2009. 12. 3. http://www.chinaqw.com/news/200912/03/178230.shtml에서 인출.

〈표 2-1〉 개혁개방 30년 신화교화인 인구 통계표

<table>
<tr><th>1978-1998년</th><th>1999년</th><th colspan="4">2000-2008년</th><th>개혁개방 30년</th></tr>
<tr><td rowspan="4">180만 명</td><td rowspan="4">40만 명</td><td rowspan="3">계산 근거</td><td>1999년</td><td>2004년</td><td>5년간의 증가율</td><td rowspan="4">637만 명</td></tr>
<tr><td>40만 명</td><td>46.21만 명</td><td>2.93%</td></tr>
<tr><td colspan="3">증가율 2.93%로 계산:
$n \neq 1, S_n = a_1(1-q^n)/(1-q)$</td></tr>
<tr><td colspan="4">417만 명</td></tr>
</table>

출처: 中國新聞社, 2009: 5.

그러나 이들 신화교화인에 대한 중요성의 강조에 비해 자세한 통계자료를 구하기는 쉽지 않다. 지역 간의 인구 유동, 각 민족과의 통혼과 같은 여러 요인들의 영향으로 인하여 중국은 해외화교화인에 대한 전면적 인구 조사를 하기 어려운 상황이다. 현재 화교화인의 인구 통계 자료의 출처에 관하여, 일부는 거주국의 전문적 통계이며 대부분은 중국 영사관, 화교 사무 기구, 화교 사단의 통계 자료이다. 그러나 통계 시간이 인수와 일치되지 않는 문제도 자주 일어나기도 한다. 각종 통계를 종합해 보면 2008년 현재 화교화인의 전체 수는 약 4,800만 명에 달한다. 이 중 1978년 개혁개방 이후 30여 년간 해외로 진출한 신화교화인의 수는 약 637만여 명으로 집계된다.

화교화인의 출신지로 보면 광둥성(廣東省) 54%, 푸젠성(福建省) 25%, 하이난성(海南省) 6%, 기타 성, 시, 자치구 15%(그중에 대부분이 대만(臺灣), 광시(广西), 산둥(山東), 신장(新疆), 윈난(雲南)이다)로 추정한다. 방언으로 나누어 보면 민난(闽南; 주로 泉州 지역), 광부(广府; 주로 广州 지역), 차오저우(潮

州), 커자(客家) 지역의 4개 방언을 사용하는 화교는 해외화교 총인구의 80%를 차지한다. 전통적으로 화교화인은 전 세계에 걸쳐 분포되어 있으며 주로 아시아 지역에 대부분 거주한다. 과거에는 중국의 해외이민의 분포가 인접 국가에만 제한되었기 때문이다. 그러나 미국과 유럽에도 1990년대 이후 화교화인이 대폭 증가하기 시작하였다. 이는 개혁개방의 영향 때문이었다.

〈표 2-2〉 1950년대 초부터 1990년대-2000년경까지 화교화인 분포 변화 비교표

지 역	20세기 1950년대 초		1990년대- 2000년경	
	화교화인 인구(명)	비율(%)	화교화인 인구(명)	비율(%)
아시아	1,166만 7천	96.45%	3,294만	82.85%
미주	25만 6천	2.12%	433만	10.90%
유럽	3만 7천	0.31%	145만	3.66%
호주	9만 8천	0.81%	78만 6천	1.98%
아프리카	3만 7천	0.31%	24만	0.61%
합계	1,209만 7천	100.00	3,975만	100.00

출처: 中國新聞社, 2009: 4.

개혁개방 이후부터 중국대륙에서 해외로 이주해 나간 인구가 현저히 늘어나기 시작했는데, 특히 1986년 2월 1일에 '중화인민공화국출입경관리법(中華人民共和國出入境管理法)'이 실시되면서부터였다. 이 법의 영향으로 중국 대륙에서는 '출국열(出國熱)'의 풍조가 일어났으며 이후 30년 동안 해외에서 '신화교화인' 집단이 형성되었다. 대다수의 국제이민과 같이 신화교화인의 해외로 이주해 나가는 방식은 가족결합(家庭團聚)이민, 유학이민, 기술이민, 투자이민, 노동이민, 정치이민 등의 6종류로 나눌 수 있다. 그 이외에 경제 이익과 생활 개선을 도모하기 위하여 비정상 통로로써 해외로 이주한 불법이민도 있으나 불법적 요소를 제외한다면 그들 대부분을 노동이민으로 간주할 수 있다.

신화교화인의 중국 내 주요 출신지와 인원수를 살펴보면 〈표 2-3〉과 같으며 푸젠성(福建省), 저장성(浙江省), 광둥성(廣東省)이 주된 송출 지역이다. 그 밖에도 헤이룽장(黑龍江), 윈난(雲南), 산둥(山東), 신장(新疆), 장쑤(江蘇), 후베이(湖北), 산시(陝西), 충칭(重慶) 등지도 신화교화인의 주된 거주지였는데, 티베트를 제외한 각 성구시(省區市)의 인구수를 최저 평균 5만 명으로 계산하면 아래 표에 제시된 지역 외에 20여 개 성, 시에서 해외로 이주해 나간 신화교화인의 인구의 수는 100만 명을 훨씬 넘는다고 할 수 있다. 이를 토대로 개혁개방 30년간 신화교화인의 총인구수를 산정해 본다면 약 600만 명에 이를 것으로 추정할 수 있다.

〈표 2-3〉 개혁개방 이후 중국 주요 신화교화인 출신지의 신화교화인 인구 통계표

성, 시, 자치구(출신지)	신이민 수 (단위: 만 명)	자료 수집 시간 (년/월)	자료 출처
푸젠(福建)	110.497	2006	『福建日報』
베이징(北京)	30	2004. 10.	北京市僑办
톈진(天津)	30	2008. 12.	天津市僑办
저장(浙江)	145	2008. 12.	浙江省僑办
광둥(廣東)	100	2004. 12.	廣東省僑办
상하이(上海)	50	2008. 11.	上海市僑办
동삼성(東三省)	40	2008. 10.	한국 『조선일보』
총 계	505.497		

출처: 中國新聞社, 2009: 6.

한편 〈표 2-3〉을 보면 동삼성의 신이민 수를 발견할 수 있다. 이들 대부분은 조선족으로서 중국 정부의 입장에서 파악할 때 그 수가 많고 주요한 신화교화인의 범주에 포함된다고 할 수 있다. 이것은 한국 정부에서 한국계 중국인으로 따로 범주화하는 것과는 대조되는 지점이다. 이들은 한국으로의 이주로 인해 중국과 한국 사이에 '적극적이면서 다중적으로 끼인 존재'가 된 것이다.[11]

오늘날 중국에서는 국제 경제의 세계화, 세계 경제의 일체화에 따라서 중국의 개혁개방 정책이 철저히 실행되고 세계 여러 나라와 경제, 문화, 인원 등의 교류가 날로 증가하게 되면서 '신화교화인'의 존재를 점차 중요하게 생각하고 있다. 특히 금융 위기 이후에는 중국이 이를 적극적으로 대비하는 측면에서 해외화교와 유학생을 끌어들이는 정책을 실시하며 귀국 창업을 장려하고 있다. 즉 중국 정부는 신화교화인에 대해 경제의 안정적인 발전과 사회의 평화를 유지하도록 하는 중요한 존재로서 중국 경제를 지속적이고 안정적으로 발전시킬 수 있다고 생각하고 있다. '구화교'에 대비해서 '신화교화인'은 다음과 같은 특징이 있다.

첫째, 이들이 널리 분포한다는 점이다. 주로 동남아와 북미 지역에 거주하는 구화교와 달리 신화교화인은 세계 각지에서 퍼져 거주하고

11 중국 조선족은 중국의 개혁개방 이후 다양화된 장 안에 포함되기 시작했다. 특히 한중 수교 이후 한국인과의 만남으로 인해 지금까지 기본적으로 한족을 비롯한 중국 내 소수민족과의 관계 속에서만 자아정체성을 확인해 오던 조선족 구성원들은, "나는 누구인가?"라는 원초적인 질문에 고심하게 되었다. 이들은 중국인이면서 조선족이라는 이중적인 정체성을 표현할 수 있는 '중국조선족'이라는 용어를 선호한다(허명철, 2012: 466). 이는 국민정체성과 민족적 정체성을 한꺼번에 표현한 것이라고 할 수 있다.

있으며, 특히 선진국이나 경제가 발달된 지역에서 거주한다. 특히 미주는 신화교화인의 증가율이 가장 높은 지역이며 유럽의 경우 1990년대 후반부터 신화교화인 상인이 현저히 늘어나기 시작했다.

둘째는, 이들은 젊은 층이 많을 뿐만 아니라 대부분 좋은 교육을 받았으며 거주국에서 기업관리, 금융, 과학기술, 교육, 의약, 법률, 부동산, 건축 디자인 등의 고숙련 영역뿐만 아니라 다국적 기업 등에서도 활약하고 있다.

셋째, 고국에 대해 보국(報國)하는 마음이 높다. 이른바 '신화교화인'의 '중화정결(中華情結: 중국인으로서의 잠재의식)'은 더 확고하다.[12] 오늘날 중국 경제 및 사회의 지속적 발전과 중국 경제의 지위가 상승함에 따라서 조국에 대한 '신화교화인'의 애국 열정도 나날이 고조되고 있다.

넷째, 신화교화인은 중국의 창업 능력을 향상시킨다. 즉 신화교화인이 귀국 창업의 주체가 된다. 특히 해외 유학을 마치고 귀국한 '신화교화인'이 모국에서 창업을 통해 높은 과학기술 관련 기업들을 세웠는데, 이들이 지닌 대규모의 자금보다 더 중요한 것은 이들이 모국에 해외의 선진적 관리 방식, 과학기술, 용자 방식, 발전 이념을 끌어들였다는 점이다.

그러나 중국인 학자들을 포함한 이주를 연구하는 학자들은 왜 계속해서 이들을 화교화인으로 불러야 하는지 의아해한다. 이들이 과거 '쿨리'로 통칭되던 이주민의 성격과 판이하게 다르기 때문이다. 그럼에

---

12 신화교화인의 보국에 대한 증거로 2007년 후반 국제 금융 위기가 닥쳤을 때 대규모의 화교화인과 상업에 종사하는 신화교화인 엘리트들이 중국으로 대거 귀국했던 것을 꼽는다.

도 불구하고, 중국 공민을 나타내고 뜻하는 '화교(overseas Chinese)'와 중국 밖에 살고 있는 비중국인 시민인 '화인(ethnic Chinese)'을 아우르는 과거의 구분은 중국 사회에서 아직도 주요한 공식적인 담론으로 유지되고 있다. 반면 학자들이 새롭게 개념화하고 있는 '신이민'의 개념은 매우 드물게 사용되는 형편이다(Thunø, 2007: 4).

3. 신화교화인의 한국 유입과 적응

1) 한국에서의 신화교화인의 정의

앞서의 논의대로 '신화교' 혹은 '신화교화인'이란 크게는 중국의 개혁개방 정책 이후인 1970년대 후반부터 본격화되고 있는 중국인들의 새로운 이동에 따른 유입을 일반적으로 지칭하고 있는 말이다(조정남, 1998: 48). 그러나 한국 사회에서의 의미로 좁힐 경우 이들 '신화교'는 1992년 한중 수교 이후 한국에 유입된 '중국 본토인'을 뜻한다.

한국에서 '신화교'는 한국의 역사적인 특수한 상황과 연관되어 있다. 1949년 10월 중화인민공화국 수립 이후부터 1992년 한국과 중국 간의 국교 수립 전까지 지속된 한중 간의 단교로 인해 한국으로의 중국인 유입은 이뤄지지 않았다. 따라서 1992년 양국 간 국교 수립 이후 중국 대륙에서 건너오는 중국인들을 이전의 '구화교(舊華僑)' 혹은 '노화교(老華僑)'와 구별해서 '신화교(新華僑)'라고 부르고 있으며(양필승 · 이정희, 2004: 104-105), 통상적으로 중국조선족 혹은 중국동포(이하 조선족으로 표기)를 제외한 중국인 혹은 한족(漢族)을 가리킨다. 1992년 한중 수교 당시 불과 516명에 불과했던 이들 신화교화인의 수는 2011년 현재 207,384명에 달해 대부분 대만 국적을 가진 한국 내 거주 구화교의 수보다 약 10배 이상 많다(〈표 2-4〉 참조).

이들 신화교의 움직임은 과거 중국인들의 해외 진출과는 내용면에서 상당한 차이가 있다. 과거와는 달리 이들은 대개 해외에서 유학을 한 후 그 자리에 눌러앉아 생활하거나 또는 해외 가족들과 살기 위해서, 또 보다 유리한 경제 환경을 찾는 '투자이민', '상업이민'이 대종을 이루며 이들은 또 전적으로 자의적이고 의도적인 외국행이라고 하는 점이 특징적이다. 그리고 이들이 택하는 이민 대상국도 하나같이 부유한 나라들이며 가난한 나라는 거의 없다. 그리고 이들은 학력도 상당히 높을 뿐 아니라, 이민 전의 경제적인 상태도 좋은 편이다(조정남, 1998: 48).

한국으로 유입된 신화교들 중에는 대기업이나 대학에 근무하는 전문직 종사자들도 다수 존재한다. 2012년 현재 국내 입국 중국인 중에는 기업 투자(D-8)가 569명, 교수(E-1)가 286명, 회화 지도(E-2)가 851명, 연구(E-3)가 403명으로 파악되고 있다(법무부 출입국 외국인 정책본부, 2012). 한국 사회의 차별과 배제 속에서 이른바 '짜장면'으로 대표되는 중국 음식점을 경영할 수밖에 없었던 구화교들의 삶에 비하면 비약적인 발전이라고 할 수 있다.

그러나 이들 전문직 종사자들보다 더욱 그 수가 많으며 일반적으로 존재하는 부류는 노동[13], 결혼, 유학이주[14]라고 할 수 있다. 이러한

---

13 노동이주에는 미등록 이주가 포함되어 실제 인원수는 더 많을 것으로 판단된다.

14 결혼이민(F-6)은 20,727명으로 약 14%, 유학(D-2)은 43,823명으로 전체 등록 중국인 가

부분은 중국에서 일반적으로 서구로 이주한 중국인들과는 다른 모습이며 한국 사회 신화교화인의 특징이라고도 할 수 있다. 본 절에서는 신화교화인들의 대다수를 차지하는 등록 및 미등록 노동자와 결혼이주자들의 유입과 일상생활을 중심으로 기술하고자 한다.

〈표 2-4〉 국내 거주 등록 외국인 중 대만, 중국, 한국계 중국인의 연도별 현황[15]

연도	국적	인원	연도	국적	인원
1992	대만	23,479	2008	대만	21,789
	중국	516		중국	121,754
	한국계 중국인	419		한국계 중국인	362,920
1996	대만	23,283	2012	대만	21,176
	중국	17,387		중국	151,945
	한국계 중국인	9,345		한국계 중국인	322,861
2001	대만	22,791	2013	대만	21,187
	중국	30,740		중국	161,098
	한국계 중국인	42,827		한국계 중국인	329,835
2007	대만	22,047	2014	대만	21,014
	중국	111,008		중국	171,174
	한국계 중국인	310,485		한국계 중국인	375,572

출처: 법무부 출입국 · 외국인정책본부, 『출입국관리통계연보』에서 발췌(1993-2014).

운데 27%를 차지한다.

15 화교의 대부분은 대만 국적을 가지고 있기 때문에 대만 국적 인원을 국내 화교 인원의 대다수라고 할 수 있다. 그러나 최근 대만에서 새로 입국하는 사람들이 있으므로 구화교의 정확한 통계를 위해서는 체류자격별로 다시 분류해야 한다.

2) 신화교화인의 유입과 적응

한국에서 신화교의 등장은 1992년 한중 수교 이후를 기점으로 한다. 한국 사회는 고도 성장기였던 1980년대 후반부터 3D 업종을 중심으로 단순 기능 부족 현상이 심화되었고 사용자 단체들이 외국인 인력의 도입을 주장하기 시작하면서 1991년에 이른바 산업연수생들이 국내에 들어오기 시작했다.[16]

중국에서도 인력회사가 산업연수생에 지원할 노동자들을 모집해서 한국으로 보냈다. 산둥성(山東省) 지난(濟南)에는 산동국제공사가 있어서 중국 각 성(省)에 연락을 취해서 희망자를 모집했다. 모집된 노동희망자들은 5만 위안-7만 위안 정도를 인력회사에 지불한 후 웨이하이(威海)에서 배를 타고 한국으로 향했다. 당시에는 한국행의 경쟁률이 최고 100:1 정도로 아주 높았으며 한족과 조선족의 구분이 없었다.

16 1991년 11월 법무부 훈령 '외국인산업기술연수사증발급 등에 관한 업무처리 지침'이 제정된 이후 현지 고용 인력 기능 향상이라는 명목하에 외국인 산업기술 연수생들이 국내에 들어오기 시작했으나, 이 제도가 외국인 연수생의 불법취업을 야기하면서 1993년 4월 중단되었다. 그러나 기업체들의 도입 재개 목소리가 점점 커지자 산업기술연수생제는 1993년 11월 다시 부활되었다. 1994년 5월부터는 산업기술연수생이 본격적으로 도입되기 시작하였으며, 이후 중소기업 인력난의 심화에 맞물려 산업기술연수생의 정원은 지속적으로 확대되었다(고혜원 · 이철순, 2004: 19). 이후 이 제도는 연수취업제로 변경되는 등 우여곡절을 거친 끝에 2006년 12월 말에 폐지되었다. 2005년 7월 27일 개최된 외국인인력정책위원회가 외국인인력제도는 2007년 1일 1부터 고용허가제로 단일화한다는 결정을 내렸기 때문이다. 사실 고용허가제는 2003년 8월에 외국인 고용법이 제정되면서 1년 뒤인 2004년 8월 17일부터 이미 시행되고 있었다. 산업연수생제가 연수를 가장하여 사실상의 근로를 시키는 편법적인 제도라는 지적이 오래전부터 있었으며, 이 제도가 불법체류자의 증가를 조장한다는 비판을 받으면서 한동안 고용허가제와 산업연수생제가 병행 실시되는 시기를 지나왔었다(최홍엽, 2008: 189).

> 단체로 비자를 받았으니까. 산동 이름으로 비자를 받은 거예요. 연수생 이름으로 받은 거예요. 여기 인원수가 정해져서 동북에서 나눠 가지는 거예요. 산동국제공사라고 있어요. 거기에서 연수생 명단 있잖아. 그러다 보니까 100명, 200명 몰리는 거예요. 그러니까 가까운 사람만 나오지 일반 사람은 못 나오는 거야. 돈 내고 그런 사람도 많고….(J씨[중국 랴오닝성(遼寧省) 선양(瀋陽) 출신 조선족으로 1995년에 한족들과 함께 산업연수생으로 입국함. 현재 영등포구 대림동에서 신문사 및 여행사 경영]).

이후 동북 지역의 한국행 희망자가 많아지면서 지린성(吉林省)과 헤이룽장성(黑龍江省)에도 국제공정공사라는 인력회사들이 생기기 시작하고, 이후 중국 내에 8개의 회사가 설립되었다. 산업연수생으로 선발되지 못한 사람들은 관광비자를 발급받아 한국에 왔다. 이들은 한국에서 노동하면서 기간을 넘기는 경우가 많아 불법체류자가 되기도 했다.

한족과 조선족의 유입이 완전히 다른 길로 가게 된 것은 2007년 방문취업제의 실시부터이다. 산업연수생 제도가 불법취업의 폐단이 있어 2004년도부터는 고용허가제로 전환되면서 같이 유지되었으나 산업연수생제가 폐지되면서 중국인들의 한국 이주가 점차 어려워지기 시작했다. 그러나 조선족의 경우는 외국 국적 동포를 대상으로 하는 방문취업제가 신설되면서 한국으로의 유입이 급속화되었다.

한족들의 경우는 고용허가제하에서 한국으로의 입국이 더욱 어려워졌으며 한국으로의 진출이 어려워지게 되었다. 이때부터 한족들은 유학이나 투자이주, 결혼 등의 합법적 방법과 관광비자를 발급받아 한국에 와서 불법체류자가 되는 길을 선택할 수밖에 없었다. 유학의 경우

유학한 당사자가 아르바이트에 종사하거나 학부모가 동반입국을 하여 일자리를 찾기도 하며, 결혼의 경우 한국인 배우자와 국제결혼한 결혼이민자들이 중국에 있는 가족을 초청할 수 있는 기회를 이용하여 가족들의 노동 기회를 마련해주기도 한다. 중국인들이 유학이나 결혼 외에 일반적으로 가장 많이 선호하는 것은 관광비자로 한국에 입국하는 것이다. 이것은 주로 여행사에 단체관광을 신청하여 사증을 발급받는 방식으로, 신청자는 이 과정에서 10만 위안이라는 거액의 보증금을 내야 한다. 이들은 단체 관광객 신분으로 한국에 도착한 후 주로 관광이 아닌 노동에 종사하는데, 체류기한이 만료되면 중국에 돌아갔다가 다시 오기도 하지만 대부분은 귀국하지 않고 자발적으로 '불법체류자'의 길로 들어선다.

> 옛날 같지 않아서. 정상적으로 정상적인 루트로 나가는 길은 없어요, 지금. 정상적으로 가 가지고 단기 비자로 나가서 불법체류하는 것. 옛날 다 그랬잖아요. 요즘은 의미 없다 이겁니다. 한족들이 어떻게 나가냐 하면, 전에는 관광비자 3개월 비자 있었어요. 그걸 해 가지고 한국에 가 가지고 3개월 동안 일하고 기한 되면 또 나가고 왔다 갔다 했어요. 시간 어느 정도 되니까 한국 정부에서도 알게 된 거야. 자꾸 나와 가지고 관광이 목적이 아니고 취직, 일하는 것이 목적이거든요. 그래 가지고 3개월짜리 여행비자를 없애 버리고 무조건 1개월짜리를 줬습니다. 지금도 1개월밖에 안 나옵니다.(C씨: 41세, 조선족, 중국 랴오닝성 단둥시에서 여행사 경영)

산업연수생제가 폐지되면서 현재 한국 내의 중국인들은 대부분 관광비자를 통해 입국하여 노동을 하고 있는 이른바 '불법체류자'들이 대부분이다. 이들은 단속을 피하기 위해 따로 모여 살지 않으며 서울시 영등포구 대림동 일대나 경기도 안산시 원곡동 주변 등지와 같이 조선족들이 집거하고 있는 곳이나 서울에서 벗어난 경기도 외곽 등지에 분포한다. 이곳에는 중국인 노동자들뿐만 아니라 결혼이주자 중 위장결혼으로 한국에 온 여성들도 다수 존재한다. 이들이 대림동이나 안산에 분포하는 이유는 첫 번째로, 취약한 언어 때문에 발생하는 여러 문제들에 대해 즉각적으로 도움을 받기가 쉬우며, 두 번째는 지하철 등 교통의 편리함 때문이고, 세 번째는 고향의 음식을 먹기 위해서이다. 결혼이주여성들 중에는 조선족 집거지에서 유흥주점이나 술집, 노래방 등에 취업하기 위해 거주하기도 한다.

> 하나는 음식 같은 것… 대림동 같은 곳은 자기가 직접 할 수도 없잖아요. 신분 때문에 못 할 수도 있고. 여력이 안 돼서 못 할 수도 있고. 그런데 조선족들이 하는 데는 같이 어울려서… 원하는 음식 먹을 수도 있고. 살아가는 데 음식 무시 못 하죠. 어울려야 되잖아. 정보 같은 것도 얻을 수 있고. 자기가 직접 접하지 못하잖아요.(G씨: 조선족, 대림동에서 신문사 및 여행사 경영)

영등포구 대림동의 경우에는 2008년에 불법체류자들을 적발하기 위해 대대적인 단속을 벌인 적이 있었는데 이로 인해 식당 영업이 한동안 거의 정지되다시피 했다. 당시 조선족이 대부분인 식당 주인들이 거세게 항의한 이후로는 단속을 하더라도 단속반원들이 식당 안에 들어오지는 않는다고 한다. 때로 조선족과 신화교화인 사이에는 같은 국적을 가졌다는 소속감과 동질감이 존재하는데 이러한 요소들은 이들이 거주국에서 함께 모여 살아가는 중요한 이유로 작동하기도 한다.

이상과 같이 한국의 신화교화인들은 중국에서 개념화하는 전문인력보다는 주로 결혼이민여성이나 산업연수생 등 생산직 노동자, 불법체류 노동자로 특징지어진다. 한국 사회에 유입되는 중국인의 경우에는 노동력에 있어 조선족 등 활용 자원이 많기 때문에 고용허가제를 통해 유입이 차단되고 있으며, 오히려 한국 사회의 이익을 위해 유학이나 투자이민을 장려하는 형편이다. 따라서 관광비자 등을 통해 들어와 불법으로 체류하고 있는 중국인 노동자들은 점차 주변부로 밀려나거나 조선족 집거지에 숨어 지내는 경향을 나타낸다.

4. 신화교화인 이주의 새로운 방식: 제주특별자치도의 사례

1) 화교의 제주도 이주 역사

제주도에 처음 입도한 화교가 누구인지는 불명확하다. 다만 제주도 화교의 자손들의 구술 자료를 통한 자료 수집 결과 1920년으로 추정될 수 있다. 이 시기 화교들 대부분은 산동 지역의 혼란한 정치 상황 및 흉년과 홍수로 지속된 가난을 피해 돈을 벌기 위한 경제이주가 주를 이루었다. 그래서 가족 단위의 이민보다는 젊은 가장이나 청년 위주의 계절이주가 많았다. 이들 대부분은 가난한 농사꾼이거나 목공, 석공 등 기술을 가진 사람들로(문미라, 2009: 11-12)[17] 구화교의 주종을 이루는 전형적인 쿨리(苦力)[18]라고 할 수 있다. 당시 화교의 총수는 1923년 38명(남 36명, 여 2명)으로 이후 꾸준히 소폭 증가했다.

〈표 2-5〉 제주도 화교의 인구(1923-1926년)

(인구 단위: 명)

연도	호구 수	인구(남+여)	제주도 인구	일본인 인구
1923	26	38(36+2)	209,018	868
1924	22	50(48+2)	214,584	792
1925	19	59(55+4)	204,315	1,105
1926	32	87(83+4)	209,841	1,083

출처: 문미라(2009: 13)

1950년 8월에는 중국공산당의 위협을 피해 중국 피난민 30여 명이 탄 배가 제주시 산지항에 들어왔다. 이들은 중국 요녕성 장하현 석송도에서 해상운수 사업으로 성공한 양낙산(1896-1961) 일가 50여 명과

17 본문에는 '이민', '계절이민' 등의 용어를 사용하고 있으나 적합하지 않아 연구자가 '이주', '계절이주' 등으로 바꾸어 놓았다.

18 쿨리(苦力) 혹은 꾸리란 한마디로 고용(雇用)이란 뜻인데, 아시아 미숙련노동자들에 대한 유럽인들의 총칭이다. 쿨리는 원래 인도어로 Kuli(날품팔이의 뜻)에서 유래되었는데, 영국인이 동남 연해 지역에서 중국인 노동자를 Coolie라 불렀으므로 이를 음역(音譯)하여 '苦力'으로 표시하였다. 중국어로는 역사적으로 천민을 의미하기도 한다. 국제적인 맥락에서 쿨리 무역(苦力貿易)은 18세기 말에서 19세기에 걸쳐 진행된 아프리카 흑인 노예의 해방과 밀접한 관련이 있다. 즉 아프리카 흑인 노예 해방은 구미 자본에 심각한 노동력 부족을 초래한바, 구미 열강은 그러한 위기에서 탈출하는 일환으로 중국과 인도에서 쿨리 무역을 진행하였다. 쿨리 무역은 초기 단계부터 본격적으로 확대되었으며 이로부터 근대 중국인의 해외이민 역사가 시작되었다. 한국의 화교 사회도 한마디로 이들 쿨리를 기초로 형성되었다(李玉蓮, 2005: 121-122; 이덕훈, 2002: 54).

인천, 부산 지역에서 피난이주를 같이 한 화교 30여 명이었다. 해상호의 제주도 입항은 지금까지의 화교 이주와 다른 형태인 피난이주였다. 1920년대의 경제이주가 아닌 1950년대 중국공산당과 국민당의 내전으로 공산당이 세력을 확장하자 그 압력에서 벗어나는 것을 목적으로 한 정치적, 이념적 이주였다(문미라, 2009: 15).

〈사진 2-1〉 해양호 중국 피난선 체험관(좌)과 내부 전시물(우)[19]

1950년 이후 제주 화교의 생활은 일반적인 한국 화교의 궤적과 맥락을 같이 한다. 제주 지역 화교들은 주로 중화 요리를 중심으로 개업

---

19 제주시 건입동 일원의 산지천 부근에 위치해 있다. 1950년 중국이 국공내전을 치를 때 발생된 난민들이 제주도의 산지천에 정박하면서 수년 동안 피난처로 이용하였던 배이다. 이곳에 복원 전시된 배는 당시 중국 요녕성 장하현의 일가 친족 등 난민들이 타고 온 70톤급의 범선을 축소 제작한 것으로, 내부는 그 당시 피난민 중 현재 생존 인물과 후손들의 증언을 토대로 생활을 재구성하였다. 이 피난선은 중국인 관광객 유치를 목표로 2002년에 제주시에서 22억 원을 들여 설립했으나 당초 취지와 달리 중국인 관광객에게 되레 부정적인 이미지를 심어 준다는 여론이 형성되면서 제 기능을 하지 못했으며 시설 안전 미흡 및 관리 미비로 2015년 6월 27일까지 철거하기로 결정되었다(제주시 문화유적지 관리소; 『한라일보』, 2015. 5. 5.; 『제주일보』, 2015. 5. 7.).

했으며, 1975년 이후에는 한국 사회의 차별을 피해 미국으로 이동하였다. 2009년 현재 제주화교협회의 통계에 의한 직종별 분포도는 요식업 60%, 관광업 10%, 자영업 20%, 한의원 1%, 기타 9%를 보인다(문미라, 2009: 33).

〈표 2-6〉 제주도 화교 인구(1999-2007년)

연도	남	여	합계
1999	157	135	292
2003	138	130	268
2008	138	126	264

출처: 문미라(2009: 41)에서 편집

현재 제주도에는 1920년대에 유입된 구화교와 1992년 이후 유입된 신화교화인, 조선족 등 다양한 배경의 중국 출신자들이 다양한 직종을 이루며 분포하고 있다.

2) 대규모 중국 자본 및 신화교화인의 유입

제주특별자치도의 경우 신화교화인의 유입 형태 중에서 과거와는 다른 독특한 초국가적 형태의 이주가 이루어지고 있다. 2006년 특별자치도 시행 이후 외국인 투자 유치의 대부분이 중국 및 동남아 지역에 기반을 둔 화교화인 자본이 집중되고 있다. 그래서 제주도 사람들은 "'중국인'이 앞으로 10년간은 제주도를 먹여 살린다", "(중국이) 제주도를 중국화한다"라고 공공연히 말할 정도이다. 실제로 2012년에 수립

된 제2차 제주국제자유도시종합계획(2012-2021년)은 '대중국 공략'을 기조 전략으로 상정하고 있으며 향후 10년간 제주에 가장 큰 영향을 미치고, 발전에 기여할 수 있는 중국을 적극적으로 활용하자는 취지에서 아예 한자어로 비전을 설정해 놓았다(〈그림 2-1〉). 이것은 근본적인 모순을 내포하고 있다. 경계가 없고 자유롭게 이동하는 초국가적인 현상을 반영하면서도 '중국'이라는 구체적인 지역을 중심으로 한다는 것이다.

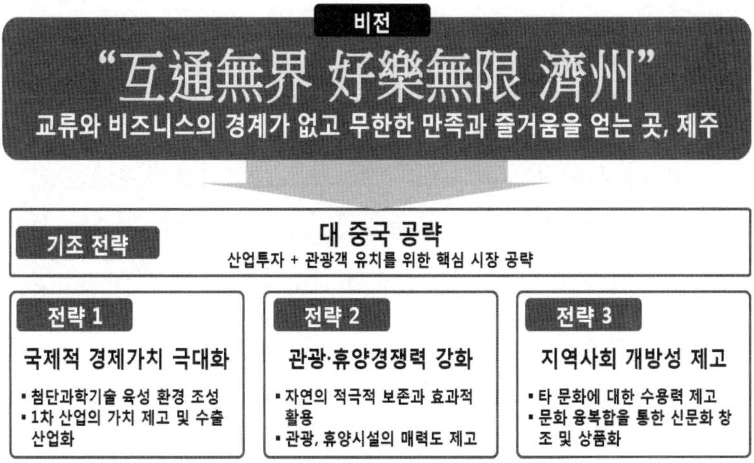

〈그림 2-1〉 제2차 제주국제자유도시 종합계획에 나타난 전략 방향
출처: 제주특별자치도. 2011. "제2차 제주국제자유도시 종합계획". p. 110.

제주의 외국인 투자는 2006년부터 2012년 말 현재까지 버자야그룹, 한국폴로클럽, 제주분마그룹, 백통그룹, 홍유개발, 제주중국성개발, 녹지그룹 등 12개 사업으로 총사업비 규모는 5조 5,233억 원이다. 제조업 2개 사업(201억 원), 관광 개발 서비스산업 10개 사업(5조 5,032억 원)으로, 특히 관광 개발 사업에 집중돼 있다. 국가별로는 2010년 이후 투자 유치된 8개의 사업 중 중국 자본이 7개, 일본 자본이 1개이다. 제주도 내에서 중국인이 사들인 토지는 2009년에는 2만m^2로 제주도 전체 외국인 소유 토지 760만 8천m^2의 1%도 못 미쳤지만 2014년 6월 말 현재 외국인 소유 전체 토지 1,378만 8천m^2의 43.1%에 이를 정도로 급증하였다(주민욱 · 최낙진, 2015: 147). 이는 중국 정부의 대외 투자 지원 정책인 저우추취(走出去: 해외 진출) 전략의 영향이 컸으며 제주도의 경우 2009년부터 중국인 제주 방문 시의 노비자 혜택과 2010년 2월부터 시행된 부동산 투자 영주권제가 신호탄이 됐다.[20] 부동산 투자이민은 분양 가격 50만 달러(약 5억 5,800만 원) 이상인 제주의 휴양형 리조트나 콘도를 사들이는 외국인에 대해 5년간 거주 비자를 주고 이후에는 영주권(가족 포함)을 부여하는 제도이다. 투자자는 물론이고 배우자와 그 자녀들까지 한국 국적의 영주권이 주어지는 터라 중국인들이 부동산 투자 차익과 함께 자녀의 유학 등을 위한 시민권 획득 등에 큰 관심을 갖게 되었다(『한국경제매거진』, 2013. 1. 21.).

20 2010년 2월 1일부터 시행된 외국인 부동산 투자이민 제도를 보면 제주특별자치도지사의 개발사업 시행 승인을 얻은 개발 사업 지역 내의 휴양체류 시설을 매입한 경우, 미화 50만 불 이상 또는 한화 5억 원 이상 휴양체류 시설(콘도 등) 매입 시, 2인 이상 공동 소유 시 1인당 투자 금액이 5억 원 이상 될 경우 영주권을 부여하도록 되어 있다. 또한 외국인등록증을 발급받은 외국인은 내국인과 동등한 공교육, 영어교육도시 내의 국제학교 등록이 가능하며 의료보험에 있어서도 내국인과 동등한 의료보험 체계 및 혜택을 적용받도록 했다(제주특별자치도 홈페이지. http://www.jeju.go.kr/).

〈표 2-7〉 제주도의 외국인 투자자 및 동반 가족에게 발급되는 체류비자

비자 구분	C-3	F-1	F-2	F-5
비자 성격	상용비자	체류비자	체류비자	영주권
비자 기간	3년, 1회 90일 체류 가능	1년	2년(최초 신청 시) →3년(연장 시)	영구
요건	미화 50만 불 이상 또는 한화 5억 원 이상 휴양체류 시설(콘도 등) 매입, 보유	계약금과 중도금으로 미화 10만 불 이상 또는 한화 1억 원 이상 지급 상태 유지	미화 50만 불 이상 또는 한화 5억 원 이상 휴양체류 시설(콘도 등) 매입, 보유	F-2 비자를 5년 이상 유지하고 결격 사유가 없을 시
대상자	투자자, 동반 가족(부모, 배우자, 자녀, 배우자의 부모)	투자자	투자자 ※ 동반 가족(배우자 및 미성년 자녀): F-1 비자, 2년	투자자 ※ 동반 가족은 투자자가 영주권 취득 후 신청 가능
특징	외국인등록을 하지 않고 수시 방문 가능	소액 투자자인 경우 체류할 수 있는 비자	거주하지 않아도 비자 갱신 시만 방문하여도 됨	영주권 발급 후 부동산 매매 및 한국 내 거주 변경 가능
신청 서류	- 신청서, 여권(사본) - 부동산 등기부등본, 부동산 매매계약서 - 외국환매입증명서 - 가족관계증명서	-신청서, 여권(사본) - 부동산 매매계약서 -외국환매입증명서 -가족관계증명서	-신청서, 여권(사본) -부동산 등기부등본, 부동산 매매계약서 -외국환매입증명서 -가족관계증명서	- 신청서, 여권 - 외국인등록증 - 수수료 - 부동산 등기부등본
비고	F-2 비자나 영주권이 필요치 않을 경우	부동산 등기 전에도 투자자의 방문 보장	투자 상태를 5년간 유지한 후 영주권 신청 가능	영주권 불허 결정 시 F-2로 연장 가능

주: 체류 기간은 상시 거주 여부와 상관없이 외국인등록과 투자 상태를 유지한 경우
출처: 제주특별자치도 홈페이지(http://www.jeju.go.kr/).

그러나 중국인 관광객과 중국 자본 투자가 늘고 있는 상황에서 제주도민 사회의 여론은 마냥 호의적이지만은 않다. 2014년 제주도의회의 도민 인식 조사에서 68%는 중국인 관광객 증가가 제주 발전에 부정적 영향을 미친다고 생각한다는 답변이었다. 중국 자본에 의한 도내 관광산업 잠식과 난개발로 인한 제주의 가치 훼손 우려가 부정적 판단의 주요 원인이었다. 부동산 가격을 포함한 생활 비용 상승과 도내 소득의 역외 유출 등도 우려하고 있다(이영웅, 2015: 156-157).

〈사진 2-2〉 제주시 연동의 바오젠 거리[21](宝健路) 입구 표지

21 바오젠(宝健)은 중국의 건강 미용제품 회사 명칭으로 이 회사가 2011년 우수 판매상 인센티브 투어 목적으로 제주특별자치도를 선정 · 방문함으로써 대규모 외국 관광 유치에 획을 긋게 되었다. 이에 제주특별자치도에서는 차 없는 거리를 명예도로로 선정하였고, 바오젠 투어 관광단을 환영하는 의미로 '바오젠 거리'로 지정하여 오늘에 이르고 있다(바오젠 거리 홈페이지. http://baozenstreet.com/).

한국인뿐 아니라 구화교의 입장에서 보았을 때 부동산에 투자한 중국인에 대한 영주권 혜택은 실로 파격적이라고 할 수 있다. 구화교의 경우는 한국 사회에서 120여 년 이상의 이주 역사를 가지고 있지만 2002년에야 비로소 영주권 제도가 도입되었기 때문이다. 구화교에게 영주권이 도입되기 전까지는 임시방문 혹은 단기체류가 목적인 다른 외국인들과는 달리 한국 사회에서의 특수성을 감안해 '거주자격'(F-2 비자)이 부여되기는 했다. 그런데 이 자격을 유지하려면 출입국관리법이 개정되었던 1995년까지 매 3년마다 갱신해야 했고,[22] 일시적인 용무나 개인 사정 등으로 외국을 방문한 뒤 생활 근거지가 있는 국내로 들어올 때에는 재입국 허가를 받아야 했으며, 한국 정부가 실정법을 위반한 외국인의 계속적인 국내 체류가 국익에 도움이 되지 않는다고 판단해 강제퇴거를 요구할 경우 이를 그대로 받아들일 수밖에 없었다. 이와 같은 제약 조건 때문에 화교의 거주 자격은 한국 정부의 입장에 따라 언제든지 취소될 수 있는 불안정한 것이었다(장수현, 2004: 263-264). 이에 따라 화교들은 한국에서 활동하는 데 있어 취업이나 부동산 거래, 금융거래 등에서 제한받아 왔다. 공직이나 공무원 임용에서는 대한민국 국적을 요구하는 경우가 많아 취업할 엄두도 내지 못하며 일반 직장조차 어렵게 들어가도 승진이 되지 않았다.[23] 이러한 자신들의 처지를 대물

22 1995년 12월 1일 출입국관리법 시행규칙이 개정되어 거주(F-2)에 해당하는 자격을 가진 외국인은 최장 체류 기간이 기존의 3년에서 5년으로 연장되었다(법제처 종합법령정보센터. http://www.klaw.go.kr/ 참조).

23 공직과 관련된 화교의 취업은 일정한 제한이 있다. 경찰공무원, 군인, 외무공무원, 국가정보원 직원, 대통령경호실 직원 등은 해당 법에서 대한민국의 국적을 요구하고 있다. 일반직 공무원의 임용에 대해서는 외국인에 대한 제한 조항이 없지만, 일반적으로 공권력의 행사나 공공단

림하지 않기 위해 화교들은 자녀들이 한국에서 화교학교를 졸업하면 자신들의 국적국인 대만의 대학에 진학시켰다. 자녀교육을 위해 아예 전 가족이 대만으로 이주하거나 부부 중 한 사람이 대만에서 공부하는 자녀들의 뒷바라지를 위해 머무는 이른바 '기러기 부부'[24]로 살았던 화교들도 있었다. 그러나 대만 역시 거주국 주민들이 한국에서 건너온 화교들을 외성인(外省人) 혹은 외국인으로 취급하는 경우가 많아 다시 미국이나 캐나다 등지로 이주를 해서 새롭게 정착해야 했다(이창호, 2007: 84-86).

그러나 해외 자본의 제주 투자에 있어서 유난히 '중국'에 한정해서 특히 예민한 반응을 보이는 일부 시각에 대해 우려의 반응도 나온다. 전체 투자 규모에서 중국 자본이 압도적이라는 이유로 예민하게 반응하는 것일 테지만 여타의 자본의 성격이 중국 자본과 다르지 않기 때문이다. 기본적으로 제주에 투자하는 글로벌 자본은 어느 자본과 다를 바 없이 실리를 따질 뿐이기 때문이다(이영웅, 2015: 158).

체의 의사결정에 참여하는 공무원으로 채용되는 것보다 전문직 공무원으로 채용되는 식으로 기회가 제한된다. 이에 비해 전문직종은 상대적으로 개방되어 있고, 자영업 등은 자유롭게 사업등록을 할 수 있다(박현옥 · 박정동, 2003: 78).

24 자녀의 유학이나 자신들의 취업상 거주지 때문에 부부가 떨어져 지내는 것을 뜻하는 '기러기 부부'나 '기러기 가정' 혹은 '기러기 아빠'와 같은 표현들은 한국 미디어의 영향으로 화교들이 간간히 쓰는 표현일 뿐, 중국어나 화교들의 표현에는 적당한 단어가 없다. 간혹 자식의 대만 유학 생활을 위해 아내와 1년 이상 떨어져 지내는 남자들에게 친구들이 농담 삼아 '광궐(光棍儿)'이라고 부르는 경우가 있는데 한국어로 '홀아비'라는 뜻이다. 이와 같은 표현으로 '단션한(單身漢)', '왕라오우(王老伍)', '두션쯔(獨身仔)'가 있으며 모두 '홀아비'에 해당되는 표현이다. 의미가 별로 좋지 않은 표현이라 정말 친한 사이일 경우에만 농담으로만 칭해진다(이창호, 2007: 85).

3) 신화교화인의 새로운 삶의 방식

2010년 2월부터 시행된 외국인 부동산 투자이민 제도 이후 중국인들의 제주도에 대한 관심이 집중되었으며 실제로 제주시 H 읍의 'R 타운'은 2013년 현재 전체 934세대 중 234세대를 외국인이 매입하여 1,338억 원의 외국인 투자 유치 실적을 올렸다. 이 가운데 홍콩을 포함해 중국이 211세대로 가장 많았고 미국 11세대, 몽골 4세대, 캐나다 3세대, 일본 2세대, 영국 · 뉴질랜드 · 오스트리아 · 미얀마 각 1세대가 입주했다(R 그룹 뉴스레터, 2013. 1.).[25]

R 타운은 다양한 레저 시설뿐만 아니라, 단지 내 쇼핑, 의료 시설을 갖추고 있다. 특히 인근 제주 영어교육도시에 NLCS-jeju(영국), KIS(공립학교), 브랭섬 홀 아시아(캐나다)등 국제학교가 잇달아 문을 열면서 자녀들의 교육 환경을 조성하고 있다. 현재 R 타운에는 지난해 말을 기준으로 87세대가 영어교육도시 내 국제학교에 다니는 자녀를 둔 학부모 세대(예비 학부모 포함)이며 이 가운데 7세대는 중국인 학부모이다(R 그룹 뉴스레터, 2013. 1.).

중국인들이 이 단지를 구입하게 된 배경은 첫 번째는 영주권을 획득할 수 있다는 것이고, 둘째는 자녀교육을 위해서이며, 셋째는 중국의 연해안보다 이곳의 가격이 더 저렴하기 때문이다. 앞으로 투자 자본이 제주도로 지속적으로 유입되어 이러한 휴양 시설이 계속해서 만들어진다면 이러한 유형의 신화교화인들이 지속적으로 이주해 올 것이다.

---

25 분양 이후 중국인은 2015년 현재 421세대로 늘었다(이영웅, 2015: 165-166).

이 사람들 (제주도 땅을) 왜 샀냐? 자식들 때문에 산 거지. 자식들 들어오면 외국인학교 들어가요. 영어…, 국제외국인학교 있잖아요. … (이 사람들은) 한국말 할 줄 몰라요. 나이 든 분들은 별로 배우고 싶다는 생각이 없어요. 여기서 집을 살 수 있는 사람은요. 전부 다 돈을 가지고 있는 사람들이 산 거예요. 일 안 해도 실컷 살고. 지 말로는… 지가 8억 주고 180제곱미터…, 56평…. 이 사람들이 중국에서 이런 큰 집, 장식되어 있고 그냥 들어와서 살 수 있는 집 구하려고 하면 (중국에서는) 한국 돈으로 몇십억 주고 산답니다. 중국 연해안, 북경, 상해, 연태, 광동성, 복건성…, 연해안들이 그렇게 비싸대요. 더 비싸니까 차라리 여기가 집도 좋고, 풍경 좋고, 영주권 준다니 전부 다 여기서 살 수밖에 없다고. 싸고 아주 싸다는데. 너무 싸게 샀다고…. 안에 (실내 장식) 다 돼 있으니까. 그거 하나는 편하고. 들어와 가지고 한국어 할 필요 없고.(K씨: 1958년생, 부산 출생 화교, 현재 한림읍에서 중국 식품점 경영)

이곳에 거주하는 중국인들은 단지 내에서 주거, 의료, 쇼핑, 교육을 모두 할 수 있기 때문에 굳이 한국어를 배울 필요가 없다. 단, 단지 내에 없는 술이나 반찬 등을 구입하고 싶을 때는 근처 한림읍의 중국 식품점에 들러 물건을 구입한다. 이 식품점은 부산에 거주하다가 제주도로 이주해 온 구화교가 경영하는 곳이다. 식품점 사장이 구화교라서 중국어로 의사소통이 가능하기 때문에 이들은 물건을 사러 와서 간혹 영주권과 자녀들 교육, 자녀들의 향후 정착 문제 등을 상의하기도 한다. 이들의 일상생활의 특징 중 하나는 물건을 구입할 때 가격보다 품질을 우선시한다는 점이다.

〈사진 2-3〉 R 타운 내의 면세점(좌)과 인근 마을에 위치한 중국 식품점(우)

> 이 사람들요. 바로 한국 분들과 마찬가지. 가서 물건 사죠. 얼만지 신경을 안 써요. 그만큼 돈이 있으니까. 가게 와 가지고. 내가 "그거 십 몇만 원짜리예요. 음식점에서 40-50만 원 파는 거예요. 이런 술은…." 하고 그건 비싼 거다 해도. (그 사람들은) 상관없다고… 물건만 좋으면 된다고…. 할 말 없는 거지.(K씨: 1958년생, 부산 출생 화교, 현재 한림읍에서 중국 식품점 경영)

제주도에 이주한 신화교화인들은 자본의 규모나 소비를 중심으로 하는 삶의 방식이 구화교와는 판이하게 다른 것이 특징이다. 또 한 가지 중요한 특징은 이러한 신화교화인의 주거 단지 주변에 중국을 배경으로 한 종족 집단들이 다양한 직종을 이루며 거주하고 있다는 것이다. 단지 내 골프장이나 면세점 등의 편의 시설에는 중국인 주민들의 언어상 편의를 위해 중국조선족 출신들이 고용되어 일하고 있으며, 단지 인근의 마을에는 구화교들이 중국 음식점과 식품점을 운영하고 있어 단지 내의 중국 투자이민자들과 희미하게나마 일련의 연결 고리를 형성하고 있다.

4) 구화교와 신화교화인의 조우

제주도에는 구화교들의 연합체인 제주화교협회가 있으며 구화교의 수도 이제는 290-300명으로 과거에 비해 증가하는 추세이다. 이들 역시 다른 지역 구화교들과 마찬가지로 13군데가 식당업, 한의원이 2군데, 그리고 소규모 여행사 경영과 가이드의 직종으로 구성되어 있다. 이들은 최근 중국에서 이주해 오는 '신화교화인'을 자신들과 같은 화교의 범주에 넣지 않는다. 구화교들은 이들 '신화교화인'을 '중국인'이라고 인식하며 그렇게 칭한다. 화교/중국인으로 구분하는 이유는 화교협회와 같은 단체가 없으며, 한국 내에 호적이 없고 중국의 국적만을 가졌기 때문이다. 제주도의 구화교들은 제주로 이주하는 '중국인'을 다음과 같이 표현하곤 한다.

> 그 사람들은 제주도에서 큰 투자 아니면 여기서 자기 할 거 없어요. 친구도 없고, 재미도 없고 말도 안 통하고…. 그런 사람은 오히려 자기(가)… 직업 있고 재산 있고 활동하니까… 다시 (중국으로) 돌아가 활동하고 맘대로 (제주도) 오고 싶으면 오고… 그런 사람은 경제적으로 여건 있으니까. 여기 오는 사람 다 부자죠. 자기 그 재산만 있는 거는 아니고. 자기 지금 상태에서는 아니면 부인들은 식구들은 여기 와 가지고 살다가 가고. 제주도에서 100% 정착하는 사람은 적어요. 대부분 여기서 재산 있는 사람 저기서는 다 재산 있고. 활동하고 있어요.(S씨: 1949년생, 제주화교협회 임원, 중국 음식점 경영)

그러나 구화교들은 중국인들의 최근 제주도 투자에 대해서는 제주도민들이 너무 편협한 생각을 가지지 않았으면 좋겠다고 생각한다. 단, 중국인들이 투자를 하면서 차이나타운을 건설한다는 것을 표방하고 있는데 이것은 잘못되었다고 생각한다.

> 첫째는 차이나타운은 하루 이틀 만에 차이나타운 못 나와요. 세계 어떤 차이나타운도 다 몇백 년 역사 있어야 조금씩 조금씩 세워 나가는 게 차이나타운인데…. 하루아침에 "차이나타운 만들자" (하는 것은) 어렵고. 그리고 만들 수 있으면 어떻게 만들어야 하느냐면, 우리가 예를 들어서 차이나타운 세운다면 이 땅에서 땅 하나 해 가지고(구입해서) 저금리 대출해 주고 국가에서 도와주고 그렇잖아요. 그래서 해야 되는데 그냥 말로만 차이나타운이면 너네들 한 군데 가서 식당 해 버리자 (하면) 안 되잖아요, 그게. 그런 차이나타운은 옛날에 너무 쉽게 생각해요. 너무 쉽게…. 차이나타운은 절대 하루 이틀에 된 거는 아니죠.(S씨 [1949년생], 제주화교협회 임원, 중국음식점 경영)

즉 현재 신화교화인들이 표방하는 차이나타운은 역사적 전통이 없는 '아울렛(outlet)' 정도의 개념이며 만일 정말 차이나타운을 만들려면 외부 자본을 무작정 유입하는 것보다 기존 화교들에게 융자 대출을 해 주어서 만드는 것이 장기적으로는 더 바람직하다는 것이다.

> (차이나타운을) 너무 쉽게 봐요. 그리고 그냥 "너네 돈만 가져오라. 너네 와서 하면 차이나타운 아니냐". 사실은 아니잖아요. 그 사람들 돈 가져오면 돈 벌려고 오는 거지 돈을 가서 뿌린 거는(뿌리라는 것은) 아니잖

아요. 그 사람들 돈이 들어오면 돈이(을) 벌고 가야 된다는 거. 어느 사람 미쳐 가지고 돈만 뿌리는 거 없잖아요. 자기 계산 다 해 가지고 와서 할 수가 있죠. 진짜 차이나타운 하려면 오히려 더 쉽게. 화교들만. 한국 화교들만 정부에서 도와주고 땅이(을) 대출도 해 줄 수 있고…. 그렇게 해서 세우는 게 더 쉬워요. 그게 진짜 차이나타운 나올 수 있지. 그렇지 않아요? 인천도 하루 이틀 아니잖아요? 인천은 100년 이상 돼요. 근데 차이나타운 못 했잖아. 지금 차이나타운도 별로 차이나타운 닮지 않은 차이나타운이잖아. 한국에서만 차이나타운이라고 그렇게 해 줘 놓고 사실은 그게 차이나타운 같지 않잖아. 국가에서 막 해 주려고 했지 그게 어렵잖아요. 근데 지금도 100년 됐는데도 그렇게 어려운데. 지금 차이나타운 하려면 그게 쉬운지….(S씨: 1949년생, 제주화교협회 임원, 중국 음식점 경영)

신화교화인들이 가진 자본의 위력 앞에서 정부가 장기적인 대책 없이 무작정 수용하는 태도는 그동안 구화교들이 겪어 온 것과는 전혀 다른 풍경을 만들어 낸다. 최근 신화교화인들은 투자나 결혼이주를 하면서 구화교를 찾는 일이 많아졌다. 제주도에 이주해서 언어가 잘 통하지 않기도 하지만 구화교들이 누구보다도 한국 내 실정을 제일 잘 알고 있기 때문이다. 앞으로 이들과의 조우는 제주도의 미래가 어떤 방식으로 변하게 될지를 판단하게 될 중요한 지점이라고 말할 수 있다. 제주도에 유입되고 있는 신화교화인들은 전통적인 구화교와는 속성 자체가 매우 다르다. 자본의 규모, 삶의 방식, 그리고 종족성, 사회적 연결망 등이 구화교의 그것과는 다르다고 볼 수 있다. 이들은 이전 화교에 비해 자본의 규모가 크며 소비와 교육 중심의 삶의 방식, 초국가적 종족성 및 사회적 연결망을 가지고 있다. 이들은 제주에서 외국인으로서의 영주권 특혜를 포함한 실질적인 권리에 많은 관심을 가지고 있는 동시에 모국의 시민권을 유지하려고 노력한다.

중국 자본의 유입과 신화교화인들이 만들어 내는 제주도의 문화적 경관은 그동안 한국 사회가 경험해 보지 못한 새로운 유형의 문화이며 이것에 대한 분석틀도 바뀌어야 함을 의미한다. 이주민에 대한 차별과 배제, 동화, 다문화주의, 소수자 등의 개념적 틀은 제주도의 신화교화인 유입에 있어서는 이제 자본, 계급, 공간, 경관, 정체성 정치 등이 재고찰된 새로운 분석틀이 추가되어야 할 것이다.

5. 나가며

신화교 혹은 신화교화인은 중국에서 1970년대 말 개혁개방 이후 해외에 이주하여 거주하는 중국인들을 가리킨다. 그러나 한국에서는 1992년 한중 수교 뒤 대거 한국에 들어온 본토의 중국인들을 가리키는 용어로, 19세기 말에서 1948년 한국 정부 수립 이전까지 중국에서 한국으로 이주했으며 대만 국적을 취득한 '구화교(舊華僑)' 혹은 '노화교(老華僑)'와 구분해서 쓰인다. 한국으로 이주한 신화교화인들은 중국에서 개념화하는 전문 인력보다는 주로 결혼이민 여성이나 산업연수생 등 생산직 노동자, 불법체류 노동자로 특징지어진다. 그러나 이와 달리 법률상 중국 공민이자 화교인 재한 중국조선족은 한국 사회 내에서 고국 정치를 통해 보다 유리한 정체성을 획득한다. 조사 결과 신화교 혹은 신화교화인은 노동, 결혼, 유학이주가 다수를 이루며 일반적으로 서구로 이주한 신화교화인들과는 다른 양상으로 나타난다. 특히 이 두 국가 사이에 중국조선족은 '적극적이면서 다중적으로 끼인 존재'로 나타난다.

제주특별자치도의 경우 2006년 이후부터는 이전과 다른 전혀 새로운 형태의 신화교화인의 이주 유형이 나타나고 있으며 정체성 또한 기존 구화교와는 다르다. 이들은 거주국에 대규모의 자본을 투자하고 영주권 획득과 자녀교육에 주력하는 등 기존 이주민과는 다른 시민권의 적극적인 획득 및 소비 및 교육 중심의 생활양식을 유지한다. 이들이 거주하는 단지 주변에는 중국조선족과 구화교 등의 종족 집단들이 다양한 직종을 이루며 거주하고 있어 중국 투자이민자들과 희미하게나마 일련의 연결 고리를 형성하고 있다. 제주특별자치도는 기존 화교와는 다른 화교화인의 새로운 삶의 방식 및 요구, 그리고 이를 둘러싼 다양한 종족집단의 이해관계가 중층적이고 복합적으로 나타나는 초국가적 장이라고 할 수 있다.

이상과 같이 개혁개방 이후의 신화교화인들은 세계화 과정 속에서 '정체성-국경-질서'를 다양하게 조합함으로써 이주의 새로운 지형을 만들어 내고 있다. 이들은 거주국 내에서 확장된 시민권을 적극적으로 요구하는 동시에 모국의 시민권을 유지하려고 노력한다. 즉 이들은 이주의 다양한 장(場) 안에서 '정체성-국경-질서'의 체계를 전복하거나 강화시키는 등 초국가적 맥락에서 이주민 정체성 정치의 다양한 측면들을 드러내고 있다. 따라서 이들에 대한 접근 역시 과거 화교, 화인의 개념만으로는 파악하기 힘들며 초국가적이고 보편적인 이주민의 특성이 반영된 보다 심층적인 연구가 필요하다.

참고문헌

고혜원 · 이철순. 2004. “외국인 고용허가제 도입 과정”. 『한국정책학회보』 13(5): 17-43.

김경국 · 최승현 · 이강복 · 최지현. 2003. “한국의 화교연구 배경 및 동향 분석”. 『중국인문과학』 26: 495-516.

손준식. 1998. “화교경제권과 중국의 화교정책”. 『僑胞政策資料』 57: 44-67.

송승석. 2010. “‘한국화교’ 연구의 현황과 미래: 동아시아 구역 내 ‘한국화교’ 연구를 중심으로”. 『中國現代文學』 55: 163-199.

아사쿠라 도시오. 오타 심페이 엮음. 2012. 『한민족 해외동포의 현주소: 당사자와 일본 연구자의 목소리』. 서울: 학연문화사.

양필승. 2000. “한국 화교의 어제, 오늘 및 내일”. 『국제인권법』 3: 139-158.

양필승 · 이정희. 2004. 『차이나타운 없는 나라: 한국화교 경제의 어제와 오늘』. 서울: 삼성경제연구소.

윤택림. 2002. “문화의 탈지역화와 한국문화연구”. 『정신문화연구』 25(3): 257-282.

이덕훈. 2002. 『화교경제의 생성과 발전』(개정증보판). 한남대학교 출판부.

李玉蓮. 2005. “近代 韓國華僑社會의 形成과 展開”. 인하대학교 사학과 박사학위논문.

이영웅. 2015. “제주특별자치도와 글로벌 투기자본”. 『문화/과학』 81: 156-172.

이창호. 2007. “한국 화교의 사회적 공간과 장소”. 한국학중앙연구원 인류학전공 박사학위논문.

______. 2014. “신화교의 국내 이주와 정체성의 정치”. 『민족연구』 58: 4-27.

장수현. 2004. “한국화교의 현실과 도전”. 『한국의 소수자, 실태와 전망』. 서울: 한울아카데미, pp. 261-279.

조정남. 1998. “중국인의 민족상황과 화교집단”. 『민족연구』 1: 37-63.

주민욱 · 최낙진. 2015. “제주지역 신문의 ‘중국(인)’ 담론 연구: ‘중국인 무사증 입국제도’와 ‘부동산 투자이민제도’를 중심으로”. 『동서언론』 17: 123-152.

최홍엽. 2008. “외국인 고용의 현황과 쟁점”. 『노동법연구』 25: 183-210.

허명철. 2012. “조선족 정체성 담론”. 『중앙사론』 36: 451-470.

中國新聞社. 2009.『2008年 世界華商發展報告書』.

Chen, Hsiang-Shui. 1992. *Chinatown No More: Taiwan Immigrants in Contemporary New York*. Ithaca: Cornell University Press.

Marcus. G. E. 2009(1995). "Multi-sited Ethnography: Notes and Queries". pp. 181-196 in Mak-Anthony Falzon(ed.), *Multi-sited Ethnography: Theory. Praxis and Locality in Contemporary Research.* Famham: Ashgate Publishing Company.

Falzon, Mak-Anthony. 2009. "Introduction". pp. 1-23 in Mak-Anthony Falzon(ed.). *Multi-sited Ethnography: Theory, Praxis and Locality in Contemporary Research.* Famham: Ashgate Publishing Company.

Robben, Antonius C. G. M. 2007. "Multi-Sited Fieldwork". in pp. 331-336 in Antonius C. G. M. Robben & Jeffrey A. Sluka(eds.), *Ethnographic Fieldwork: An Anthropological Reader.* Malden: Blackwell Publishing.

Pan, Lynn(ed.). 1999. *The Encyclopedia of the Chinese Overseas.* Cambridge: Harvard University Press.

Skelton, Ronald. 2007. "The Chinese Overseas: The End of Exceptionalism?" in Thunø, Mette(ed), *Beyond Chinatown: New Chinese Migration and the Global Expansion of China.* NIAS Press.

Thunø, Mette. 2007. "Beyond Chinatown: Contemporary Chinese Migration". in Thunø, Mette(ed), *Beyond Chinatown: New Chinese Migration and the Global Expansion of China.* NIAS Press.

Vertovec, Steven. 2009. *Transnationalism.* London and New York: Routledge.

Wang, Gungwu. 1991. *China and the Chinese Overseas.* Singapore: Time Academic Press.

_____. 2000. *The Chinese Overseas: From Earthbound China to the Quest for Autonomy.* Cambridge: Harvard University Press(윤필준 역. 2003.『중국 밖의 또 다른 중국인 화교』. 서울: 다락원).

〈자료〉

바오젠 거리 홈페이지(http://baozenstreet.com/).

제주시 문화유적지 관리소.

『제주일보』, 2015. 5. 7.

제주특별자치도, 2011, "제2차 제주국제자유도시 종합계획".

제주특별자치도 홈페이지(http://www.jeju.go.kr/).

『한국경제매거진』, 2013. 1. 21.

『한라일보』, 2015. 5. 5.

『中國僑网』, 2009. 12. 3.

제3장
일본의 이민 정책과 일계인의 모국 귀환 정책

임영언(전남대)

1. 들어가며

일본인의 해외이민은 1868년 메이지 시대의 개막과 동시에 시작되었다. 초기 해외이민은 프랑스의 영토였던 뉴칼레도니아를 비롯하여 하와이, 남미 브라질과 페루, 캐나다, 오스트레일리아 등이 일본인의 중요한 이주지들이었다. 그러나 점차 이들 지역 이민자의 후손인 일계인 3세-4세들의 현지 정착이 이루어지면서, 최근에는 주로 1990년대 이후 모국으로 귀환하기 시작한 브라질이나 페루 출신 일계인들의 일본 정착 및 정주화 논쟁이 한창 진행 중에 있다.

일계인들이 일본에 처음 귀환했을 당시에는 몇 년 후에 귀국할 것이라는 일시적인 데카세기(돈벌이) 노동자로 취급되었지만 이와는 달리 최근에는 일본에 정주하는 이들이 점차 증가하고 있다. 1990년 일본입국관리법 개정 이후 본격적으로 도일하기 시작한 일계인들이 일본에 입국한 지 20년이 지난 시점에서 일본 정주화가 시작되고 있는 것이다.

특히 일본 군마 현 남동부에 위치한 일계인타운으로 알려진 군마 현 오이즈미마치(群馬県大泉町)는 산요(三洋)전기와 후지(富士)중공업의 주력 공장이 위치하고 있어 이들 회사들의 하청업체가 즐비하게 들어서 있다. 이들 하청업체들이 일계인들을 고용하기 시작한 이후 오이즈미마치(大泉町)는 한때 전체 인구 대비 외국인등록 인구의 비율이 10%를 초과하기도 하였다. 현지조사에 의하면 일계인들이 집중 거주하고 있는 지역에는 포르투갈어로 만들어진 정보지, 식당 간판이 있고 브라질리안 플라자로 불리는 쇼핑 플라자 안에 17개의 일계인 관련 점포들이 입주하여 영업하고 있다.

실제로 이들 주변 지역은 '일계인타운', 혹은 '리틀 브라질'로 불리고 있으며 포르투갈어의 컴퓨터 교실과 잡지, 디지털 위성방송에 의한 브라질 TV가 매일 방영되고 있다. 일본에서 생활하고 있는 일계인들은 한때 약 30만 명을 초과하기도 했지만 2008년 미국의 경제 위기로 촉발된 '리먼 쇼크'의 여파로 제조업 공장의 축소와 구조조정으로 인하여 일계인 노동자 대부분이 실업 위기, 생활의 불안정, 자녀의 교육 문제 등을 겪고 약 10만 명이 브라질로 귀국하여 현재 20만 명 정도가 일본에서 생활하고 있다.

이러한 일계인의 생활 환경에 직면하며 본 장에서는 어떻게 일계인들이 도일하게 되었는지 일본의 이민 정책을 파악하고, 이러한 이민 정책에 따른 일계인의 집거지의 특징은 어떻게 나타났으며, 현재 그들이 직면한 생활 위기와 정착상의 문제 등은 무엇인지 다음 3가지 측면에서 접근하여 논의를 전개하고자 한다. 첫째, 1945년 일본 정부가 일관되게 추진해 온 동화 정책이라는 큰 틀 속에서 1980년대 이후 외국인 노동자 유입 정책이 어떻게 변화되었는지 파악하고자 한다. 둘째, 1980년대 이후 일본 사회의 저출산 고령화에 따른 기업의 노동력 부족과 외국인 노동자의 수요 증가는 1990년대 입국관리법의 개정으로 이어졌고 결국 일본 정부의 일계인 우대 정책을 추진하게 되어 약 30만 명에 달하는 일계인 노동자들이 데카세기(돈벌이)로 대거 귀환하게 되었다. 그러나 2006년 일본 정부는 1990년 입국관리법 개정에 의한 일계인 수용 정책에 대하여 실패를 인정하게 되었다. 일본 정부가 일계인 노동자를 수용하기 위한 충분한 준비나 일계인 정주화에 대한 뚜렷한 대책이 없는 상황에서 수용하였다는 점을 인정하게 된 것이다. 셋째, 일본 정부는 그동안 이민 정책의 근간이 되어 온 동화 정책의 유지와 더불어 일계인의 장기체류로 인한 정주화가 진행되었지만 일계인에 대한 민족과 국적 경계의 모호함으로 인해 많은 문제점들을 노출하게 되었다. 일본 정부는 이러한 문제점을 해결하는 방안으로서 일계인을 포함한 모든 외국인 노동자 정책을 다문화적 틀 속에서 포괄적으로 해결하려는 움직임을 보여 왔다. 즉 일본 정부의 이민 정책은 큰 틀에서 동화 정책 – 일계인의 이민 수용과 실패 – 다문화 사회 외국인의 정주화라는 일련의 과정 속에서 진행되어 온 것으로 파악할 수 있을 것이다. 따라서 본 장은 일본의 이민 정책과 일계인 수용 과정에 의해 나타난 문제점들을 파악하고 일본 정부의 일계인 수용 정책과 한국 정부의 중국조선족 수용 정책과의 비교를 통해 시사점을 도출하고자 한다.

2. 일본의 외국인 정책과 일계인 귀환 정책의 검토

1) 이민 정책에 관한 선행연구

이 연구는 구체적으로 일계인의 귀환 정책에 따른 일계인 거주 지역별 특성, 네트워크 구조, 정착상의 문제 등을 분석하고 시사점을 도출하는 데 중점을 두었다. 이를 위해 먼저 일계인의 귀환 정책과 일본의 외국인 정책과의 관련성의 검토를 통해 전체적으로 일본의 이민 정책을 고찰한 후 구체적으로 일계인 귀환 정책과 문제점들에 대해 살펴보고자 한다.

국내에서 일계인에 대한 연구는 최근 몇 년간에 걸쳐서 임성모(2008)의 식민지 시대 일본인의 해외이민, 임영언(2010; 2011)의 일본인 브라질 이민사와 귀환일계인의 일계인타운 형성 과정, 송석원(2009)의 해외일계인 지원 사업에 관한 연구들이 있다. 이들 연구는 해외일계인에 대해 역사학적 측면에서 해외일계인 연구나 JICA의 활동, 사회학적 측면에서 일계인타운의 형성 과정에 접근한 선구적인 연구들이라 할 수 있다.

일본에서 일계인의 귀환 연구는, 1990년 이후 일본 입국관리법의 개정에 의해 일본 기업의 노동력 부족에 따른 일계인의 수용이라는 일본인 피에 근거한 문화적 친화성을 근거로 특별 배려가 있었던 것처럼, 일계인이 민족적으로 일본인과 동일하다는 조건이 전제되어 있었다. 따라서 해외일본인에 대한 오쿠마(小熊永二, 1998), 다나카(田中宏, 1995), 오누마(大沼保昭, 1993) 등의 연구는 원래 브라질 태생의 이민족을 '일본인화'시킨 결과 발생되고 있는 '민족의 경계'라는 관점에서 일계인 문제를 다루기도 했다. 그런데 아이러니컬하게도 일본 국내법상 일계인의 취급은 일본인과 민족적으로 동일하다는 점을 전제하고 있지만 재일코리안과 비슷한 법적 지위에 놓여 있다는 점에 착안한 단노(丹野清人, 2013: 6-7)의 연구는, '민족의 경계'보다는 '국적의 경계'에 의해 일계인의 법적 지위가 외국인으로서 결정되고 있다는 점을 분석 대상에 올려놓았다.

이러한 일계인의 '국적 경계'에 따른 차별은 퍼트남(Putnam, 2006)이 지적한 바와 같이 언어 · 문화적 장벽을 극복하기 위한 사회적 자본(Social Capital)의 형성, 더 나아가 출신국 사회와의 복잡한 관계의 유지 또는 재생산되는 초국적 주민의 증가에 의한 국민과 주민의 괴리(鄭, 2003), 이에 따라 데란티(Delanty, 2004)가 지적한, 출신에 의해 획득되는 권리로부터 거주에 의해 획득되는 권리의 주장 등 다양한 논쟁에 불을 지피고 있다. 어쨌든 이러한 민족과 국적 논쟁의 근본에서는 '국적 경계선'이 항상 존재한다는 것을 인정하면서도 어떠한 국적 경계선도 절대적일 수 없다는, 즉 '경계선의 정치학'을 여실히 보여 주고 있다 하겠다(渡戸一郎, 2007: 33).

이러한 기존 연구에 근거를 두고 이 연구는 일본 정부의 일계인에 대한 '민족적 경계'에 따른 이민 정책의 선택이, 일계인의 일본 이주 후 '국적 경계'의 강요로 인하여 일계인 집거지의 특성, 네트워크 구축의 특징, 이주 정착상의 문제들에 어떻게 영향을 미쳤는지에 대하여 고찰하고자 한다.

2) 일계인 귀환 정책의 사회제도적 배경[1]

일본의 일계인 수용 정책은 흡인요인(pulling factors)으로서 1980년대에 들어와 경제대국으로 부상한 일본이 노동력 부족에 따른 '돈벌이를 목적으로 한 자격 외 취업자로서 다수의 브라질 출신 일계인을 유치'한 것을 계기로 시작되었다. 브라질에서의 배출요인(pushing factors)으로서는 1990년 당시 브라질 경제가 악화되어, 1985년의 플라자 합의 후 엔고 · 달러화 약세가 지속된 것이 원인이었다. 일본 3D 산업(Dirty, Dangerous, Difficult)에 종사하는 기업 입장에서는 노동력 부족을 해결해 주는 존재로서 일계인들을 필요로 했으며, 이들을 본격적으로 수용하기 위해 일본 정부는 1989년부터 관련 입국관리법을 개정하여 1990년에 시행하게 되었다. 이에 따라 브라질에서 태어난 일계인 3세까지 정주자격으로 일계인 노동자들을 정식으로 받아들이기 시작했다.

그리고 1990년 이후 입국관리법이 개정된 지 10년이 경과된 시점에서, 일본 정부는 일본에 정주할 의향이 있는 일계인을 대상으로 영주자격의 취득을 권장하게 되었다(최병두, 2011: 20). 그러나 최근에는 외국인 고도인재(高度人材)를 수용하기 위해, 일계인에 대한 일본 정부의 태도가 바뀌기 시작했다. 일계인이 고도 성장기에 지역 경제를 지탱하여 경제 발전을 위해 크게 공헌한 것은 사실이지만, 일본 정부는 일본 경제가 악화되고 있는 현재 상황에서 고용 불안, 주택주거, 아동교육 등 문제가 심각해지고 있는 일계인에 대해 무조건 정주 자격을 부여하는 것이 아니라, 일자리와 취업의 여부 등에 따라 입국 요건을 강화시키는

1 최병두. 2011. 『다문화 공생』. 푸른길 학술, pp. 51-52.

방침을 정했다(『日本経済新聞』 電子版, 2010). 일계인들의 일본 정주 자격은 주로 '정주자'의 3, 4호에 해당되는데, 그 내용은 다음과 같다. "3. 일본인의 자녀로서 출생한 자의 친자녀, 4. 일본인의 자녀로서 출생한 자로 과거에 일본 국민으로서 본국에 본적을 소유한 적이 있는 자의 친자녀의 친자녀" 등이다.

이 내용을 간단히 살펴보면 일계인을 3D 산업에 수용한다 하더라도 '일본인의 자손'에 한정한다는 내용이 주요 요지이다. 달리 말하면 일계인 2세들은 '일본인의 배우자 등'이라는 체류 자격을 가지고 있으며, 일계인 2-3세의 배우자는 '정주자' 자격으로 체류할 수 있다. 일계인 4세의 경우 첫째, 일계인 3세의 부 혹은 모와 동거하는 미성년의 친자녀이며, 둘째, 미성년자도 혼인한 경우 성인으로 취급하고, 셋째, 만 15-19세까지의 친자녀를 초청할 경우 입국의 목적을 명확하게 할 필요가 있으며, 넷째, 취업을 목적으로 한 입국은 원칙적으로 금지되고, 다섯째, 수행요건 심사 등에서 2, 3세에 비해 비교적 까다롭게 되었다.[2] 이상의 내용을 간단하게 정리하면 다음 〈표 3-1〉과 같다.

2 최근에 일계인 3세의 친자녀로서 인정을 받아 취업 제한도 완화되고 있다. 원래 일계인들은 20세(일본 나이)가 되면 친자녀로서의 자격이 상실되었으나 입국관리법의 해석이 개정되어 20세를 넘어도 일본에 체류하여 취업할 수 있게 되었다. 다만, 출국 시에는 1년 이내에 재입국 수속을 이행하지 않으면 3세의 친자녀로서의 자격은 상실된다.

〈표 3-1〉 세대구 분별 체류 자격과 특기 사항

세대 구분	체류 자격	특기 사항
일계인 2세	일본인의 배우자 등	부모가 일본 국적을 이탈하기 전에 출생, 일본인 부(父)가 출생신고 등
일계인 3세	정주자[3]	특별입양아의 친자녀는 3세에 해당되지 않음
일계인 2-3세 배우자	정주자	배우자 단독 체류 금지
일계인 4세	정주자	취업 목적 입국은 원칙적으로 금지 (다만 최근 완화 추세)

출처: 石田智恵. 2009. "1990年入管法改正を経た〈日系人〉カテゴリ_の動態 -名づけと名乗りの交錯を通して-". p. 1.

일본 정부의 일계인에 대한 수용 정책의 방향은 기본적으로 '정책의 기본 원칙' 차원에서는 첫째, 일계인에 대한 차별을 없애고 서로가 같은 국가에서 함께 살며 일하는 파트너라는 의식을 가지고 상호 이해 · 협력을 증진하는 것, 둘째, 일계인도 권리를 향유하기만 하는 것이 아니라 납세 및 사회보험 부담 등의 의무를 다하게 한다는 것이 골자이다.

주요 내용을 단계별로 살펴보면 다음과 같다. 먼저 일본 정부의 '출입국관리와 체류관리' 차원은 첫째, 일계인을 둘러싼 문제들에 대한 해결의 실마리가 보이기 전까지는 일계인 4세 이후의 수용은 신중히 검토, 둘째, 입국관리법의 '신분 또는 지위에 기초한 체류 자격의 요건 변경을 신중히 검토, 셋째, 일계인의 실태를 정확히 파악하기 위해 새로운 체류관리 제도를 활용한다는 계획이다.

3 일본 정부가 정한 '정주자'의 체류 자격은 1990년의 '출입국관리 및 난민인정법'에 규정된 체류 자격이며, 주로 일계인을 대상으로 상정한 것임.

일본 정부의 '노동과 고용' 차원은 첫째, 사회보험 가입 확보 등을 통한 고용 정상화를 위해 사회보험 가입의 확인과 정기적인 보고의 의무화, 둘째, 일본 국내에서 노동하는 것이 경험과 능력의 신장에 도움이 되어야 하며 그를 위해 일계인의 정규직원화를 촉진시킨다는 것이다.

일본 정부의 '사회통합' 차원은 첫째, 일계인에 대한 일본어와 생활 규칙에 대한 교육 체제 강화를 위해 지방자치체가 교육 체제를 정비하고 고용 시에는 기업, 지역에서는 NPO 등이 교육을 담당, 둘째, 아동교육에 대한 체제 정비를 위해 일본인과 동등하게 의무교육, 셋째, 공교육에서의 다문화교육 추진과 현지어 통역자의 배속, NPO 등에 의한 보수교육 체제와 현지 학교에서의 교육 체제 정비, 넷째, 공부를 하면 보다 행복한 삶을 누릴 수 있다는 성공 모델 제시, 다섯째, 체류 허가 갱신 시 납세증명서 및 사회보험가입증명서의 첨부의 의무화를 하였다. '행정상의 시스템' 차원에서는 첫째, 정주자형과 데카세기형(돈벌이형)을 구별하고 특히 전자에 대한 사회통합 문제와 관련하여 지방자치단체뿐만 아니라 국가의 재정적 지원을 강화하고 문제점의 원활한 해결을 위해 이민송출국과의 협력 관계를 구축해 오고 있다(社団法人日本経済調査協議会, 2008: 21-30).

3) 일본 정부의 외국인 정책의 주요 동향 및 변화 추이

역사적으로 보면 일본은 동아시아에서 가장 먼저 서구 문명을 수용하여 근대화 과정을 추진하였으며 한반도를 포함하여 동아시아의 여러 국가들을 식민지로 편입시켰다. 이 과정에서 일본은 다양한 인종과 문화를 접촉할 수 있었지만, 침략자적 입장에서 타 민족과 타 문화에 대해서는 철저히 무시, 차별하고 우월한 자민족과 자문화에 포섭되어야 한다는 동화 정책을 추진하면서, 단일 민족-단일 문화의 이데올로기를 강조해 왔다. 일본은 2차 세계 대전에서의 패배로 식민지 정책을 종결하고 타의적으로 새로운 개방 정책을 추진하게 되었지만, 타 민족-타 문화에 대한 배타적 정책을 지속하면서 자민족 중심의 동화 정책은 현재도 유지되고 있다고 볼 수 있다.

그러나 1980년대 이후 글로벌화 과정 속에서 일본 사회도 새로운 개방의 물결에 휩싸이면서 다양하고 이질적인 문화적 요소들을 수용하게 되었다. 이에 따라 일본의 내적 다양성을 인정하는 한편 일본 내 동질성에 대한 기존 인식들에 변화를 초래하게 되었다. 즉 일본 사회는 외국인 이주자들의 급속한 유입으로 그동안 유지해 오던 '동질성의 신화'를 더 이상 유지하기 어려워졌고, 사회적 다원성(다문화)을 인정해야 하는 시대로 접어들게 된 것이다.

특히 일본은 1980년대 이후 이주노동자와 결혼이주여성, 일본계 브라질인 등 과거 남미로 이주했던 일본인 후손들이 대거 입국하면서 외국인 유입 인구가 급격히 증가하자, 2005년 '다문화공생'을 국가적 주요 정책 의제로 설정하였다. 이후 2006년에는 기존의 단순한 외국인 지원 정책에서 벗어나 외국인과의 공생 관계로 설정하고 외국인 주민에 대한 행정 서비스와 인권 보장, 이문화에 대한 주민 이해 제고 및 개방적 태도 확립을 목표로 한 '다문화 공생 추진 플랜'을 확정하여 발표하였다. 이에 따라 다문화 정책을 주도하는 일본의 지자체들이 외국인 지원 정책을 담당하는 전담 부서를 설치하여 관련 부서들이 상호 협력하는 공동 대응 체계를 갖추게 되었다.

일본의 이주노동자의 유입 정책은 일본 정부의 입국관리법에 의해 통제되어 왔다. 〈표 3-2〉에 제시한 바와 같이 1982년부터 본격적인 외국인 연수기능실습 제도가 도입되었다. 이 제도는 외국인 노동력을 수입하기 위한 법률에 근거하기보다는 저개발국과의 기술 교류협력을 추진하기 위한 제도로 간주되어 '출입국관리 및 난민인정법'으로만 규정되었다. 그 이후 이주노동자의 유입이 증가하고 일본 내 수요의 증가에 따라 1989년 일본계 외국인의 체류 자격을 부여하고 외국인 연수제도를 확충하기 위하여 입국관리법의 개정을 추진하게 되었던 것이다(石田智恵, 2009: 66-67).

이에 따라 일본에서 1990년 이후 이주노동자의 유입이 급증했지만, 한편 일본 경제의 불황으로 불법 체류를 막고 근로비자의 효력을 연장하는 조건 등을 강화하기 위하여 몇 차례 기능실습 제도를 보완 수정하였다. 2000년대 들어와서 일본 정부는 2004년과 2009년 두 차례에 걸쳐 입국관리법의 개정을 통해 강화함으로써, 불법 체류자를 통제하거나 증가하는 이주노동자의 유입을 차단하려는 정책을 전개했다. 또한 그동안 일부 지방자치단체들이 주도적으로 시행해 오던 '다문화 공생' 정책을 중앙정부 차원에서 제도화하고, 지자체들이 이를 보다 적극적으로 시행함에 따라 다소 포용적인 정책으로 전환하기도 했지만, 이주노동자의 유입에 대해서는 여전히 통제하려는 입장을 고수하고 있다. 전술한 바와 같이 일본은 1980년대 이후 경제의 글로벌화가 진전되면서 정주 외국인이 급증하자 '다문화 공생' 개념을 적극적으로 활용하기 시작했다.

〈표 3-2〉 1950년대 이후 일본의 외국인 정책 동향

연 도	외국인 정책과 다문화 공생에 관한 동향
1950년	외무성 출입국관리청 설치
1951년	샌프란시스코 평화 조약 체결, 출입국관리령(입국관리령) 제정
1965년	한일 국교 정상화
1972년	중일 국교 정상화
1975년	가나가와 현 독자적 국제 교류 촉진, 민제교류라고 지칭함
1979년	국제인권규약 비준
1980년	중국 귀국자 수용, 인도차이나 난민 수용; 외국인 배우자 증가
1981년	난민조약 가입, 출입국관리 및 난민인정법(입국관리법) 제정 (1982년 시행: 기능연수생 제도), 중국 잔류 일본인 조사 시작
1983년	유학생 수용 10만 명 계획
1984년	취학비자 수속 간소화(아르바이트 인정)
1985년	플라자 합의
1987년	지방자치단체, 지방공공단체 국제 교류 지침 시달
1988년	국제교류협회(전국 및 지부) 설치
1989년	입국관리법 개정(1990년 시행), 일계인에게 체류 자격 부여, 외국인 연수 제도 확충
1990년	일계인과 그 가족에게 '일본인의 배우자 등'에 해당되지 않는 경우에도 '정주자'라는 취업 가능 체류 자격 일계인 유입 급증: 외국인 연수생 증가; 지방자치단체들 내향적 국제화 촉진
1993년	외국인 기능실습 제도 도입: 연수 1년, 기능실습 1년
1995년	일본 한신이와지(阪神淡路) 대지진 후 시민단체 활동에서 '다문화 공생' 개념 등장
1999년	입국관리법 개정(2000년 시행)
2000년	다문화 공생 정책으로의 전환
2000년	법무성 '제2차 입국관리 기본 계획' 책정
2001년	외국인집주도시회의 발족
2002년	오사카 시 국제화 추진 기본 지침 마련
2003년	경제단체연합회 '다문화 공생청' 설립 제언: 유학생 수용 10만 명 달성 법무성 추정 약 25만 명 '비정규체류자' 5년간 반감 방침 선언

2004년	입국관리법 일부 개정: 불법 체류자 벌금 인상, 상륙 거부 기간 변경, 출국 명령 제도 및 재류 자격 심사 제도 신설 등
2005년	가와사키(川崎) 시 다문화 공생 사회 추진 지침 책정; 총무성 다문화 공생의 추진에 관한 연구회 결성
2006년	총무성, 다문화 공생 추진 프로그램 발표; 입국관리법(入管法) 개정(2007년 시행: 외국인에게 전자 방식 개인 식별 정보 의무화)
2009년	입국관리법(入管法) 개정(외국인등록제 폐지, 외국인에게도 주민대장법 적용): 새로운 체류관리 제도 도입, 특별 영주자 관련 조치, 외국인 연수 제도 재검토, 체류 자격 및 유학 및 취학의 일원화 등
2010년	연수기능 제도 개정(입국 후 2개월부터 노동 관계 법령 적용, 부당 알선 외국인 강제 퇴거)
전체적인 경향	외국인 정책 관리에서 이민 정책으로 전환, '외국인'이라는 배외주의적 의미보다는 포섭의 의미를 가진 '이민'이 다문화 공생과 사회통합에 적합

출처: 최병두. 2011. 『다문화 공생』. 푸른길 학술, p. 40. 기타 山協啓造(2007), 依光正哲(2005), 이원경(2010) 등의 내용을 중심으로 필자가 정리하여 작성한 표임.

다문화 공생이란 '서로 다른 문화적 배경을 가진 사람들이 서로 차이를 인정하고 존중하며 대등한 관계를 형성하는 것'으로 정의될 수 있다. 최근 일본 정부는 '다문화 공생 사회'의 실현을 정책 목표로 제시하고 있으며 이에 따라 다문화 정책을 적극 추진하고 있다.

그러나 서구 유럽 국가들이 주로 정부 주도의 적극적인 다문화 정책과 법적 지원을 토대로 진행하고 있는 것에 비해 일본 정부 정책의 기본 방침은 보수적인 관점을 취하고 있어 정부의 정책 지원보다 시민단체들이 주도하고 있다는 점이 특징적이라 할 수 있다. 특히 외국인이 많이 거주하는 지자체를 중심으로 자생적이고 효율적인 방법으로 외국인들의 일본 사회 적응을 적극 돕는 각종 의료 · 복지 · 교육 지원 프로그램이 실시되고 있다.

〈표 3-2〉에 제시한 바와 같이 1980년대 이후 일본 정부의 외국인

정책을 목적별로 살펴보면, 다문화교육 정책의 경우, 이주노동자 자녀들의 공립학교 의무교육의 무상 취학을 허용하고 있으며, 이들의 일본사회 적응을 돕기 위해 일본어 지도 및 상담 교사를 각 학교에 배치하고, 이들 학생에 대한 이해를 돕기 위한 교사용 참고 도서와 지도서를 보급하고 있다. 또한 이주민 지원을 위해 공민관이나 국제교류센터 설치, 일본어교육 실시 등 지역 상황에 맞는 교육 프로그램을 추진하여 일본어교육 및 각종 언어로 상담 가능한 외국인 전용 창구 개설을 하고 있다. 각 지자체에서는 국제교류원 등에서 전문 인력을 배치하고, 의

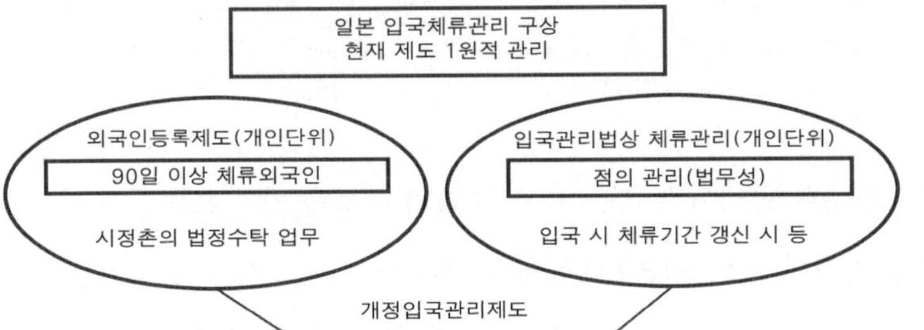

〈그림 3-1〉 일본 법무성 입국관리국 노동 정책에 따른 외국인 입국관리 체계 변화

출처: 佐藤文明. 2009.『在日「外国人」読本』. 緑風出版, p. 199.

료통역, 재해통역 등 각 분야별 통역사를 양성하는 사업을 추진하고 있으며 어학교육, 문화교육, 통역 서비스 분야의 자원봉사를 활성화하여 일반인들의 관심과 참여를 높이는 데 주력하고 있다.

일본 정부의 외국인 정책 중 상호 이해 및 보건·복지 정책으로는 지역사회에서 의사소통을 위한 다양한 언어 자원을 제공하고, 거주와 교육, 노동, 의료, 복지, 보건, 방재 등 기본적인 생활 환경을 보장하면서 타 문화에 대한 주민의 의식 계발과 주민 자립 및 사회 참여를 촉진, 상호 교류의 활성화에 주안점을 두고 있다. 일본 지자체들은 다문화 가족 지원 사업으로 외국인을 국제교류원 교사로 채용하여 공무원을 대상으로 외국 문화와 사회 구조에 대한 교육을 실시하도록 배려하고 있다. 일례로 미에 현(三重県)에서는 외국인 의료 서포트 프로그램 운영, 시마네 현(島根県)은 AMDA 국제 의료정보센터를 개설하여 다언어 진료 병원을 운영하고, 정보를 제공하고, 진료과별 문진표를 13개 국어로 번역하여 제공하고 있으며, 오사카 부(大阪府)는 2005년부터 2007년까지 '외국인 서포터 1,000명 육성 사업'을 벌이기도 했다.

4) 일본의 외국인 노동자 수용과 외국 인력 수용 정책의 전환

일본 정부의 외국인 유입 정책은 유럽 선진국들과 마찬가지로 우수인재(전문기술 인력)는 적극적으로 유치하고 있으며 단순기능 인력은 억제한다는 것을 기본 방침으로 정하고 있다. 그리고 1987년부터 시작된 일본 버블경기 기간의 약 10년간 외국인 유입이 급속히 증가했다.

이들 외국인의 입국 자격 및 입국 유형은 다양한데 구체적으로 살펴보면 다음과 같다. 첫째, 엔고 현상으로 인해 돈을 벌 목적으로 풍속업을 중심으로 도일하는 필리핀 여성의 증가, 둘째, 일계인 2세~3세들이 친족 방문으로 도일하여 이민자손의 지위와 신분으로 취업, 셋째, 1988년부터는 방글라데시, 파키스탄 등의 남아시아, 이란 등 중근동 지방으로부터 외국인 노동자의 유입 증가 등이다.

이러한 상황에서 일본 정부는 1988년 외국인 노동자 정책의 기본 방침을 발표하게 되었다. 주요 내용은 '우수 인재(과학기술 전문 인력)'의 적극적인 수용과 '단순노동자'의 수용에는 신중한 태도를 견지한다는 방침이었다. 따라서 일본인이 할 수 없는 전문 과학기술 분야의 우수 인재, 즉 법률사무소, 외국인 예능인 및 요리사, 상용, 교수, 흥행, 기술제휴, 숙련노동 등은 1990년 입국관리법 개정으로 체류 자격이 확대되었다. 또한 계속해서 1990년대 연수 제도의 규제가 완화되고, 1993년 기술실습 제도가 도입되었다.

일본 법무성 입국관리국은 2000년에 '제2차 출입국관리 기본계획'을 채택하여 중장기적으로 저출산 고령화 사회의 도래로 노동력 부족이 예상되는 사회복지 분야에서 전문기술 인력으로 인정되는 인재에 대하여 적극적인 유입 정책을 전개하고 사회적 수요를 고려하여 유입 정책을 긍정적으로 검토해 왔다.

또한 일본 정부는 저출산 고령화 사회의 도래로 경제 규모와 경제성장, 저출산 고령화 사회의 속도의 완화를 위한 대책으로서 외국인 노동자 유입 정책을 전개하였다. 일본 정부가 제시한 저출산 고령화 대책과 외국인 노동자 정책의 현실적인 대안으로서 4단계의 유형화 정책을 도입하기도 하였다. 그 주요 내용은 다음과 같다. ① 충분한 저출산

대책보다는 인구 구성의 시정을 위한 대규모 이민을 포함한 외국인 노동자 수용 정책, ② 저출산 대책 효과를 기대할 수 없기 때문에 노동력 수급의 불균형을 시정하기 위한 목적의 외국인 노동자 대량 유입 정책, ③ 저출산 대책의 효과를 배가하는 한편 기술 개발과 주요 생산 현장의 중핵을 담당하는 인재의 적극적인 개발을 위한 외국인 인재 유입 정책, ④ 저출산 고령화 사회의 도래로 수요가 확대되는 의료, 양호 혹은 육아 지원 등 사회복지 분야에 해당되는 외국인 유입 정책 등이다. 현재 홍콩이나 싱가포르 등이 가정부를 외국인 노동자로 대체하는 경우와 대만이 사회복지 종사 노동자로서의 외국인 유입 정책을 실시하고 있는 사례가 이에 속한다.

결국 일본 정부의 이러한 외국인 유입 정책은 단순기능 인력 분야의 노동력 수용과 취업에 대해 일본계(재외방인 및 일계인) 2~3세 동포(일계인)에게만 허용하고 다른 나라 노동 인력의 합법적인 유입을 금지함에 따라 불법체류자 양산을 초래(2002년도 불법체류자 수는 약 20만 명, 이후 계속 감소 추세)하게 되었다.

일본 정부는 1990년대 출입국관리법을 개정하여 일본계 2~3세와 그 가족들에게 정주 자격을 부여하며 취업에 아무런 제한을 두지 않는 조치를 단행하였다. 1991년에는 일본계 이민자들을 위한 취업알선센터를 개설했으며 특히 브라질 현지 상파울루에 '일 · 브라질 취업알선센터'를 설치하기도 했다.

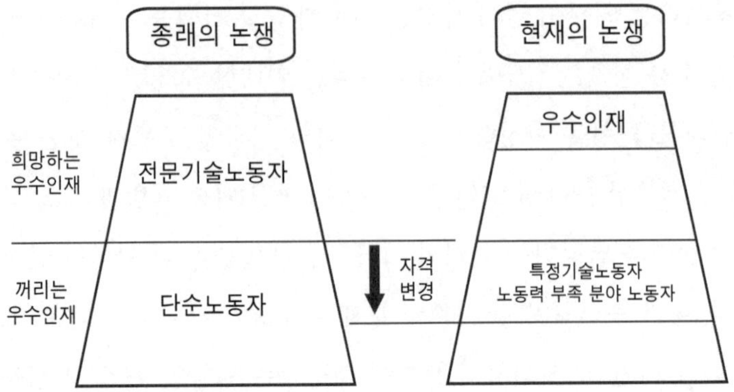

〈그림 3-2〉 일본의 일계인 수용 및 이민 정책 방향

출처: 渡戸一郎, 鈴木江理子, A. P. F. S. 2007.『在留特別許可と日本の移民政策』. 明石書店, p. 14.

일본 정부는 1999년에 '제9차 고용정책 기본계획'에서 향후 10년간의 시행규칙을 명시하였는데 주요 내용은 2002년부터 2005년까지 3만 명의 IT 인력을 유치, 단순기능 인력은 일본계 이민자와 기능실습생 제도 등 제한된 경로를 통해 유입시킨다는 계획이었다. 이미 1989년부터 노동성에 외국인고용대책실을 마련하고 개발도상국에 기술이전을 목적으로 하는 '기능실습생 제도'를 도입하였으며 2005년에는 2004년도 대비 10.6% 증가한 83,000명이 이 제도로 입국하였다. 이들 기능실습생 중 일본의 각종 자격시험에 통과한 자는 특정 분야에서 일할 수 있는 근로자 신분으로 전환하였고 이러한 숫자는 이후 대폭으로 증가하였다.

이렇게 하여 남미에서 일본으로 입국한 316,000명의 일본계 2~3세 중 브라질 출신(302,000명)이 대부분을 차지하였으며, 다음이 남미 페루 출신이었다. 기능실습제와 외국인 연수제는 1991년 일본 법무성,

외무성, 후생노동성, 경제산업성, 국토교통성 등 5개 부처가 공동으로 설립한 국제연수협력기구(JITCO)에서 현재까지 담당해 오고 있다.

3. 이민 정책에 따른 일계인의 거주 지역별 특성, 네트워크 구조, 정착상의 과제

1) 일계인의 인구 증가 추이와 지역별 분포

일본 법무성이 발표한 2011년도 말 통계에 의하면 일본에 거주하는 일계인의 추이는 〈표 3-3〉에 나타난 바와 같다. 전체적인 일계인 거주자의 통계치를 살펴보면 일본에 체류하고 있는 재일외국인 중 3번째로 많은 수치이며 2011년 말 현재 약 21만 명 정도가 거주하고 있는 것으로 나타났다.

일계인의 입국조치 완화를 시행한 1990년 일본 입국관리법 개정 이후 1991년부터 일계인의 인구 증가 추이를 살펴보면 2008년도까지 계속해서 증가세를 보여 일본 내 일계인은 약 31만 명으로 최고치에 달했다. 그러나 2008년 글로벌 금융 위기 이후 급감하기 시작하여 2011년도 말 현재 약 21만 명을 유지하고 있다. 이는 일본 경제 불황의 지속과 상대적으로 브라질 경제의 호황에 귀국하는 일계인들이 많아졌기 때문이다.

〈표 3-3〉 일본 내 일계브라질 지역별 거주자 분포 수

단위: 인구 100(2011년도 말 기준)

순위	도도부현	총수	인구 100명당 (%)	순위	도도부현	총수	인구 100명당(%)
1	시즈오카 현	33,547	0.89	25	오키나와 현	267	0.02
2	미에 현	14,986	0.81	26	니가타 현	373	0.02
3	아이치 현	54,458	0.73	27	교토 부	409	0.02
4	군마 현	12,909	0.65	28	에히메 현	183	0.01
5	기후 현	13,327	0.64	29	후쿠시마 현	215	0.01
6	시가 현	8,710	0.62	30	야마구치 현	154	0.01
7	야마나시 현	3,311	0.39	31	야마가타 현	111	0.01
8	나가노 현	7,504	0.35	32	와카야마 현	88	0.01
9	후쿠이 현	2,510	0.31	33	후쿠오카 현	302	0.01
10	도쓰기 현	5,688	0.28	34	미야기 현	138	0.01
11	도야마 현	2,737	0.25	35	오이타 현	65	0.01
12	이바라끼 현	7,427	0.25	36	도쿠시마 현	41	0.01
13	시마네 현	1,125	0.16	37	이와테 현	68	0.01
14	사이타마 현	9,123	0.13	38	구마모토 현	54	0.00
15	카나가와 현	10,060	0.11	39	홋카이도	155	0.00
16	히로시마 현	3,043	0.11	40	고치 현	21	0.00
17	이시카와 현	1,181	0.10	41	도토리 현	16	0.00
18	치바 현	4,289	0.07	42	미야자키 현	26	0.00
19	오카야마 현	1,183	0.06	43	나가사키 현	31	0.00
20	효고 현	2,872	0.05	44	가고시마 현	37	0.00
21	나라 현	515	0.04	45	사가 현	13	0.00
22	오사카 부	3,001	0.03	46	아오모리 현	20	0.00
23	도쿄도	3,476	0.03	47	아키타 현	11	0.00
24	카가와 현	252	0.03	전국	210,032	0.16	

출처: 일본 법무성 외국인 통계(2011년)를 참조로 필자 작성.

일계인의 분포 지역을 살펴보면 일계인의 대부분이 아이치 현(愛知県名古屋) 주변이나 시즈오카 현(静岡県), 미에 현(三重県), 기후 현(岐阜県), 군마 현(群馬県), 가나가와 현(神奈川県) 등 주로 관동 북쪽 지역에 집거하고 있는 것으로 나타났다. 인구 100명당 일계인들의 비율이 가장 높은 곳은 시즈오카 현으로 0.89명, 기타 미에 현이 0.81명, 아이치 현 0.73명, 군마 현 0.65명 등이다. 또한 지역 주민의 1% 이상이 일계인으로 알려진 오이즈미마치(大泉町)가 있는 군마 현(群馬県)이나, 관동 북쪽 지역, 나가노 현(長野県), 야마나시 현(山梨県)이 일계인들의 상위 집거 지역이다.

전술한 바와 같이 이들 지역은 제조업[4] 비율과 공업생산액[5]이 높은 지역들로 이곳에 일계인들이 많이 분포되어 있다. 브라질인과 비슷하게 1980년대 이후 등장하기 시작한 뉴커머 중국인(중국조선족 포함)들이 제조업이나 중소도시의 서비스업에 종사하고 있는 것과는 다른 대조적인 특징을 보이고 있다.[6] 이러한 이주 현상은 이주 초기 단계에서는 비슷한 이주 패턴을 보였지만 정착 단계에서 그들의 출신이나 일본어 능력 등 개별 요인들로 인해 일계인과 중국인의 일본 내 정착 패턴을 크게 좌우하는 요인으로 작용한 것으로 보인다.

---

4 일본 내 제조업 사업체 수에 대해서는 http://todo-ran.com/t/kiji/10727 참조(2013. 8. 22. 인출).

5 일본 내 공업 생산액에 대해서는 http://todo-ran.com/t/kiji/10720 참조(2013. 8. 22. 인출).

6 재일중국인의 인구 증가 추이에 대해서는 http://todo-ran.com/t/kiji/11582 참조(2013. 8. 22. 인출). 재일중국인(중국조선족 포함)은 2007년 재일코리안 인구를 초월하였으며 2008년 약 67만 명, 2009년 이후 감소 추세임.

2) 일계인 집거 지역의 네트워크 특징

글로벌 시대 전 세계적으로 300만 명의 브라질인들이 2000년대 이후 세계 각지로 이동하게 되면서 일계인들도 브라질 국가라는 큰 틀 속에서 브라질인 글로벌 네트워크 구축이라는 조류에 합류하게 되었다. 이러한 브라질인 네트워크 구축에는 일본 거주 일계인들이 대거 포함되어 있다. 이들은 일본과 브라질 간의 경계인이자 글로벌 시대 양국 간의 중개자 역할을 담당하고 있다. 즉 일본-브라질 거주 일계인들은 일본-브라질 사회의 중간 역할자로서 브라질 내에서는 개척이민자라는 자부심이 매우 강하다고 한다.

그러나 전술한 바와 같이 일본 거주 일계인들은 일본 정부의 노동력 수요에 따른 노동이민(出稼ぎ, 경제 불황 영향)의 성격이 강했다. 그들 대부분은 일본에서 데카세기 공장노동자, 근로자들이었다. 1990년대 일본 정부의 입국관리법 개정과 특혜 속에서 일본어도 모르는 저학력의 일계인 노동자들이 대거 귀국하게 되었다. 귀국 당시 일계인 노동자들은 어디에서나 환영받았지만 점차 일계인들이 증가하고 일본의 경제 불황이 깊어지면서 취업하기가 힘들어지고 일본인들의 국적에 의한 차별도 증가하기 시작했다.

또한 일계인들 대부분이 공장노동자들이다 보니 우선 먹고살기에 바빠 그들 자신의 정체성이나 문화에 대한 관심을 가질 만한 시간적 여유가 없었다. 이러한 이유 때문에 향후 일본 사회에서 정착하는 일계인들이 증가할 것으로 예상되지만 여전히 그들은 타향이자 모국인 브라질로의 귀국 지향이 강해질 것으로 예상된다.

현지 일본 거주 일계인 A씨의 인터뷰에 의하면 일계인의 정체성에 대하여 “나는 100% 브라질인이고 100% 일계인이다.”라고 자신을 정의하였다. 이것은 어떻게 보면 일본 정부가 민족적으로는 분명히 일본 민족으로 일계인을 수용하고 있지만, 그들이 국적으로는 일본 사회에 수용되지 못하고 있는 현실을 그대로 반영하는 결과이기도 하다.

이러한 일계인 사회의 고민과 현실을 반영하여 일본에서도 일계인 집거지를 중심으로 일계인타운이 형성되었다. 현지조사에 의하면 특히 군마 현 오이즈미마치(群馬県大泉町)의 일계인들이 많이 모이는 집합 장소인 일계인타운에는 그들을 위한 브라질 음식 레스토랑과 에스닉 요리가 있고, 매년 7월 삼바 축제, 봄과 가을 연 2회의 일계브라질인 축제, 연 1회의 카니발, 매주 토요일과 일요일 일계인 문화센터에서의 브라질 음악 축제, 마을회 및 상가 번영회의 일계인과 합작하는 다문화 공생 축제 등 다양한 일계인 축제들이 개최되고 있다.

또한 일본 거주 일계인의 정착 유형은 각 지역의 특색에 따라 축제와 문화 형태도 다르게 나타나고 있다. 다음 〈표 3-4〉에 제시한 바와 같이 일본 거주 일계인들이 가장 많이 집거하고 있는 요코하마 시 쓰루미 구(横浜市鶴見区), 군마 현 오이즈미마치(群馬県大泉町), 시즈오카 현 하마마츠 시(静岡県浜松市), 아이치 현 도요하시 시(愛知県豊橋市) 등을 살펴보면 다음과 같은 집거지의 네트워크 유형을 보이고 있다.

이들 일계인 집거 지역의 공통점은 일계인들의 이주 유형과도 상당히 밀접히 관련되어 있다. 일본 정부가 1990년대 일계인 대부분을 공장노동자로 수용했기 때문에 이들의 이주 지역은 자연적으로 정부와 기업의 정책과 수요에 의해 결정되었다. 따라서 이들 지역 대부분은

〈표 3-4〉 일계인 집거지와 네트워크 특징

일계인 거주지의 특징	네트워크 특징
대도시 거주 일계인	일계인만의 행사(나고야 및 하마마츠 시) 나고야(도요하시 시) 단지 생활: 산재되어 있어 네트워크 약함 하마마츠 시(시즈오카 현): 집중도 강하며 네트워크 약함 요카이치(미에 현): 단지 생활로 네트워크 약함
중소도시 거주 일계인	재일외국인과의 협력 및 다문화 공생과 사회통합(쓰루미 구, 도회지에서 근거리 생활) 쓰루미 구(가나가와 현): 도심에 가까워 네트워크 중간
현 및 군 단위 거주 일계인	전통적인 마을회, 번영회와 합력(군마 현 오이즈미마치) 오이즈미마치(군마 현): 시골 도시 분위기로 네트워크 강함

출처: 현지조사 결과에 의해 필자 작성

일계인들의 노동력을 필요로 하는 자동차 부품 조립 공장, 전자제품 조립 공장, 악기 산업 등이 밀집된 지역으로 제한되었던 것이다.

이를 뒷받침하는 증거로서 2007년도 일본 법무성 '외국인등록자 통계'에 의하면 일본에서 증가하고 있는 일계인의 '영주자' 자격 취득자의 분포는 아이치 현(愛知県)과 시즈오카 현(静岡県)을 중심으로 한 동해지역과 군마 현(群馬県), 사이타마 현(埼玉県), 카나가와 현(神奈川県)을 중심으로 한 관동 북쪽으로 양극화 현상을 보였다.[7] 이들 일계인 집거 지역에 거주하는 일계인들의 비율이 전체 영주자 대비 91%에 달해, 일계인 집거 지역을 중심으로 영주자들이 많이 거주하고 있는 것으로 나타났다. 이는 일계인 공동체나 네트워크가 확대된 지역에서 일계인들이 안정감을 누리며 생활할 수 있기 때문에 일본 영주 지향이 강하

7 『ニッケイ新聞』 2008. 11. 4. 신문 보도 참조. http://www.nikkeyshimbun.com.br/081104-61colonia.html(2013. 8. 22. 인출).

다는 점을 확인할 수 있다. 여기에서는 현지 정보를 바탕으로 크게 세 지역으로 나누어 일계인 집거 지역의 네트워크 특성을 살펴보면 〈표 3-4〉와 같이 정리할 수 있다.

3) '보이지 않는 소수자'로서 일계인 정착상의 과제

전술한 바와 같이 일계인의 도일 현상은 일본의 외국인 노동자 유입 정책 및 이민 정책과 직간접적으로 관련되면서 진행되어 온 것으로 생각된다. 이러한 일계인의 이민 과정은 외국인 노동자를 포함한 이민 연구에서 구상해 온 흡입배출요인(push-pull theory), 종속 이론(dependency theory), 이민 시스템(migration) 등 세 가지 이론적 범위를 통해서도 보완 가능할 것으로 생각된다. 하지만 이러한 기존의 이론들은 국가의 이민 정책과 기업의 노동자 유입 및 그들의 현지 정착 과정을 상대적으로 간과하고 있는 측면이 존재한다. 따라서 일본 정부의 이민 정책과 제도적 배경을 심층적으로 다룰 필요가 있다.

일본 나고야에서 일계인 대상으로 기술전문학교를 경영하고 있는 M씨에 의하면 "일본의 후손인 일계인들이 일본 정부의 특혜로 입국 가능함에 따라 대부분 데카세기 노동비자로 돈벌이를 위해 도일하는 경우가 많았다. 이럴 경우 대부분의 일계인들은 브라질에서 하층민과 저학력자들로 구성되어 있고 일본 생활에 필요한 최소한의 일본어도 전혀 구사할 수 없는 사람들이다."라고 했다.

따라서 이들은 새로운 이민 사회인 일본 사회에 적응하기 힘들고 일본인과의 교류나 친목도 상당히 어려운 상황이다. 일례로 일본에서

2008년 글로벌 금융 위기를 전후로 30만 명의 일계인들 중 10만여 명이 다시 브라질 귀국을 선택했다는 점도 이를 뒷받침하고 있다. 여기에는 물론 일본 정부의 경제적 불황에 따른 귀국 종용의 측면도 작용했지만 일계인들의 도일 목적이 경제적인 '저팬드림', 즉 돈벌이라는 점도 브라질 귀국 선택의 이유로 설명 가능할 것이다. 그러나 무엇보다도 일계인의 공동체 형성에 영향을 미치는 요인은 거주국의 이민 정책도 중요하지만, 도일 이후 이민 생활 20년 동안 일본 사회 정착 과정에서 그들 간의 상호 네트워크 구축에 의한 문화공동체 형성이 매우 어려웠다는 점을 들 수 있다. 전술한 바와 같이 일계인들의 네트워크 특성이 지역별, 산업별로 집중되어 있다는 점도 여기에서 기인한다고 볼 수 있다.

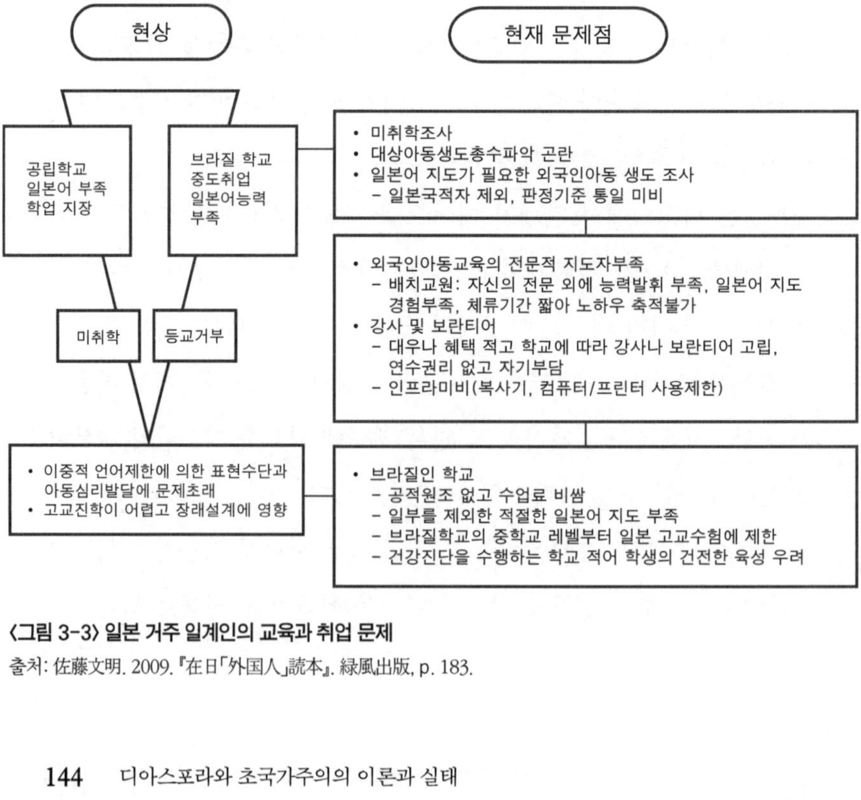

〈그림 3-3〉 일본 거주 일계인의 교육과 취업 문제

출처: 佐藤文明. 2009.『在日「外国人」読本』. 緑風出版, p. 183.

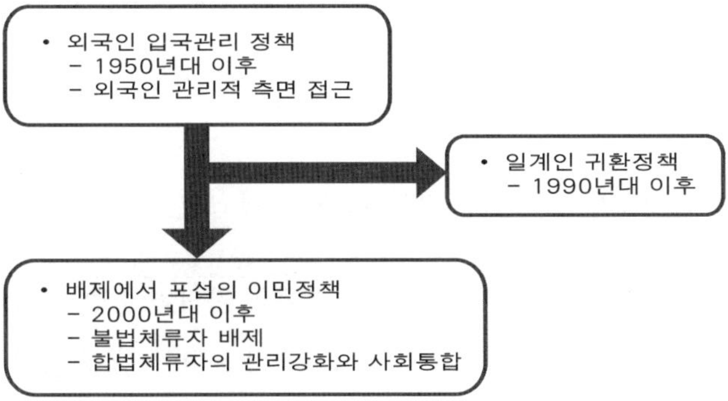

〈그림 3-4〉 일본 정부의 일계인 및 외국인 이민 정책

주: 위에 제시한 이민 정책 모델은 본 논문에서 언급된 전체적인 내용을 중심으로 필자가 작성하였음.

일계인의 정착 과정에 대한 실태 파악 차원에서 2013년 7월 필자가 수행한 현지조사 결과에 따르면 일계인들이 점차 공동체 네트워크의 한계를 극복해 나가는 과정으로 이해할 수 있는데, 그 이유는 다음 다섯 가지로 요약되는 일계인 사회의 특징에서 찾을 수 있다. 첫째, 이주 초기 노동자 계층 일계인의 데카세기 일본행과 이주 기간의 장기화에 따른 고학력화 및 차세대 등장, 둘째, 일본 내 일계인의 전 세계 국가 및 지역 간 이동의 다변화와 집거 지역에 형성된 일계인 사회의 계층 분화, 셋째, 일계인만의 강한 연대의 민족 네트워크 구축, 넷째, 일계인 학교 및 기술학교를 통한 일본어 습득과 문화 적응, 다섯째, 국적 취득과 결혼에 의한 장기체류자의 증가 등이다.

요약하면 일본에서 일계인들의 이주정착에 가장 큰 영향을 미치는 요인은 일본 정부가 정책적 · 제도적 측면에서 일계인을 1990년대 이후 외국인 노동력의 대체 수단으로 활용했지만 아이러니컬하게 일계인들이 일본어와 일본 사회문화 적응에 실패했다는 점, 이들 도일자 대부분이 데카세기 공장노동자로 머물러 아직까지 에스닉 기업을 창업하지 못했다는 점 등의 한계를 들 수 있을 것이다.

4) 일계인과 중국조선족의 귀환 정책 비교

이 절에서는 1990년대 한국과 일본에서 거의 비슷한 시기에 시행된 일계인의 모국 귀환 정책과 중국조선족의 수용 정책에 대한 비교를 통해 시사점을 살펴보고자 한다. 여기에서는 논지 전개 과정상 귀환 디아스포라(일계인과 중국조선족의 모국 귀환이라는 측면에서)로 통일하여 이들이 어떻게 이주하게 되었는지에 대한 귀환 요인을 정치적 요인, 사회경제적 요인, 출입국관리법 개정이라는 정책적 요인 등 세 가지 측면에서 고찰하고자 한다.

〈표 3-5〉 일계인과 중국조선족의 귀환 요인 비교

구 분	일계인(일본)	중국조선족(한국)
정치적 요인	- 일본 정부 1990년대 입국관리법 개정으로 '정주 자격' 신설, 일계인 노동자 우대 정책	- 1978년 시작된 중국의 개혁개방과 산업화에 따른 인구 이동 - 1992년 한중 수교 이후 한국과 일본 기업의 대량 진출 등
사회적·경제적 요인	- 1980년대 일본 경제의 호황에 따른 노동력의 수요 확대와 고령화 사회로 인한 노동력 부족 상태 초래, 외국인 노동력에 대한 임금 상승, 일본인이 기피하는 3K 업종에서 외국인 노동력이 급격히 증대 - 1980년대 이후 일본의 저출산·고령화로 이민이나 외국인 노동자 유치 정책	- 이주자를 통한 성공 사례 전파 및 혈연과 지연 중심 이주 네트워크 - 1990년대 일본으로 IT 기술과 일본어가 능숙한 동북삼성 출신자들의 유학 및 취업, 한국으로는 국내 노동 인구 부족에 따른 노동이주

정책적 요인 (출입국 관리법 개정)	- 1947년 외국인등록령 제정, 치안관리 대상 - 1951년 '출입국관리령' 분리 - 1969년 입국관리 법안, 외국인 정치 활동 금지로 반대 운동에 의해 폐안 - 1979년 국제인권 규약 - 1981년 국제난민조약 비준 - 1982년 출입국 및 난민인정법 제정 - 1984년 10월 '입국사전심사 종료증 제도'라고 불리는 수속 절차 도입 - 1989년 외국인등록법 개정 - 1990년 개정 입국관리법에 의한 '출입국관리 및 난민인정법 개정' 정주자 신설, 정주자는 '법무대신이 특별한 이유를 고려하여 일정 체류 기간을 지정하여 거주를 인정하는 자'로 정함 - 1991년 입국관리특례법 제정(일본국과의 평화조약에 의해 일본 국적을 이탈한 자 등의 출입국관리국에 관한 특례법) - 1996년 7월 일본인 자녀의 친권자로서 현실적으로 양육하고 있는 외국인 부모에게 '정주 자격'(1년) 인정 - 1996년 12월 '출입국 관리 및 난민인정법 시행규칙' 개정으로 신원보증인 제도의 폐지 결정 및 신청 서류 간소화, 비자 신청 부담 경감 - 2000년 '출입국관리 기본계획(제2차)' 단기체류 전문직의 체류 기한 확대 - 2006년 5월 고노 타로 법무부대신 일계인 수용 정책 실패 인정, 버블경제 붕괴 이후 3K 노동자 일계인에서 중국인 연수생으로 이동 - 2008년 리먼 쇼크, 일계인 10만 명 브라질 귀국 - 2012년 5월 외국인우수인재 유치 정책 실시	- 1990년대 초 약재 판매 보따리 상인 위주 - 1994년 산업연수생 제도 도입 - 1999년 '재외동포의 출입국과 법적 지위에 관한 법률' 제정에서 중국동포 제외 - 2002년 '취업관리제'(외국인력정책 중 재외동포 정책적 고려를 통해 입국함으로써 타 이주노동자와 차별화 및 분화) 실시 - 2003년 '외국인 고용허가제' 도입을 위한 '재외동포 비합법 이주자 자진 귀국 프로그램'을 통한 비합법체류자 합법화 조치 - 2004년 '재외동포의 출입국과 법적 지위에 관한 법률'의 중국동포 배제에 대한 헌법 불합치 결정 이후 법 개정으로 불법체류 다발 국가 조항에서 중국동포 배제 조치, 현지화와 모국과의 유대 강화 - 2005년 비합법체류자의 합법화를 위한 자진 귀국 프로그램 실시 - 2007년 중국동포 대상 '방문취업제' 실시

첫째, 일계인 귀환의 정치적 요인을 살펴보면 일본 정부는 1980년대 말 경제적 불황을 타개하고 3D 산업의 노동력 부족을 해결해 주는 존재로서의 일계인 노동자에 대해 1990년 입국관리법을 개정하여 '정주 자격'을 신설하고, 우대 정책을 펼치게 되었다. 이에 비해 한국 정부는 중국조선족에 대해 1978년 시작된 중국의 개혁개방과 산업화에 따른 인구 이동의 심화, 1992년 한중 수교 이후 한국 기업의 대량 진출 등을 계기로 1990년대 이후 한국 기업의 3D 산업의 저변을 지탱할 수 있는 노동력으로서 중국조선족들을 수용하게 되었다. 따라서 양국이 글로벌 다문화 사회로의 진입 과정과 정치적 개방, 3D 산업 분야의 노동력 부족을 타개하기 위한 대책으로서 귀환 정책을 시행하게 된 것으로 생각된다.

둘째, 일계인 귀환의 사회경제적 요인을 살펴보면 일계인의 경우 1980년대 이후 일본 사회의 저출산 · 고령화와 일본 경제의 호황에 따른 노동력 수요의 확대와 고령화 사회로 인한 노동력 부족, 일본인 노동자의 임금 상승 등으로, 일본인 노동자들이 기피하는 3D 산업에서 외국인 노동력의 수요가 급증하게 되었다. 반면 중국조선족의 경우 한국 거주자를 통한 성공 사례 전파, 국내 노동 인구의 절대 부족, 혈연과 지연 중심의 이주 네트워크를 통해 한국으로의 유학 및 취업, 노동이주가 본격화되기 시작했다.

셋째, 일계인 귀환의 정책적 요인으로 출입국관리법 개정의 문제를 들 수 있다. 외국 거주 재외동포들의 원활한 귀환을 달성하기 위해서는 반드시 기존 출입국관리법의 개정이 필요하게 된다. 일계인의 경우 일본 정부는 1990년 개정 입국관리법, 즉 '출입국관리 및 난민인정법 개정'을 통해 정주 자격을 신설하여 정주자는 '법무대신이 특별한 이유를 고려하여 일정 체류 기간을 지정하여 거주를 인정하는 자'로 정한다는 방침에 따라 이를 계기로 다수의 일계인들이 입국할 수 있는 정책적 근거를 마련하게 되었다. 한국의 경우 1999년 '재외동포의 출입국과 법적 지위에 관한 법률' 제정에서 중국조선족 동포를 제외시켰지만 2002년 '취업관리제'(외국 인력 정책 중 재외동포 정책적 고려를 통해 입국함으로써 타 이주노동자와 차별화 및 분화) 시행을 통해 한국으로의 유입을 촉발시켰다.

4. 나가며

본 장의 목적은 일본 정부의 일계인에 대한 '민족적 경계'에 따른 이민 정책의 선택과 도일 후 일계인에 대한 '국적 경계'의 강요로 인하여 일계인 집거지와 네트워크 구축의 특징, 이주정착상의 문제점들이 어떻게 나타나고 있는지를 고찰하는 데 있었다. 다시 말하면 일본의 이민 정책과 일계인의 수용과정에 의해 나타난 문제점들을 파악하고 일본 정부의 일계인과 한국 정부의 중국조선족 수용 정책과의 비교를 통해 시사점을 도출하였다.

연구 방법으로 요코하마 시 쓰루미 구(横浜市鶴見区), 시즈오카 현 하마마츠 시(静岡県浜松市), 나고야 시 오수(名古屋市大須) 등 일계인 집거지를 방문하여 현지 일계인들이 출판한 각종 정보지와 인터뷰조사 자료를 분석하였다.

주요 연구 결과는 다음과 같다.

첫째, 일본 정부의 일계인 귀환 정책은 흡인요인(pulling factors)으로서 1980년대에 들어와 경제대국으로 부상한 일본이 노동력 부족에 따른 '돈벌이를 목적으로 한 자격 외 취업자로서 다수의 일계인을 유치'한 것을 계기로 시작되었다. 근본적으로 일본 정부의 일계인에 대한 이민 정책은 '민족적 경계'에 따라 일계인을 선택하게 되었지만, 일본 이주 후 점차 '국적 경계선'을 강요함에 따라 여타 다른 외국인과 비슷한 차별 정책의 소용돌이에 휘말리게 되었다. 이러한 일계인에 대한 민족과 국적 논쟁은 국적에 따라 갈리는 경계선이 항상 존재하지만 그것이 절대적일 수 없다는 점을 보여 주고 있다.

둘째, 일계인 집거지의 네트워크 특성에 대해서는 일본 정부의 이민 정책과 일계인의 도일 목적, 일본 기업의 수요와 맞물려 일본 나고야 시나 하마마츠 시와 같은 대도시 거주 일계인의 경우 네트워크가 약해 단절된 소수민족의 성격이 강하고, 도심에 가까운 중소도시의 쓰루미 구의 경우 다문화 공생의 성격이 강하며, 군 단위의 오이즈미마치는 다문화 공생과 게토화가 공존하는 지역으로 나타났다.

셋째, 일계인 일본 이주와 정착상의 문제는 일계인의 데카세기 입국 목적에 따른 외부와 단절된 아파트 단지 생활과 일본어 능력 부족, 즉 일본 이민 정책의 개정과 기업 수요에 따른 저학력 노동자의 유입으로 인한 일본 사회에서의 낮은 적응 능력(이민자를 위한 사회문화 시설 및 인프라, 사회적 자본 부족), 이에 따른 상대적 주류 사회 진출 기반(비즈니스, 학력)의 부재 등을 꼽을 수 있다. 즉 일계인의 도일 초기 개인의 인적자원(Human Resource)의 한계, 일본에서의 경제적 생활 기반 부재, 사회문화적

인프라 조성 기반의 부족 등이 일계인의 일본 정착 과정에서 가장 큰 문제로 악순환이 반복되고 있는 상황이었다. 현재 일계인 사회는 이러한 다양한 문제들을 해결하기 위해 노력하고 있으며 일본 내에서 급성장하고 있는 일계인 교회 네트워크의 존재는 이러한 정착 기반(인프라)을 대신하여 해결하는 대체 수단으로 출현한 것으로 생각된다.

이 연구는 거주국의 이민 수용 정책이 소수민족 집단의 집거지와 공동체 형성에 어떠한 영향을 미치는가에 대해 고찰한 것으로 다문화 사회로 향하는 한국 사회에 시사하는 바가 클 것으로 생각된다. 또한 현지조사에서 알려진 바와 같이 일계인 사회의 또 다른 민족 네트워크로서 일계인 중심의 교회 네트워크가 새롭게 출현하고 있는 것으로 나타났다. 브라질은 전통적인 가톨릭 국가로 일계인들은 이민 생활의 스트레스를 해소하기 위해 교회를 찾는 경향이 있으며, 이러한 경향 때문에 일본에는 약 70여 개의 일계인 교회가 존재한다. 현재에도 교회는 계속해서 증가하고 있는 추세이다. 향후 연구에서는 일계인 사회에서의 프로테스탄트 교회의 증가 이유와 그 역할에 대해 주목할 필요가 있을 것이다.

참고문헌

이원경. 2010. "일본의 외국인정책 변화와 "다문화공생정책". 『지역사회연구』 18(4): 133-153.

임성모. 2008. "근대 일본의 국내식민과 해외이민". 『동학사학연구』 103: 181-214.

임영언. 2010. "일계인(日系人) 디아스포라: 초민족공동체 형성과정 연구". 『日本文化学報』 46: 449-469.

______. 2011. "일계인(日系人) 디아스포라의 귀환과 브라질타운 형성에 관한 연구: 군마 현 오이즈미마치 일계브라질타운을 중심으로". 『한국동북아논총』 16(4): 267-291.

______. 2011. "일계인(日系人)디아스포라 브라질 이주사와 전시문화콘텐츠 고찰". 『日本文化学報』 50: 345-367.

송석원. 2009. "일본정부의 일계인(日系人)정책-JICA의 해외일계인 지원사업을 중심으로". 『민족연구』 37: 103-120.

최병두. 2011. 『다문화 공생』. 푸른길 학술.

アンジェロ・イシ. 1995. "'出稼ぎビジネス'の発生と生活環境の変化". 『共同研究出稼ぎ日系ブラジル人』. 明石書店.

石川友紀. 1989. "ブラジルにおける日本移民の地域的分布と職業構成の変遷第二次世界大戦前を中心に". 『琉球大学法文学部紀要』 史学・地理学編 32: 1-56.

石田智恵. 2009. "1990年入管法改正を経た〈日系人〉カテゴリ__の動態 -名づけと名乗りの交錯を通して-". Core Ethnic 5: 1-10.

移住労働者と連帯する全国ネットワ__ク. 2006. 『外国籍住民との共生に向けて__NGOからの政策提言』. 現代人文社・大学図書.

稲見敏夫・江口敏樹. 2007. "出入国管理行政の現状と今後に向けて". 『国際人流』 236号: 2-14.

江橋崇編. 1993. 『外国人は住民です』. 学陽書房.

小熊永二. 1998. 『〈日本人〉の境界__沖縄・アイヌ・台湾・朝鮮植民地支配から復帰運動まで』. 新曜社.

大沼保昭. 1993.『単一民族社会の神話を超えて—在日韓国・朝鮮人と出入国管理体制』. 東信堂.

梶田孝道. 2005. "人の移動と国家の制御". 梶田孝道・丹野清人・樋口直人『顔の見えない定住化』. 名古屋大学出版会.

外国人ウォッチ・ネットワーク編. 2004.『外国人包囲網—「治安悪化」のスケープゴート』. 現代人文社.

外国人医療・生活ネットワーク編. 2006.『講座外国人の医療と福祉』. 現代人文社.

外国人の子どもの教育と人権ネットワーク. 2006.『2005年度外国人の子どもの就学状況実態調査報告書』. 外国人の子どもの教育と人権ネットワーク.

久保山亮. 2003. "ドイツの移民政策—移民国型政策へのシフト？" 小井土彰宏編著『移民政策の国際比較』. 明石書店.

______. 2005. "欧州諸国における移民政策と国内政治". 山口二郎・宮本太郎・小川有美編『市民社会民主主義への挑戦』. 日本経済評論社.

小井土彰宏. 1992. "メキシコ系'非合法'移民労働者とアメリカ国家—歴史的動態と1986年移民改革法—". 百瀬宏・小倉充夫編『現代国家と移民労働者』. 有信堂, pp. 89-118.

社団法人日本経済調査協議会. 2008.『外国人労働者受入れ政策の課題と方向-新しい受入れシステムを提案する-』. 日本経済協議会.

鄭暎惠. 2003.『民が世斉唱：アイデンティティ・国民国家・ジェンダー』. 岩波書店.

丹野清人. 2013.『国籍の境界を考える』. 吉田書店.

田中宏. 1995.『在日外国人—法の壁'心の溝』. 岩波新書.

『日本経済新聞』. 2010. "外国人高度人材'受け入れ促進 出入国管理基本計画". 2010. 3. 30.

佐藤文明. 2009.『在日「外国人」読本』. 緑風出版.

山脇啓造. 2007. "日本における外国人受け入れと地方自治体～都道府県の取り組みを中心に".『明治大学社会科学研究所紀要』. 第47 巻第1 号:1-13.

依光正哲編. 2005.『日本の移民 政策を える 人口減少社会の課題』. 明石書店.

渡戸一郎他編著. 2007.『在日特別許可と日本の移民政策』. 明石書店.

Putnam, Robert D. 2000. *Bowling Alone: The Collapse and Revival of American Community.* New York: Simon & Schuster.

Delanty, Gerard. 2000. *Citizenship in a Global Age: Society, Culture, Politics.* Buckingham: Open University Press.

일본 내 제조업사 업체 수: http://todo-ran.com/t/kiji/10727에서 2013. 8. 22. 인출

일본 내 공업 생산액: http://todo-ran.com/t/kiji/10720에서 2013. 8. 22. 인출

재일중국인의 인구 증가 추이: http://todo-ran.com/t/kiji/11582에서 2013. 8. 22. 인출

『ニッケイ新聞』: http://www.nikkeyshimbun.com.br/081104-61colonia.html에서 2013. 8. 22. 인출

제4장
초국가적 시대의 인도 정부의 디아스포라 정책과 전문직 디아스포라의 성격

김경학(전남대)

1. 들어가며

2014년에 인도 수상에 당선된 나렌드라 모디(Narendra Modi)는 백악관 초청과 UN 연설을 위해 9월 26일 미국을 방문했다. 9월 28일 미국 인도인 디아스포라 주최로 뉴욕 매디슨 스퀘어 가든(Madison Square Garden)에서 열린 인도 수상 환영 행사에서 모디는 약 280만의 미국 인도인 디아스포라가 모국 발전을 위한 '귀중한 자산'이라고 한껏 치켜세웠다. 모디 수상은 인도인 디아스포라의 모국 방문 시 편의를 위해 현행 '인도계 재외동포 카드(Person of Indian Origin Card, 이하 PIO 카드)'와 '해외인도시민 카드(Overseas Citizenship of India Card, 이하 OCI 카드)'를 새로운 종류인 '해외인도인 카드(Overseas Indian Card, OIC)'로 통합하고 이를 기존 OCI 카드 소지자뿐만 아니라 인도계 재외동포(PIO)에게도 제공할 것을 약속했다. 더 나아가 새로운 '해외인도인 카드'는 해외인도인과 결혼한 외국 국적 배우자에게도 동등하게 발급될 것으로 알려졌다. 사실 영구

비자에 해당하는 OCI 카드와는 달리 재외동포에게 발급되었던 PIO 카드의 유효 기간은 15년으로 제한되어 있기 때문에, PIO 카드 소지 재외동포는 모국을 방문하여 180일이 초과되면 외국인등록을 해야 하는 번거로움이 있었다.

2005년 OCI 카드(해외인도시민카드)가 정상적인 시민권으로 인식되면서, 인도가 이중시민권(dual citizenship) 제도를 도입한 것으로 인도 국내외에서 알려지게 되었다. 그러나 OCI 카드의 성격을 둘러싼 다양한 논쟁이 일자, OCI 카드의 성격을 분명히 하기 위해 PIO 카드와 OCI 카드를 통합해 새로운 'OIC 카드(해외인도인 카드)'를 발급하는 내용을 골자로 하는 법안이 2013년에 인도 의회에 상정되어 통과된 바 있다. 2005년 OCI 카드 도입 후 OCI 카드를 둘러싼 갖가지 오해가 일어난 것은 인도 정부가 이 카드의 성격을 명확히 밝히지 않았던 데에 부분적인 원인이 있었다. 그러나 사실상 OCI 카드 소지 인도인 디아스포라에게는 정치적 권리(선거권과 피선거권 및 중앙정부와 지방정부 공무원이 될 수 있는 등의 일련의 정치적 권리)가 일체 허용되지 않았다. 이 때문에 인도계 재외동포들은 OCI 카드를 '반쪽' 시민권인 소위 '업그레이드된 PIO 카드'에 불과하다고 생각한다.

인도인 디아스포라를 위한 PIO 카드와 OCI 카드가 도입되고 급기야 2015년 1월부로 이 두 가지가 통합되어 OIC 카드가 발급되는 등 인도 정부의 인도계 재외동포에 대한 적극적인 정책은 인도가 독립된 지 약 50년이 지난 2000년대 초 무렵부터 시작되었다. 사실 독립 직후부터 1990년대 초까지의 인도 국적 소지자가 아닌 인도계 재외동포에 대한 인도 정부의 공식적 태도는 '선의의 방관(benign neglect)'으로 요약될 수 있으며(Lall, 2001), 이는 재외동포와는 정책적으로 거리를 두는 것이었다. 인도 정부가 재외동포에 대한 폐쇄적이고 소극적인 정책에서 적극적인 정책으로 점차적으로 전환하기 시작한 시기는 외환 위기에 직면한 1990년대 초반 무렵부터였다.

이 연구는 인도 정부의 디아스포라에 대한 일련의 새로운 정책 도입과 이에 따른 전문직 디아스포라(professional diasporas)의 인도 귀환을 초국가적 맥락 속에서 상호 연결하여 그 성격을 이해하고자 한다. 이를 위해 우선 인도 정부의 인도인 디아스포라에 대한 정책적 특성을 시계열적으로 개관한다. 특히 'OCI 카드'의 도입을 다소 자세하게 분석한 후, 초국가적 맥락에서 2000년대 이후 인도로 귀환이주(return migration)하는 전문직 디아스포라를 초국가적 맥락에서 이해하고자 한다. 이 글은 초국가적 삶을 살아가고 있는 전문직 디아스포라가 OCI 카드의 도입이라는 인도 정부의 새로운 디아스포라 정책을 이해하고 활용하는 방식을 드러냄으로써 전문직 인도인 디아스포라의 성격을 밝히고자 한다.

2. 인도 정부의 디아스포라에 대한 정책

1) 인도인 디아스포라의 형성

인도인들은 역사적 시기를 달리하면서 다양한 이유로 세계 도처로 이주하였다. 인도 외무부의 자료에 따르면 약 600만 명의 '재외인도인(Non-Resident Indians, 이하 NRI)'과 약 2,000만 명의 '인도계 재외동포

(Person of Indian Origin, 이하 PIO)'를 포함하여 약 2,600만 명의 인도인 디아스포라가 세계 도처에 거주하고 있다. 특히 PIO가 거주하는 국가의 전체 인구 가운데 높은 비율을 차지하고 있는 국가들은 피지(37%), 트리니다드 토바고(40%), 가이아나(53%), 모리셔스(70%) 등이며, 동남아의 미얀마와 말레이시아 그리고 남아공화국에 약 100만 명 이상씩의 PIO가 거주하고 있다(김경학 외, 2005: 3-4).

PIO는 두 가지 부류로 구분된다. 첫 번째 부류는 1840년~1930년 사이에 주로 계약노동제(indentured system)로 유럽인이 운영하는 사탕수수, 카카오, 고무 등 열대 작물의 플랜테이션 농장에서 일하던 노동자로, 카리브 해, 남태평양, 동남아 일대의 국가로 나가 계약 종료 후 현지에 정착한 인도인 후손들이다. 여기에는 이들 노동자들을 상대로 인도 생필품을 팔던 상업에 종사했던 상인들도 포함되는데, 이들은 흔히 '자유승객(free passengers, 계약노동자의 약 5%에 해당)'이라 지칭된다. PIO의 두 번째 부류는 주로 미국, 캐나다, 영국, 호주 등이 아시아 인구의 유입을 우호적으로 수용하는 방향으로 이민 정책을 개방하기 시작한 1960년대 중반 이후 이들 지역으로 이민 간 인도인과 그 자녀들이다. 이들은 이민 후 현지 국가의 시민권을 획득함으로써 NRI(재외인도인) 지위에서 PIO로 변경된 인도계 재외동포로서 현지의 정치·경제적인 면에서 상당한 영향력을 축적한 집단이다.

인도인 디아스포라를 구성하는 다른 집단인 NRI 역시 일반적으로 두 부류로 구분되는 경향이 있다. 첫 번째 부류는 1970년대 이래 중동 국가들에 단순 기술자 신분으로 나가 단기체류하고 있는 대규모 단순 기술자 이주자들로서, 이들은 1970년대부터 현재까지 인도에 '오일 달러'를 송금하는 주요 경제 역군으로 간주되고 있다. 두 번째 부류의 NRI는 1960년대부터 시작되었던 '인재 유출(brain drain)' 현상[1]과 밀접히 연관된다. 이들은 '인도공과대학(Indian Institute of Technology, IIT)'과 '인도경영대학(Indian Institute of Management, IIM)' 등 인도의 최고 명문 대학 출신의 고급 인재들로서 1980년대부터 본격적으로 미국 등 소위 산업 선진국으로 유학과 취업을 위해 이민 간 후 현지에 체류함으로써 소위 '지식인 디아스포라(knowledge diaspora)'를 구성하고 있다. 대체로 이들은 정보통신 기술(IT)과 생명공학 기술(BT) 및 경영학 분야의 현지 전문가로 성장하여 주재국 내에서 경제적으로 상위 계층의 삶을 향유하고 있다. 예컨대 미국의 일부 NRI는 미국 명문 대학에서 과학기술과 경영학 등의 교육을 받고 실리콘 밸리(Silicon Valley)처럼 최첨단 산업 지구에서 막강한 기술력과 자본력 및 글로벌 네트워크를 갖춘 '전문직 인도인 디아스포라(professional Indian diaspora)'에 속한다.

2) 인도인 디아스포라 정책의 흐름

인도 정부의 인도인 디아스포라에 대한 정책은 시대적으로 그 성

---

1 이 용어는 1960년대 영국에서 대규모의 엔지니어와 과학자가 미국의 높은 급여와 장래를 보고 떠나기 시작하면서 본격적으로 이용되었다. 일반적으로 '인재 유출'은 한 국가에서 고급 인력들이 다른 국가로 이주함으로써 남아 있는 국가의 사회적, 경제적, 정치적 상황에 심각한 영향을 주는 모든 현상을 통칭한다. 특히 인재 유출은 개발도상국이 직면했던 가장 심각한 문제의 하나였으며 이들 국가 발전에 장애로 인식되었다. 많은 경우 '인재 유출' 현상은 산업선진국과 개발도상국 간의 국제이주 과정에 개입하는 '배출요인과 흡입요인(push-pull factors)'으로 설명되는 경향이 있다. Khadria, B. 1999. *The Migration of Knowledge Workers*. Sage.

격을 달리한다. 일반적으로 독립 이전 영국 식민지하에서 인도 정치 지도자들은 독립 투쟁을 위해 해외인도인과 의기투합했다. 예컨대 간디(M. Gandhi)와 네루(J. Nehru)와 같은 유명 정치인은 인도인이 거주하던 말라야(Malaya)나 남아공화국 등을 직접 방문하여 인도 모국과 디아스포라의 공생적 관계를 강조했다. 그러나 1947년 독립 이후 인도 정부의 디아스포라에 대한 정책적 기조는 독립 전과 크게 대비되는 방향으로 변했으며, 이러한 기조는 1980년대 말까지 유지됐다. 초대 수상인 네루(1947-1964 집권)는 철저한 출생지주의에 따라 '인도 국민'을 규정함으로써 해외인도인을 더 이상 인도 국민으로 간주하지 않으려 했다. 이에 따라 네루는 해외인도인을 향해 "인도를 조속히 잊고 주재국에 통합되도록 노력하여 주재국의 발전에 기여하라."라고 당부하기도 했다(Kudaisyu, 2007: 84). 예컨대 그는 남아공화국에 있는 인도인들에게 현지 원주민인 흑인들과 함께 유색인종에 대해 차별하는 '아파르트헤이트(Apartheid)' 백인 정권을 타도하는 데 힘을 규합할 것을 강조했다.

사실 이러한 네루의 해외인도인에 대한 정책은 당시 그의 외교 정책의 기조로부터 나온 것이었다. 제국주의와 인종차별 종식을 가장 중요한 외교 정책의 목표로 삼은 네루는 해외인도인이 주재국에 통합되어 주재국의 독립을 위한 투쟁에 참여해야 한다고 주장했다(Dickinson and Bailey, 2007: 757-774). 당시 네루가 주도적으로 이끌었던 '비동맹운동(Non-Aligned Movement)'에 아프리카 국가들은 중요한 지지 기반이었다. 이 때문에 동아프리카 국가들이 영국으로부터 독립을 쟁취하기 시작한 1960년대 초부터 1970년대 시기에 아프리카 현지에서 발생한 아프리카인에 의한 인도인 추방과 핍박[2]에 대해 인도 정부는 직접적인 개입을 자제했으며, 이는 네루의 외교 정책 노선에 따른 결정이었다.

구체적으로 살펴보면 케냐의 민족 지도자이며 국부였던 초대 대통령 케냐타(J. Kenyatta)와 아프리카 정치 지도자를 지지하기 위해, 당시 인도 정부는 아프리카 현지의 인도인들이 외치는 구원의 목소리에 귀를 닫았다. 남아공화국 문제에 있어서도 인도 정부는 아파르트헤이트 정권을 압박하기 위해 정치와 경제를 포함한 모든 영역에서 남아공화국과의 교류를 단절하였는데, 이는 현지의 인도인들이 모국 인도뿐만 아니라 남아공화국 주변국의 인도인으로부터 고립되는 어려운 상황을 불러왔다(Landy et al., 2003: 203-215).

인디라 간디(Indira Gandhi) 정권(1966-1977, 1980-1984)도 아프리카 우간다의 인도인에 대해 일정 거리를 두는 등 네루의 외교 노선을 유지하기 위해 해외인도인에 대해 소극적인 태도를 취하는 데는 변함이 없었다. 1971년 쿠데타로 정권을 잡은 우간다의 이디 아민(Idi Amin)은 국유화 정책을 전개하였으며, 1972년에는 인도인에게 우간다를 떠나라는 최후 통첩을 하였다.[3] 당시 인도 정부는 우간다 사태에 우려를 표명하

2 1963년 영국으로부터 독립한 케냐의 케냐타 대통령이 추진한 '경제의 케냐화(Kenyanisation of economy)'에 따라 케냐에 있는 인도 상인들은 외국인등록을 해야 하는 한편 제한된 구역에서 제한된 물품만을 팔 수 있었다. 이것은 케냐가 독립운동을 하고 있던 당시 인도 상인들이 보여 줬던 애매한 태도에 대한 앙갚음으로 해석되었다. 일찍이 네루는 케냐 인도인에게 케냐 독립투쟁에 동참할 것을 권고했고 독립 이후에는 영국 시민권을 포기하고 케냐 국적을 취득하도록 종용한 바 있다. 그러나 급격한 사회적 지위의 하락을 두려워한 대부분의 인도인은 영국행을 선택한 바 있다. 김경학. 2006.『국제이주와 인도인 디아스포라』. 집문당, pp. 86-87.

3 이디 아민의 우간다 경제를 우간다인에게 돌려주려는 정책을 펼치는 과정에서 최대 희생자는 당시 우간다의 시장경제를 장악하고 있던 인도 상인들이었다. 아민은 국유화 정책을 펼치

는 정도의 소극적 대응을 함으로써 국내외 인도인으로부터 커다란 원망을 샀다.

인도 정부가 1970년대 중반부터 중동에 노동하기 위해 나간 단순 노동자 NRI의 오일달러의 중요성을 인식하기 시작했지만, 해외인도인에 대한 기존 정책에 다소 변화가 감지되기 시작한 것은 라지브 간디(Rajiv Gandhi) 정권(1984-1989) 이후부터다. 1987년부터 시작된 남태평양 피지의 원주민 군부의 쿠데타로 피지 내 인도인이 핍박을 당하자,[4] 인도정부는 피지 사태에 대해 다소 강한 비판적 논평을 내는 외교적 제스처를 취하였다. 인도 정부는 피지의 인도 공사관을 철수시키고 호주 등 피지에 영향력을 행사할 수 있는 남태평양 주요 국가를 상대로 피지의 군부 쿠데타의 부당성을 역설하는 등 일련의 정치적 행보를 보였다. 그러나 이러한 인도 정부의 정치적 제스처는 피지 내 정치적 구도의 변화를 이끌거나 현지 인도인에게 직접적인 도움이 되지 못했다(Lall, 2001).

1980년대 후반까지 인도 정부의 인도인 디아스포라, 특히 인도계 재외동포인 PIO와 관련된 인도 정부의 정책적 태도는 매우 소극적이었으며, 이로 인해 PIO는 자신들의 위기 때 인도 정부가 큰 힘이 되

면서 인도인의 경제권을 몰수할 계획에 착수했다. 당시 약 8만 명에 달하던 인도 상인들을 태업과 부패의 표상으로 낙인찍고 이들을 추방시킬 정책 법안을 입안하였다. 그는 인도인에게 90일의 기간을 주고 1972년 11월 8일까지 우간다를 떠나라는 최후 통첩을 하였다. 김경학. 2006. 『국제이주와 인도인 디아스포라』. 집문당, pp. 87-88.

4 남태평양 피지 군부의 쿠데타 등 피지 내 원주민과 인도인 간의 정치적, 경제적, 사회 · 문화적 관계에 대해서는 다음을 참고 바람. 김경학. 2003. "호주 피지계 인도인의 종족 정체성 구성". 『국제 · 지역연구』(서울대학교 국제지역대학원) 12(2): 47-65.

지 못한다는 점을 익히 인식하고 있었다. 이에 따라 PIO는 주재국에서 직면한 인권침해 등의 피해를 전 지구적 차원에서 집단적으로 대응하기 위해 1989년 미국 뉴욕에서 '세계 인도계 재외동포 조직(Global Organization of People of Indian Origin, 이하 GOPIO)'을 결성하고 그 첫 번째 국제회의를 뉴욕에서 개최한 바 있다.[5]

사실 GOPIO 구성원의 관심 사항은 모국 인도와의 관계 증진보다 해외 여러 지역에 흩어져 있는 PIO 간의 관계 강화에 있었다. 인도 정부가 1999년 'PIO 카드'라는 '당근'을 제시했을 때도 일부 국가의 PIO는 PIO 카드 제도를 통해 인도 모국과의 관계 개선에 나서는 데 주저했다. 특히 인도인이 현지 국가에서 소수민족에 해당하거나 민족적 갈등이 잠재되어 있는 국가, 예컨대 남아공화국이나 피지 같은 국가의 PIO는 인도 정부의 PIO에 대한 우호적 정책을 마냥 반길 수만은 없었다. 아파르트헤이트 정권의 종식과 함께 남아공화국과 인도와의 관계가 복원되었지만, 남아공화국의 인도인은 모국 인도와의 적극적인 교류를 통해 '인도인성(Indianess)'을 현지에서 적극적으로 드러내지 않으려 했다. 적극적으로 인도인성을 드러낼 경우 남아공화국 흑인들이 인도인에 대한 남아공화국 시민권 부여를 문제 삼을 소지가 있었기 때문이었다(Landy et al., 2003: 212-213).

한편 인도 정부가 PIO(인도계 재외동포)와 구분되는 'NRI'(재외인도인)라는 공식 명칭을 만들어 낸 것은 NRI의 외환을 인도 국내로 유인하기 위한 목적에서였다. 1970년대 이후 걸프 지역으로 이주한 비숙련 이주

5 2014년 5월에 GOPIO 제25차 대회가 카리브 해의 트리니다드-토바고에서 개최된 바 있다.

자 NRI가 인도 국내로 보내는 송금의 효과를 이미 인지한 인도 정부는 북미와 유럽 등 서구 선진국에 거주하는 부유한 NRI를 대상으로 인도 투자를 유인하기 위한 정책적 필요를 느꼈다. 특히 1991년의 경제위기에 직면한 인도 정부는 NRI에 대한 관심을 본격적으로 드러내기 시작했다. 1990년 걸프전쟁 발발로 걸프 지역에서 유입되던 오일달러가 멈추고, 게다가 주요 무역 상대국이었던 소련이 붕괴되면서 외환보유고가 바닥나자, 인도 정부는 국제금융기관으로부터 구제 금융을 받을 수밖에 없었다. 외환 위기를 경험한 직후 인도 정부는 NRI의 모국 투자가 국가 발전에 기여할 수 있음을 인도 국내외적으로 확산시키고, NRI의 국내 투자를 뒷받침할 수 있는 유인 정책을 포함하는 새로운 디아스포라 정책을 개발했다. 이에 따라 인도 정부는 경제 위기 시마다 이름을 달리하는 채권과 예금을 만들어 내어 NRI에 대해 모국 지원을 호소했다. 예컨대 1990년대 초 외환 위기로 해외 투자가들이 인도를 떠나자 인도 정부는 NRI 달러를 유인하기 위해 '인도개발채권(Indian Development Bond)'을 발행했고, 1998년 핵실험 이후 인도에 대한 국제적 제재로 시장이 요동치자 '인도회생채권(Resurgent India Bond)'을 발행했으며, 2000년에 '인도새천년예금(India Millennium Deposit)'을 만드는 등 그동안 시기별로 수십억 불의 NRI 외환을 유치하는 데 성공했다(Xavier, 2011: 39-40).

인도 정부의 외화 유치를 위한 디아스포라에 대한 정책은 NRI에만 한정되지 않았다. 인도 정부는 이러한 정책을 일부 PIO(인도계 재외동포)까지 확장시킴으로써, 외화 유입을 위해서는 인도 시민권 보유 여부를 개의치 않는다는 점을 확실히 보여 주는 일련의 정책적 조치들을 실행했다. 이는 NRI 지위를 유지하고 있는 부유한 재외인도인뿐만 아니라 인도 시민권을 포기하고 외국, 특히 북미와 유럽의 시민권을 취득하여 PIO 지위로 변화된 디아스포라까지 경제 투자의 대상으로 삼으려는 조치였다. 인도 정부가 모국 발전에 대한 재외동포의 기여를 강조하며 2000년대 전후로 다양한 차원에서 디아스포라와의 관계를 재정립하고자 도입한 이러한 조치에는 1999년 PIO 카드 도입, 2000년 외무부 산하에 '디아스포라 담당국(Diaspora Division in the Ministry of External Affairs)' 설치, 2001년 디아스포라에 대한 종합보고서와 정책 제안을 위한 '인도인 디아스포라 고위급 위원회(High Level Committee of the Indian Diaspora)' 운영, 2003년 '해외인도인의 날(Pravasi Bharatiya Divas, PBD)' 행사 개최, 2004년 '해외인도시민카드(Overseas Citizenship of India Card)' 입안, 2004년 해외인도인 업무를 전담해서 관장할 장관급 독립 부처인 '해외인도동포부(the Ministry for Overseas Indian Affairs, MOIA)' 창설 등이 있다.

PIO 카드는 1999년 도입되어 2003년에 개정된 바 있다. PIO 카드 발급 대상은 부모와 조부모의 어느 한 사람이 인도에서 태어난 사람으로 아프가니스탄, 부탄, 중국, 네팔, 파키스탄, 스리랑카 시민이었던 적이 없는 사람, 그리고 이들 조건에 부합하는 사람의 배우자이다. 2002년까지 이 카드 제도는 북미와 유럽 및 오세아니아 등 16개국[6]에 거주하는 사람에게만 발급되었으나, 재외동포를 대상으로 경제적 수준에 따른 국가별 차별이라는 비판에 직면한 인도 정부는 이 제도를

6 16개국에는 미국, 캐나다, 영국, 호주, 프랑스, 핀란드, 그리스, 아일랜드, 이스라엘, 이탈리아, 네덜란드, 뉴질랜드, 포르투갈, 키프로스 공화국, 스웨덴, 스위스가 속한다.

모든 국가로 확대 적용하기 시작했다. PIO 카드 소지자에게는 15년 동안 사용할 수 있는 복수비자가 발급되고 인도를 방문하여 180일이 초과되지 않을 경우 외국인등록을 하지 않아도 된다. 또한 PIO 카드 소지자에게는 정치적인 권리를 제외하고 NRI(재외인도인)에게 주는 모든 혜택, 즉 경제적 투자와 비즈니스를 포함한 모든 경제 활동(농지 구입은 제외)과 교육 등 대부분의 활동이 허용된다.[7] 다시 말해 PIO 카드 소지자에게도 NRI에게 제공되는 비슷한 수준의 혜택이 제공되지만 단지 카드 유효기간에서만 15년으로 제한된다는 한계가 있었다.

인도 정부가 디아스포라의 모국 발전에 대한 기여를 유도하기 위해 '인도인성'이라는 원초적 감성에 호소하는 자리를 만든 대표적인 것이 '해외인도인의 날(PBD)' 행사다. 1915년 1월 9일 남아공에서 간디가 인도로 귀환한 날을 기념하여 매년 1월 9일부터 3-4일 동안 진행되는 PBD라는 공식적인 연례모임은 인도 정부가 인도의 전 지구적 비전 내에 인도인 디아스포라를 포함시키고자 하는 스펙터클한 민족주의 전시장을 만들어 내는 행사다. PBD 일정에는 경제적인 사안을 포함하여 인도 예술과 문화 및 세미나 등 다양한 행사 내용이 포함되어 있다. 이 행사에는 세계 각지에서 두각을 드러내는 인도인 디아스포라가 참여하고, 이들에게 주기적으로 공로상을 수여함으로써 디아스포라와 인도 모국 간의 유대감과 일체감뿐만 아니라 애국심을 자극하는 다목적 행사 내용이 포함되었다(인태정, 2007: 427-430).

---

7 http://www.investmentyogi.com/nri/difference-between-pio-and-oci-card.aspx에서 2015 .4. 19. 인출.

PIO 카드 도입과 PBD 연례행사 개최에는 인도 정부가 인도 영토 밖에 거주하는 인도인 디아스포라의 정체성을 '재영토화(reterritorialization)'하려는 전략이 숨어 있다. PBD 행사에 NRI와 PIO 모두가 참석 대상에 해당하지만 인도 시민인 NRI와는 달리 자신들의 법적 지위를 경제적인 투자를 통한 모국 발전에만 한정시키려는 인도 정부의 의도에 대한 비판의 목소리가 북미와 유럽 국가의 PIO를 중심으로 나오기 시작했다. 사실 PIO 카드는 정치적 권리가 배제된 채 경제와 문화적인 권리만 담긴 제도이기 때문에, 이보다 한 단계 업그레이드된 시민적 자격을 요구하는 PIO의 목소리가 터져 나오기 시작한 것이다. 다시 말해 '이중시민권'을 허용하도록 인도 헌법에 수정을 가하라는 PIO의 요구가 시작됐다고 이해된다.[8]

3) '해외인도시민 카드(OCI 카드)': '이중시민권' 도입?

인도 정부가 인도인 디아스포라의 실태 파악과 인도 정부의 디아스포라 정책에 대한 비전 제시를 목적으로 운영한 '인도인 디아스포라 고위급 위원회(GOPIO)'는 PIO의 시민권적 자격 요구를 참작하여 2003년 인도 정부에 대해 PIO에게 이중시민권을 허용하라는 권고를 하였다. 이러한 권고에 따라 2004년 '해외인도인의 날(PBD)' 행사에서 당시

---

8 PIO는 자신들이 모국이라는 주인에게 우유나 대 주는 암소에 불과하다고 인도 정부를 비난했다. 더 나아가 인도 정부가 경제력이 있는 PIO(대체로 북미와 유럽 국가에 거주하는 재외동포)만을 인정해 주며 해외 현지의 인도인이 위기에 처해 있을 때 인도가 모국으로서의 역할을 수행할 수 있는가에 대해 의문을 제기했다. Parekh, B. 2003. "Why the Diaspora needs India". *Rediff India Abroad. January 8.*

인도 수상이던 바지뻬이(Atal Bihari Vajpayee)는 일부 PIO를 대상으로 '해외인도시민 카드(Overseas Citizenship of India Card, OCI카드)' 제도를 도입할 것과 이것이 이중시민권임을 선언했다.

1950년 1월 26일 인도 헌법 개시일 이후로 인도 시민이었던 적이 있는 외국 국적자, 즉 PIO와 그 후손들이 OCI 카드를 신청할 경우 이를 취득할 수 있도록 관련 법 조항이 개정되었다. 인도 국내외 언론은 인도 정부의 OCI 카드 도입을 정상적인 이중시민권 도입으로 대대적으로 보도하였다. 일부 PIO가 OCI 카드를 신청함으로써 인도 시민권을 취득할 수 있다는 이러한 언론 보도는 인도 국내외적으로 OCI 카드가 완전한 형태의 인도 시민권임을 인식시키는 데 큰 역할을 한 것으로 보인다. 그러나 이런 홍보와는 달리 한 개 이상의 국적을 여전히 인정하고 있지 않은 인도 헌법을 개정하지 않는 한 인도에서 이중시민권제의 실제적인 실시는 불가능하다. 단지 OCI 카드가 기존 PIO 카드와 차이가 있다면 OCI 카드 소지자가 5년(이 가운데 최소 1년은 인도에 체류하는 조건) 동안 OCI 카드를 유지하면 외국 시민권을 포기할 경우 인도 시민권을 복원할 수 있다는 점이다. 그러나 이러한 사례가 흔치 않을 것으로 추정되었다.

사실상 OCI 카드는 인도 여권과 색상만 다를 뿐 외형은 정규 인도 여권과 매우 비슷하게 보인다.[9] 그러나 OCI 카드의 본질은 PIO 카드와는 달리 평생 비자를 갱신하지 않아도 되는 'U-visa(unlimited visa)'

9 OCI 카드(해외인도시민 카드)는 파란색으로 정규 인도 여권과 외형은 동일하다. 단지 정규 인도 여권은 검은색으로 색상에서 OCI 카드와 구분된다.

에 불과하다. OCI 카드 소지자는 경제와 문화 및 교육 등의 사안에 한해 인도 시민과 거의 동일한 권리를 행사할 수 있지만, 공식적인 정치 참여와 정치적 권리로부터 배제된다. 이들은 선거권과 피선거권을 가질 수 없으며 공무원도 될 수 없어 인도 내에서 정치적 권리를 누릴 수 없다. OCI 카드를 취득할 때는 주재국의 인도 대사관 영사 앞에서 '충성 서약'을 하는 등 일반 시민권 취득에 버금가는 공식적인 절차를 요구하지만, 카드 소지자의 문제로 이를 박탈당할 경우는 단지 통보만으로 모든 행정 절차가 끝나는 모순도 숨어 있다. 즉 카드 획득 시에는 마치 정상적인 시민권을 취득할 때 요구되는 공식적 절차를 요구함으로써 OCI 카드가 정상적인 이중시민권인 것으로 오해하게 만들 소지가 있다(Xavier, 2011: 45-46).

인도 정부의 OCI 카드 발급이 PIO 가운데 일반적으로 경제적 자산을 소유한 PIO가 많은 북미와 유럽 국가의 재외동포를 대상으로 하고 있음은 OCI 카드 신청 자격의 제한 부분에서 알 수 있다. OCI 카드 신청 최적의 대상은 1950년 1월 26일 인도 헌법 개시일 이래 인도 시민권을 포기하고 다른 외국 국적으로 귀화한 사람과 그들의 자녀이다. 이런 제한적 규정에 따라 영국 식민 시대에 계약노동자로 인도 아대륙(Indian Subcontinent)을 떠났던 후손들은 신청 자격에서 처음부터 배제된 점으로써 OCI 카드 신청 자격을 두고도 PIO 가운데서도 거주 국가별로 차별을 가하고 있음을 알 수 있다.

따라서 현실적으로 OCI 카드를 신청할 잠재적인 대상은 NRI의 지위를 유지했지만 최근 들어 외국 시민권을 취득한 사람들로서, 특히 북미와 유럽 국가의 시민권자인 PIO들이다. 이는 OCI 카드 제도 입안

초기부터 인도 정부의 성장 전략에 중요도가 상대적으로 떨어지는 국가에 살고 있는 PIO는 OCI 신청 자격에서 배제되어 있음을 알 수 있다. 이러한 인도 정부의 차별적 디아스포라 정책은 2013년 OCI 소지자의 대부분(약 83%)이 OECD나 EU에 속한 국가의 고소득자라는 점에서 명확히 드러난다.[10] 2015년 인도 정부가 기존 PIO 카드와 OCI 카드를 통합하여 OIC 카드(해외인도인 카드)를 도입한 것은 PIO 카드 소지자 가운데 소위 부유한 16개국 이외의 국가에 거주하는 인도계 재외동포에게도 동일한 자격을 부여하는 통로를 열었다는 점에서 제도적인 차별이 해소되게 했을 뿐만 아니라, 보다 광범위한 범주의 디아스포라를 모국의 발전에 개입시키려는 인도 정부의 노력으로 간주될 수 있다.

3. 초국가적 맥락에서의 전문직 디아스포라의 성격

1990년대 말부터 미국 등 소위 서구 선진국에 거주하던 IT와 BT 등의 전문가를 비롯한 소위 '지식인 디아스포라(knowledge diaspora)'가 모국 인도로 귀환하는 사례가 늘고 있다. 기술력과 자본력 및 글로벌 네트워크를 갖춘 전문직 인도인 디아스포라가 미국의 명문대학에서 고등교육을 마치고 실리콘 밸리와 같은 최첨단 산업 지구에서 모국으로 귀환하는 데는 이유가 있다. 1990년대부터 시작된 인도 경제의 개방화

10 OCI 카드 소지자 전체 약 1,372,000명의 인도계 재외동포 가운데 약 520,000명은 미국, 약 300,000명은 영국, 약 133,000명은 호주, 약 114,000명은 캐나다 시민권자였다. Shubha Singh. "Modi Cheers Overseas Indians". http://www.theindiandiaspora.com에서 2015. 4. 12. 인출.

와 IT 산업 등을 위한 기반 시설이 갖추어진 '첨단 기술 산업 도시(high-tech cities)'에 인도와 다국적 기업이 제공하는 새로운 직업과 경력의 기회가 이들에게 열려 있기 때문이다. 인도 정부가 이들 전문직 이주자의 인도 귀환을 의도적으로 유인하지는 않았더라도 전문직 이주자의 귀환은 인도 정부의 디아스포라 정책과 무관하지 않다. 따라서 이들의 귀환 흐름과 이주자적 행위는 초국가적 시대라는 맥락 속에서 인도 정부의 디아스포라 정책과의 연결 속에서 이해될 필요가 있다.

1960년대 중반 이래 정부 장학금으로 키운 인재들, 대표적으로 '인도공과대학(Indian Institute of Technology, IIT)'과 '인도경영대학(Indian Institute of Management, IIM)' 출신 학생들은 북미와 유럽 국가로 유학과 취업을 위해 이주하기 시작했다. 이들의 해외 이주 흐름은 서구 국가들의 이민 정책이 아시아인에게 문호가 개방된 시기와 맞물려 있다. 사실 독립 이래 인도 정부는 IIT와 IIM을 설립하여 관련 분야 전문가를 육성해 국가 경제 발전의 근간으로 삼기 위해 전국의 수재를 선발하여 이들의 교육에 엄청난 재원을 투자했다. 대학 졸업 후 이들의 서구로의 이주가 본격화되면서 이러한 '인재 유출(brain drain)'은 엄청난 국부의 손실로 간주되었다.[11] 이들 인재들이 서구에서 고등교육을 받은 후 인도

11 1990년대까지 인도를 비롯한 제3세계로부터 인재를 획득한 소위 '인재 획득(brain gain)'의 최대 수혜국은 미국이라는 데에 이견이 없다. 매년 수만 명의 인도인 고등 인력이 미국으로 이민 가는 것으로 추정되는데 이들 각자에 대한 평균 교육 비용은 미화 1만 5천 달러로 산정하고 있다. Hattori, J. 2000. *Reversing India's Brain Drain*. CNN.com. Aug. 25. 인재 유출에 대한 부정적 시각에서 벗어나 세계 곳곳에서 활동하는 인도의 인재들이 주재국에서 인도 모국에 대한 정치적이고 경제적인 지원을 하고 있다는 식의 긍정적인 관점에서 보면 이들은 분명 '인재 은행(brain bank)'으로 인식될 수도 있다. Jain, R. K. 1999. "Indian diaspora,

로 귀국하지 않는 것을 단순히 이들의 애국심 부족으로 간주하는 것은 섣부른 판단일 수 있다. 이들 전문직 디아스포라의 일부가 인도로 귀국을 시도할 당시 인도에는 이들의 지식과 기량을 발휘할 수 있는 경제적, 기술적 인프라가 크게 미비했다. 또한 이들은 서구에서 받았던 자신들의 경력에 대한 보상을 인도에서 받을 수 없었고, 서구 생활에 익숙해진 자신의 생활 스타일을 인도에서 영위하기 어려운 점도 전문직 디아스포라가 귀국을 주저하는 무시 못 할 이유가 됐다.

1990년대 초 인도 경제의 개방화와 전 지구화 흐름에 따라 북미, 특히 미국에 거주하는 소수의 전문직 디아스포라가 인도 귀환의 물꼬를 트기 시작했는데, 이들 의사와 과학자 등 전문직 종사자들은 귀국 후 대학에서 학생을 가르치거나 새로운 기업의 창업을 시도했다. 그러나 이들 중 상당수는 인도의 더딘 개방 속도와 복잡한 행정 절차에 실망해 미국으로 돌아갔다(Chacko, 2007: 131-140). 하지만 2000년대 들어 IT 분야 전문가를 중심으로 다국적 기업에서 경력을 쌓고 동시에 강력한 해외 네트워크 파워를 지닌 전문직 디아스포라의 인도 귀환의 흐름이 두드러지기 시작했다.[12] 전문직 디아스포라의 귀환이주를 촉진한 데에

globalization and multiculturalism". In Veena Das, D. Gupta & P. Uberoi (eds.), *Tradition, Pluralism and Identity: In honour of T. N. Madan.* Sage.

12 서구 국가에서 인도로 귀환하는 전문직 디아스포라의 정확한 규모를 적시한 통계 자료는 거의 없다. 특히 귀환이주자의 수뿐만 아니라 이들에 대한 질적 정보에 관한 자료를 구하기는 거의 어려운 형편이다. Singh S. "Economic Impact of Return Migration of Highly-Skilled I. T. Professional from the United States to India". http://web.mit.edu에서 2015. 6. 11. 인출. 그러나 미국에 본사를 두고 있는 글로벌 리크루팅 회사 'Kelly Service' 인도 지부에 따르면 2011년부터 향후 4년에 걸쳐 약 30십만 명의 전문직 인도인 디아스포라가 인도로 귀환할 것으로 예측된다고 한다. 특이한 점은 이들 전문직 디아스포라는 글로벌 인도 기업과 다국

는 복합적인 요인이 작용했다. 우선 2000년대 초반에 미국 IT 산업이 불황을 겪고 있었기 때문이었고, 다른 한편으로 '인도판' 실리콘 밸리로 떠오른 방갈로르(Bangalore)와 하이데라바드(Hyderabad)와 같은 첨단기술도시에 위치한 다국적 기업들이 해외 경력을 지닌 이들 전문직 인도인의 귀환을 크게 환영하는 분위기가 확산되었다(Parthasarathy, 2004).[13] 귀환이주자 가운데 최근에 미국 시민권을 선택하여 NRI(재외인도인)에서 PIO(인도계 재외동포)로 신분이 변화된 이들의 인도 귀환은 2000년대 이후 도입된 인도 정부의 일련의 디아스포라 정책과 이들 전문직 디아스포라의 초국가적 삶의 유형을 연결 지어 이해될 필요가 있다. 다시 말해 미국 등 서구 국가의 일부 인도계 재외동포가 OCI 카드라는 인도 정부의 새로운 디아스포라 정책을 주로 자신의 경제적 목적 달성을 위해 '전략적'으로 이용하고 있는 양상을 초국가적인 맥락에서 이해할 필요가 있다.

미국 시민권자인 인도계 재외동포가 OCI를 취득한 후 인도로 귀

적 기업뿐만 아니라 인도 국방연구소와 같은 공공 부문에도 취업하고 있다는 것이다. 예컨대 2011년 현재 인도 국방연구소에는 수백 명의 미국 출신 인도인 디아스포라 과학자들이 근무하고 있다. ILO. 2011. "Migrants return to India". *World of Work Magazine* No. 73.

13 가족에 대한 배려 때문에 귀환한 인도인 전문직 디아스포라도 있다. 즉 모국에 있는 노부모와 함께 지낼 수 있고 특히 자녀가 인도 문화에 노출될 기회를 제공하기 위해 귀환을 결정한 사람도 있다. 또한 서양에서의 생활 방식을 유지할 수 있는 시설을 갖춘 호화 주택과 가사 도우미들을 저렴하게 이용할 수 있다는 점도 이들의 이주 결심에 도움이 됐다. 이처럼 일부 전문직 디아스포라는 높은 대우를 받을 수 있는 취업 기회, 향수병, 가족 관계의 유지 등 다양한 요인이 작용하여 모국 귀환을 결심했다. Varrel, A. 2011. "Return Migration in the Light of the New Indian Diaspora Policy". In S. I. Rajan & Marie Percot (eds.), *Dynamics of Indian Migration.* Routledge.

환할 경우 무제한으로 인도 체류를 할 수 있을 뿐만 아니라 인도에서의 직장 생활이나 창업 활동에 전혀 제한을 받지 않는다. OCI 카드 소지 인도계 재외동포는 평생 사용할 수 있는 복수비자를 취득하며 정치적 권리를 제외하고 NRI(재외인도인)에게 제공되는 모든 혜택, 다시 말해 재정 투자와 창업 또는 회사 근무 등 모든 경제적 활동이 허용된다. 이러한 제도적 이점을 고려하여 OCI를 취득한 후 인도에서 일반 인도인들처럼 경제 활동을 하는 인도인 디아스포라의 수는 지속적으로 늘어 가는 추세다. 더 나아가 2015년부터 PIO 카드와 OCI 카드가 통합되어 'OIC(해외인도인카드)'로 전환된 후 기존 PIO 카드 소지자뿐만 아니라 이들과 결혼한 외국 국적 배우자도 OIC를 발급받을 수 있기 때문에, OIC 소지자의 수도 크게 늘 소지가 크다. OIC 소지 인도계 재외동포는 인도의 출입국 절차나 행정적 번거로움으로부터 해방되어 인도와 자신의 시민권 국가를 왕래하며 개인적 이해를 추구할 수 있는 자유로운 '초국가적 시민'으로 활동할 수 있게 됐다.

글릭 쉴러 등(Shiller et al., 1999)은 이주자가 모국과 주재국 간에 다양한 관계를 형성하고 유지하는 과정을 '초국가적 이주(transnational migration)'로 정의한다. 북미와 유럽 등에서 IT와 BT 등의 전문직에서 기술력과 인적 자본을 쌓은 '성공한' 인도인 디아스포라 가운데 여전히 NRI(재외인도인)로 살고 있는 사람도 있지만 적지 않은 수가 이미 정착 국가의 시민권을 취득하여 PIO(인도계 재외동포)로 자격이 변경되었다.

2000년대 들어 인도 정부의 재외동포에 대한 정책이 우호적으로 변화함에 따라 전문직 인도인 디아스포라의 인도로의 귀환이 늘고 있으며, 이러한 현상을 북미와 유럽 국가는 '인재 유출'로 그리고 인도정부는 '인재 재획득(brain regain)'으로 이해할 수도 있을 것이다. 하지만 인도로 귀환하는 전문직 인도인 디아스포라의 '초국가적성(transnationality)'과 '이동성(mobility)'을 감안할 때, 이들이 인도에 영구 거주를 위해 귀환하였다고 단정 짓기는 쉽지 않다. 이들이 새로운 기회를 찾기 위해 언제든지 미국 등 자신의 네트워크 등이 구축되어 있는 곳으로 재이주할 수 있는 조건들을 갖추고 있기 때문이다. OCI 카드 소지자 디아스포라는 가족의 일부와 주택 등 자산을 미국 등 서구에 두고 있기 때문에 이들의 인도로의 영구 귀환을 낙관하기 어렵다. 따라서 인도로 귀환하는 전문직 디아스포라를 '인재 유출'이나 '인재 재획득' 등 일방향적(one-way)으로 이해하기보다는 초국가적 맥락에서 순환하는 '인재 순환(brain circulation)'[14]의 관점에서 바라볼 때 이들에 대한 더욱 적절한 이해가 가능할 것이다.

이들 인도인 전문직 디아스포라는 인도나 서구의 국가의 어느 한쪽이 아닌 '다중지역(multi-locals)'을 넘나들며 다양한 정체성과 네트워크 및 삶의 양식을 유지하고 있는 '초국가적 이주자'로 인식될 필요가 있다. 사실 인도의 최첨단 기술도시인 방갈로르나 하이데라바드 등의 고급 주택(예컨대 'gated community'로 불리는 고급 주택) 단지에서 거주하며, 단지

14 사세니안(Saxenian)은 초국가적 시대의 도래, 전 지구적 경제 체계, 일부 국가의 이중시민권(dual citizenship) 부여 등 일련의 변화된 정치 · 경제적 상황들을 고려할 때, '인재 순환(brain circulation)'은 국경을 초월하여 고급 인재들이 전 지구적 차원에서 움직이는 사회 · 경제적 현상을 적절히 설명할 수 있는 유용한 분석적 개념이라고 주장한다. Saxenian, A. Q. 2005. "From Brain Drain to Brain Circulation: Transnational Communities and Regional Upgrading in India and China". *Studies in Comparative International Development* 40(2): 35-61.

내에서 쇼핑몰과 골프장 등 별도의 생활과 여가 공간을 이용하는 IT 전문가, 펀드 매니저, 기업가 등 전문직 인도인 디아스포라는 전형적인 초국가적 이주자로 인식될 필요가 있다.

현재 인도 최첨단 산업지구에서 경제 활동을 하는 이들 초국가적 인도인 디아스포라는 서구에서 쌓아 온 자신의 글로벌 네트워크와 자산 등을 서구 현지에 그대로 유지하고 있다. 예컨대 미국 시민권자인 전문직 디아스포라는 미국 시민권 덕분에 언제든지 미국에서 생활을 다시 시작할 수 있다. 이들의 자녀들 역시 OCI 카드라는 인도 정부의 새로운 정책 덕분에 편안하게 인도에서 생활하면서 인도 문화를 배울 수 있다.[15] 이들 자녀가 다니는 학교는 첨단 시설을 갖춘 국제학교로서 영어로 수업이 진행될 뿐 아니라 교육의 질도 매우 높다. 자녀들은 일반적으로 대학교육을 위해 다시 미국으로 돌아가서 미국 시민으로서의 교육 권리를 누릴 수 있다. 모국에 대한 외환 투자 등이 목적인 PIO 카드와 OCI 카드의 도입 등 재외동포에 대한 인도 정부의 일련의 디아스포라 정책은, 기술력과 자본력뿐만 아니라 관련 업계의 막강한 글로벌 네트워크를 지닌 전문직 인도인 디아스포라의 모국 귀환을 위한 일종의 자극제로 작용했다. 인도 정부의 재외동포 정책에 힘입어 초국가적 태도를 지닌 서구 선진국 거주 인도계 재외동포는 인도 정부가 고안해 낸 제도적 장치를 자신들의 이해관계에 따라 십분 활용하고 있는 셈이다.

---

15 일부 전문직 디아스포라는 서구에서 성장한 자녀에게 인도 문화를 배울 수 있는 기회를 제공하기 위해서, 또는 모국에 있는 부모를 비롯한 가족과 함께 생활함으로써 효도 수행과 가족의 의무라는 문화적 규범을 실천하기 위해서 인도로 귀환한다.

인도 뭄바이에 본사를 두고 있는 리크루팅 회사 'Characte Sketches'의 전무이사 Anis Uttanwala는 새로운 디아스포라 정책을 도입한 인도 정부와 귀환 전문직 디아스포라는 '윈-윈'하는 상황이라고 주장한다. 인도 정부는 최첨단 기술력과 해외 네트워크 및 재정력이 부족한 상황에서 전문직 디아스포라의 귀환을 새로운 도약의 기회로 생각한다(ILO, 2011). 실제로 전문직에 종사하는 이들 초국가적 이주자의 모국 귀환은 서구에서 습득한 기술력과 재정관리 노하우를 인도에 이전하고, 자신의 글로벌 네트워크를 활용하여 인도의 관련 산업 발전에 크게 기여할 가능성이 매우 크다. 기술력과 기획 능력 및 글로벌 네트워크와 벤처 자본을 동원할 수 있는 이들의 능력이 모국에서 제대로 발휘된다면, 이들은 인도의 관련 산업 발전에 크게 기여할 수 있을 것으로 기대된다. 이들의 잠재력을 확신한 인도 중앙과 지방 정부는 첨단기술도시 내에 서구적인 작업 환경과 생활 방식이 구현될 수 있는 여건을 마련하는 데 분주하다. 인도 정부는 방갈로르와 하이데라바드 등 첨단기술도시가 이미 전 지구적 경제체제와 밀접히 연결되어 있다는 현실을 감안해 이들 도시 인근에 신 국제공항 건설 등 필요한 시설 확충을 서두르고 있다(Chacko and Varghese, 2007). 예컨대 신 국제공항은 경제활동, 개인적 친분, 재산관리, 자녀의 고등교육 등을 위해 미국 등 서구 국가로의 방문이 일상화된 초국가적 이주자에게 매우 중요한 기반 시설이기 때문이다.

4. 나가며

인도 독립 이후부터 1990년대 초반 경제 위기에 직면하기까지의 인도 정부의 디아스포라, 특히 PIO(재외동포)에 대한 정책은 '선의의 방관'으로 표현되듯, 일정한 거리를 두는 것을 원칙으로 삼았다. 인도 정부가 인도인 디아스포라에 대한 폐쇄적이고 소극적 정책에서 적극적인 방향으로 선회하게 된 것은 1990년대 초반에 닥친 경제 위기 때문이었다. 외환 위기 극복을 위해 재외국민인 NRI의 인도 투자 유치를 위한 정책을 필두로 1990년대 말부터는 재외동포에게 우호적인 디아스포라 정책을 채택하였다. PIO 카드와 OCI 카드의 도입은 가장 대표적인 인도 정부의 재외동포 유인 정책이며, 특히 OCI 카드가 이중시민권으로 알려지면서 OCI 카드는 인도 정부의 재외동포 포용 정책의 '백미'로 떠올랐다. 그러나 OCI 카드 발급 대상이 주로 북미와 유럽 등 선진국 재외동포를 대상으로 하고 영국 식민지 시대에 계약노동자로 현지 국가로 이주한 카리브 해와 아프리카 등의 재외동포를 배제하고 있다는 점에서, 인도 정부의 디아스포라 정책은 차별적 성격을 보이기도 했다. 2015년부터 PIO 카드와 OCI 카드를 병합해 'OIC(해외인도인카드)' 제도를 도입한 것은 정책을 일원화하면서 차별도 철폐시키기 위한 시도로 이해될 수 있으며, 더 나아가 더 많은 수의 인도인 전문직 디아스포라를 인도로 유인하기 위한 조치로 이해될 수 있다.

앞서 살펴본 대로 이중시민권으로 인도 국내외에 알려졌던 OCI 카드는 기실 정상적인 시민권은 아니었다. 인도 정부가 이중시민권을 요구하는 북미와 유럽 등의 재외동포의 요구에 마지못해 정치적 권리를 배제한 OCI 카드를 의도적으로 만들어 냈는지 그 의도를 쉽게 알 수는 없다.[16] 그러나 인도 정부가 OCI 카드와 같은 '유사(類似)' 이중시민권을 도입한 조치는 초국가적 이주자인 전문직 디아스포라에게는 새로운 기회로 작용한 것으로 이해된다. 서구와 인도라는 다중지역에서 초국가적 삶을 영위하는 전문직 디아스포라에게 OCI 카드와 같은 '유사 시민권', 다시 말해 정치적 권리 등이 배제된 시민권은 옹(Ong)의 '유연한 시민권(flexible citizenship)'[17]으로 이해되기에 충분하다.

미국 등 서구 선진국과 인도 모국 사이를 넘나들면서 경제의 전 지구화가 가져다 준 경제적 이해의 관철을 위해 초국가적으로 활동하는 전문직 귀환 인도인 디아스포라에게, 인도 정부가 새롭게 고안한 OCI 카드와 2015년의 'OIC(해외인도인카드)'는 '유연한 시민권'으로서의 역할을 하기에 부족함이 없는 것으로 사료된다. 현재 인도의 '첨단기술도시' 방갈로르와 하이데라바드 등으로 귀환하는 인도계 재외동포를 포함한 전문직 인도인 디아스포라는 정치적 권리를 포함한 '정상적인' 시

16 파키스탄이란 '적대국'과 9.11테러 이후 국가안보 문제, '칼리스탄 운동(khalistan movement)'처럼 인도인 디아스포라가 주도하는 분리주의 운동의 소지를 걱정하여 투표권을 비롯한 정치적 참정권을 포함한 정치적 권리를 부여하는 이중시민권 제도를 인정하지 않으려는 적지 않은 인도인이 있다. 따라서 이런 현실적 사안들과 소위 '경제적 가치'가 있는 디아스포라의 시민권 요구를 감안하여 애매한 성격의 OCI 카드를 만들어 이를 이중시민권인 양 홍보하였다는 비판도 있다. Varma, R. & D. Kapur. 2013. "Comparative Analysis of Brain Drain, Brain Circulation and Brain Retain: A Case Study of Indian Institute of Technology". *Journal of Comparative Policy Analysis and Practice* 15: 315-330.

17 옹(Ong)은 초국가적 시대에 이주민이 시민권을 선택하는 주요한 이유가 공유된 정치적 권리에 기반을 둔 공동체에 포함되기를 요구하는 것보다는, 전 지구화가 가져온 경제적 이해에 있음을 강조하는 시민권의 이데올로기를 '유연한 시민권'이라 정의하고 있다. Ong, A. 1999. *Flexible Citizenship: the Cultural Logics of Transnationality.* Duke University Press.

민권보다는 경제적 요인에 기반을 둔 '유연한 시민권'을 토대로 초국가적 맥락에서 활동하는 초국가적 디아스포라로 이해될 필요가 있다.

참고문헌

김경학. 2003. "호주 피지계 인도인의 종족 정체성 구성". 『국제·지역연구』12(2): 47-65.

김경학. 2006. 『국제이주와 인도인 디아스포라』. 서울: 집문당.

김경학 외. 2005. 『귀환의 신화: 해외인도인의 이주와 정착』. 서울: 경인출판사.

인태정. 2007. "인도정부의 해외인도인에 대한 정책변화: Pravash Bharatiya Divas(PBD):해외 인도인의 날 이벤트를 중심으로". 『국제지역연구』 11(2): 417-438.

Chacko, E. 2007. "From Brain Drain to Brain Gain: Reverse Migration to Bangalore and Hyderabad, India's Globalizing High Tech Cities". *GeoJournal* 68: 131-140.

Chacko, E. and Paul Varghese. 2009. "Identity and Representations of Gated Communities in Bangalore, India". *Open House International* 34(3): 57-64.

Dickinson J. and A. Bailey. 2007. "(Re)membering Diaspora: Uneven Geographies of Indian Dual Citizenship". *Political Geography* 26: 757-774.

Glich Schiller, N. et al. 1999. "Transmigrants and Nation-states: Something Old and Something New in the U. S. Immigrant Experience". In C. Hirschman et al. (eds.), *The Handbook of International Migration.* New York: Russell Sage Foundation.

Hattori, J. 2000. Reversing India's Brain Drain. CNN.com. Aug. 25.

ILO. 2011. "Migrants Return to India". *World of Work Magazine.* No. 73.

Jain, R. K. 1999. "Indian Diaspora, Globalization and Multiculturalism". In Veena Das, D. Gupta, and P. Uberoi (eds.), *Tradition, Pluralism and Identity: In honour of T.N. Madan.* New Delhi: Sage.

Khadria, B. 1999. *The Migration of Knowledge Workers.* New Delhi: Sage.

Kudaisyu, G. 2007. "Indian Leadership and the Diaspora". In Brij V. Lal (ed.), *The Encyclopedia of the Indian Diaspora.* New Delhi: Oxford University Press.

Lall, M. C. 2001. *India's Missed Opportunity: India's relationship with the Non Resident Indians.* Sydney: Ashgate.

Landy, F. et al. 2003. "Are people of Indian Origin(PIO) 'Indian'?: A Case Study of South Africa". *Geoforum* 35: 203-215.

Ong, A. 1999. *Flexible Citizenship: the Cultural Logics of Transnationality.* Durham NC: Duke University Press.

Parekh, B. 2003. "Why the Diaspora Needs India". *Rediff India Abroad,* 8 January.

Parthasarathy, B. 2004. "India's Silicon Valley or Silicon Valley's India? Socially Embedding the computer Software Industry in Bangalore". *International Journal of Urban and Regional Research* 28(3): 664–685.

Saxenian, A. Q. 2005. "From Brain Drain to Brain Circulation: Transnational Communities and Regional Upgrading in India and China". *Studies in Comparative International Development* 40(2): 35–61.

Varma, R. and D. Kapur. 2013. "Comparative Analysis of Brain Drain, Brain Circulation and Brain Retain: A Case Study of Indian Institute of Technology". *Journal of Comparative Policy Analysis and Practice* 15(4): 315–330.

Varrel, A. 2011. "Return migration in the light of the New Indian Diaspora Policy". In S. I. Rajan and Marie Percot (eds.), *Dynamics of Indian Migration.* New Delhi: Routledge.

Xavier, C. 2011. "Experimenting with diasporic Incorporation: The Overseas Citizenship of India". *Nationalism and Ethnic Politics* 17: 34–53.

http://www.investmentyogi.com/nri/difference-between-pio-and-oci-card.aspx

Singh Shubha. "Modi Cheers overseas Indians". http://www.theindiandiaspora.com.

Singh Shinu. "Economic Impact of Return Migration of Highly-Skilled I.T. Professional from the United States to India". http://web.mit.edu

제5장
필리핀 디아스포라[1]

Sheila Siar(Philippine Institute for Development Studies)

1. 들어가며

경제통합의 증가로 인해 국경을 뛰어넘는 이동이 많아지면서, 재화와 서비스 무역 협정의 확산, 숙련노동자의 이민 정책의 완화, 비용 효율적인 지역으로 생산 운영 시스템의 이전, 그리고 이동 비용의 감소에 따라 많은 이민 수용국에서 디아스포라와 이민 그룹이 크게 증가했다. '디아스포라'라는 단어는 새로운 용어가 아니라 사실상 전근대 시기부터 존재해 왔지만, 현대적 문맥에서의 디아스포라의 의미는 과거의 뜻과는 상이하다.

원래 디아스포라는 강제적 퇴출로 인해 망명하여 고국 이외의 나라에서 거주하는 한 집단이나 민족을 의미했다. 그러므로 이는 종종 그들의 전통적 고향에서 벗어나 전 세계적으로 거주하는 유대인, 그리스

1 본 장은 Siar 박사의 영문 원고("Revisiting diasporas: Insights from the Philippine case")를 국문으로 번역한 것임.

인, 그리고 아르메니아 커뮤니티를 묘사할 때 쓰였다. 이 집단들은 디아스포라 문학에서 고전적 디아스포라의 가장 인기 있는 예로 자주 인용된다. 콜로라도 대학교 사회학과의 윌리엄 사프란(William Safran) 교수의 연구에 따르면 특정한 본래의 지역에서 한두 군데의 다른 지역으로의 분산을 뜻하는 고전적 디아스포라는 다음과 같이 뚜렷이 구분되는 특징들을 지닌다(Safran, 1991). "집단 기억, 비전, 또는 그들의 모국과 관련된 신화"를 유지한다. 또한 그들은 수용국에 완전히 받아들여질 수 없다는 믿음으로 인한 소외감을 경험하며 선조들의 고국을 그들의 진정한 고향으로 보고, 다시 돌아가겠다는 희망을 갖는다. 그리고 모국의 유지 및 회복과 안전, 번영을 위해 헌신하며 모국과 지속적인 관계를 갖는다.

시간이 지나면서 '디아스포라'의 쓰임은 압력에 의해 쫓겨난 것만이 아니라, 이주민의 근원이 되는 민족 또는 국민 집단을 아우르는 것으로 확장되었다. 이와 같은 더 넓은 정의는 현대 또는 근대의 디아스포라 집단, 특히 경제적 이민자들이나 직업을 구하기 위해 다른 나라로 이주하는 이민자들을 포함한다. 20세기 초반에 등장한 필리핀 디아스포라가 전형적인 예이며, 이는 지난 수십 년에 걸쳐 크게 증가해왔다.

예루살렘 히브루 대학교의 가브리엘 쉐퍼 정치학 교수는 현대 디아스포라에 대한 일반적 정의를 제시했다. "그들은 수용국에서 거주하고 활동하지만 그들의 고국과 강한 정신적 연결망을 유지하는 이주 기원의 민족적 소수자 집단이다."(Sheffer, 1986) 또한, 그는 현대적 디아스포라의 또 다른 구분되는 특징들을 열거하기도 했다. 디아스포라 집단들은 그들의 민족적, 혹은 민족 종교적 정체성과 문화적 결속의 유지를 위해 헌신하며, 수용국의 활동과 보완되거나 충돌하는 방식의 다양한 문화적, 사회적, 경제적, 그리고 정치적인 요구의 측면을 보인다. 그리고 수용국 안에서 그들 자신의, 혹은 모국의 이윤들을 촉진하고 보호하기 위해서 물자나 자원을 동원할 수 있는 역량을 보인다.

사프란과 쉐퍼 각각의 디아스포라에 대한 고전적, 현대적 정의에 근거하여, 고전적 디아스포라는 디아스포라 성장의 가장 큰 요인으로서 억압적인 추방을 강조하는 것뿐만 아니라, 시간적-역사적인 차원을 갖는다는 것을 제외하고는 두 입장은 같은 것처럼 보인다. 하지만 고국으로부터의 물리적 분리, 고국과의 정서적 또는 물질적 연결망 유지, 민족적 정체성을 유지하기 위한 헌신, 그리고 고국의 발전에 대한 책임감을 느끼는 것과 같은 공통적 특징을 가진다.

본 장에서는 전 세계적으로 가장 큰 이주 그룹 중 하나인 필리핀 디아스포라를 분석함으로써 디아스포라에 대한 이와 같은 개념을 수정할 것이다. 본 연구의 주제는 초국가적 커뮤니티와는 반대되는 특징으로서 디아스포라 집단이 유지하는 모국과의 연결망이다.

논의를 시작하기에 앞서, 다음 절에서는 필리핀 이주의 짧은 역사를 소개할 것이다. 이는 전 세계적 필리핀 디아스포라라는 결과를 초래한 필리핀인들의 국경을 넘나드는 이동의 기원과 확장을 추적한다. 그리고 경제적 및 비경제적 유형, 개인적 및 집단적, 공동체 중심의 송금 행위에 걸친 필리핀의 디아스포라-본국 연결망 형성에 대해 다룰 것이다. 마지막 절에서는 결론과 함의를 제시하고자 한다.

2. 필리핀 해외 이주사

필리핀인의 국경을 넘나드는 이동은 오랜 시간 동안 다양한 유형들의 연속적 흐름으로 나타났다. 이는 주로 식민지적 유대, 노동력의 부족, 경제의 세계화(특히 자유주의적 경제 발전 모델의 채택), 그리고 인종적 평등이라는 보편적 원리에 대한 관심의 증가로 인해 고무되었다. 이 모든 것은 수용 국가의 이민 정책의 방침에 영향을 미쳤다.

실질적인 필리핀 디아스포라의 형성은 미국에서 일어났다고 말할 수 있다. 아시스(Asis, 2006: 2)는 "20세기의 많은 시간 동안, 필리핀인의 '국제적 이주'는 미국 및 미국의 태평양 영토로 가는 것을 의미했다"라고 주장했다. 고숙련 필리핀 노동자 이동의 시작은 미국 본토로 이주한 학생들로 거슬러 올라갈 수 있는데, 멜렌디(Melendy, 1974: 521)는 이를 두고 "매우 적은 수입에도 불구하고 태평양 횡단을 개척했다"라고 언급했다.

> 1898년 미국에 의한 필리핀 군도의 합병 이후 20년 동안, 본토로 이주한 필리핀인들은 주로 단과대학과 종합대학 학생들이었다. 미국 시민들은 궁극적으로는 민주주의의 메시지를 가지고 그들의 섬으로 돌아갈 민주주의의 연수생으로서 그들을 반겼다.

관련 논문에서 아시스(Asis, 2006)는 이 학생들이 미국 정부 또는 재산을 외국에서 공부하는 데 쓰던 선교사와 관련된 프로그램 및 개인들로부터 지원받았다고 주장했다.

하지만 이미 그 이전에도 많은 필리핀인들은 하와이 사탕수수 플랜테이션의 저숙련노동에 종사하기 위해 1900년대 초반 미국으로 떠났다(Boyd, 1971). 1906-1934년에 이르는 기간 동안 그 수는 대략 12만 명에 육박했다(Asis, 2006). 필리핀 저숙련노동자의 등장은 호주의 역사에도 기록되어 있다. 이미 1870년대 초반에 그들은 북쪽 해안 지역의 진주 어업에 잠수부로서 필리핀인들을 고용했다(Marginson, 2001).

하와이의 많은 초기 정착자들은 필리핀으로 돌아가지 않고 그곳에 계속 머무르거나 본토로 들어갔다. 그 시기에 필리핀인들이 필리핀과 미국 사이에서 이동하는 것은 쉬운 일이었다. 왜냐하면 그들은 미국 국민으로 여겨졌으며 엄밀한 의미의 법률적, 또는 할당 제한을 두지 않았기 때문이다(Wong, 1986). 그러나 타이딩스-맥더피법(Tydings-McDuffie Act)의 제정에 따라 1934년 필리핀이 독립하면서 필리핀인들은 외국인이 되었고, 이민의 추세를 누그러뜨리는 1년에 50명이라는 이민자 쿼터가 제정되었다. 결과적으로, 1935년부터 제2차 세계대전의 기간 동안 필리핀인의 미국으로의 이주는 매우 작은 규모였다(Liu et al., 1991).

1950년대에 인종 간의 불평등에 반대하는 국제적 커뮤니티에 대한 지지가 증가하면서 미국, 캐나다, 호주 그리고 뉴질랜드와 같은 많은 전통적 이민 국가가 점진적으로 이민법을 개정했다(Brawley, 1993). 이것은 비전통적 이민 송출 국가들의 많은 전문가들의 유입과 고숙련 필리핀 노동자의 대규모 해외 유출을 촉진했다. 1965년 미국의 이민법 통과는 필리핀과 같은 국가들이 그 이전부터 노동자와 이민자의 주요 자원국이었던 북서부 유럽 국가들과 대등한 지위를 가질 수 있도록 했다. 이 법령하에서 이민자들의 입국 허가는 수용국에서 필요로 하는 직업적 능력과 가족 재결합의 원칙에 달려 있다(Wong, 1986), 당시 국내 노동력의 공급 부족으로 인한 높은 요구하에서 1960년대에 많은 의료 전문가들이 이민자로서 미국으로 이동했다(Go, 2002). 1975년까지, 대부분 의사와 간호사들로 구성된 25만 명 이상의 필리핀 전문가들이 미국으로 이주했다(Alcid, 2003).

1960년대 후반 캐나다 역시 의사, 간호사 그리고 엔지니어들을 위해 대체 목적지를 제공했다. 호주 정부가 기술 부족의 문제를 경감하기 위해 이민법을 완화하면서 200명의 간호사를 포함한 필리핀 전문가들의 호주 입국이 쉬워졌다(Miller, 2008). 콜롬보 계획(Colombo Plan)하에서, 필리핀 및 남아시아, 동남아시아 학생들 역시 장학생 신분으로 호주와 뉴질랜드로 들어오기 시작했다(Miller, 2008; Te Ara: The Encyclopaedia of New Zealand n.d). 아시아-태평양 지역의 상호 경제적 협동과 사회 발전을 위한 콜롬보 계획은 호주와 뉴질랜드를 포함한 7개의 영연방 국가들에 의해 1950년도 1월 최초로 수립되었다(http://www.colombo-plan.org/history.php).

필리핀 저숙련, 미숙련노동자들의 일시적인 노동이주는 1960년대에 더욱 뚜렷해졌다. 전쟁 복구 사업이 계속 진행 중인 지역에서 미군 및 괌, 오키나와, 웨이크 아일랜드 지역에서 일하는 개인 도급업자들은 숙련 생산노동자들과 장인, 미숙련노동자들을 고용했다(Go, 2002). 이러한 일시적 노동이주는 1970년대까지 지속되었으며 영구적인 이민을 무색하게 했다. 많은 수의 필리핀 계약노동자들은 해외 고용을 위해서 중동 지역으로 이주해 갔는데, 이 지역에서는 많은 엔지니어들을 유전으로 끌어들이는 석유 산업의 부흥으로 인해 건설 붐이 일고 있었다(GO, 2002).

1980년대까지 석유 가격의 하락과 사우디아라비아의 건축 프로젝트의 축소로 인해 중동의 건설 노동자에 대한 수요는 줄어들었다. 그러나 이것은 전문 노동력, 특히 간호사에 대한 수요 증가로 대체되었다. 이 시기에 홍콩, 캐나다, 싱가포르, 유럽 국가들에서도 임시직 서비스 노동자에 대한 수요가 증가하였다(Alcid, 2003).

임시 노동 이민의 증가와 함께 호주와 뉴질랜드 같은 전통적 이민국가의 이민 정책은 더욱 완화되었고 이로 인해 비유럽국가로부터의 이민의 흐름이 증가되었다. 과거에는 양쪽 국가 모두 '백인' 구성을 유지하기 위해서 적극적으로 유럽인 이민자를 받아들이려고 했다. 하지만 유럽인 이민자의 공급이 줄어들면서 호주에서는 백호주의로 알려진 이민제한법(1901)이 1973년 마침내 폐지되었다(Harris, 1993).

뉴질랜드에서는 1990년대까지 대부분의 이민자들은 배우자, 또는 뉴질랜드인의 약혼녀로 온 젊은 여성이었다. 그들은 친구를 통해, 또는 신문의 개인광고에 대한 대답을 통해 만났다(Te Ara: The Encyclopaedia of New Zealand n.d.). 1960년대에 시작된 일련의 이민 정책의 개혁은 고숙련노동자에 호의적인 1987년의 이민법의 통과로까지 이어졌다. 이 법은 필리핀과 같은 비전통적 송출국으로부터 고숙련노동자가 입국할 수 있도록 하는 길을 닦았다. 입국하고자 하는 사람들은 인종과 국적이 아닌, 연령, 교육 수준, 직업 및 업무에 대한 흥미, 뉴질랜드에서 전환 가능한 자산을 가지고 있는지와 같은 특정 요건들을 충족하는지의 여부를 기준으로 평가되었다.

1990년대에 고숙련노동자들은 해외 취업을 위해 필리핀을 떠나기 시작했다. 필리핀 해외 취업 관리부(Philippine Overseas Employment

Administration)의 자료에 따르면, 이 시기에 수천 명의 엔지니어와 간호사, 의료 기술자가 사우디아라비아로 떠났다. 특히 쿠웨이트와 리비아에서는 간호사에 대한 수요가 많았다. 또한 1990년대에는 많은 간호사와 작업치료사가 미국으로 떠났다. 이 시기에 Y2K 문제, 정보통신 호황과 닷컴 열풍(dot.com boom)과 함께 정보기술 전문가의 이주 또한 최고조에 이르렀다(Pandey et al., 2006). 많은 컴퓨터 프로그래머들은 캐나다, 미국, 영국 회사에서 일하기 위해 떠났다. 프로그래머 인력 부족으로 인해 미국 정부는 비이민자 전문가(H-1B) 쿼터를 1998년 기준 6만 5천 명에서 1999년 13만 명으로, 그리고 곧 19만 5천 명까지 늘렸다(Pandey et al., 2006).

한편, 임시 노동이주는 1990년대까지 계속됐다. 노동력의 여성화 및 서비스직(특히 가사노동과 돌봄노동)에서의 여성의 우세가 시작되었다(Alcid, 2003). 동아시아의 대만, 한국과 동남아시아의 말레이시아와 싱가포르와 같은 새롭게 산업화된 국가들은 소위 말하는 3D 업종에 종사하고자 하는 저숙련노동자들의 주요 이민 목적지 국가가 되었다(Go, 1998).

2000년대에 이전 시기의 고숙련과 저숙련 집단에서의 같은 직업 기술들은 높은 수요를 보여 준다. 고숙련노동 부문에서는 특수교육 교사나 초중등 교사뿐만 아니라, 컴퓨터 프로그래머, 물리치료사, 작업치료사들도 취업을 위해 미국으로 떠났다. 중국 역시 필리핀으로부터 영어 교사를 받아들이기 시작했다. 미국의 비자 발급 거부(retrogression)나 이민 및 고용비자의 업무 적체는 필리핀 간호사의 현장 배치 속도가 둔화되도록 했고, 그들이 다른 대안 국가를 모색하도록 촉진했다

(Indino, 2010).

영국과 같은 이민 수용국들이 대안으로 떠올랐고, 이 국가들은 입국의 용이성으로 인해 더욱 선호되기 시작했다. 2000년대 중반에 도입된 노동-학업의 연계 프로그램을 통해 간호사들은 쉽게 영국에 입국할 수 있었으며, 일주일에 20시간씩 일하는 동시에 교육 과정을 밟음으로써 영국 기준에 맞게 그들의 기술을 향상시켰다(Aning, 2010). 물리치료사나 의료기술자, 공중위생작업사와 같은 의료 종사자들, 그리고 심지어 영국 의료 산업에 종사하고자 하는 사회복지사들에게도 비슷한 프로그램이 제공되었다. 최근에는 영국과 캐나다 이외에 아일랜드 또한 필리핀 간호사들의 주요 이민 정착국으로 부상했다. 사우디아라비아와 아랍에미리트가 이 분야의 노동자들을 계속해서 수용하는 동안, 싱가포르도 필리핀으로부터 간호사와 엔지니어들을 받아들이기 시작했다.

새로운 경제적 협력 관계의 조짐은 필리핀 이민자들에게 새로운 지평을 열어 주었다. 필리핀에게 중요한 무역 협정은 2006년 맺어진 필리핀-일본 경제 협력 협정(PJEPA)이다. PJEPA는 관세 체제를 철폐한 물품무역 외에 더욱 자유로운 노동력의 이동, 특히 일본의 고령화에 따라 간호사와 돌봄노동자의 이동을 더욱 자유롭게 하는 조항을 포함한다. 그러나 일본이 요구하는 조건들은 영어 사용 국가들보다 비교적 엄격하기 때문에 노동력의 배치는 다소 느리게 진행되고 있다. 언어 장벽을 고려하면, 장차 의료업 종사자가 되려는 사람들은 3개월의 일본어 교육 과정을 이수하고 통과해야만 한다. 또한 일본에서 또 한 차례의 6개월 과정의 언어교육을 받아야 한다. 그들은 일본의 의료 기관에서 간호사 견습생으로 일하게 되며, 공인 간호사로서 일본에 영구적으로 머물 수 있는 자격을 얻기 위해서 3년 이내에 일본의 면허시험에 합격해야만 한다.

해외 필리핀 노동자 위원회(Commission on Filipinos Overseas, CFO)의 추정에 따르면, 2013년을 기준으로 1천만 명 이상의 필리핀 태생 이민자들이 세계 각국에 분포하고 있다(〈표 5-1〉 참조). 최근 들어 전문직, 경영 간부, 그리고 다른 고숙련노동자의 이동이 증가했음에도 불구하고 필리핀의 이주는 다른 동남아시아 국가들과 마찬가지로 저숙련노동자로서 특징지어진다. 2012년 통계에 따르면, 41%가 임시직이거나 시간 계약직인 반면 48%의 필리핀 이민자들은 영구적 범주에 속하고 있다. 대부분의 영구적 이민자들은 미국, 캐나다, 호주와 같은 전통적 이민 국가에 거주하고 있다(〈표 5-1〉 참조). 따라서 이 국가들은 세계에서 가장 많은 수의 필리핀 디아스포라 그룹을 수용하고 있다.

〈표 5-1〉 필리핀의 상위 10개 이주 목적지, 2013년

구 분		지 역	영구적	일시적	비정규적	총 계
세계 추정치			4,869,766	4,207,018	1,161,830	10,238,614
1	미국	아메리카	3,135,293	129,383	271,000	3,535,676
2	사우디아라비아	서아시아	264	948,038	80,500	1,028,802
3	아랍에미리트	서아시아	1,711	777,894	42,805	822,410
4	말레이시아	동남아시아	26,007	319,123	448,450	793,580
5	캐나다	아메리카	626,668	89,615	5,295	721,578
6	호주	오세아니아	334,096	60,166	3,720	397,982

7	이탈리아	유럽	89,742	127,814	54,390	271,946
8	영국	유럽	161,710	31,416	25,000	218,126
9	카타르	서아시아	16	189,534	15,000	204,550
10	싱가포르	동남아시아	44,102	110,141	49,000	203,243

출처: Commission on Filipinos Overseas. http://www.cfo.gov.ph/images/stories/pdf/StockEstimate2013.pdf에서 2015. 8. 13. 인출.

주: '영구적(Permanent)'은 노동 계약에 상관없이 법적으로 거주가 허용된 외국 영주권자를 의미한다. '일시적(Temporary)'은 해외에 거주하는 것이 고용과 관련 있어, 계약이 끝나면 귀국할 것으로 기대되는 이민자를 의미한다. '비정규적(Irregular)'은 공식적으로 문서화되지 않거나, 거주 또는 노동 허가를 받지 못하고도 계속 외국에 체류하는 경우를 뜻한다.

3. 디아스포라-모국 연계 형태

앞서 언급했듯이, 디아스포라 그룹의 특징 중 하나는 정서적, 물질적으로 본국과의 연결을 유지한다는 것이다. 디아스포라 그룹과 본국 간에는 다양한 형태의 연결망이 존재한다. 존슨(Johnson)과 세다카(Sedaca)의 연구(2004; de Ferranti and Odi, 2007에서 재인용)는 5가지의 '상호 작용 모델'을 제시한다. 이것들은 필리핀 사례들을 통해 다음과 같은 설명이 가능하다.

1) 개인 송금

디아스포라와 고국 간, 특히 개인 유형에서 가장 눈에 띄는 연결망의 형태는 송금이다. 사적인 송금은 음식, 의복, 건강관리와 같은 가정의 일용품의 필요를 충족시키고는 한다. 또한 가족 구성원에 의해 외국에서 보내지는 송금은 본국에 남은 아동 또는 친척의 교육을 위해서 쓰이거나 집을 짓고 수리하는 데에 쓰인다. 또한 새로운 사업이나 토지 구매와 같이 지역 커뮤니티에 이익이 되는 생산적 투자를 위한 자본이 되기도 한다.

송금은 필리핀과 같은 개발도상국에 가장 중요한 금융자산의 이전 중 하나로 여겨진다. 필리핀 통계청(Philippine Statistics Authority)의 통계에 따르면, 해외 필리핀 노동자들에 의해 보내진 2014년의 총송금액은 173만 페소로 2014년의 162만 페소보다 약간 더 많은 수준이었다(PSA, 2015). 이 총액은 현금으로 송금된 것과 집으로 가져온 것, 그리고 현물 송금을 모두 아우른다.

이민 송출국에 관해서 송금액의 대부분은 아시아의 해외 근로자들로부터 왔고(73%), 유럽(12%), 북아메리카와 남아메리카(10%), 그리고 호주와 아프리카가(각각 3%) 큰 차이로 그 뒤를 따랐다. 육체노동자와 미숙련노동자들이 가장 많은 현금을 보내왔다(총 243억 페소, 전체 금액의 19.2%). 이민 수용국에서 아시아인의 이주는 주로 저숙련 이주와 3D 업종(dirty, dangerous, demanding)으로 특징지어진다. 대부분의 송금액이 아시아로부터 비롯된 것은 아시아에서의 필리핀인의 이주가(일반적인 아시아인의 이주뿐만 아니라) 주로 유기 근로 계약을 통한 일시적인 노동의 흐름으로 이루어진 결과로 여겨질 수 있다.

이주노동자들은 사적인 송금을 통해 고국에 있는 그들의 가족과 정기적인 연락을 유지한다. 왜냐하면 대부분 그들의 가족을 이민 수용국으로 데려오기가 어렵고, 또한 노동 계약이 끝났을 때 집으로 돌아갈 것을 기대하기 때문이다. 반면에, 미국, 캐나다, 호주 같은 전통적인 이주 국가로부터의 이주는 사실상 영속적이고 일반적으로는 숙련노동자들의 이동과 관련된다. 파이니(Faini, 2007)와 니이미 외(Niimi et al., 2008)의 지난 연구에서는 숙련노동자들은 송금을 덜 하는 경향이 있다는 것을 보고하였다. 예를 들어, 알라욘(Alayon, 2009)은 대부분이 고숙련노동자인 뉴질랜드의 필리핀인들은 필리핀의 가족들에게 정기적으로 송금을 한다는 것을 밝혔다. 송금을 하는 경우에 그들은 보통 그들의 부모에게 선물을 보내거나 그들의 조카의 교육으로까지 지원을 확장한다. 루카스(Lucas, 2004)는 미숙련 및 저숙련노동자들과 대조되는 고숙련 이민자들의 이런 행위들은 그들이 이민 수용국에 보다 더 영구적으로 정착할 수 있고, 그들의 가족을 데려올 수 있으며, 더 부유한 가족 출신일 가능성이 높기 때문이다.

2) 지역사회 발전을 위한 집단 송금

수년 동안 지역사회의 발전을 위한 디아스포라 조직으로부터의 집단적 송금은 증가했다. 이 유형은 해외에 있는 고향 협회가 지역 인프라 발전을 위한 투자를 제공하는 형태로 그들의 본국의 커뮤니티 발전을 촉진하면서 점점 더 활발해져 왔다(de Ferranti and Ody, 2007).

이민자들은 지역사회의 일들에 대해 지속적인 관심을 가지고 지원을 제공한다. '디아스포라 자선 활동'의 사례는 그들의 자원과 행운을 공유하고 싶은 디아스포라 그룹의 열망뿐만 아니라 그들 지역의 발전에 공헌하고 싶은 깊은 헌신을 반영한다. 디아스포라 고향 협회는 건강, 교육(예를 들어 장학금과 같은) 그리고 지역 인프라 개발을 위해 집단적 송금으로 현금을 제공하거나 의료 선교와 같은 현물 제공을 통해 고향의 발전을 촉진하는 것으로 알려져 왔다(Alayon, 2009; Siar, 2012).

해외 필리핀인들이 2013년에 발생한 태풍 하이옌(Haiyan)으로 인해 피해를 입은 커뮤니티와 희생자들을 위해 집단적 금융 지원 및 현물 기부를 제공했던 사례는 디아스포라 집단과 고국 간의 유대를 가장 잘 보여 준다. 필리핀이 받은 지원과 원조의 일부는 개별 국가나 국제기구의 인도주의적 지원뿐만 아니라, 해외 필리핀인들을 포함하는 개별 시민으로부터 받은 것이었다. 그들 지원의 구체적 가치는 잘 알려지지 않았지만, 태풍 하이옌 이후 디아스포라 자선 활동의 각종 증거들은 해외 필리핀인들의 인도주의적 노력을 입증할 수 있었다.

다른 예로는, 필리핀 디아스포라의 구성원들은 이민 수용국의 지원을 고무시키는 데 중요한 수단이 되었다. Rappler의 새로운 기사에서는 캐나다 필리핀인들의 존재가 캐나다 개인들로부터 34.6억 페소(CAD 85백만)의 기금이 모아질 수 있도록 했다고 주장하고 있다(Esmaquel, 2014). 그리고 이 뉴스 기사는 주필리핀 캐나다 대사 닐 리더(Neil Reeder)는 필리핀인은 캐나다인들에게 "아주 친근해"졌고, 그것이 그들로 하여금 "도와 주고 싶도록" 만들었다고 전했다. 대사는 또한, 필리핀인들이 영어를 잘하기 때문에 캐나다 사람들로 하여금 TV에서 인터뷰를 할 때마다 피해를 받은 개인들이 어떤 일을 겪고 있는지 잘 이해할 수 있도록 했다고 말했다. 그것은 마치 피해자들이 캐나다의 대중들에게 말하는 것 같았다고 한다.

3) 디아스포라-기반 투자 도구

디아스포라에 기반한 투자 상품은 새롭게 나타나고 있는 디아스포라-고국 연결망의 형태이다. 여기에는 두 가지 모델이 존재한다. 첫째는 상호 기금이나 '고국 펀드(country fund)'로, 이것은 디아스포라 구성원들 간에 공평한 투자를 촉진하고, 전문 경영인에 의해 운영된다. 둘째는 독립된 디아스포라 채권으로, 정부나 사기업이 디아스포라 구성원들로부터 고국 개발을 위한 기금을 모으기 위해 발행한 것이다(de Ferranti and Ody, 2007). 이스라엘은 유대인 디아스포라를 끌어들이기 위해 1951년 처음으로 이 방법을 사용했다. 반면 인도는 1991년 처음으로 이 방식을 채택하여 시행했다. 두 국가에 의해 발행된 독립된 디아스포라 채권의 총액은 2007년 350달러에서 400억 달러에 이르렀다(Ketkar and Ratha, 2007).

2007년에 필리핀 정부는 홍콩과 상하이 금융 회사들의 원조를 받아 국가 소유의 Land Bank of the Philippines(LBP)를 통해 홍콩에 거주 중인 필리핀 해외 근로자들에게 디아스포라 채권(OFW bonds)을 제공하기 시작했다(*Philippine Daily Inquirer* December 31, 2008). 그리고 2015년 4월, LBP는 필리핀 해외 근로자에게 제공하는 모든 상품들을 Bagong Bayani(New Heroes)라고 불리는 새로운 배너 프로그램하에 출시했다. 해외 필리핀 근로자를 대상으로 하는 이 프로그램은 그들이 번 돈을 장기적으로 저축하고 불릴 수 있도록 하고, 시골 지역의 일자리 창출과 생계 기회들을 확장하는 데 기여하기 위한 예금과 투자 수단의 메뉴로 구성되어 있다.[2] Bagong Bayani 프로그램은 해외 필리핀 근로자를 위

2 LandBank website. https://www.landbank.com/savings-and-investments-for-

한 금융지식 교육, 송금 서비스, 그리고 국채, 소매 장기채권, 정기예금, 신용 상품과 같은 투자 상품들로 구성되어 있다.

게다가 민간 근로자들을 위한 필리핀의 국영 사회보장 프로그램인 사회안정 시스템(Social Security System, SSS)은 해외 필리핀 근로자들이 은퇴를 했을 때 사용할 수 있도록 자발적으로 그들의 자금을 형성하도록 하거나, 정기 연금 프로그램하에서 그들의 수당을 보충할 수 있도록 하는 Flexi-Fund 프로그램을 소개했다. 2014년, SSS는 Flexi-Fund가 연간 인센티브 혜택에서 724,000페소를 벌었는데 이것은 2015년 7월 자격 요건에 충족되는 구성원들의 계좌로 배분되었다고 보고했다(de la Pena, 2014). 이 이윤들은 의심할 여지 없이 그들 혹은 그들의 가족이 개인적인 필요를 위해 사용하거나 펀드에 재투자할 수 있는 해외 필리핀 근로자들의 추가 수당이다.

4) 지식 이전

지식의 전달/교류는 비록 금전적 송금에 비해 덜 문서화되어 있고 덜 연구되기는 했으나, 디아스포라-고국 간 연결의 또 다른 형태이다. 메르즈(Merz et al., 2007)의 연구에서 볼 수 있듯이, 디아스포라를 통한 기여(diaspora giving)는 지식, 기술, 연결망, 사고방식 및 가치 등 비물질적 흐름의 형태로도 나타날 수 있다. 송금 형태로서의 지식 이전은 페기 레빗(Peggy Levitt)이 제시한 “사회적 송금”이라는 용어에 의해 처음으로 인정되었다. 이것은 “받는 국가에서 보내는 국가로 흘러가는 아이디어, 행위, 정체성 그리고 사회 자본”을 의미하기 위해 새롭게 고안되었다

OFWs에서 2015. 8. 8. 인출.

(Levitt, 1998: 927). 특히, 지식 이전은 고숙련노동자들이 자신들의 고국으로부터 이동해 나가는 현상의 증가로 인해 많은 개발도상국들이 겪었던 기술과 지식의 손실을 다룬다.

시아(Siar, 2012)의 연구에서는 필리핀 디아스포라, 특히 그중에서도 고숙련노동자에 의한 지식 이전을 조사했다. 본국으로의 지식 이전에 대한 가장 최근의 광범위한 연구 중 하나인 이 조사는 2008-2010년, 호주와 뉴질랜드에서 32명의 고숙련 필리핀 노동자들과의 면대면 인터뷰를 통해 이루어졌다. 인터뷰 대상자 중 21명은 호주 출신이었고(특히 시드니, 멜번, 타스마니아) 11명은 뉴질랜드(오클랜드, 멜번) 출신이었다.

인터뷰 당시 연구 참여자들은 고숙련 직업에 종사하고 있었다. 그들은 사무실에서 관리자 정도의 지위에 있거나, 개인 사업을 운영하기도 했으며 변호사, 의사, 교사, 컴퓨터 프로그래머, 연구원, 사업개발 전문가, 프로그램 담당자와 같은 전문직에 종사하고 있었다. 보고된 모든 이들은 고국(필리핀)으로의 지식 이전망에 속해 있었다. 13명은 과학과 기술 영역(S&T)에, 8명은 경영과 무역 유형에, 그리고 11명은 사회·문화 유형의 지식 이전망에 속하는 것으로 나타났다.

〈표 5-2〉는 본 연구에서 밝혀낸 과학과 기술 지식 이전을 요약하여 제시한다. 대부분의 이러한 지식 이전은 과학 지식 및 기술을 공유하기 위한 강의, 연수, 또는 의료 선교와 같은 필리핀으로의 직접 방문으로 이루어졌다. 또한 본국과 수용국의 자원을 잇는 과학적 연결망을 촉진하고, 본국에 있는 필리핀인들이 호주에서 연구 또는 인턴십의 기회를 가질 수 있도록 연결했다.

〈표 5-2〉 저자의 연구에서 나타난 S&T 지식 이전의 개요

참여자*	지식 이전 활동
Vic	1992년 필리핀에서 5개월간 TOKTEN(United Nations Development program's Transfer of Knowledge by Expatriate Professionals) 프로그램의 일환으로 토목공학을 가르쳤다. 1997년 필리핀으로 돌아가 필리핀 과학기술부에서 시행하는 Balik Scientist Program에 참여해 3개월 동안 또 강의를 했다. 2009년에도 그는 필리핀으로 다시 와서 3개월 동안 Balik Scientist Program에 참여해 강의했다.
Nes	자기 자금을 동원하여 당뇨병 치료에 도움이 되는 천연 코코넛 오일에 대한 연구를 수행하고 필리핀에서 세미나를 통해 이를 홍보했다.
Tem	Balik Scientist Program으로 2008년 필리핀으로 돌아와 식품 기술 교육 담당자로 3달 동안 활동했다. 2009년, 호주 정부에서 수행하는 VIDA(Voluteer of International Development Assistance) 프로그램을 통해 필리핀에 돌아왔다. 그리고 1년 동안 필리핀 지방정부에서 생계 관리자 및 식품 기반 생계 훈련가로 활동했다.
Anton	1999년과 2009년 사이에 그는 1년 혹은 2년마다 필리핀으로 돌아와 필리핀 대학에서 수면심리학에 대해 강의했다.
Zeny	필리핀에서 대학들에 초음파 검사의 발달에 대한 비공식적 조언을 제공했다.
Tery	타조와 보어염소 사육과 같은 호주의 농업에 기반한 생계 기술들을 홍보했다.
Gary	1995년에 설립된 과학기술 자문위원회 멜번 지부(STAC)는 과학자, IT 전문가, 엔지니어, 과학기술 분야의 대학원생들의 연합체로 지식 공유와 협력의 형태로 필리핀 과학기술 분야의 발전을 촉진하기 위한 목적을 가진다. STAC의 활동은 대부분 협동 작업이 가능한 동료 연구자들을 만나는 것뿐만 아니라 필리핀을 방문하여 구성원의 연구에 대한 프레젠테이션을 하는 것이었다.
Ted	2009년 Balik Scientist Program으로 필리핀에 돌아와 복원생태학에 대한 강의를 했다. 그리고 박사논문 주제가 전문지식 분야인 필리핀 대학의 강사를 위해 식물환경복원 분야의 전문적 훈련을 지원했다. 또한 호주국제원조기구(AusAid)로부터 필리핀 학자들과의 협동 작업을 위한 세 번의 보조금을 받았다.
Jenny	2008년과 2010년 사이에, 그녀는 필리핀에서 멀리 떨어진 지역에서 호주 의사 동료들과 함께 의료 선교를 수행했다.
Mina	그녀의 호주 인맥을 활용하여 필리핀으로 청각학 전문가들을 초청해 그들의 기술을 공유하고, 병원으로부터 중고이지만 여전히 쓸 수 있는 보청기를 모아 필리핀에 있는 청각 장애 아동들에게 보냈다.

Rey	2002, 2004, 2005년에 필리핀 대학 수학 전공 학생 3명에게 해외 인턴십의 기회를 제공했다. 그리고 그들이 필리핀을 방문할 때마다 강의를 제공했다.
Leo	필리핀에 있는 학생들에게 학위논문 고문의 역할을 했다.
Nilo	2007년 필리핀으로 돌아와 Balik Scientist 프로그램하에서 강의를 했다. 그리고 그의 학과가 필리핀 대학의 '샌드위치 프로그램'에 참여하게 함으로써 필리핀 학생들이 호주에서 연구할 수 있는 기회를 제공했다.

* 가명
출처: Siar(2012)

정보통신 기술에 의해 원조를 받은 몇몇의 지식 이전은 공동 지도 교수로 역할을 하는 두 학자와 같이 본질적으로 가상적인 것이었다. 디아스포라에 의한 지식 중개 및 매개는 세 가지 사례에서 관찰된다. 그 중 두 가지는 보건 전문가들과 건강 기기들을 필리핀으로 들여올 수 있도록 했고, 나머지는 과학기술 디아스포라 네트워크 형성의 선봉에 서게 했다. 그리고 이것은 이 구성원들을 통해서 필리핀으로 과학기술 지식이 들어올 수 있도록 하는 매개적 역할을 수행했다.

반면에 경영과 무역에 관한 지식 이전을 보고한 8명의 참가자들은 경제와 관련된 지식 이전의 다양한 사례들에 포함되어 있었다. 그중 하나는 멜버른에 있는 행사 기획 회사의 소유자로, 필리핀에 있는 컴퓨터 프로그래머에게 아웃소싱을 하고 있었다. 이렇게 함으로써 그는 필리핀인에게 직업을 제공할 뿐만 아니라 호주의 고객과 사업 환경에 대한 그의 지식을 전하고 있었다.

한편 스코틀랜드 투자자들이 필리핀에 프린터용 리본 가공 공장을 세우도록 설득한 호주 이민자들의 사례에서 볼 수 있듯이 어떤 이민자들은 외국 투자자들이 필리핀에서 새로운 사업을 할 수 있도록 도움을 제공한다. 또한 필리핀에 있는 사업가 친구나 친척이 이민 수용국에서 그들의 제품에 대한 마케팅 전략을 잘 세우도록 도움을 제공하는 이민자들도 있었다.

뉴질랜드에서 마케팅 매니저를 하는 한 이민자는 필리핀에서 두 번째로 큰 통조림 공장을 가지고 있는 시동생이 참치 제품을 뉴질랜드에 납품할 수 있도록 도와주고자 했다. 그의 계획이 실현되지는 않았지만, 시동생을 통해 뉴질랜드에서 그가 투자할 수 있는 사업 모델을 찾을 수 있었다. 바로 남쪽 섬에 있는 연어 가공 시설이다. 추가적으로 뉴질랜드에 정착한 세 명의 필리핀 이민자들은 두 국가 간에 쌍방향적 무역, 투자, 관광을 증진시키기 위한 필리핀-뉴질랜드 사업 협의회를 만드는 데에 중요한 역할을 수행했다. 그들은 필리핀 정부가 뉴질랜드에 무역 담당관을 두지 않았기 때문에 사업협의회가 꼭 필요하다고 보았다. 사업협의회는 2009년 공식적으로 등록되었다.

반면에, 나머지 이민자들은(11명) 과학, 경제 유형을 넘어선, 시아(Siar, 2012)가 그의 연구에서 사회 · 문화적 유형 또는 "소프트 지식(soft knowledge)"라고 언급한 유형의 지식 이전 형태를 보인다. 저자가 제시하는 예시들은 이민자들이 소프트 지식을 직간접적으로 고국으로 이전하는 다른 방식들을 보여 준다. 문학 작가인 두 명의 호주 이민자는 필리핀에 대한 짧은 글을 썼다.

그중 하나는 필리핀의 생활을 다루어 수상한 소설로, 외국인 독자들이 그녀의 모국에 대해 심도 깊은 이해를 할 수 있도록 했다. 또 다른 호주의 이민자는 필리핀 공무원들과 새로운 이민자가 직면할 수 있는 정착에 관한 이슈와 그들이 필요로 하는 특정 서비스에 대한 자료와 정보들을 교환함으로써 동료 이민자들을 도왔다. 또한 잘 알려지지 않은 필리핀 관광 명소와 숙박에 관한 잡지를 발행하는가 하면, 필리핀 관광을 더욱 잘 즐길 수 있는 지식과 경험에 관한 강의를 제공함으로써 호주인들 사이에 필리핀 관광이 유행하도록 한 사례도 있다. 이런 활동들을 통해 이전된 "소프트 지식"은 과학 기술 및 경영, 무역 지식과 비교하여 사실상 파악하기 어렵고 불명료한 결과들을 이끌어 낸다. 그럼에도 불구하고, 그들은 모국의 발전에 기여한다.

4. 나가며

고국-디아스포라 연결망의 각기 다른 형태들은 디아스포라와 그들의 근원이 되는 국가 간의 강한 유대뿐만 아니라, 디아스포라 구성원이 소유하고 있는 경제적, 사회적 자원, 인맥 그리고 문화 자본과 같은 부의 자원들을 반영한다. 또한 이로써 개발 파트너로서의 그들의 큰 잠재력을 보여 준다. 디아스포라 자원이 단지 경제적 송금으로만 제한되는 것은 아니라는 것을 인지하는 것이 중요하다.

그들은 또한 잠재적 사업들과 공동 작업들, 그리고 문화 교환의 관점에서 지식과 기술, 과학, 벤처 자금 그리고 모국과 수용국 간의 연결망의 자원이 될 수 있다. 또한 디아스포라 구성원들은 혼성적이다. 각기 다른 종류의 이민자들과 이민의 흐름이 존재한다. 몇 가지 예를 들자면 영구적이거나 임시적, 비정규적이거나, 노동 또는 경제적 이민자들, 학생 이민자들, 생활양식(lifestyle) 이민자들, 그리고 순환이민자들과 계절이민자들, 고숙련과 저숙련노동자 등이 있다. 이러한 수많은 변수들은 직면해야만 하는 엄청난 도전 이외에 이주의 복잡한 성격을 나타낸다.

디아스포라 구성원의 그들 모국과의 '배태된 유대감(embedded connectedness)'은 본국 정부가 이용할 수 있는, 특히 고숙련노동자들이 고국으로 돌아오거나 개발 활동에 참여하도록 할 수 있는 절호의 기회이다. 이것이 가능하려면 강력한 디아스포라 개입 프로그램이 필수적이며, 그 프로그램의 성격은 사실상 모국이 디아스포라 집단에 원하는 장기적 관계에 의존할 수밖에 없다.

감렌(Gamlen, 2007)은 레빗과 글릭 쉴러(Levitt, Glick Schiller, 2004)의 연구에 기반하여 국가-디아스포라 관계를 구상하기 위한 3가지의 가상적 시나리오를 발전시켰다. 그가 이 시나리오들을 점차 큰 규모의 이주 송출 국가로 성장하고 있는 뉴질랜드의 정황에서 만들어 냈지만, 그의 개념의 유용성은 다른 배경으로도 확장될 수 있다. 첫 번째 유형에서, 모국은 스스로를 초국가적 국가로 보며, 따라서 디아스포라를 국가의 일부로 여긴다. 정부는 디아스포라를 공식적인 경제, 정치, 사회문화적 영역에 통합하고자 의식적인 노력을 했다. 두 번째 가설에서 본국은 전략적으로 선별적인 국가이다. "이것은 장거리의 경제적, 정치적 민족주의를 고무시킨다. 그러나 이주해 나갈 수 있는 사람과 그렇지 않은 사람을 선별적으로 관리하려고 한다."(Gamlen, 2007: 17) 세 번째는 모국은 무관심하며 비판적인 국가로 디아스포라를 무시하고 본국의 일부로 여기지 않는 유형이다. 중요한 노동력 배출국으로서, 스스로를 초국가적 국가로 보는 필리핀은(첫 번째 유형) 디아스포라와의 강한 관계를 일

구어 낸다면 엄청난 이윤을 남길 수 있을 것이다. 포괄적인 디아스포라 개입 프로그램은 이를 달성하기 위해서 매우 중요하다.

필리핀이 Commission on Filipinos Overseas에 의해서 운영되고 관리되는 "디아스포라에서 개발(Diaspora to Development, D2D)로" 프로그램을 운영하는 것은 주목할 만하다. D2D의 포괄성은 필리핀 정부가 점점 더 해외 디아스포라 구성원들의 자산과 모국의 개발에 있어 역동적인 역할을 수행할 그들의 잠재력을 가치 있게 여기는 것의 장점을 깨닫고 있다는 것을 의미한다.

참고문헌

Alayon, John Richard Simon. 2009. "Migration, Remittances and Development: The Filipino New Zealand Experience". MA thesis, Institute of Public Policy, AUT University, Auckland.

Alcid, Mary Lou L. 2003. "Overseas Filipino Workers: Sacrificial Lambs at the Altar of Deregulation". In International Migration and Sending Countries: Perceptions, Policies and Transnational Relations, edited by E. Ostergarrd-Nielsen. USA: Palgrave Macmillan.

Aning, Jerome. 2010. "More RP Nurses Going to Britain". Philippine Daily Inquirer (online edition), 14 June.

Asis, Maruja M. B. 2006. "The Philippines' Culture of Migration(January 2006)". Migration Information Source 2006. http://www.migrationinformation.org/USFocus/display.cfm?ID=364에서 2010. 11. 23. 인출.

Basch, Linda, Nina Glick Schiller and Cristina Szanton Blanc. 1994. *Nations Unbound.* New York: Gordon and Breach.

Boyd, Monica. 1971. "Oriental Immigration: The Experience of the Chinese, Japanese, and Filipino Populations in the United States". *International Migration Review* 5 (1): 48-61.

Brawley, Sean. 1993. "'No "White Policy" in NZ': Fact and Fiction in New Zealand's Asian Immigration Records, 1946-1978". *The New Zealand Journal of History* 27 (1): 16-36.

Braziel, Jana Evans and Anita Mannur (eds.). 2003. *Theorizing Diaspora.* Oxford: Blackwell Publishing.

De Ferranti, D. and A. J. Ody. 2007. "What Can Remittances Do For Equitable Development". In *Diasporas and Development,* edited by B. J. Merz, L. C. Chen, and P. F. Geithner. Cambridge, MA: Global Equity Initiative, Harvard University.

De la Pena, Zinnia. 2014. "OFWs generate P16.4-M income form investments". Philippine Star 23 August 2014. http://www.philstar.com/business/2014/08/23/

1360607/ofws-generate-p16.4-m-income-investments에서 2015. 8. 8. 인출.

Esmaquel, Paterno II. 2014. "Canada on Haiyan: We helped because of Filipino-Canadians". Rappler 11 April 2014. http://www.rappler.com/nation/55258-canada-yolanda-haiyan-aid-filipino-canadians에서 2015. 8. 5. 인출.

Faini, Riccardo. 2007. "Remittances and the Brain Drain: Do More Skilled Migrants Remit More?". *World Bank Economic Review* 21 (2): 177-191.

Gamlen, Alan. 2007. "Making Hay While the Sun Shines: Envisioning New Zealand's State-Diaspora Relations". *Policy Quarterly* 3(4): 21.

Go, Stella. 2002. "Recent Trends in Migration Movements and Policies: The Movement of Filipino Professionals and Managers". In *Migration and the Labour Market in Asia: Recent Trends and Policies.* Paris: Organisation for Economic Co-operation and Development.

Go, Stella. 1998. "Towards the 21st Century: Whither Philippine Labor Migration?" In *Filipino Workers on the Move: Trends, Dilemmas and Policy Options,* edited by B. V. Cariño. Quezon City: Philippine Migration Research Network and Philippine Social Science Council.

Harris, Stuart. 1993. *Immigration and Australian Foreign Policy In The Politics of Australian Immigration.* Edited by J. Jupp and M. Kabala. Canberra: Australian Government Printing Service.

Indino, Phoebe Jean. 2010. "US Jobs for Filipino Nurses Delayed by Retrogression". Manila Bulletin, 10 January.

Ketkar, S. L. and D. Ratha. 2007. "Development Finance via Diaspora Bonds: Track Record and Potential". Paper presented at the Migration and Development Conference World Bank, Washington D. C., 23 May.

Levitt, Peggy. 1998. "Social Remittances: Migration Driven Local-Level Forms of Cultural Diffusion". *International Migration Review* 32 (4): 926-948.

Levitt, Peggy and Nina Glick Schiller. 2004. "Conceptualizing Simultaneity: a Transnational Social Field Perspective on Society". *International Migration Review* 38(3): 1002 - 1039.

Liu, John M., Paul M. Ong, and Carolyn Rosenstein. 1991. "Dual Chain Migration: Post-1965 Filipino Immigration to the United States". *International Migration Review* 25 (3): 487-513.

Lucas, Robert E. B. 2004. *Executive Summary: International Migration Regimes and Economic Development.* Stockholm: Swedish Ministry for Foreign Affairs.

Marginson, Melba. 2001. "Filipinos". In *The Australian People: An Encyclopedia of the Nation, Its People and Their Origins,* edited by J. Jupp. Cambridge: Cambridge University Press.

Melendy, H. Brett. 1974. "Filipinos in the United States". *Pacific Historical Review* 43 (4): 520-547.

Merz, B. J., L. C. Chen and P. F. Geithner. 2007. *Diasporas and Development.* Cambridge, MA: Global Equity Initiative, Asia Center, Harvard University.

Niimi, Yoko, Caglar Ozden and Maurice Schiff. 2008. "Remittances and the Brain Drain: Skilled Migrants Do Remit Less". In *Discussion Paper* No. 3393. Bonn: Institute for the Study of Labor.

Pandey, Abhishek, Alok Aggarwal, Richard Devane, and Yevgeny Kuznetsov. 2006. *The Indian Diaspora: A Unique Case? In Diaspora Networks and the International Migration of Skills: How Countries Can Draw on Their Talents Abroad,* edited by Y. Kuznetsov. Washington, D. C.: World Bank.

Philippine Daily Inquirer. 2008. "Government eyes OFW bonds anew". http://business.inquirer.net/money/topstories/view/20081231- 180870/Govt-eyes-OFW-bonds-anew.

Philippine Statistics Authority (PSA). 2015. "Total Number of OFWs estimated at 2.3 million". (Results from the 2014 survey of Overseas Filipinos). https://psa.gov.ph/content/total-number-ofws-estimated-23-million-results-2014-survey-overseas-filipinos%C2%B9에서 2015. 8. 8. 인출.

Safran, W. 1991. "Diasporas in Modern Societies: Myths of Homeland and Return". *Diaspora* 1 (1): 83-99.

Sheffer, Gabriel. 1986. *Modern Diasporas in International Politics.* London: Croom Helm.

Siar, Sheila. 2011. "Skilled Migration, Knowledge Transfer, and Development". *Journal of Current Southeast Asian Affairs* 30(3): 61-94.

Siar, Sheila. 2012. "The Diaspora as Knowledge Carrier: Exploring Knowledge Transfer through the Highly Skilled Filipinos in Australia and New Zealand". Ph. D. Dissertation thesis (Development Studies). University of Auckland, New Zealand.

Te Ara: The Encyclopaedia of New Zealand. n.d. "Immigration Regulation". Ministry for

Culture and Heritage n.d. http://www.teara.govt.nz/en/immigration-regulation에서 2008. 10. 18. 인출.

Wong, Morrison. 1986. "Post-1965 Asian Immigrants: Where Do They Come from, Where Are They Now, and Where Are They Going?". *Annals of the American Academy of Political and Social Science* 487 (Immigration and American Public Policy (Sep., 1986): 150-168.

제2부

코리안 디아스포라와 초국가주의의 실태와 쟁점

제6장
재미 한인 이민자의 한국과의 초국가적 사회문화 유대 관계[1]

민병갑(Queens College of New York)

1. 들어가며

일반적으로 초국가적 유대와 네트워크(transnational ties and network)는 사람들이 국경을 넘나들며 유지하는 유대와 사회연결망을 뜻한다(Vertovec, 2003). 1990년대 초반부터 활발하게 연구되어 왔던 초국가적 유대는 이민자와 그의 자녀가 고국 또는 고향 도시의 사람 혹은 기관과 유지하는 국경을 초월한 연결망에 관한 것이다. 이와 같은 초국가적 유대에 초점을 맞춘 다수의 단행본과 학술논문은 1990년대 초반 이후부터 활발히 발행되어 왔다(Baubock, 1994; Faist, 2000; Foner, 1997; Schiller, 2000; Schiller et al, 1994; Guarnizo et al., 2003; Itzigsohn, 2000; Kearney, 1995; Levitt, 2001; Levitt and Waters, 2002; Levitt et al., 2003; Ong, 1999; Portes et al., 1999; Smith and Guarnizo, 1998;

---

1 이 논문은 2012년 9월 21일 고려대학교 청산MK문화관에서 개최된 2012년도 한인 디아스포라 연구 국제학술대회에서 발표된 영문 원고("U. S. Korean Immigrants' Social and Cultural Transnational Ties to Korea")를 국문으로 번역한 것이다.

Soysal, 1994). 이민과 종족성(ethnicity)을 중점적으로 다루는 가장 저명한 학술지로 알려진 *Ethnic and Racial Studies*와 *International Migration Review*가 특별 단행본으로 초국가주의에 집중했다는 점(각각 1998년과 2003년에 발행)은 이민학자들 사이에 부는 초국가주의의 인기를 입증하고 있다.

1965년 이후 미국으로 이주한 이민자는 대부분 라틴 아메리카와 아시아 국가 출신으로 구성되어 있었고, 카리브해 지역 출신의 이주민 역시 미국 이민자 구성에서 상당한 부분을 차지하고 있다. 그러나 미국에서 이민자의 초국가적 유대를 연구한 대다수의 주류 사회학자들은 라틴계와 카리브해 출신 이민자 집단에 초점을 맞추어 왔다(Itzigsohn, 2000; Levitt, 2001; Levitt and Waters, 2002; Levitt et al., 2003; Portes, 2003; Portes et al., 1999; Smith and Guarnizo, 1998). 아시아 이민자에 중점을 둔 초국가적 유대에 관한 연구는 극소수일 뿐 아니라, 이들 연구논문의 저자는 비사회학자로 이루어져 있다(Cheng and Yang, 1998; Ong, 1999; Wong, 2006; Yang, 2006).

아시아 이민자의 초국가적 활동이 미국 학자들로부터 등한시되었던 주된 이유는 물리적 거리 때문이다. 아시아 출신 이민자는 물리적으로 그들의 고향으로부터 떨어져 있기 때문에 라틴계나 카리브해의 이민자만큼 적극적으로 초국가적 유대를 유지할 수 없을 것이라고 가정해 왔다(Min, 2002). 실제로 고향과의 물리적 근접성 차원에서 아시아 이민자는 라틴계와 카리브해 이민자와 비교했을 때 고국을 방문하거나 그들의 자녀를 방문이나 공부 목적으로 고국으로 보내는 것에 있어 불리한 점이 있다. 그러나 물리적 거리라는 핸디캡에도 불구하고 아시아계 이민자 집단은 다음과 같은 세 가지 이유로 라틴계와 카리브해 출신 이민자보다 초국가적 연계를 유지하는 데 유리한 이점을 지니고 있다.

첫째, 미국의 주요 아시아계 이민자 집단 내에는 라틴계와 카리브해 지역 이민자 집단보다 임시체류 비자를 받은 거주민이 월등히 많다. 임시체류 비자를 받은 거주민은 유학생, 연수생, 임시근로자, 아시아 회사의 미국 지사 직원 그리고 방문객이 포함된다. 임시체류 거주민은 고국에 가족, 친척 및 가까운 친구들이 있기 때문에, 그들은 영구 거주민에 비해 한층 더 끈끈한 초국가적 유대를 유지할 가능성이 높다. 또한 라틴계와 카리브해 출신 이민자 중에는 밀입국한 불법체류자도 상당히 포함되어 있고, 따라서 그들은 불법체류 지위로 인해 쉽게 고국을 방문할 수 없게 된다.

둘째, 이민자의 사회경제적 지위는 고국과의 초국가적 연대에 긍정적인 영향을 미치는데(Portes, 2001: 188-189), 아시아계 이민자는 라틴계와 카리브해 출신 이민자에 비해 높은 계층 자본을 갖춘 경향이 있고 이러한 사회적 자본은 물리적 거리를 상쇄하는 효과가 있다. 아시아계 이민자는 초국가적 경제 활동을 유지하는 라틴계 및 카리브해 이민자 인구에 비해 사업가 또는 전문직 종사자 비율이 높다. 이러한 아시아계 이민자 출신 전문직 종사자는 자녀들의 '민족(ethnic)'교육을 위해 방학 동안 고국으로 그들의 자녀를 보낼 수 있게 된다. 더 나아가, 고학력의 아시아계 이민자는 라틴계와 카리브해 이민자보다 장거리 전화, 인터넷 및 다른 첨단 장비를 더욱 효과적으로 이용해 고국의 가족, 친척, 그리고 친구들과 사회적 유대를 유지할 수 있다. 그러나 초국가적 경제 활동을 강조한 이전의 초국가주의 경험 연구들은(Landlot, 2000; Portes, 1999;

Portes et al., 2002; Yang, 2006) 첨단 기술을 활용해 고국과의 적극적인 연계를 유지하는 현상을 간과하도록 했다.

셋째, 가장 중요한 이점으로 아시아계 이민자는 고국과 강한 초국가적 연계를 유지하는데 이것은 그들의 친척과 친구, 미디어, 문화와 각종 상품이 고국에서 거주 도시로 활발히 유입되기 때문이다. 그러나 라틴계와 카리브해 이민자에 초점을 맞춘 초국가적 연구들은 초국가적 유대의 주된 원천으로 이민자의 고국 방문에만 집중하고 있다. 이 연구들은 이민자 친척과 지인의 현지 방문, 미디어, 문화 및 상품의 거주 도시로의 유입 같은 순환적 특성(circular nature)이 초국가적 연계에 주는 영향에 대해 큰 관심을 기울이지 않고 있다. 기술 발전과 세계화는 이민자의 고국 방문과 소통을 활발하게 유도했을 뿐 아니라, 고국의 사람들, 미디어, 문화, 그리고 상품이 이민자의 거주 도시로 도달하는 것 또한 용이하게 해 주었다. 또한, 대만, 한국, 일본 같은 이민 송출국은 미국으로 많은 방문객을 보내고 있고, 이들은 미국의 문화, 미디어, 그리고 경제에 강력한 영향을 미치고 있다. 따라서 이와 같은 아시아 국가에서 이주한 이민자는 고국의 미디어, 문화, 상품, 더 나아가 운동 팀과도 초국가적 미디어를 통해 쉽게 접촉할 수 있다.

한인 이민자의 상당수는 국제 학생이거나 다른 유형의 임시체류자이기 때문에 그들의 고국과 끈끈한 초국가적 유대관계를 유지하고 있다. 더욱이 고국의 탄탄한 경제 기반 덕택에 한인은 라틴계, 카리브해 및 미국의 다른 이민 집단들과 비교해 남다른 경제적 유대 관계를 맺고 있다. 한인 이민자의 고국과의 경제적 관계는 순환적인 성격의 연계로 미국의 다른 이민자 집단과 그들의 고국 간에 존재하는 일방적 관계와 차별성을 보인다. 게다가 현재의 재미한인은 이전의 초국가주의 연구들이 주목하지 않았던 상이한 형태의 초국가적 유대를 고국과 유지하고 있다. 재미한인이 한국과 맺고 있는 새로운 형태의 초국가적 유대의 예로 기러기 가족 구성원 사이에 존재하는 강한 결속, 그리고 미국 내에서 열리는 한국 문화 축제에 대한 대한민국 지방정부와 연예인의 참여를 들 수 있다.

1965년 이후 미국으로 이주한 한국인 이민자와 고국간의 초국가적 유대를 양적 설문조사 자료를 이용해 체계적으로 조사한 연구는 전무하지만, 그들의 초국가적 행위에 대하여 포괄적으로 다룬 소수의 연구가 있다(Cho et al., 2010; Cho and Shin, 2008; E. Kim, 2010; D. Lee, 2009; Min, 1998, 2008; Yoo, 2010). 이번 연구는 2차 자료와 필자의 개인적 연락망에 기초하여 적극적 수준의 초국가적 활동을 행하고 있는 재미한인을 대상으로 고국과의 사회 및 문화 차원의 초국가적 유대와 유형에 대한 설명을 제시하고자 한다. 1960년대 이후 캐나다, 호주, 그리고 다른 서방 국가들의 한인 이민자는 이민국의 인구 비율에서 낮은 점유율을 차지하기 때문에 미국의 한인보다 낮은 수준의 초국가적 유대를 유지할 가능성이 높다. 그러나 그들의 초국가적 유대는 미국의 한인 집단과 비교해 질적으로 유사할 것으로 예상되며, 본 장에서의 논의점은 다른 서방 국가에 정착한 한인 이민자 집단에도 적용될 수 있을 것이다.

포르테스와 여타의 사회과학자들은(Portes et al, 1999; Yang, 2006) 이민자 초국가주의를 "국경을 넘어 존속하는 사회적 맥락에서 정기적 그리고 지속적으로 유지되는 집중적 활동과 행위"로 규정하고 있다. 그러나 최초로 초국가주의 정의를 이민자 연구에 적용한 학자들과(Schiller et al., 1994) 초국가주의 학자들은 이민자와 그들의 고국을 연결하는 모든 경제, 사회, 문화, 정치적 활동을 광범위하게 포함하기 위해 '초국가적 사회 공간(transnational social spaces)'이라는 정의를 사용해 왔다(Faist, 2000; Itzigson, 2000). 한인 이민자의 사회적, 문화적 차원의 초국가 행위를 분석하는 데 있어, 필자는 초국가적 공간 개념을 채택했다. 본 장에서는 보편적으로 인식되는 한인 이민자의 초국가적 연계의 측면을 조사할 것이다. 포르테스와 그의 연구진(Portes et al., 1999)은 "개인과 그 개인의 사회적 네트워크"는 초국가주의 행위를 탐색함에 있어 적절한 분석 단위가 되어야 한다고 제언하며, 지역사회 · 정부 · 정당과 같은 더 큰 분석 단위는 후속연구에서 이루어져야 한다고 제언한다. 그러나 한국인 이민자 개인의 초국가적 활동은 고국의 조직과 정부에 밀접하게 연계되어 있다. 개인과 집단을 분리해 연구하는 것은 설문연구에서는 가능하지만, 한인 이민자의 초국가적 활동의 특징과 유형을 질적으로 탐색함에 있어 개인과 상위 집단을 분리해 연구하는 것은 불가능하다. 따라서 본 연구에서는 개인 수준과 조직 및 국가 수준의 초국가적 행위를 살펴보도록 하겠다.

2. 초국가적 사회관계

고국의 가족, 친척 또는 친구와의 사회적 관계는 현대 이민자에게 있어 가장 중요한 형태의 초국가적 사회 관계를 구성한다. 교통수단의 기술적 진보는 이민자의 정기적인 고국 방문과 가족, 친척, 친구와의 교류를 가능토록 하였다. 앞서 지적한 것처럼, 한국 및 다른 아시아계 이민자는 미국과 아시아 국가들 간의 물리적 거리가 카리브해 또는 라틴계 이민자보다 차이가 나는 관계로 고국을 방문하고, 그들의 자녀를 고국에 보내는 데 있어 불리하게 작용한다. 그러나 한국을 포함한 다른 아시아계 이민자는 더 높은 수준의 계층적 배경에서 유리한 고지를 선점하고 있고, 따라서 이민자의 초국가적 활동은 계층적 지위와 높은 상관관계를 지니고 있다(Portes, 2001; 2003). 따라서 성공한 한인 이민자 출신 사업가와 전문직 종사자는 고국을 정기적으로 방문할 여력을 가지게 된다. 한국을 빈번하게 방문하는 한인 사업가와 전문직은 대부분 남성이지만, 중산층과 중상류층의 정규 직업을 갖고 있지 않은 한인 여성 이민자 또한 잦은 방문을 통해 한국에 체류하는 친척, 친구들과 관계를 유지하고 있다. 취학 자녀들을 한국에 동반하는 대부분의 경우는 한인 이민자 출신 어머니들이다. 더 나아가, 한인 여성 이민자는 병든 부모님을 돌보기 위해서나 딸의 산후조리를 위해 한국을 방문하기도 한다.

뉴욕-뉴저지 지역의 한인 이민자를 대상으로 2012년 건국대학교에서 실시한 설문조사에 의하면 미국에서 5년 이상 거주한 응답자의 절반 정도가 두 번 미만으로 한국을 방문했다고 답했고, 일곱 차례 이상 한국을 방문했다는 응답자는 24%밖에 되지 않았다. 이 조사 자료에 의하면 뉴욕 거주 한인 이민자는 항공 여행의 편리함에도 불구하고 예상만큼 한국을 자주 방문하지 않는 것으로 나타났다. 또, 예상대로 두 번 미만으로 한국을 방문했다고 답한 응답자는 고졸 이하 학력자(62%)가 대학을 졸업했거나 대학에 다니고 있는 응답자 비율(46%)보다 높았다. 따라서 고국 방문 횟수에서 이민자 내의 계급별 차이가 나타나고 있다. 특히 초국가적 사업 또는 전문직 활동에 있어서는 고국 방문 횟수에 있어서 계급별 차이가 더욱 두드러질 것으로 예측한다. 토론토에 거주하는 한인 이민자를 대상으로 실시한 2010년 설문조사 결과에 따르면 설문에 응한 한인 이민자의 3분의 1 정도가 설문인터뷰가 있기 전 12개월 사이에 고국 방문을 한 것으로 나타났다(Noh et al., 2013: 131). 캐나다에서 실시된 한인 이민자 대상 설문조사 결과는 미국의 한인 이민자에게도 적용될 것으로 예상된다. 또한, 이 설문조사에 참여한 응답자의 경우에 본인이 고국을 방문한 횟수보다 친척이나 지인이 자신을 방문한 횟수가 더욱 많을 것이다. 따라서 초국가적 물리적 접촉을 통한 한인 이민자의 가족 · 혈족 · 친구와의 연계는 통계 자료가 제시하는 것보다 훨씬 강할 것으로 예측된다.

필자는 유학생 신분으로 1972년에 미국에 처음 왔다. 그리고 부친이 애틀랜타에서 영면하신 후 그의 유해를 고향 선산에 묻기 위해 1985년 한국을 처음으로 방문했다. 그러나 1995년 이후 필자는 연구, 학술대회 참석, 그리고 강연 목적으로 1년에 한 번 내지 두 번 정도 한국을 방문해 왔다. 1995년 중반 이후부터의 잦은 한국 방문은 항공편의 기술적 발전이 필자를 비롯한 이민자의 고국과의 초국가적 유대를 강화했기 때문에 가능했다. 하지만 경제적 제약 등과 같은 현실적인 이유로 필자와 같이 매년 한국을 방문할 수 있는 재미한인의 수는 소수에 그칠 것이다.

재미한인을 비롯한 이민자 집단이 그들 고국의 가족, 혈육 그리고 친구들과 밀접한 개인 차원의 유대를 유지할 수 있도록 하는 것은 한국으로의 물리적 여행이 아닌, 인터넷 또는 전화로 이루어지는 일상적인 소통이다. 토론토 한인 이민자를 대상으로 2010년에 실시한 설문조사 결과에 의하면 부모가 한국에 살고 있는 젊은 성인 이민자(18-25세) 중 약 45%가 주 1회 이상 그들의 부모와 통화한다고 답했고, 그중 80%는 지난 6개월 동안 최소 한 달에 한 번 통화했다고 응답했다(Noh et al., 2013: 130).

뉴욕의 젊은 성인 한인 이민자 집단이 토론토의 코호트와 비교해서 더 낮은 수준으로 소통할 것이라고 생각할 이유는 전혀 없으며, 특별한 가족 상황에 따라 한인 이민자는 부모 및 형제와 이례적 수준의 잦은 연락을 취한다. 한 예로 한국에 계신 필자의 장모님께서 지난 6개월가량 요양원에서 심하게 편찮으셨다. 아내는 거의 매일같이 요양원에 계신 어머니와 어머니를 돌보는 오빠에게 전화 연락을 하였다. 토론토에서 실시한 설문의 결과는 부모와의 온라인 연락(이메일, 인터넷 전화, 채팅 등)의 빈도가 전화 연락보다 훨씬 더 낮은 수준으로 이루어지는 것을 보여 주는데, 응답자 중 30% 정도만이 최소 한 달에 한 번 온라인 접촉을 유지하는 것으로 나타났다. 그러나 인터넷을 사용할 만큼 젊은 부모를 가진 성인 이민자의 경우 온라인을 통한 연락이 더 편리한 의사소통 방식일 수 있다. 필자의 연구를 도왔던 한인 학생은 이틀에 한 번 꼴로 스마트폰 채팅 어플을 이용해 한국의 어머니와 연락을 한다고 전한다.

앞서 지적한 것처럼 미국의 한인 사회는 수많은 유학생, 방문학자, 인턴, 한국 다국적 기업의 직원 등의 임시거주자를 포함한다. 이러한 임시거주자는 일반적으로 중산층 또는 중상층 출신이며 대부분이 학사 이상의 학위를 지니고 있다(Min, 2011). 계급 자본과 임시체류라는 성격 덕분에 이들은 미국 영주권자나 시민권자보다 고국의 가족, 친척,

친구와 더 강한 개인적 유대를 유지할 가능성이 높다. 캐나다 이민자를 대상으로 실시한 연구들에 의하면 고국과의 초국가적 유대와 캐나다 거주 기간 사이 관계는 역의 관계라는 관점을 지지하는데, 이것은 거주 기간이 짧을수록 강한 초국가적 유대를 유지하고 있다는 것을 암시한다(Hiebert and Ley, 2004; Noh et al., 2013). 반면 카리브해와 라틴계 이민자를 대상으로 포르테스와 그의 연구진이 수집한 자료에 의하면 이민자의 초국가적 유대는 미국 거주 기간과 비례하는 것으로 나타났다(Portes, 2003; Portes et al., 2002). 그러나 이 같은 결과는 포르테스와 그의 연구진이 양국 사이에서 이루어지는 초국가적 기업 활동, 고국 정치 정당의 소속 여부, 그리고 방문과 개인적 접촉을 제외한 초국가적 사회문화 활동만을 기준으로 초국가적 유대 수준을 측정했기 때문이다. 이 연구는 이민자의 초국가적 활동을 협소하게 정의했고, 이로 인해 표본의 10% 미만만이 초국가적 활동에 개입한 것으로 나타났다. 그들의 연구는 필자가 한국인 이민자의 초국가적 활동에서 가장 중요하다고 간주하는 고국 방문과 통신 수단을 이용한 개인적 수준의 접촉을 측정 기준에 포함하지 않았다.

3. 초국가적 가족: 기러기 가족

영어 구사 능력이 교육과 직업적 성공의 필수적 요소로 부각됨으로써 한국의 부모들은 앞다투어 그들의 초 · 중 · 고등학생 자녀들을 영어권 국가로 유학을 보내 왔다. 〈표 6-1〉에 나타난 것처럼 해외 조기

유학을 떠난 한국인 유학생의 수는 2000년대 초반부터 점진적으로 증가하여 2006년과 2008년 사이에는 3만 명에 육박했으나 세계 경제 불황기인 2009년과 2010년에는 급격히 떨어졌다. 영어권 국가 중 대부분의 조기유학생은 미국을 행선지로 선택하고 있다. 한국인 조기유학생은 아버지가 한국에 남아 일하고, 어머니는 교육을 위해 자녀와 미국으로 이주하여 잔류하는 형태의 이산가족 또는 초국가적 가족을 포함한다. 영어권 국가에서의 자녀교육을 위해 부모는 새로운 형태의 초국가적 가족을 만들어 냈다. 미국에 자녀와 체류하는 어머니는 학교에 다니거나, 일을 하거나, 아니면 둘 다 하지 않지만, 한국에 남아 있는 아버지는 자녀교육을 위해 돈을 송금한다. 흔히 기러기 가족이라고 불리는 가족은 미국뿐 아니라 캐나다, 호주, 뉴질랜드 같은 영어권 국가에서도 흔히 찾아 볼 수 있다. 인구 비율로 본다면 미국보다 캐나다의 한인 사회에서 기러기 가족의 비율이 더욱 높은 것으로 보고되었다(Kwak, 2013). 곽민정(2013)은 1994년 캐나다 정부가 비자 면제 국가 리스트에 대한민국을 포함시킨 정책이 많은 한국인 기러기 가족을 캐나다로 유치하는 데 도움이 되었다고 주장한다. 기러기 가족은 한국뿐만 아니라 대만, 홍콩, 일본 등 다른 동아시아 국가로부터 기원한 가족 형태이다 (Parenas, 2005; Waters, 2005).

교육 분야의 연구자들은 미국 내의 한인 기러기 가족을 대상으로 연구를 진행하였는데, 선행연구는 주로 기러기 가족 내 어머니와의 인터뷰를 바탕으로 이루어졌다(Cho and Shin, 2008; Cho et al., 2010; Lee and Koo, 2006).

〈표 6-1〉 연도별 유학 목적 해외 출국 초 · 중 · 고생

연도	초등학생	중학생	고등학생	총수
2003	4,052	3,674	2,772	10,498
2004	6,276	5,568	4,602	16,446
2005	8,148	6,670	5,582	20,400
2006	13,814	9,246	6,451	29,511
2007	12,341	9,201	6,126	27,668
2008	12,531	8,888	5,930	27,349
2009	8,369	5,723	4,026	18,118
2010	8,794	5,870	4,077	18,741

출처: 2008. 한국교육개발연구원, 교육통계센터 해외 유학 초등학생 및 중 · 고등학생에 대한 통계자료. http://cesi.kedi.re.kr

그러나 선행연구는 기러기 가족 어머니와 자녀의 미국 생활 적응과 그들이 당면한 문제에 초점을 맞추었을 뿐, 한국에 체류하는 남편/아버지를 포함한 다른 가족 · 혈육과 그들 간의 초국가적 연결에 대한 정보는 거의 제공하지 않고 있다. 캐나다의 기러기 가족은 미국의 기러기 가족보다 체계적이고 학술적으로 연구되었다(Jeong and Belanger, 2013; Kim et al., 2013; Kwak, 2013; Noh et al., 2013). 특히 정과 벨랑거 (Jeong and Belanger, 2013)의 연구는 한 캐나다 도시에 거주하는 30여 명의 기러기 엄마들을 대상으로 실시한 심층면접에 기초하고 있는데, 이 연구는 이민 이전과 이후의 가족 관계와 실상에서의 다양한 요소와 관련하여 통찰력 있는 사회학적 분석을 제공한다. 이 연구의 연구 결과 중 본 연구에 중요한 의미를 갖는 것으로는 대부분의 응답자들이 "최소 하루에 두 번 의

례적인 연락"을 하고 있으며 일상적으로 이루어지는 웹캠 대화로 인해 "이민 이전보다 이후에 함께 보내는 시간이 빈번해지고 질적으로 향상되었다"라는 사실이다.

기러기 가족보다 찾아 보기 어렵고 유래와 성격이 다소 반대되는 초국가적 가족 유형이 있다. 필자는 이 유형을 '국제 별거 결혼(international commuter marriage)'이라고 지칭한다. 미국에 사는 한인 남성 이민자가 그의 직업적 조건에 만족을 느끼지 못하고 더 나은 기회를 위해 한국으로 돌아가고, 아내와 자녀는 교육적 기회를 위해 미국에 잔류하는 것이 이 같은 이산가족의 특징이다. 자녀에게 영어권 국가에서의 교육 기회를 제공하고자 하는 것이 기러기 가족 형성의 주요한 촉진제라면, 미국에서 한인 남성 이민자가 겪는 구직난과 일자리에 대한 불만족은 '한인 별거 결혼(Korean commuter marriage)'의 탄생에 기여했다. 그러나 미국이 제공하는 교육 기회 역시 한인 별거 결혼에 일정 부분 영향을 미쳤다고 볼 수 있다. 따라서 한국에서 기원한 기러기 가족과 미국에서 시작된 한인 별거 결혼은 명분에 있어 공통점을 지니고 있다. 더 나아가 이러한 초국가적 형태의 가족은 그 구조와 가족의 상호 작용 패턴에서도 많은 공통점을 갖고 있다.

1990년대 세 가지 케이스를 바탕으로 구성된 필자의 글을 참조하면 국제 별거 결혼 생활을 유지하는 한인 부부는 매일 장거리 전화로 소통하고, 1년에 4-5회 정도 만난다는 사실을 알 수 있다(Min, 1998: 114-118). 이렇게 두 가지 유형의 한인 초국가적 가족은 현대의 발전된 교통 기술과 통신 기술 덕분에 부부 사이와 부모-자녀 관계를 활발하게 유지할 수 있다. 그리고 기술적 발전이 시간이 지나며 진화하고 성숙해 왔기에 오늘날의 초국가적 가족은 1990년대의 초국가적 가족과 비교하여 '사실상'의 가족 관계를 유지할 수 있게 된다. 초국가적 가족이 당면한 주된 어려움은 장기간 가족 구성원이 물리적으로 떨어져 있다는 점이다. 그러나 15년 전보다 국제 항공 여행은 대중적이고, 효율적이고, 저렴하게 이용할 수 있게 되었고, 부부 그리고 부모와 자녀는 과거보다 높은 빈도로 해후할 수 있다. 또한 2000년대 이후 휴대폰과 인터넷 대중화는 물리적으로 단절된 가족 구성원이 장소와 시간에 구애받지 않고 소통하도록 해 주었다. 앞서 언급했던 캐나다의 한인 기러기 가족의 어머니를 대상으로 실시한 연구조사 결과에서 지적한 것처럼, 떨어져 사는 배우자들은 일상적으로 웹캠을 통해 대화를 하며 함께 살 때보다 질적으로 좋은 시간을 보내는 데 도움이 되었다고 밝혔다.

4. 한국 미디어를 통한 초국가적 정서와 문화의 유대

연구자들은 대체로 종족 미디어(ethnic media)를 초국가적 현상이 아닌 종족 현상으로 다루어 왔다. 소수의 연구자들만이 종족 미디어를 이민자의 초국가적 생활에 기여하는 주된 요인으로 분석해 왔다(Itzigsohn, 1999; Laguerre, 1998). 필자는 현대 이민자 지역사회에서 종족 미디어는 두 가지 이유에서 고국과 이민자의 초국가적 유대를 유지하는 데 중요한 메커니즘으로 작용한다고 믿는다. 첫째, 신문, 라디오 및 TV로 구성된 종족 미디어는 하루에 수차례 고국에 대한 뉴스와 정보를 제공함으로써 이민자로 하여금 고국에 대한 초국가적 유대감을 유지하도록 도와

준다. 둘째, 종족 미디어는 이민자에게 고국의 드라마, 음악, 춤, 축제 및 종교 의식 같은 주요 문화 상품과 문화 활동을 제공한다. 이번 절에서 필자는 한국의 종족 미디어를 고국에 대한 소식, 정보, 그리고 문화를 해외 이민자에게 전달하는 주요 정보 공급원으로서 논의할 것이다.

종족 미디어는 매시간 단위로 고국에서 일어나는 일을 상세히 이민자에게 전달한다. 덕분에 현대 이민자는 고향을 방문하지 않고도 초국가적 미디어를 통해 정서적으로 두 개의 나라, 즉 거주국과 고국을 동시에 사는 듯한 느낌을 갖게 된다. 이민자의 고국에 대한 뉴스와 정보에 대한 노출은 초국가적 유대의 중요한 구성 요소이지만, 그럼에도 불구하고 초국가주의 관련 연구논문들은 정보의 접근성과 노출 효과의 중요성을 등한시해 왔다.

재미한인 중 3분의 2 정도가 LA, 뉴욕, 워싱턴 DC, 샌프란시스코를 비롯한 10여 개의 대도시에 살고 있다(Min and Kim, 2013). 각 대도시의 한인 지역사회에는 최소 한 개 이상의 한국어로 방송하는 한인 방송국과 라디오 방송국이 있으며, 이 지역방송사들은 거의 24시간 전파를 타고 있다. 대도시의 지역사회뿐 아니라 소규모의 한인 지역사회의 한인 또한 최소 하루에 한 번은 한국어를 접하며, 뉴욕-뉴저지 한인 커뮤니티에는 한인 방송국이 다섯 개에 달한다. 한인 방송에서는 국내 방송사에서 제작 방영한 TV 프로그램을 송출하고 현지 제작 프로그램도 한정적으로 방송한다. 예를 들면 KCTV(뉴욕의 한국 기독교 TV)는 한국의 기독교 방송국에서 제작한 프로그램을 방송하고, MK(미디어 코리아)는 국내 MBC에서 제작한 프로그램을 재방송한다. 또한, 각 TV 방송국은 하루에 여러 차례 한국의 특정 TV 방송국에서 제작한 뉴스를 중계한다. KCTV는 하루에 여러 차례 YTN(연합 TV 뉴스)의 뉴스를 방송하고, MK는 MBC와 아리랑 TV[2]에서 제작한 뉴스를 송출한다. 기술의 발달로 뉴욕의 한인 방송국에서 송출되는 한국발 뉴스는 국내 방송 후 두 시간 내에 방영된다.

여러 한국어 TV 채널뿐 아니라 뉴욕에는 하루 24시간 운영되는 주요 한인 라디오 방송국이 있다. 이 라디오 방송국은 가장 많은 한국인 청취자에게 다가가는데, 차 안, 직장, 한국 식료품 가게 등 어디에서나 라디오를 청취할 수 있기 때문이다. 현지의 라디오 방송국에서는 TV 방송국보다 더 많은 현지 프로그램을 제작하지만, 세 시간 간격으로 국내 KBS 방송의 라디오 뉴스를 내보낸다. 따라서 뉴욕의 한인은 한국에 있는 친척, 친구들과 동 시간대에 같은 뉴스를 접할 수 있다. 또한 최근 몇 년 사이에는 가톨릭이나 불교 신자들 또는 특정 지역만을 대상으로 하는 다수의 한인 TV, 라디오 방송국이 뉴욕-뉴저지 지역에 생겨나고 있다. 더불어 소수의 한인 가정은 케이블 서비스 가입을 통해 KBS의 프로그램을 한국과 동 시간에 가정에서 시청한다.

신문은 한인 이민자 지역사회와 여타의 이민자 사회에서 가장 오래된 종족 언론 매체이다. 초창기 재미한인은 1905년 『신한민보』를 창간했고, 이 신문은 일본의 한국 점령기 동안 한국의 독립 운동에 막대한 영향을 끼쳤다. 1965년 이후 영자 신문인 *Korea Times*와 *Korean Central Daily*가 각각 『한국일보』와 『중앙일보』의 지사로 뉴욕에서 창

2 아리랑TV는 재외동포를 포함해 해외 시청자를 대상으로 하는 방송국으로 모든 콘텐츠는 영어로 제작된다.

간되었다. 또 다른 일간 신문인 *Sae Gae Times*가 1980년대에 창간되었다 2009년 폐간되었고, 네 번째 일간 신문인 *New York Ilbo*가 2008년 창간되었다. 미국에서 가장 오래된 두 개의 한국 일간지들은 국내에서 발간된 신문에 실린 이슈와 뉴욕-뉴저지 현지 소식을 실어 독자에게 전한다. 1970년대의 신문사들은 한국의 본사에서 국제 항공 메일로 신문을 보내곤 했었다. 그 결과, 한국인 이민자는 발간되어 나온 신문을 며칠이나 지나서 접할 수 있었다. 1980년대에 접어들어 한국 본사에서 인공위성을 통해 국내 소식을 각 미국 지사에 내보낼 수 있게 되었고, 한인 이민자는 한국에서 신문이 발간된 후 그다음 날이면 현지 소식을 접할 수 있게 되었다. 이러한 발전에도 불구하고 신문은 미주 한인 TV나 라디오 방송국만큼(혹은 인터넷만큼) 효율적으로 새로운 뉴스와 정보를 제공하지 못한다.

재외한인이 고국에 대한 뉴스와 정보를 생생하게 접할 수 있다는 점은 고국의 동포와 동시에 뉴스와 정보를 얻을 수 있다는 사실 그 자체보다 시사하는 점이 훨씬 크다. 재외한인은 물리적으로 미국, 캐나다 또는 다른 영어권 국가에 머물러 있어도 여전히 고국에서 일어나는 각종 이슈에 대해 걱정하고, 사회, 경제 및 정치 사안에 대해 친구와 논쟁하며, 때로는 정부 정책을 반대하는 시위를 벌이기도 한다. 즉 재외한인은 초국가적 미디어로부터 얻는 뉴스와 정보를 바탕으로 국내의 한국인과 유사한 방식으로 반응한다. 이것은 재외한인이 사실상 두 개의 나라, 즉 고국인 한국과 거주국인 미국에 살고 있다는 것을 의미한다. 2000년대 초 이후 재미한인은 한국 미디어에 쉽게 접근할 수 있게 되었고 이것은 고국과 강한 유대를 지속하는 데 도움을 주었다. 포르테스와 그의 연구진을 비롯한 여타의 초국가주의 연구자들은 이민자의 초국가적 유대의 중요한 구성 요소로서 고국 미디어의 영향력을 고려하지 않았다. 필자를 비롯한 재외한인은 2000년대에 접어들어 하루에 수 차례 고국의 소식을 접할 수 있게 되었고, 우리의 생활은 1980년대의 생활과 현저하게 다른 방향으로 흘러갔다. 오늘날의 재미한인은 20세기 초반의 유럽계 이민자와 전적으로 다른 생활을 살아가고 있다.

이민자의 초국가주의를 다루는 연구자들은 문화를 '초국가적 사회 장(transnational social field)'의 중요한 구성 요소 중 하나로 다루어 왔다. 그러나 이들 중 초국가적 활동의 문화적 측면이나 초국가적 유대를 실제로 연구한 사람은 거의 없다고 볼 수 있다(Itzigsohn, 1999; Laguerre, 1998). 연구자들은 초국가적 활동을 이민자의 정기적 고국 방문으로 국한시킴으로써 초국가적 활동의 문화적 구성 요소에 대한 조사를 등한시한다. 고향을 정기적으로 방문하는 이민자의 고국 문화에 대한 노출을 개별적으로 설명할 필요가 없다고 느꼈기 때문일 것이다. 그러나 우리가 초국가적 유대에 대해 이민자와 고국 사이의 사회적, 정서적 연계라는 넓은 정의를 채택한다면 이민자의 거주 도시 내에서 이루어지는 고국 문화와의 조우를 설명할 필요가 있다.

이전 절의 도입부에서 지적했던 것처럼 초국가적 미디어는 이민자 초국가주의를 구성하는 문화적 요인에 중추적인 역할을 함과 동시에 뉴스와 정보를 제공한다. 종족 미디어 중에서도 한국 TV는 한인 이민자에게 한국 문화 상품을 보여 주는 데 가장 크게 기여한다. 국경을 넘어 현지에 방영되는 한국 TV 프로그램은 드라마, 한국 전통 노래 및 대중가요를 방영하는 음악, 한국 무용, 명절, 제사, 요리, 유적지 방문

프로그램 등을 포함한다. 필자를 포함한 중년 및 노년층 한인 이민자에게 있어 저녁 시간을 이용해 한국 드라마와 문화 프로그램을 시청하는 것은 가장 중요한 여가 활동 중 하나이다. 현재 한국 TV 방송국은 약 2주 전에 한국에서 방송되었던 문화 프로그램을 내보내고 있는데, 이것은 한국 뉴스를 방송하는 동시성과 비교하면 더 긴 시간 격차가 있다. 한국의 문화 요소 중 상당 부분은 시간과 함께 변화를 겪는다. 그러나 재외 이민자는 한국 문화 관련 프로그램을 시청하는 데 하루에 몇 시간을 소비함으로써 한국 문화의 변화 양상에 익숙하다. 일부 연구자들은 장시간 타국에 거주한 이민자는 문화적 변화를 끊임없이 겪는 고국의 사람들에 비해 문화적으로 보수적이라고 지적한다. 그러나 그것은 부분적으로만 사실이다. 대부분의 이민자는 초국가적 TV 프로그램을 통해 고국의 문화적, 사회적 변화 양상을 지켜보고 있기 때문이다. 새로운 한국 문화 프로그램을 시청하는 데 2주라는 시간 지연이 있음에도 불구하고 재외 한인 이민자는 초국가적 TV 프로그램을 통해 고국의 친척, 친구들과 거의 동시에 문화 상품을 소비하고 있음을 시사한다.

〈표 6-2〉에 나온 통계 자료는 뉴욕 시에 거주하는 한인을 대상으로 필자가 2005년에 실시한 전화 설문조사 결과에 기초한 것이다. 한국 TV 프로그램을 시청하는 횟수에 대한 질문에 대해 응답자의 절반 정도가 미국 프로그램보다 자주 혹은 대부분의 시간을 한국 TV를 시청한다고 답하였다. 한국 TV 프로그램과 미국 TV 프로그램을 시청한 빈도를 비교했을 때 응답자의 미국 거주 기간은 응답에 전혀 영향을 주지 않았다. 예상대로 훨씬 더 높은 비율의 응답자(79%)가 대부분의 시간에 한국 신문과 잡지를 읽는다고 보고했다.

〈표 6-2〉 미국 거주 기간별 재미한인의 국내 TV 프로그램 시청 빈도

구분	한국 TV 프로그램 시청 빈도		
	대부분 혹은 절반 정도 미국 프로그램 시청	대부분 혹은 더 많은 시간 한국 프로그램 시청	총계
0-5년	18(49%)	19(51%)	37(100%)
6-12년	28(50%)	28(50%)	56(100%)
13년 이상	88(52%)	83(89%)	171(100%)
총계	134(51%)	130(49%)	264(100%)

자료: 2005년 실시한 연구자의 뉴욕시 거주 한인 대상 전화 조사
주: P값 〉 0.9

미국에서의 거주 기간이 길어질수록 이민자는 미국인 친구를 더 많이 사귀고 영어를 유창하게 구사할 가능성이 높다. 그러나 미국 문화에 대한 이민자의 더딘 동화도 초국가적 한국 미디어에 대한 이민자의 높은 의존을 줄이지 못하고 있다.

5. 조직 수준의 초국가적 문화 활동

위에서 필자는 개인 또는 가족 단위 수준에서 이루어지는 재미한인의 국내 드라마, 음악, 무용 그리고 문화 프로그램 소비에 대해 논의했다. 이번 절에서 필자는 조직 수준에서 이루어지는 한인 이민자의 문화 활동과 그러한 활동의 초국가적 요소에 대하여 살펴보고자 한다. 뉴욕-뉴저지 지역의 한인 지역사회에는 매년 세 개의 주요 한국 문화 축제가 열린다. 이 축제들은 모두 추석을 기념하기 위해 9월 말에서 10

월 초 사이에 열린다. 이 지역의 최대 문화 축제는 뉴욕한인청과협회(Korean Produce Association)가 주최하는 '미 동부 추석 대잔치(Harvest & Folklore Festival)'이다. 이 축제는 1982년 이래로 플러싱의 메도우즈-코로타 공원(Flushing Meadows-Corona Park)에서 열리다 2010년 이후부터는 랜달 아일랜드(Randall's Island)에서 열리고 있다. 토요일과 일요일 이틀간 열리는 이 축제는 매년 약 18만 명의 한국인과 뉴욕 시민을 유치하고 있다.

필자의 다른 논문(Min, 2008: 137-139)에서 분석했듯이 이 축제에는 뉴욕의 한인 커뮤니티와 한국을 잇는 다양한 초국가적 요소를 내포하고 있다. 첫째, 다수의 대한민국 국회의원과 도지사가 축하 연설을 위해 개회식에 참석하고 대통령 또한 개회식에서 낭독할 수 있도록 축사를 보내온다. 더불어 한국에서 방문하는 가수와 무용수는 최신 댄스와 노래 공연 그리고 전통 춤을 선보이며, KBS는 뉴욕의 한인 이민자를 대상으로 개최한 '전국 노래 자랑'을 한국에서 방송한다. 이 축제에서는 씨름 대회, 전통 혼례 시연, 제사, 태권도를 포함해 많은 한국 전통 놀이와 의례들을 소개하기도 한다. 다양한 행사 중 이 축제에서 가장 인기를 끌고 있는 프로그램은 노래와 댄스 공연 그리고 경연대회이다. 또한, 뉴욕한인청과협회는 대한민국 팔도의 특산품과 농산물 전시회를 축제에 추가했다. 협회의 관계자는 매년 5월 한국에 방문해 농협, 수협 및 각 도의 제품이 뉴욕의 축제로 보내져 전시될 수 있도록 각 지방정부와 협상을 하고, 중앙정부 기관과 지방정부는 축제 비용을 지원하고 있다.

뉴저지한인협회(Korean Association of New Jersey)는 2001년 이후 뉴저지의 버건 카운티(Bergen County)의 포트 리(Fort Lee) 지역에서 음력 추석이면

명절 맞이 축제를 열어 왔다. 뉴욕의 축제와 마찬가지로 이 축제도 대한민국과 지역사회를 연결하는 초국가적 구성 요소를 포함한다. 뉴저지의 축제 역시 한국으로부터 축하 공연을 할 가수와 무용수를 초청하고 한국 정부 기관으로부터 재정 지원을 받는다.

또 다른 대규모의 한인 축제는 뉴욕 맨하탄에서 열리는 '코리안 퍼레이드(Korean Parade)'이다. 코리안 퍼레이드는 뉴욕한인회(Korean-American Association of Greater New York)가 주관하고 1980년 이후 뉴욕 코리아 타임즈의 후원을 받아 왔다. 10월 첫째 주 일요일에 열리는 코리안 퍼레이드는 퍼레이드와 민속 시장(folk market)의 두 가지 행사로 구성된다. 퍼레이드는 낮 12시부터 2시까지 6번가의 27번 거리와 38번 거리 사이의 열 한 개의 블록을 행진한다. 야외에서 진행되는 민속 시장은 오후 2시부터 6시까지 네 시간여 동안 브로드웨이와 5번가의 32번 거리에 위치한 한인타운에서 열린다. 민속 시장의 다양한 부스에서는 한국 음식을 시식할 수 있고 동시에 한국 전통 무용과 음악 공연 및 한인 방송국 TKC가 주최하는 노래 대회가 열린다. 최근 몇 년 사이 대략 10만여 명이 코리안 퍼레이드에 참가하였는데 부분의 방문객은 외국인이다. 이것은 이 반나절의 퍼레이드가 뉴욕한인청과협회가 주관하는 이틀간에 걸친 축제보다 한국 문화를 대중에게 알리는 데 더 효과적이라는 것을 암시한다.

2010 코리안 퍼레이드는 낮 12시부터 뉴욕 맨하탄 6번가의 27번 거리와 38번 거리 사이의 열한 개의 블록을 한 시간가량 통과하는 행진으로 시작하였다. 약 120여 개의 한국 관련 단체가 2010 코리안 퍼레이드에 참가했다. 이 퍼레이드의 주요 참가자는 부산문화재단, 한국

관광공사, 삼성, LG, 현대 및 한국 기업들과 대구국제뮤지컬페스티벌이다. 부산문화재단은 약 400년 전 일본에 파견되었던 조선 외교 사절단인 '조선 통신사'를 축제에서 재현하기 위해 조선 전통 복식을 갖춘 200여 명의 멤버들로 구성된 행진을 준비했다. 한국관광공사는 서울을 상징하는 국보 1호인 숭례문의 대형 모형을 꽃으로 장식된 차에 싣고 서울로의 관광을 홍보했고, 현대자동차는 현대차 브랜드 홍보를 위해 네 대의 신형 럭셔리 세단(에쿠스)을 퍼레이드에 포함하였다. 뉴욕한인회의 초청으로 퍼레이드에 참가한 한인 소년 소녀와 고아원 원아는 "독도는 우리 땅"이라고 쓰인 플래카드를 들고 행진했다. 부산문화재단의 정신혜 공연단과 한국의 킬러 멍키즈 B-보이 팀이 야외 시장에서 무용과 음악 공연을 선보이기도 하였다. 당시 뉴욕한인회의 협회장이었던 양하하 씨에 의하면 부산광역시와 서울특별시가 각 7만 불씩, 그리고 재외동포재단이 2만 5천 불을 지원했다고 한다.

위의 단락은 뉴욕-뉴저지에서 열리는 문화 축제 속에 자리하는 이민자협회와 한국의 중앙정부 및 지방정부 그리고 공연을 펼치는 연예인 사이의 초국가적 연계를 보여 준다. 한국 정부는 뉴욕에서 개최되는 주요 한인 축제들에 재정적 지원을 함으로써 한식, 명절, 음악, 무용 등 한국의 다양한 문화 요소를 현지 뉴욕 시민에게 홍보하고 한국문화의 영향력을 범지구적으로 확대하는 효과를 창출해 내고자 한다. 현지 이민자 대표와 한국 정부는 전 세계적으로 자국 문화를 확대하는 데 대단한 관심을 기울인다. 한국 문화의 확대는 민족적, 국가적 자긍심을 배양하고 궁극적으로 경제적 이익에 기여한다. 뉴욕의 여러 문화조직 역시 동일한 이유로 이들의 활동에 대한 지원을 한국 정부로부터 받고 있다.

조직 수준의 초국가적 문화 활동의 연대의 한 예로 '한국예술공연단(Korean Performing Arts Association)'을 들 수 있다. 이 단체는 뉴욕-뉴저지 지역을 기반으로 한 두 개의 공연예술 협회 중 하나이다. 1982년에 시작해 박수연 씨와 한인 이민자들이 함께 개인 집에서 전통 민속춤과 음악을 연습했고, 뉴욕 지역에서 열리는 다수의 한인 민족 행사에서 춤과 음악 공연을 선보였다. 그리고 1985년에는 한국공연예술협회를 설립했다. 협회장인 박수연 씨는 살풀이춤으로 유명한 무형문화재 이매방 선생의 제자이다. 이 협회는 1993년 국내 '한국전통예술공연협회'의 미국 동북부 지부로 인정받았으나, 2007년 독자적인 한국 민족예술 단체인 '한국예술공연단'으로 돌아왔다. 맨하탄 코리아타운에 사무소가 있는 이 협회에는 약 60여 명의 회원이 가입되어 있고 그중에는 럿거스 대학교(Rutgers University)의 '한얼 풍물패'도 포함되어 있다. 이 협회는 매년 한 번의 주요 공연과 세 번의 소규모 공연을 진행한다. 또, 협회는 공연 연습 그리고 고등학생과 성인의 훈련을 목적으로 '한국예술공연센터(Korean Performing Arts Center)'를 설립했다. 협회장인 박수연 씨는 필자에게 학생의 대다수가 1.5세대와 2세대 한인들이고 세 명의 입양자녀가 소속되어 있다고 알려 주었다. 한국예술공연단은 뉴욕과 타 지역의 한인 단체와 비-한인 단체를 초청해 협회에서 개최하는 행사에서 사물놀이와 다른 유형의 한국 전통 무용과 음악 공연 기회를 제공한다.

한국예술공연단 소속 회원은 국내에서 인정받는 다수의 한국 전통무용수와 소리꾼과 개인적 친분을 맺고 있다. 박수연 씨에 의하면 협회를 공식적으로 설립하기 이전에는 미국을 방문한 한국 공연 팀들로부터 기증받은 일부 중고 악기로 공연 연습을 할 수 있었다고 한다. 또한, 협회는 다양한 방향으로 조직 차원에서 한국과 연계를 유지하고 있다. 우선, 앞서 언급한 것처럼 1993년부터 2006년 사이 이 협회는 국내 한국전통예술공연협회의 미국 지부 역할을 했었다. 그러나 2007년 초창기의 독립적인 지위를 회복했는데, 그 이유는 한국의 주요 공연 협회의 지부 역할을 하는 것이 문화체육관광부로부터 재정적 지원을 받는 데 기대만큼 도움이 되지 않았기 때문이다. 둘째, 2006년 이후 협회는 1년에 두 차례 한국의 유명 전통 무용수와 소리꾼의 미국 방문을 지원해 왔다. 문화체육관광부는 '방문 예술가 프로그램(Residency Artists Program)'이라는 명목 아래 예술가의 미국 연수를 지원해 왔고, 방문 예술가는 공연과 워크숍을 통해 협회의 공연과 기술을 향상시켜 왔다.

마지막이자 가장 중요한 초국가적 요소는 국내의 전통학교와 주최하는 인턴십 프로그램이다. 한국예술공연단은 2006년 이후 협회 소속 학생들이 한국에서 연수를 받고 생활 경험을 쌓을 수 있도록 방문 프로그램을 운영해 오고 있다. 박수연 협회장에 따르면 2006년에는 2주 인턴십 프로그램으로 20명의 재미학생이 한국을 방문했고, 2010년에는 그 수가 40명으로 늘어났다고 한다. 방문 재미학생 중 절반 정도가 이민자 2세대 자녀였고 나머지 절반은 한국 입양자녀로 구성되어 있었다. 한편, 입양자녀는 모두 부모와 함께 프로그램에 참여한다. 한국을 방문하는 재미학생은 전라남도의 남도 국립 한국전통공연학교에서 한국 전통 문화와 역사, 예절, 무용, 사물놀이, 남도 민요 등에 대한 교육을 받는다. 인턴십은 국내 관객을 위한 한국 전통 무용과 노래 공연, 한국 학생에게 영어 가르치기, 그리고 사찰 및 문화 유적지 방문으로 구성되어 있다. 초기 3년 동안 인턴십을 통해 한국을 방문한 재미학생은 자비로 항공 티켓과 기타 경비를 조달했지만, 2010년부터 문화체육관광부가 참여 학생들의 항공 티켓 비용의 절반을 부담하고 있고, 주최하는 국내의 공연예술학교가 학생의 숙식과 경비를 지원하고 있다.

6. 나가며

위에서 필자는 뉴욕에 거주하는 한인 이민자의 한국과의 사회적 그리고 문화적 차원의 초국가적 연계에 대해 조사했다. 이 두 가지 요소는 이민자가 고국과 맺는 초국가적 유대 관계의 구성 요소 중 계층적 배경과 관계없이 가장 중요하고 접근성이 뛰어난 사항이다. 미국과 캐나다의 한인 이민자들을 대상으로 실시한 설문조사에 따르면 낮은 비율의 한인 이민자만이 1년에 한 번 이상 한국을 방문하는 것으로 보인다. 대학에 재학 중이거나 졸업한 한인 이민자는 한국을 방문하는 데 있어 대학을 다니지 않은 이민자보다 약간 더 유리하다. 포르테스와 연구진의 조사처럼 국경을 물리적으로 넘나드는 활동만을 포함시킬 경우(Portes, 2003; Portes et al., 2002), 소수의 전문직 종사자나 사업가와 같은 상류층의 한국인만이 초국가적 활동에 참여할 가능성이 높은 것으로 드러날 것이라고 필자는 예상한다.

앞서 나온 설문조사를 분석한 결과, 대다수의 한인 이민자는 물리적인 이동 없이도 전화와 인터넷을 통해 고국의 친척 및 친구들과 끈끈한 사회적 관계를 유지하는 것으로 나타났다. 아울러 재미한인이 고국의 뉴스, 정보와 문화 상품을 초국가적 종족 언론 매체를 통해 실시간으로 접하는 것으로 밝혀졌다. 재미한인은 한국에서 일어나는 사건에 대한 뉴스와 정보를 실시간으로 접하며 고국과의 정서적 유대를 유지한다. 더욱이 초국가적 TV 프로그램을 통해 국내에서 방영되는 최신 드라마, 전통 노래와 대중가요 및 다양한 문화 상품을 즐기고 있다. 또한 대부분의 한인 이민자는 현지 미국 미디어보다 초국가적 한국 미디어에 주로 의존하여 그들의 레저 시간을 보내고 있는 것으로 밝혀졌다. 초국가적 한국 TV 프로그램을 접하는 것은 한인 이민자로 하여금 문화적으로 한인으로 남고 또한 변화하는 한국 문화 패턴을 접하는 데 도움이 된다.

토론토에서 실시된 설문조사 결과에 따르면 최근 캐나다로 이주한 이민자는 1세대 한인 이민자보다 현대 기술을 바탕으로 고국의 친인척과 강한 사회적 유대를 유지하는 것으로 밝혀졌다. 또, 뉴욕에서 실시된 설문조사에 의하면 한인 이민자의 미국 거주 기간과 초국가적 한국 미디어에 대한 높은 의존은 관계가 없는 것으로 나타났다. 이러한 설문조사 결과들은 한국에 있는 친척, 친구와의 빈번한 연락, 그리고 초국가적 한국 매체에 대한 높은 의존을 매개로 한 이민자의 초국가적 유대는 재외한인의 현지 사회로의 일방적인 동화가 아닌 새로운 환경에 적응해 나아가는 하나의 대안이라는 것을 가리킨다. 그러나 이민자와 고국 간의 지속적인 초국가적 사회 · 문화 차원의 연계는 미국 사회로의 동화 속도를 더디게 만드는 것으로 보인다. 더불어 이러한 초국가적 유대는 한국인 이민자로 하여금 미국 거주 기간에 관계없이 양국가 및 문화에 대한 소속감을 갖도록 한다. 포르테스와 그의 연구진은 이민자의 경제적, 정치적 활동만을 초국가적 활동으로 국한시켰기에 이민자의 초국가주의 활동과 계급 배경 사이에 높은 상관 관계를 발견할 수 있었던 것이다.

이민자의 초국가주의를 다룬 연구자들은 초국가적 유대의 문화적 요소, 특히 조직적인 수준에서의 문화적 요소에 대한 연구를 등한시했다. 앞선 설문조사의 분석 결과들 또한 한인 이민자 조직이 한인 축제, 전통 무용, 음악 공연을 뉴욕 시민들에게 홍보하기 위해 한국 정부 기관 및 연예인과 긴밀하게 초국가적 협업을 하고 있음을 보여 준다. 한국 문화 조직과 정부 기관은 자국 문화를 2세대 재미동포와 뉴욕 시민에게 홍보하기 위해 적극적으로 협업하고 있다. 이와 같은 초국가적 활동은 재외동포의 민족적 · 국가적 자긍심을 높이고 궁극적으로는 경제 이익에 기여하게 된다. 즉 조직적인 문화 활동은 현지인에게 자국 문화를 알리는 데 더 효과적이다. 초국가적 한국 문화 축제와 공연에 참석하는 재외한인과 자녀는 한국에 방문하지 않고도 한국에서 건너온 일류 무용수, 가수 및 다양한 전문가들의 전통 의례와 음악/무용 공연을 관람하는 혜택을 누림과 동시에 젊은 한인 이민자의 민족 정체성을 배양해 낼 것이다.

참고문헌

Cheng, Lucie, and Philip Yang. 1998. "Global Interaction, Global Inequality, and Migration of the Highly Trained to the United States". *International Migration Review* 32: 626-653.

Cho, Eun Kyeong. and Sunghhee Shin. 2008. "Surival, Adjustment, and Acculturation of Newly Immigrated Families with School-Age Children". *Diaspora, Indigenous, and Minority Education* 2(1): 4-24.

____. 2010. "Supporting Transnational Families". *Young Children,* July 30-37.

Faist, Thomas. 2000. "Transnationalization in International Migration: Implications for the Study Of Citizenship and Culture". *Ethnic and Racial Studies* 23(2): 189-222.

Foner, Nancy. 1997. "What's New About Transnationalism? New York Immigrants Today and at the Turn of the Century". *Diaspora* 6(3): 355-376.

Guarnizo, Luis Eduardo. 1998. "The Rise of Transnational Social Formations: Mexican and Dominican State Responses to Transnational Migration". *Political Power and Social Theory* 12: 45-94.

Guarnizo, Luis Edwardo, Alejandro Portes, and William. J. Haller. 2003. "Assimilation and Transnationalism: Determinants of Transnational Political Action among Contemporary Immigrants". *American Journal of Sociology* 108(6): 1211-1248.

Hierbert, Daniel, and David Lee. 2006. "Characteristics of Immigrant Transnationalism in Vancouver". pp. 71-90 in Vic Satzewich and Lloyd Wong (eds.), *Transnational Identities and Practices in Canada.* UBC Press.

Itzigsohn, Jose. 2000. "Immigration and Boundaries of Citizenship: The Institutions of Immigrants' Political Transnationalism". *International Migration Review* 36: 766-798.

Itzigsohn, Jose, Carlos Dore Cabral, Esther Hernandez Medline and Obed Vazquez. 1999. "Mapping Dominican Transnationalism: Narrow and Broad Transnational Practices". *Ethnic and Racial Studies* 22(2): 316-339.

Jeong, Junmin, and Daniele Belange. 2013. "Kirogi Families as Virtual 'Families':

Perspectives and Experiences of Kirogi Mothers". In Samuel Noh, Ann Kim, and Merriane Noh (eds.), *Koreans in Canada: Perspectives on Migration, Adaptation, and the Family.* University of Toronto Press.

Jones-Correa, Michael. 2001. "Under Two Flags: Dual Nationality in Latin America and Its Consequences for Naturalization in the United States". *International Migration Review* 35(4): 997-1029.

Kearney, Michael. 1995. "The Local and the Global: The Anthropology of Globalization and Transnationalism". *Annual Review of Anthropology* 24: 547-565.

Kim, Ann, Sung Hyun Yun, Wan Soo Park, and Samuel Noh. 2013. "Explaining the Migration Strategy: Comparing Transnational and Intact Migrant Families from South Korea to Canada". In *Koreans in North America: Their Twenty-First Century Experiences.* Lanham, MD: Lexington Book.

Kwak, Min-Jung. 2013. "International Student Experiences of Migration, Education, and Living between Seoul and Vancouver". In Samuel Noh, Ann Kim, and Merriane Noh (eds.). *Koreans in Canada: Perspectives on Migration, Adaptation, and the Family.* Toronto: University of Toronto Press.

Landolt, Patricia. 2001. "Savadoran Economic Transnationalism: Embedded Strategies for Household Maintenance, Immigrant Incoporation, and Entrepreneurial Expansion". *Global Networks* 1(3): 217-241.

Lee, Doo Hyoo. 2010. "A Study of the Life and Culture of Young Korean Students Studying in the United States". *Educational Research and Reviews* 5(2): 78-85.

Lee, Yean-Ju, and Hagen Koo. 2006. "'Wilde Geese Fathers' and a Globalised Family Strategy for Education in Korea". *International Development Planning Review* 28(4): 533-553.

Levitt, Peggy. 2001. The Transnational Villagers. Berkeley and Los Angeles, CA: University of California Press.

Levitt, Peggy, Josh Dewind, and Steven Vertovec. 2003. "International Perspectives on Transnational Migration: An introduction". *International Migration Review* 37(3): 565-575.

Ministry of Education, Science, and Technology. 2007. "Statistics on Study-abroad Students in Elementary and Secondary Schools". Seoul, Korea: Ministry of Education, Science, and Engineering.

MBC (Munhwa Broadcasting Corporation). 2004. "Geese Families and Penguin Fathers".

Sasa Magazine Series #504, October 17. (In Korean).

Min, Pyong Gap. 1998. *Changes and Conflicts: Korean Immigrant Families in New York*. Boston: Allyn and Bacon.

_____. 2008. *Ethnic Solidarity for Economic Survival: Korean Greengrocers in New York City.* New York: Russell Sage Foundation.

_____. 2011. "The Immigration of Koreans to the United States: A Review of 45 Year (1960-2009) Trends". *Development and Society* 40(2): 195-223.

Min, Pyong Gap, and Chigon Kim. 2013. "Growth and Settlement Patterns of Korean Americans". In Pyong Gap Min (ed.). *Koreans in North America: Their Twenty-First Century Experiences.* Lanham, MD: Lexington Books.

Noh, Samuel, Min-Jung Kwak, and Joe Han. 2013. "Transnational Interactions among Korean Immigrants in Toronto: Family Ties and Socioeconomic, Cultural, and Political Participation". In *Koreans in North America: Their Twenty-First Century Experiences.* Lanham, MD: Lexington Book.

Ong, Ahiwa. 1999. *Flexible Citizenship: The Cultural Logics of Transnationalty.* Durham, NC: Duke University Press.

Parenas, R. 2005. *Children of Global Migration: Transnational Families and Gendered Woos.* Stanford, CA: Stanford University Press.

Portes, Alejandro. 2001. "Introduction: The Debate and Significance of Immigrant Transnationalism". *Global Networks* 1(3): 181-193.

_____. 2003. "Conclusion: Theoretical Convergencies and Empirical Evidence in the Study of Immigrant Transnationalism". *International Migration Review* 37: 874-892.

Portes, Alenjandro, Luis Eduardo Guarnizo and Patricia Landolt. 1999. "Transnational Communities". *Ethnic and Racial Studies,* Special Issue, 22.

Portes, Alejandro, William Haller, and Luis Eduardo Guarnizo. 2002. "Transnational Entrepreneurs: An Alternative Form of Immigrant Economic Adaptation". *American Sociological Review* 67: 278-298.

Schiller, N. G. 2000. "Transmigrants and Nation-States: Something Old and Something New in the U. S. Immigrant Experience". pp. 94-119 in Charles Hirschman et al. (eds.), *The Handbook of International Migration: The American Experience*. Russell Sage Foundation.

Schiller, N. G., N. Basch and Blanc-Szanton (eds.). 1994. *Toward a Transnational*

Perspective on Migration: Race, Class, Ethnicity, and Nationalism Reconsidered. New York: Academy of Sciences.

Smith, Michaledpter and Luis Guarnizo. 1998. *Transnationalism from Below.* New Brunswick, NJ: Rutgers University Press.

Smith, Robert. 2006. *Mexican New York: Transnational Lives of New Immigrants.* Berkeley and Los Angeles: University of California Press.

Vetovec, Steven. 2003. "Migration and Other Modes of Transnationalism: Towards Conceptual Cross-Fertilization". *International Migration Review* 37: 641-665.

Waters, Johana. 2005. "Transnational Family Strategies and Education in the Contemporary Chinese Diaspora". *Global Networks* 5(4): 359-377.

Wong, Bernard. 2006. *The Chinese Immigrants in Silicon Valley: Globalization, Social Networks, and Ethnic Identity.* Lanham, MD: Rowman and Littlefield.

Yang, Philip. 2006. "Transnationalism as a New Mode of Immigrant Adaptation: Preliminary Evidence Chinese Transnational Migrants". *Journal of Chinese Overseas* 2(2): 173-192.

제7장
조선족 정체성 다시 읽기: 세 차원의 의식에 관한 시론

최우길(선문대학교)

1. 들어가며

우리는 스스로 '나는 누구인가'라는 질문을 하곤 한다. 어느 집단이건 공동체 의식이 있다면 '우리는 누구인가'라는 물음을 하게 된다. 그런 질문은 정체성이라는 말로 표현된다. 개인의 경우, 사춘기 또는 삶의 전환기에, 집단의 경우라면 그 집단이 외래적 환경에 처하거나 어려움을 겪을 때 그 질문을 한다. 민족 또는 종족 집단의 경우라면, 외부의 침입을 받거나 역사적 전환기에 처하게 된 경우, 이동으로 인하여 새로운 환경에 접하였을 때 다른 집단과의 만남 또는 갈등을 통해, 정체성에 대한 자각 또는 새로운 인식을 하게 될 것이다. 그런 정체성은 고정적인 것이 아니며, 가변적이고 유동적이다. 그리고 복합적 또는 다층적일 수 있다. 민족을 가히 절대적으로 생각하였던 민족국가의 시대 또는 민족주의 시대는 더 이상 유효하지 않다. 지구촌 시대의 정체성은 국민국가의 수준 이상으로 통합되어 유럽의식, 세계시민으로까지 확장되기도 하지만, 국가 하위의 여러 차원으로 분절되고 파편화되기도 한다. 종족, 젠더, 계급, 직업, 지역 수준 또는 개인 수준으로까지 여러 차원의 정체성이 혼재하는 것이 이 시대의 특징이다.

중국조선족의 경우, 한반도에서 이주한 19세기 말 이래 만주 지방에서 거주하면서 '우리는 누구인가'라는 물음을 하지 않을 수 없었을 것이다. 만주라는 외래적 환경, 한족과 만주족 등 다른 종족 집단과의 어울림 또는 엇갈림, 일제의 탄압과 만주국이라는 폭압적 환경, 현대 중국의 정치적 격변 속에서 조선 사람 또는 조선족으로 살아가는 동안, '우리는 누구인가'라는 물음을 끊임없이 던졌을 것이다. 중국 개혁 · 개방 이후 조선족 공동체는 대내적으로는 도시화에 따른 인구의 이동, 전통적 단일 종족 사회였던 농촌 마을의 붕괴, 대외적으로는 한국과의 만남, 인구의 해외 진출 등 지구화 현상으로 새로운 환경을 맞게 되었고, '우리는 누구인가' 새삼 자문하고 있다.

조선족으로 살아가는 사람들은 이제 간단히 '중국조선족'으로만 규정할 수 없게 되었다. 외국에 진출한 조선족 중에는 '중국 출신'이거나, '조선족'이기는 하지만 '한국의 조선족', '뉴욕의 조선족'이 되었거나, 아예 한국인으로 국적을 회복하거나 취득한 사람도 있다. 일부 지식인은 스스로 '동아시아인'임을 자처하기도 한다. 중국에서 출생하고 자라서 국가교육을 충실히 받고 중국에서 살고 있는 젊은 세대들은 '중국 공민으로서 조선족(중국조선족)임'을 당연시하며 살아간다. 일부 조선족은 한국 등 외국에서의 생활 또는 체류를 통해 자아 정체성의 혼란을 겪고 자기 수정을 통해 다중적인 정체성을 지니고 살아간다. 한국 생활의 경험을 통해 '중국인임'을 자각하기도 하고, 외국 생활이 장기화되면 조선족의 '종족성'을 재인식하거나, 한국인으로 살고자 노력하기도 하고 상황과 맥락에 따라 다양한 정체성을 모색하는 전략을 찾기도 한다.

본 장은 21세기 세계화, 도시화, 분산화, 파편화의 소용돌이 속에 빠진 중국조선족의 정체성을 다시 읽고자 하는 시도이다. 이런 작업이 가능한 배경에는 1990년대 이후, 특히 2000년대 들어서 발표된, 이 주제에 관한 많은 연구들이 있다. 정치학, 사회학, 인류학, 문학 등 여러 방면의 연구들이 각기 다른 방식으로 조선족 정체성에 관해 언급하고 있다. 이 글은 특히 제목을 조선족 정체성으로 잡은 2000년 이후의 연구들을 주목하여 주요 연구들을 정리하면서, 조선족의 정체성을 새롭게 읽고자 한다. 또한 조선족의 정체성을 논하기 위해서 세 가지 차원에서 언급할 필요가 있음을 지적한다.[1] 첫째, 중국 공산당과 정부가 보는 '중화 민족'으로서의 조선족이다. 둘째, 종족적 차원(에스니시티)으로서의 조선족이다. 셋째, 초국가적 또는 탈국가적 현상으로서의 조선족의 이동, 즉 '글로벌 또는 동아시아의 조선족'이라는 차원이다. 세 차원에서 조선족을 관찰하면서, 조선족 정체성 현상의 복합적, 다중적 성격을 이해하고자 하는 것이다.

---

1 조선족을 바라보는 세 차원의 시각을 제안한 것은 권향숙이다(權香淑. 2011. 『移動する朝鮮族: エスニック·マイノリティの自己統治』. 彩流社). 이 연구는 "격동의 동아시아를 무대로 조선족의 이동과 네트워크를 현지조사 등을 통하여 글로벌 이슈의 하나로 밝히고 있다". 권향숙은 이 연구에서 중국조선족 역사와 사회 변화의 문제 영역을 내셔널 차원, 에스닉 차원, 글로벌 차원의 세 측면에서 관찰하면서, 조선족의 이동은 글로벌한 관점에서 접근해야 한다는 논의를 설득력 있게 제시하고 있다.

2. 조선족 정체성 연구

정체성에 대한 탐구는 중국 조선족 연구의 주요 주제이다. 21세기에 들어 조선족에 관한 많은 학위논문과 학술논문이 그 주제로 정체성 문제를 다루고 있다. 학문분과로 따지면, 정치학, 사회학, 인류학, 교육학, 여성학, 문학 등의 분과로 나눌 수 있다. 학자들은 개혁 · 개방 이후 중국 사회가 급격히 변화하면서 지구화, 도시화, 산업화, 시장화하는 조선족의 상황을 분석하거나, 그런 과정에서 정체성의 변화가 어떻게 나타나는지 관심을 가진다. 또한 한국과의 만남이 진행되고, 한국에 조선족 사회가 자리를 잡아 가면서 자신들의 정체성과 관련하여 재한 조선족들이 한국 경험을 통해 어떤 생각을 하고 있는지 탐색하는 학문적 접근들이 진행되었고, 이들은 많은 시사점을 제공한다. 사회학적인 연구들은 상대적으로 많은(수십 명 또는 수백 명) 대상자에게 설문지를 돌리고 이를 통계학적으로 처리하여 결과를 설명하는 양적인 접근방법을 취하는 데 반해, 인류학적 연구는 소수의 연구 대상자에 대한 심층면접을 하고 이를 민속지적으로 서술하여 정체성 문제에 접근하고 있다. 여성학은 젠더적 차원에서 조선족을 포함한 외국인 여성들의 한국 사회에의 적응과 정체성 고민을 접근하고 있다. 문학은 시, 소설 등 문학 작품에 나타난 정체성의 문제를 탐구하고 있다. 한국에서, 특히 21세기 들어 조선족에 관한 많은 연구물이 나오고 있는 것은 크게 보아 중국 동북에서 살아온 조선족 정체성의 보존, 유지 및 변화, 그리고 그에 대한 탐구와 관련이 있다고 볼 수 있다.

1) 조선족 정체성에 관한 개괄적 연구

정체성과 관련하여, 중국 조선족 사회와 문화에 대해서는 이미 많은 연구들이 진행되었다. 조선족에 관한 선구적인 연구로 이광규의 『재중한인』(1993), 권태환 · 한상복의 『연변의 조선족사회』(1994), 권태환의 『중국 조선족사회의 변화: 1990년 이후를 중심으로』(2004) 등이 있다. 이들 저서는 중국 전체의 조선족 역사 및 사회에 대하여 개괄적으로 서술하였다. 최우길(2011)은 최근까지 조선족과 관련된 학술논문, 단행본과 학위논문 등 국내 연구를 정리하는 한편, 중국과 일본의 연구를 소개하였다. 이성일(2014)은 한 · 중 · 일 3국의 조선족 연구의 현황과 과제를, 김예경(2006)은 중국 조선족의 연구와 관련하여 연구 기관, 연구자 및 연구 경향 등을 중심으로 정리하였다. 박우(2011)는 한국의 '재한조선족'에 관한 연구 현황을 정리하였다.

조선족에 관한 연구로는 전통적으로 중국조선족 학자들의 연구를 살펴볼 필요가 있다. 대표적으로 민족 문화와 관련하여서는 황유복, 김병호, 정신철, 김강일, 김관웅 등의 연구를 참조할 수 있다. 최근 간행된 『중국조선족통사』(주필 김춘선, 2009)는 이제까지의 중국조선족 역사에 대한 연변 학계의 정리라고 볼 수 있다. 김춘선 외에 김철수, 김광수, 김호웅, 김태국, 박금해, 리용식, 남희철, 허명철, 허휘훈, 윤학주, 안화춘 등 연변 학계의 중견 학자들이 공동 집필자로 참여하였다. 1980년대 말 모두 8책으로 간행된 『중국조선민족발자취 총서』와, 1990년대 후반에 모두 11권으로 출간된 『중국조선민족문화사대계』(① 언어사, ② 문학사, ③ 예술사, ④ 교육사, ⑤ 사상사, ⑥ 교사, ⑦ 민속사, ⑧ 신문출판사, ⑨ 과학기술사, ⑩ 의료보건사, ⑪ 체육사)는 모두 가치 있는 기초자료이며, 『21세기로 매진하는 중국조선족 발전방략연구』(1997)도 참고할 수 있다. 이 연구들은 대체로 관변적인 저술이라는 한계를 지닌다.

정체성과 관련된 중국조선족의 문화에 관한 선행연구를 소개한다면 중요한 업적으로 『중국 동북 지역 한인동포의 생활문화총서』를 꼽을 수 있다. 이 연구는 한국문화인류학회의 주요 회원(단장 김광억)들이 국립민속박물관의 지원을 받아 1990년대 후반 3년에 걸쳐 조선족 마을 5곳을 방문, 인류학적 민속지를 작성한 것이다. 이는 『중국 길림성 한인동포의 생활문화』(1996), 『중국 요녕성 한인동포의 생활문화』(1997), 『중국 흑룡강성 한인동포의 생활문화』(1998)로 간행되었다. 이들 연구는 7-8명의 인류학자들이 3-4명의 조선족 학자 또는 언론인과 함께 동북 3성의 각각 두 개 또는 한 개의 전형적인 조선족 마을을 방문하여 2주 정도 생활하면서 주민들과의 면담을 통해 조선족 농촌의 생활 양상과 문화적 정체성을 서술한 것이다.

2000년대 이후 한국에서의 연구로는 전남대학교 세계한상문화연구단(단장 임채완)의 연구를 주목할 수 있다. 이 연구단은 재외한인 전반에 관한 연구를 진행하면서 연구 결과를 총서로 발행하고 있다. 주요 연구로는 『중국조선족기업의 네트워크』(2007), 『중국조선족기업의 경영활동』(2006), 『중국조선족사회의 경제환경』(2005) 등을 발간하면서, 경제 활동과 기업 네트워크를 중심으로 한 사회조사와 교육, 여성, 언론, 예술, 문화 등 사회 영역에 대한 광범위한 연구를 진행하였다. 이 연구단의 업적은 재외한인에 대한 연구에 세계한상이라는 관점에서 재외한인 네트워크의 구축을 목표로 하면서 거시적이고 경제적인 접근을 한다는 점이다. 연구단은 재외동포와 중국조선족을 연구하는 일군의 학자들을 양성하여 연구단 차원에서 또는 개별적으로 괄목할 만한 연구물을 지속적으로 생산하고 있다.

2014년 현재 중국 조선족과 관련하여 진행 중인 두 가지 연구 기획을 살펴볼 필요가 있다. 첫째, 2013년 한국학중앙연구원과 한국외국어대학교 연구단(책임자 임영상 교수)이 진행하다가, 국민대 연구팀이 맡게 된 『세계한민족문화대전(중국편)』 편찬 사업이다. 이 작업은 한국학중앙연구원이 간행한 『한국향토문화전자대전』의 연장선상에서 수행되는 멀티미디어 콘텐츠 제작 사업으로, 재중한인이라는 주제를 지리 · 역사, 정치 · 경제 · 사회, 교육 · 문화 · 예술, 생활 · 민속, 언어 · 구비문학 분야로 나누어 광범위한 항목 개발 및 정리를 시도하고 있다. 둘째, 2013년부터 진행되고 있는 '한인 디아스포라 연구 사업: 중국팀'(책임자 동덕여대 김윤태)의 연구를 들 수 있다. 이 연구팀은 주로 북경, 상해, 광주, 심양 등 중국 관내의 새로운 조선족 집거 지역에 대한 조사를 진행하고 있다.

조선족 연구와 관련된 최근 업적으로 인하대학교 한국학연구소의 작업이 주목을 끈다. 연구소는 2013년 『중국조선족 역사 연구 문헌 목록』, 『연변조선족의 역사와 현실』, 『연변학의 선구자들』이라는 저서를 발간하였다. 이는 '동아시아 상생과 소통의 한국학'을 주제로 동아시아 각 지역과 국가의 고유한 환경에서 축적해 온 복수의 '한국학(들)'이 서로 생산적으로 소통하도록 하여 '동아시아 한국학'을 구성하고자 하는 시도이다. 이 연구는 중국 측 문헌 목록을 제시하는 한편, 최근의 연구 성과를 정리하고 있다. 위에서 언급한 최근 연구들은 중국조선족 정체성의 정리, 유지 및 보존과 깊은 관련이 있다고 평가할 수 있다.

2) 중국조선족의 복합적 정체성

조선족 정체성의 변화에 관하여 사안별로 구체적인 연구를 하고 있는 것은 연구논문과 학위논문들이다. 여기서는 대표적이며 특징적인 연구들을 중심으로 최근의 연구들을 약술한다. 최영관(2000), 임채완 · 김경학(2002)은 중국 내 조선족의 정체성을 파악하기 위하여 그들의 민족적 긍지, 다른 민족과의 관계, 한국의 조선족 정책에 대한 인식 등을 설문지를 통해 조사하였다. 이들 연구에 따르면 연변 조선족은 강한 민족의식을 지니고 있으며 다른 민족과 원만히 지내고 있지만 그들과의 결혼은 반대한다. 조사 결과 조선족 사회가 위기에 처한 가장 큰 원인은 민족의식의 약화이며, 그 밖의 원인으로는 농촌 사회의 붕괴, 인구의 도시 이동, 정부의 개방 정책 등이다. 두 연구 모두 조선족을 하나로 묶는 힘을 '민족의식'으로 본다. 임채완 · 선봉규(2013)는 중국조선족은 과계 민족으로서 자신들의 정체성과 특성을 유지하면서 주류 사회와의 관계 형성에 적극적인 태도를 가지는 '통합 유형'을 취하고 있어서, 조선족은 한민족의 문화와 정체성을 유지하면서 중국의 다수민족인 한족의 문화를 적극 수용하고 그들과 사회적 관계를 형성하고 유지하려고 노력한다고 설명한다.

중국조선족 지식인이라면 누구나 자신들의 정체성에 대해 고민하면서 자기 분야에서 지적인 작업들을 하고 있지만, 최근 정체성 문제로 논문을 쓴 이는 허명철(2011; 2012)이다. 그는 이주 초기 조선족 공동체의 형성 요인으로 민족의식, 민족교육, 집단 거주를 들고, 신중국 건립 이후 공동체의 보존 요인으로 국가의 정책적 보호와 호적 제도와 인사 제도 등 제도적 장치, 민족교육의 보급과 같은 조선족 사회의 주체적 노력을 꼽는다. 개혁 · 개방 이후 조선족 공동체가 맞고 있는 위기의 요인으로 인구 이동으로 인한 집거구의 해체, 민족교육의 위축, 외래문화와의 접촉 등을 지적한다. 허명철은 "조선족 사회에서 오늘날까지 중국 사회에서 적응해 오면서 나름대로 키워 온 문화는 절대 한민족 문화와 중국 문화의 기계적인 조합이 아닌 다원문화의 유기적이고 항조적인 정합의 결실이며 이러한 창조적인 정합 또한 다원 문화 표층의 접목이 아닌 심층 구조의 정합"이라고 언급하면서, "조선족은 중국 공민인 동시에 한민족의 일원이며 이들이 지닌 문화도 순수 한반도 문화나 중국 문화가 아닌 중국 문화의 특성과 한반도 문화의 특성을 겸비한 이중 성격을 지닌 문화"라고 역설한다. 이런 논지에서 "조선족 사회 구성원들이 응당 지녀야 할 민족으로서의 정체성은 당연히 우리 민족의 유구한 역사 행정 속에서 형성되고 '한민족적인 것'이어야 할 것"이지만, "조선족 사회는 혈연적, 문화적 공동체를 떠나서 국가 차원의 정치적 공동체 소속 성원이라는 새로운 속성을 지니게 되었으니, 국적 사항이 바탕이 된 중국의 소수민족 공동체라는 또 다른 속성을 전제로 하게 되었음"을 분명히 한다.

대부분 인정하듯이, 조선족의 정체성 형성과 유지에 있어서 민족교육의 역할이 중요하다. 조윤덕(2001)은 다민족 국가 중국에서 민족 정체성은 민족적 상징과 국민적 상징으로 구성되는데, 중국 조선족의 민족 정체성 전승과 재생산은 주로 민족교육을 통해서 이루어진다고 평가한다. 조윤덕에 의하면, 조선족의 민족교육은 목표의 단일성, 내용의 보편성, 단일 민족 학교 운영 형태, 이중언어교육 등을 민족교육의 특징으로 발전시키면서 민족적 상징의 전승과 재생산 과정에서 중요한 역할을 하였을 뿐만 아니라 국민적 상징을 전달하고 나아가서 내면화하는 과정에서도 중요한 기능을 하였다.

박정군(2011)은 중국조선족의 한민족으로서의 민족정체성과 중화인민공화국의 국민이라는 국민정체성이 서로 모순되는 것이 아니며, 중국에서 살아오는 동안 한민족의 전통문화와 중국의 다양한 문화를 결합시킨 조선족만의 독특한 독립정체성을 형성하였다고 본다. 그는 중국 조선족 정체성의 결정 요인으로 사회인구학적 특성을 분석하면서, 조선족의 정체성을 민족정체성, 국민정체성, 독립정체성으로 나누어 제시한다. 전형권(2006)은 조선족이 초기 개척유민 시대의 '박해도피형' 디아스포라에서 세계화의 진전 및 특히 한중 수교를 통해 고국으로 노동력이 이전됨에 따라 나타나는 '노동귀환형' 이민으로 그 성격이 변화하였다고 설명한다. 이에 따라 조선족의 민족정체성은 더 이상 이중문화적이 아니라 보다 복합적인 다중문화로, 이른바 다중정체성을 지닌다.

'다민족 통일국가' 중국에 거주하는 조선족의 정체성 형성 과정이 그리 간단한 것은 아니다. 이정은(2009)은 대련시 조선족학교의 교육 과정에 대한 현지 관찰을 통해 학생들의 정체성 형성 과정을 살펴본다. 조선족학교의 학생들은 교과 과정을 통해 '국민 만들기'의 내용을 학습하고 국민국가주의의 정서를 교육받는 한편, 소수민족의 특성인 종족성교육을 받지만 그 내용은 언어 및 전통예절 교육 등 제한적이고 간접적이어서 전면적인 '민족'교육에 초점을 맞추고 있지는 않다. 조선족 학교 구성원의 정체성 형성 과정에서 중국 국가의 '국민 만들기'와 조선족의 '종족정체성'이 서로 공존하면서 지속적으로 경합하는 양상을 보인다. 조선족은 국가와의 관계 속에서 스스로를 조화롭게 그려 내기도 하고 때로는 국가 안에서 동화된 존재로 표현하기도 하며 때로는 이에 저항하고 이로부터 이탈하려고 하기도 한다. 이렇듯 중국 내에서 조선족의 정체성 형성은 다양한 요소들의 영향을 받는 '역동적 과정'이라는 것이다.

이현정(2001)은 중국 농촌 마을의 조선족이 자신들이 한족보다 우수하다고 인식하여 깨끗함/더러움, 교양/무지, 부지런함/게으름, 베풀기/아끼기 등의 이항대립적 인식으로 민족정체성을 확립하고 있다고 관찰한다. 또 한국에 온 조선족들은 한국인과 자신들을 비교하면서 인색/너그러움, 타락/순진, 배반/신의와 같은 이항대립을 만들어 조선족의 종족적 정체성을 만들어 간다. 한국에서 노동자로서 조선족은 한국인을 만나 차별과 불이익을 당하고 불법체류에 대한 비인도적인 단속을 경험하면서 민족정체성과 국민정체성에 대해 고민을 하면서 중국 공민으로서의 국민정체성을 강화하게 된다.

중국 조선족의 정체성을 이야기하자면, 그들의 역사, 공동체 생활, 언어와 교육, 다른 집단과의 만남 등을 언급해야 한다. 또한 민족자치와 민족교육을 가능하게 한 현대 중국의 정치, 제도 등의 영향도 지적하여야 한다. 조선족 정체성에 관한 많은 연구들은 "중국의 소수민족으로서 조선족이라는 종족정체성을 유지하면서, 중국 공민으로서의 국민정체성을 강화하는 경향"을 보이고 있다고 요약한다. 그러나, 다민족 통일국가 중국에서 국가교육을 받으면서 '국민 만들기'와 '소수민족 조선족으로 살아가기'의 과정은 집단적이기는 하지만 개별적이기도 한, 역동적 과정이라는 점을 지적할 수 있다. 특히 도시화, 산업화, 지구화의 와중에서, 그리고 한국과의 만남을 통해 조선족의 정체성은 다층화, 복합화, 개별화하고 있다고 할 수 있다.

3) 재한 조선족의 정체성 모색

어느 민족 또는 종족 집단이 '우리는 누구인가'라는 물음을 강하게 제기하는 때는, 다른 집단과의 만남을 통해서일 것이다. 최근 중국 조선족의 경우, 그것은 '한국과의 만남'이다. 유명기(2002)는 조선족이 한국 경험을 통해 도달하게 되는 이중정체성의 문제는 하나로 귀결되지 않고 개인의 성향과 상이한 경험에 따라 다른 양상으로 나타난다고 분석한다. 즉 장기체류를 통하여 한국인으로서의 국민 및 민족정체성을 강화해 가는 '한국 사회 정착형', 민족과 국가에 대한 기대를 포기하고 돈을 벌어 가족과 편하게 살고자 하는 '개인주의형', 중국인 조선족으로서의 정체성을 확고히 갖게 되는 '중국인 국민의식 강화형'으로 나눌 수 있다.

비슷한 맥락에서, 방미화(2013)는 한국 사회에 체류하고 있는 조선족(재한 조선족) 각 개인의 귀속의식, 정체성 변화와 구체적인 실천 전략을 연구한다. 이 연구는 재한 조선족의 정체성을 기존 정체성의 유지 여부, 주류사회에의 진입의지, 관계유지 여부를 기준으로 귀화동화형, 동포지향형, 조국지향형, 미래지향형 등 네 유형으로 구분한다. '귀화

동화형'은 한국 국적을 취득하고 스스로를 한국인으로 규정하여, 국적과 정체성이 일치하지만, 그들은 여전히 '한국인'으로 살아가지 못하는 현실적 조건 속에 놓여 있다. '동포지향형'은 국적과 정체성이 불일치하며 귀화동화형과 마찬가지로 '한국인'으로 살아갈 수 없음을 인지하고 이동 공간, 대상과 상황에 따라 자신의 귀속을 다르게 표출한다. '조국지향형'의 귀속의식은 '중국 조선족'의 기존 정체성을 강화하고 유지하려고 하는 반면, '미래지향형'의 사람들은 한국과 중국의 어느 한쪽에 귀속된 존재이기보다는 '제3의 존재' 또는 '세계시민 또는 동아시아인'으로서 스스로를 규정하고 살아가기를 희망한다.

김경원(2009)은 재한조선족 유학생의 정체성을 여대생 J의 생애사를 통해서 탐구한다. J는 3세대 조선족으로서 한국에서의 '유학'이라는 경험을 통하여 중국 사회에서는 자신과 구별 짓고 다르다고 생각했던 한족과의 동질성을 강조하며 중국인으로서의 국가정체성을 강화한다. 그와 동시에 한국에서 차별받는 '조선족'에 대한 부정과 구별 짓기를 통해 자신의 민족정체성을 분리한다. 즉 한국인이 되고 싶어 하는 조선족이나 한국인에게 무시받는 '무책임하고 무능력한' 조선족에서 벗어나 한국인보다 우월하며 한족과 동일한 새로운 정체성을 가진 조선족으로 자신을 위치 짓는다. 이와 함께 조선족을 차별하는 '가식적이고 이중적이며 문란하고 자기중심적인' 한국인에 대한 부정과 차별화를 하면서, 자신은 한국인과 구별되는 중국인임을 강조한다. 물론 J의 내심에는 자신이 조선족이라는 사실과 이로 인해 '한국인과 구별할 수 없을 정도로' 한국 사회에 훌륭히 적응했지만 한국인일 수 없는 현실, 한국 사회에서 '차별당하는 조선족'들과는 달리 한족과 동일한 중국인이지만 '인정받을 수 있는 진짜 중국인'이 될 수 없다는 불안감이 공존하기도 한다. J라는 개인의 사례이기는 하지만, 김경원은 이런 연구를 통하여 재한조선족 유학생의 정체성이 "어느 한곳에 고정된 것이 아니라 부표처럼 상황과 맥락에 따라 변화하고 있으며 자신에게 필요할 때 그에 적합한 정체성을 강조하는 등 전략적으로 바뀌고 있음"을 서술한다.

이주희(2012)는 조선족 공장노동자와 국적회복자들이 스스로 한국사회에서 자신들이 처한 위치를 합리화하기 위해, 자신들이 끌어낼 수 있는 긍정적인 문화적 요소를 모두 끌어내어 상황에 따라 위치를 바꾸는 '정체성 전략'을 구사한다고 분석한다. 즉 조선족들은 스스로 "게으르고 한국어를 잘하지 못하는 한족에 비해 뛰어난" '조선족'으로, "동남아시아에서 온 이주노동자에 비해 동포인 것"을 강조하며, 한국인과 '같은 민족'으로, "우물 안 개구리인 한국인 노동 계급과 대비하여 국제적인" '중국 조선족'으로 자신들의 위치를 합리화하는 한편, 중국의 국제적인 위상이 높아지면서 중국 국민으로서의 자부심도 숨기지 않는다. 한국으로의 이주 경험을 통해 삶의 기반을 국경 너머로 연결하여 자신들의 자의식의 기반을 확장한다. 한국 사회에서 이들은 동포 간의 국적별 차별과 계급 차별이라는 것을 느끼게 되지만, 더불어 중국에 연결되어 있는 자신들의 삶을 인식하게 된다. 조선족은 "이러한 민족정체성의 다중성을 인식하고 정체성 전략을 통해 '국민', '민족', '계급'을 넘나드는 '초국적 민족정체성'의 가능성을 보여 주는 것"이다.

강진웅(2012)은 현대 연변조선족의 정체성의 사회적 변화와 종족정체성의 재영토화를 분석하면서, "연변조선족은 소수종족으로서 중국의 국민정체성과 긴장 관계를 형성하면서 동시에 한반도를 포괄하는 민족 관념에서 분리된 소범주로서의 독립적인 정체성을 강화해 왔다"라고 요약한다. 연변조선족은 국가, 상상된 민족, 종족이라는 삼각관계에서 '제3의 정체성'을 발전시키면서 당면한 발전과 해체라는 딜레마를 해결하기 위해 공동체를 재영토화하는 전략을 구사하고 있다. 즉 연변조선족은 "초국가적 이주와 이촌향도에서 진행되고 있는 전체 중국조선족의 탈영토화 현상 속에서, 도시 공동체 및 글로벌 조선족 담론을 수용하면서 가족 해체와 농촌 붕괴의 사회 위기를 극복하고 한국과의 협력을 통해 경제적 실리를 추구함으로써 하나의 상상된 공동체로서의 조선족 공동체를 재영토화하고 있다"라는 것이다.

사실 조선족과 관련하여 '제3의 정체성'이라는 용어를 처음 쓴 것은 재한 조선족의 정체성 활동과 관련해 연구한 예동근(2009)이다. 그는 "외국인 노동력 정책과 재외동포 정책에 대한 분석을 통하여 단일민족 국가인 한국 사회의 민족주의와 시민주의의 맥락 속에서 형성된 사회적 배제와 포섭의 메커니즘이 조선족 동포들에게 어떻게 작동하고 있는가"를 물으면서, 이런 배제의 맥락 속에서 "조선족 동포들이 어떻게 주체적으로 커뮤니티를 형성하여 새로운 정체성을 형성하는가"를 밝히고자 한다. 예동근은 조선족 동포들이 "세계시민주의에 기반한 '공생 관계'를 형성하기 위해 국가와 민족을 넘는 '제3의 정체성'을 만들어 가는 것이 이념적이면서 현실적이고 실천적 지향임"을 강조한다.

이해응(2005)은 여성학의 입장에서, 한국으로 이주한 조선족 기혼 여성이 사회 계층, 모성, 여성성, 섹슈얼리티 등의 의미를 변화시키고 있음을 관찰한다. 한국 내에서 조선족 기혼 여성은 단순 서비스 산업에 편입되면서 하층노동자로 호명되지만, 한국에서의 이주노동 경험을 중국 내 부유 계층으로 상승하기 위한 일시적인 과정으로 규정하기도 한다. 동시에 자신을 국제 경험이 없는 중국인들과는 달리, '문명화'된 주체로 차별화한다. 또한 조선족 기혼 여성에게 있어서 한국 이주 경험은 자아의 확장 과정이기도 하지만, 동시에 사회의 여러 규제와 차별로 인해 경계인으로서 갈등하는 시기이기도 하다. 조선족 기혼 여성들은 한국에 체류할 때, 중국으로 귀국했을 때, 다시 한국으로 재입국했을 때, 중국의 대도시로 이주할 때 등 다른 상황에 따라 스스로의 정체성을 유동적으로 변화시킨다고 한다. 이렇듯 이해응은 한국에서의 다양한 사회적 경험을 통해 중국 조선족 기혼 여성들이 어떻게 정체성을 변화시키며 역동적으로 삶을 모색하는지 보여 준다.

이와 같이 조선족은 한국에서의 경험을 통해 개별적으로 또는 집단적으로 '중국인임'을 인식하기도 하고 '한국인이 되고자' 애쓰기도 한다. 그러나 여전히 '한국인이 될 수 없음'에 좌절하기도 하고 '중국인임을 자부하기'도 한다. 정체성의 재인식 과정은 개별적이고 유동적이고 복합적이어서, 일률적으로 말하기 어렵다. 몇 개의 유형으로 나눌 수는 있지만, 그 유형이 절대적인 것도, 모든 경우를 설명할 수 있는 것도 아니다. 재한조선족의 정체성은, 그들이 한국에 와서 겪은 집단적, 또는 개별적 경험에 따라 변화한다. 친척 방문 또는 국제결혼으로 온 사람, 불법체류 경험자, 국적회복자, 유학생, 서비스업종 근로자, 사업가 등 그들이 겪은 다양한 경험에 따라 다를 수 있다.[2] '중국조선족'이

2 최근 재한 조선족의 다양한 경험을 엮은 책들이 출간되었다. 박우 · 김용선(외). 2012. 『우리가 만난 한국: 재한 조선족의 구술생애사』. 북코리아; 예동근 외. 2011. 『조선족 3세들의 서울 이야기』. 백산서당; 전춘봉. 2011. 『꿈을 이룬 사람들』. 좋은문학. 유학생들의 경험을 다룬 두

라 할 때, 다양한 사람이 가지는 상이한 인식을 어떻게 설명할 것인가. 어찌 보면 문학과 예술은 나름대로 그러한 어려운 시도를 하고 있다고 볼 수 있다.

4) 문학과 예술, 그리고 조선족의 정체성

조선족 문학, 예술인들이 시, 소설 등 작품 속에서 자신들의 정체성을 모색하고 형상화해 가는 것은 어찌 보면 당연한 일이다. 나는 누구인가, 우리는 누구인가, 우리는 어디서 왔으며 어디로 가는가 등의 질문을 끊임없이 제기하고 해답을 찾아 가는 것이 문학과 예술의 주요한 사명 중 하나이기 때문이다. 오상순(2013)은 만주국, 1950년대, 1980-90년대, 2000년대 조선족 문학의 대표적인 작가와 작품 분석을 통하여 조선족 정체성에 대한 시대적 변화와 모색을 시도한다. 오상순에게 있어서 조선족 문학은 "이 세상의 그 무엇과도 바꿀 수 없는 우리

번째 책은 머리말에서 조선족 세대론을 설득력 있게 펼치고 있다. "중국에 처음 정착을 시도했던 한인들을 조선족 1세대라고 한다면, 중국에서 태어난 우리 부모 세대는 가히 조선족 2세대라 할 수 있을 것이고, 바로 그러한 조선족의 주된 이미지로 비치는 조선족 2세대가 코리안 드림을 꿈꾸면서 한국에서 3D 업종에 종사해 왔기 때문이다. … 우리는 누구인가? 우리는 스스로 자신들을 조선족 3세대라고 본다. 조선족 3세대와 2세대의 가장 큰 차이점은 바로 교육에 있다. … 3세대는 대부분 대학교육을 받을 기회를 보장받았고, 심지어 유학의 기회까지 얻을 수 있는 상대적으로 '축복받은' 세대라고 할 수 있다. 2세대의 운명과 달리 3세대는 자신의 불굴의 노력과 의지로 세계를 무대로 하는 체면 있는 직업에 종사할 기회가 있는 그런 세대인 것이다. … 우리는 자신들을 한 세대라고 생각한다. 이제 우리들의 후대, 즉 조선족 4세대가 다시 20년 후에 우리를 바라볼 때, 우리는 중국 개혁 · 개방의 물결을 타고 문화적 · 경제적으로 복을 누렸던 세대이고, 그중 일부는 한국에 유학한 후 한국에 정착한 세대라고 생각할 수 있기 때문이다. 향후 중국이 어떻게 변할지, 한국이 어떻게 발전할지, 한국에 정착을 시도하는 우리가 어떤 방식으로 살아갈지 누구도 확정적으로 단언할 수 없다."(예동근 외, 2011: 8-9)

민족의 소중한 문화적 재부"이며, 그 속에는 "조선족 삶의 역사와 사상과 정서가 그대로 담겨 있고 민족의 출로와 운명을 두고 기뻐하고 슬퍼하고 가슴 아파 하고 고민하는 절절한 민족애가 스며" 있다. 또한 "조선족 문학 발전사는 그대로 조선족의 역사이고 정치사이고 세태 풍속사이고 정신사이고 언어사"이다. 오상순은 "문학이 없어지면 문화도 사라지게 되고 문화가 사라지면 민족도 없어지게 된다"라면서 정체성 유지에 있어서 말과 글의 힘을 강조한다.

이사(2014)는 개혁개방 이후 특히 1990년대 발표된 조선족 시를 중심으로 민족정체성이 어떻게 구현되고 있는지 분석한다. 이사는 조선족 시에서 민족정체성을 표현하는 상징물로, 백두산, 두만강, 장백폭포, 천지 등의 지리적 이미지, 민들레, 진달래, 무궁화 등의 꽃 이미지, 백의민족을 환기하는 흰 옷, 하얀 새 등 색채 심상, 아리랑 등 민속가요, 그 밖에 민속놀이, 음식 문화, 역사적 인물, 신화와 전설, 고향 이미지 등을 들고 있다. 서준섭(2012)은 시인 석화의 시집 『연변』에 나타난 조선족 문화의 정체성 위기를 검토, 비평하고 있다.[3] 김관웅(2011)

---

3 석화는 조선족 사회의 급격한 변화를 흥미롭게 형상화하였다. "연변이 연길에 있다는 사람도 있고 / 구로공단이나 수원 쪽에 있다는 사람도 있다 / 그건 모르는 사람들의 말이고 아는 사람은 다 안다 / 연변은 원래 쪽바가지에 담겨 / 황소등짝에 실려 왔는데 / 문화혁명 때 주아바이랑 한 번 덜컥 했다 / 후에 서시장바닥에서 달래랑 풋고추처럼 / 파릇파릇 다시 살아났다가 / 장춘역전 앞 골목에서 무짠지랑 함께 / 약간 소문이 났다 / 다음에는 북경이고 상해고 / 냉면발처럼 쫙쫙 뻗어나갔는데 / 전국적으로 대도시에 없는 곳이 없는게 / 연변이었다 / 요즘은 배 타고 비행기 타고 한국 가서 / 식당이나 공사판에서 기별이 조금 들리지만 / 그야 소규모이고 / 동쪽으로 도꾜, 북쪽으로 하바롭스크 / 그리고 사이판, 샌프랜시스코에 파리, 런던까지 / 이 지구상 어느 구석엔들 연변이 없을 소냐 / 그런데 근래 아폴로인지 신주(神舟)인지 / 뜬다는 소문에 / 가짜여권이든 위장결혼이든 가릴 것 없이 / 보따리 싸안고 떠날 준비만 단단히 하고 있으니 / 이젠 달나라 별나라에 가서 찾을 수밖에 / 연변이 연길인지 연길이 연변인지 헛갈리

과 박경주 · 송창주(2012)는 각각 중국조선족 문학에서의 정체성 문제와 1990년대 이후 소설에 반영된 민족정체성 문제를 검토하고 있다. 허련순의 소설 『바람꽃』(1996)[4], 『누가 나비의 집을 보았는가』(2004) 등은 비평가들이 한국 사회와의 만남을 통해 조선족 사회가 처한 위기 및 정체성 변화와 관련하여 자주 인용하고 비평하는 작품이다(강진구, 김호웅, 차성연, 한홍화). 장률(張律)은 영화를 통해 조선족이 처한 위기의 모습을 다루고 있는데, 박노종 · 고현철(2012)의 논문은 장률의 영화 속에 나타난 조선족의 모습을 정체성 위기라는 관점에서 해석한다.[5] 목수현(2012)은 중국 개혁 · 개방 이전과 이후의 중국조선족 미술계를 정리하면서, 한국 경험을 한 젊은 조선족 화가들이 소수민족으로서의 조선족, 중국인으로서의 정체성, 한국동포로서의 정체성의 경계에서 유동하고 있다고 평가한다. 조선족 정체성의 변화 양상을 종합적으로 또는 학문

지만 / 연길공항 가는 택시요금이 / 10원에서 15원으로 올랐다는 말만은 확실하다."("연변4-연길은 간다" 전문)

4 허련순에 관한 여러 비평들은 조선족 정체성에 관하여, 작가의 다음 구절을 즐겨 인용한다. "나는 귀추 없이 떠돌아다니는 바람꽃, 바람이 불어왔던 곳과 바람이 자는 그 곳, 두 세계 중의 어느 한 곳에 머무르거나 또 어느 한 곳에 머무르지도 못한 채 두 곳을 끊임없이 우왕좌왕하였다. 언제나 한 곳에 오래 머무르지 못하고 다른 한 곳에 대한 끊임없는 추억과 망각, 그리움과 원망의 갈등을 수 없이 겪으며 이곳에서 저곳으로 수없이 날아갔었다. 언제나 두 세계에서 함께 공존했던 셈이고 두 세계에서 함께 탈출하기도 했었다. 그랬던 나는 누구일까?"(허련순. 1996. 『바람꽃』, p. 7)

5 장률은 "두만강"(2009), "이리"(2008), "경계"(2007), "중경"(2007), "망종"(2005), "당시"(2004) 등의 작품을 통해 "이방에 사는 이주민의 얼굴에서 난민의 신분과 자신의 경계를 넘어서는 세계시민의 다양한 형상이 교차"하는 모습을 보여 준다. "망종"은 고향 연변을 등진 조선족 여인의 삶을, "경계"는 몽골의 변방을 떠도는 탈북자 모녀의 이야기를, "두만강"은 한 민족 분단의 현실 속에 도시화, 시장화, 지구화를 겪고 있는 조선족 시골 마을 사람들의 이야기를 "화려하지 않은" 담담한 시선으로 들려준다.

적으로 정리하기가 매우 어렵다는 점을 인정한다면, 문학과 예술이 각각의 작품이 통해 시도하고 있는 정체성에 대한 모색을 주의 깊게 살펴볼 필요가 있을 것이다.

3. 조선족의 국민적 정체성: '중국공민' 또는 '중화민족'으로서의 조선족

최근 간행된 중국 민족사 연구에 관한 저술은 조선족에 대하여 다음과 같은 중국 정부 또는 학계의 '공식적인' 입장을 서술하고 있다. "중국조선족은 중화민족 대가정에 속한 하나의 소수민족이다. 조선족은 천입(遷入)민족으로서 그 자체의 역사를 지니고 있다. 조선족은 '조선민족'과는 다른, 중국 영토 내에 사는 조선민족으로 중국의 공민이다. 조선족 역사 연구는 신중국의 탄생과 밀접한 관계가 있다. 조선족은 중국의 훌륭한 민족 정책의 혜택을 입어, 중화민족 대가정의 일원이 되었다. 조선족 역사 연구는 중국 국내 소수민족 역사의 주요 구성 부분이다."(達力扎布, 2010: 164) 비슷한 맥락에서 손춘일은 『중국조선족이민사』의 서문에서 "중국 조선족은 조선반도에서 이주해 와 56개 민족 중 비교적 늦게 중화민족 대가정에 들어온 소수민족 중 하나이다. 조선족이 조선반도에서 중국 동북 경내에 거주하기 시작한 것은 17세기 초였고, 대량으로 이주한 것은 19세기 후반기부터 1945년 항일전쟁이 끝날 때까지였다"라고 서술하고 있다(孫春日, 2009: 1).

중국공민이며 중화민족의 일원으로서의 조선족에 대한 중국 정부와 학계의 기본 입장은 2002년 연변조선족 자치주 50주년을 맞아 중국공산당 연변당위가 실시한 '삼관교양사업'에서도 여실히 나타난다(최우길, 2003). 여기서 '삼관'은 '마르크스주의 조국관, 민족관, 역사관'을 말하는 것으로 그 핵심은 다음과 같다. "마르크스주의 조국관의 근본 요구는 바로 자기의 조국을 열애하는 것이다. 중국은 전 민족 공민의 유일한 조국이고 여러 민족은 중화민족의 중요한 구성 부분이며 국가의 영토는 신성불가침이다. 중국은 56개 민족으로 구성된 통일된 다민족국가이며 여러 민족은 조국 대가정에서 없어서는 안 되는 성원이다. 역사가 충분히 증명하다시피 예로부터 연변은 중국 영토였고 조선민족은 중화민족 대가정의 중요한 구성 부분이었다."[6]

이 같은 입장은 학술적인 저술에서도 확인된다. 『中國朝鮮民族足跡叢書』와 함께 조선족 연구에 대한 중국 조선족 학계의 총괄적인 정리라고 할 수 있는 『21세기로 매진하는 중국조선족 발전방략연구』는 역사편의 머리말에서 "중국 인민의 애국주의 정신은 조국의 사회역사 전진을 추동하는 거대한 역량"이라고 강조한다. 이 글에 따르면, 중화민족의 애국주의 감정은 가족애, 향토애, 민족애, 조국애로 구성된다. 중국과 같은 다민족국가에서는 민족애는 조국애와 향토애 사이에 존재하며, 조국애는 네 가지 차원 중 가장 핵심적인 두뇌 부분이라고 정의하고 있다(조룡호 · 박문일, 1997: 3-8). 이 책은 중국에서 조선족 역사 연구에 대한 기본적인 지도 사상의 바탕으로서, 마르크스-레닌주의 역사

6 전학인(연변주당위서기). 2002. "3관 교양으로 확고한 사상방선 구축해야". 『연변일보』 7월 8일.

유물론과 중국 특색을 띤 사회주의 건설의 등소평 이론, 그리고 집체주의, 애국주의 사상을 들고 있다. 중국 조선족 사회의 미래 전략에 대한 연구 부분인 "방략편"에서도 "맑스-레닌주의, 모택동 사상과 등소평 이론 그리고 당의 민족 이론과 정책을 지침으로 미래 학설의 과학적 연구 방법에 입각하여 21세기를 겨냥한 중국조선족의 미래 발전 추세와 그에 걸맞은 대책들을 제시한다"라고 쓰고 있다(조룡호 · 박문일, 1997: 423-426). 중국에서 조선족에 관한 논의는 그 실천이나 학술적인 측면에서 공히, 중국의 국가 이론과 공산당의 민족 정책의 기초 위에 전개되고 있는 것이다.

중국 공산당과 정부는 '삼관교양사업'을 통해 "중국은 우리나라 여러 민족 공민의 유일한 조국이고 여러 민족은 중화민족의 중요한 구성 부분이고 각 민족의 지위는 평등하며 나라의 영토는 신성불가침"이라는 사상관념교육을 강조하였다. 중국 정부가 국가통합의 명분으로 '민족주의(중화민족주의)'를 강조할 수밖에 없는 상황에서 조선족 문제는 한 · 중 양국 간의 갈등 요소가 될 수 있다. 중국 당국은 연변 지방에서 '삼관교육(올바른 국가관, 민족관, 역사관)'을 강조하면서, 조선족들에게 "조국은 어디인가", "조선족은 어떤 민족인가", "연변은 어디에 속하는 역사인가"라고 묻고 있는데, 그 의도는 자명한 것이다.

조선족의 정체성을 논하는 중국조선족 학자들은 "조선족이 중국의 소수민족이자 중화민족 대가정의 일부분"이라는 점을 일반적으로 인정한다(박동훈 · 안화선, 2012). 조선족은 중국으로의 이주, 정착, 그리고 삶을 위한 투쟁의 역사적 과정 속에서 형성된 집단적 기억을 공유하고 있다. 만주 지역에서 수전농업 지대를 개척하고 마을을 이루고 살며, 항일 투쟁과 국공내전 시기에는 독립 운동의 일환으로 공산당과 함께 신중국의 성립에 기여하였다. 이것이 조선인이 '중국의 조선족'으로 탄생할 수 있었던 배경이었다. 조선족은 신중국에서 '모범적 소수민족'으로서 민족 단결, 민족 평등, 민족 자치를 모토로 하는 중국 민족 정책의 혜택을 받았다. 반우파 투쟁, 대약진, 문화대혁명 등 '대한족주의'의 시기에는 '지방민족주의'로 탄압을 받기도 하였다. 국내의 정치적 격변기를 극복한 조선족은 개혁 · 개방의 격랑을 맞아 시장화, 산업화, 도시화, 세계화의 변화를 겪게 된다.

4. 종족성의 재인식: 에스닉 차원의 조선족

중국 조선족을 종족적 차원에서 살펴볼 때 주목할 것은 민족교육의 문제이다.[7] 여기서는 조선족 민족교육의 현황을, 인구 이동으로 인한 학교 통폐합, 이중언어교육 문제, 교재 및 도서의 문제, 결손 가정의 문제 등으로 정리하였다.[8] 조선족 교육에 영향을 끼친 가장 큰 요인은 급격한 인구 이동이다. 조선족의 인구 이동은 수십 년 동안 나름대로 안정되어 있던 민족 소학 및 중등교육의 근본을 흔들었다. 민족언어의 상실 문제, 학교 통폐합 문제, 교원 부족 문제 등은 모두 급격한 인구

7 조선족 교육의 현황을 일괄적으로 파악하기는 대단히 곤란하다. 이것은 최근의 변화가 극심하기 때문이기도 하고, 중국 교육 당국이 조선족 교육과 관련된 통계자료들을 흔쾌히 밝히지 않기 때문이기도 하다. 조선족 언론에 나오는 교육에 관한 보도들과 교육 현장의 목소리를 종합해 보면, 교육 현황의 대강을 파악할 수 있다(동북아평화연대, 2011).

8 조선족 교육에 대한 최근의 논의는 최우길(2012)의 논문을 참고하라.

이동 때문에 야기된 현상들이다. 조선족의 인구 이동은 교육뿐만 아니라, 조선족 공동체의 기본 성격을 바꾸어 놓았다. 조선족 사회의 변화는 그 내용과 형식에 있어서 다른 소수민족 집단이나 한족 사회에 비해 훨씬 더 근본적이다. 중국조선족 사회는 불과 30여 년의 기간 동안 전통적인 폐쇄적 농촌 공동체에서, 산업화 및 정보화 사회, 지구화 시대의 유목민적 공동체로 바뀌었다.

중국의 교육 당국은 조선족의 인구 이동에 직면하여, '학교 분포망 조절'을 통해 민족학교의 통폐합을 진행하였다. 조선족 마을의 인구가 급격히 줄면서, 조선족 공동체의 근간이었던 "조선족 마을에는 조선족 학교가 있다"라는 원칙이 무너지게 된다.[9] 민족학교의 통폐합을 가속화한 원인 중 하나로 외류(外流) 현상이 지적된다. 조선족 학생들이 민족학교를 다니지 않고 한족학교를 다니는 이른바 '외류 현상'은 중국에서 주류 사회에 진출하여 잘살려면 어릴 때부터 중국 문화와 언어에 익숙해져야 한다는 생각에서 비롯한다. 외류 현상이 최정점에 이르렀던 시기는 1998-2000년경이라고 하는데, 한국의 위상이 높아져 한국어를 배우는 것이 학생들의 장래에 도움이 될 것이라는 인식이 퍼지면서 최근 주춤하고 있다.[10] 장춘, 심양, 하얼빈 등 산재 지구의 대도시에

9 한 연구에 따르면, 1950년대 초반 중국 동북 지방에 1,500여 개의 조선족학교가 있었는데, 그 수는 2000년 1,195개교(동북교육과학연구소의 통계), 2005년에는 456개교(재외동포교육진흥재단의 통계)로 나타났으며, 2011년에는 252개교(동북아평화연대의 조사)로 급격히 감소하였다. 동북아평화연대, 『중국동북3성 재외동포교육교류 실태 및 지원방안에 관한 연구』, p. 55.

10 『연변일보』는 2011년 연변 지역의 외류 현상이 감소하고 있음을 보도하고 있다. "조선족 학생 중 한족학교에 재학 중인 학생의 비율이 고중 42%, 초중 37.2%, 소학 22.2%, 소학 2

서는 아이들이 한어 환경권에서 생활하고, 근처에 조선족학교가 없어 한족학교에 진학하는 경우가 늘고 있다. 한두 개 남은 학교들은 통학버스로 학생들을 등하교시키거나, 기숙학교를 운영하고 있다.

조선족 민족교육의 가장 큰 특징은 교육의 수단으로 민족 언어의 사용에 있다. 조선족은 민족 언어를 지킴으로써 강력한 동화력을 지닌 한족 문화 속에서 민족 정체성과 문화 및 전통을 유지, 보존하여 왔다. 조선족 사회의 지도자들은 조선어의 보존 및 발전 여부가 민족교육의 승패와 밀접한 관련이 있다고 본다. 그런데, 조선족 기성세대들은 조선족 젊은이들이 민족교육을 통해 한족 젊은이들과의 경쟁에서 살아남을 수 있을지 걱정한다. 다른 한편 자신의 자녀들이 조선어로 의사소통을 할 수 있을지 의문을 제기한다. 대도시와 조선족이 한족과 섞여 사는 산거 지구에서 조선족 어린이와 젊은이들은 한어로 생활하고 있으며, 조선어는 민족학교에서도 이미 제2 언어가 되었다. 연변 등 조선족 집거 지구에서도 한족과의 소통이 증가하면서 조선어의 중요성이 감소하는 경향을 보인다. 정부 등 공공 기관에서 한어 능력이 부족하면 중요한 일을 맡을 수 없고, 민족대학으로 알려진 연변대학교의 교육 언어가 오래전부터 한어가 된 것은 상징적인 일이다.

조선족 민족교육이 당면한 과제 중 하나가 바로 언어교육의 문제로, 그 내용은 이중언어교육이다. 이중언어교육의 사정은 지역마다 크게 달라서, 연변자치주에서는 한어를 가르치기 위하여, 산거 지구에서

년 이하 18%로 감소하고 있다. 한족학교에 다니는 조선족 학생 비율은 고중 21.4%, 초중 11.6%, 소학 6.4%, 소학 2년 이하 5%로 역시 감소하였다." 『연변일보』 2011. 6. 7.; 2011. 7. 5.

는 조선어를 가르치기 위해서 이중언어교육을 실시한다. 이중언어교육이 제대로 되지 않을 경우, 조선어나 한어 어느 하나도 제대로 구사하지 못하는 젊은이를 양산해 낼 가능성이 있다는 지적이 있다. 한국인과는 조선어로 소통이 어렵고, 중국인과는 한어로 소통이 어려운 경험을 느끼는 조선족이 많다. 일상적인 생활에는 문제가 없다고 하더라도 전문적인 대화로 들어가면 소통이 어려워질 수 있다.

근년 중국 조선족 교육의 가장 큰 문제는 가정에서 비롯된다. 부모가 외국이나 대도시에 나가 일하기 때문에, 조부모 또는 친척집에 살거나, 부모와 떨어져 사는 아동들이 대부분이다. 많은 학교에서 이런 학생들이 전체 학생의 60% 이상이며, 80%까지 되는 경우도 있다. 학교와 학생 수가 급감하는 상황 속에서 남겨진 학생들의 대부분이 가정교육을 제대로 받을 수 없는 결손가정 아동인 것이다. 조선족 부모들의 경제적 욕망, 한 푼이라도 더 벌기 위해 택한 한국행, 도시행으로 아이들은 부모 없이 또는 편부모 가정에서 자라고 있다. 대부분의 학생들이 정서적 불안을 겪으면서 학력 저하와 일탈 행동의 유혹에 빠져들고 있다. 가정교육의 공백으로 젊은이들은 '잃어버린 세대'가 된다는 우려가 크다. 결손가정 자녀의 문제는 조선족 교육계의 골칫거리이다. 부모들은 돈벌이를 위해 외국이나 연해 지방으로 나가 있어, 후견인이 없는 상태에서 심각한 심리적인 문제를 겪고 있는 학생이 많다. 학교에 따라서는 심리상담실, 방과 후 공부방(일명 '행복의 집' 운영 등)을 설치하거나, 기숙제 학교를 운영함으로써 이 문제에 대응하고 있다. 연변자치주의 당국에서도 '방치 자녀에 대한 교육관리 문제'를 교육 발전을 저해하는

주요한 요인으로 보고 있다.[11]

소수의 문제이기는 하지만, 탈북자 자녀의 문제도 제기된다. 탈북 여성들이 농촌 총각들과 결혼하여 아이를 낳고, 그 아이들이 소학교, 중학교에 진학한다. 연변자치주의 화룡과 용정 일대 농촌 지역의 소학교의 경우, 그런 아이들이 전체 학생의 15-25%에 이른다는 이야기가 있다. 연변자치주 왕청현에 위치한 어느 소학교의 경우, 전체 학생의 절반이 탈북 여성의 아이라고 한다. 동북 3성의 조선족학교에는 한국 국적의 학생들도 적지 않다. 장춘, 하얼빈 등 대도시에는 학교마다 평균 10명 내외의 한국인 학생이 재학하고 있다. 이들은 중국어 학습을 위해 온 유학생이거나, 사업 등의 이유로 현지에 거주하는 한국인의 자제들이다. 중소 도시에는 한국인과 결혼한 조선족 출신 어머니를 둔 아이들이 외가에서 학교를 다니는 경우도 있다.

조선족 문화교육의 목적은 민족 역사와 전통 문화에 대한 교육을 강화함으로써 민족적 사명감과 사회적 책임감을 갖춘 민족 인재를 배양하는 것이지만, 궁극적으로 "학생들로 하여금 정확한 조국관, 민족관, 역사관을 수립하게 함으로써 당의 민족 정책을 옹호하고 사회주의 조국을 열애하며 조화롭게 함께 공존하는 것을 배우며 자각적으로 민족 지구의 안정·단결된 정치 국면을 수호하게 하는 것"으로 되어 있다. 교육 당국은 조선족 민족문화교육의 정치적 성격을 감추지 않고 있다.

중국조선족을 종족적 차원에서 접근할 때, 국적은 다르지만 종족

11 장안순 주당위서기의 발언. "교육을 각별히 중요한 전략적 지위에 놓아야". 『연변일보』 2011. 7. 8.

적 원류는 같은 사람들, 북조선의 사람들, 한국 사람들과의 관계를 어떻게 정리할 것인가 하는 것이 문제가 된다. 조선족은 압록강과 두만강을 사이에 두고 같은 민족인 북조선 사람들과 밀접한 교류를 하며 살아왔다. 연변의 표준어는 평양말이었으며 연변 초기 조선족 학교의 어린이들은 북조선의 교과서를 사용하였다. 그러나, 문화대혁명 당시 중조 관계의 악화와 '대한족주의'로, 조선족 간부들과 지식인들은 '지방민족주의자' 등으로 핍박을 받았다. 1992년 8월 한중 수교 이후 연변사회는 한국 문화의 세례를 받게 된다. 조선족에게 한국과의 만남은 민족과 전통 문화에 대해 새롭게 인식하는 계기가 되었다. 국교 수립 당시 중국 정부가 경제 성장의 모델로 여겼던 한국을, 조선족은 같은 민족으로서 자부심과 선망의 느낌으로 바라보았다. 물론 한국에 대한 부정적인 감정도 싹트게 되었다. 한국 관광객들의 졸부적 행태, 지나친 민족주의적인 언사, 중국에 대한 몰이해 등이 문제가 되었다. 한국을 방문하여 3D 업종에서 노동을 한 경험을 가진 조선족은 한국을 방문한 후 "한국인과는 다른 중국인임"을 깨닫는가 하면, '천민자본주의' 한국에 대해 실망하기도 한다. 동일한 '한민족(韓民族)'이지만 다른 국적으로 서로 다른 정치 체제와 문화에서 성장하였음을 인식하게 되었다. 한국과의 만남이 조선족의 종족 정체성에 어떤 영향을 미쳤는지, 일률적으로 말하기는 쉽지 않다. 세대에 따라, 경험에 따라, 사회적 지위에 따라, 인식 변화의 농도가 다르겠으나, 앞에서 서술하였듯이, '중국 조선족'으로서의 의식이 강화되었다는 것이 일반적인 분석이다.

5. 글로벌 또는 동아시아 조선족

조선족을 이제 '중국의 조선족'으로 부르는 것은 이제 어렵게 되었다. 조선족의 분포가 전 세계적으로 확산되었다. 흑룡강신문사는 2005년 특별 기획으로 "중국조선족 사회 어디까지 왔는가"라는 제목 아래 조선족 인구의 중국 국내 도시 이동 실태에 대해 취재한 바 있다(이진산, 2006). 보도의 내용은 조선족의 인구 분포가 중국 동북을 벗어나 전 중국으로 확산되었음을 보여 주었다. 중국 조선족 사회는 전통적인 거주지인 동북 3성(내몽골 지역 포함 약 120만 명)을 비롯, 화남 지역(심천, 광주 등지 6만 명-한국인 4만 명), 화동 지역(상해, 남경 등지 8만 5천 명-한국인 6만 명), 산동 지역(청도, 위해 등지 18만 명-한국인 12만 명), 수도권 지역(북경, 천진 등지 17만 명-한국인 12만 5천 명) 등 5대 집거 지역을 형성하게 되었다. 이 밖에 서부 대개발 사업의 진전으로 성도, 서안 등지에도 2만 명이 사는 지역이 생겨나고 있다. 이는 중국의 5대 경제 구역에 조선족이 분포하게 되었음을 의미한다.

중국 조선족은 중국 전국으로 퍼졌을 뿐만 아니라, 전 세계적으로 확산되었다. 조선족 인구의 확산은 한국 기업의 중국 진출과 밀접한 관계가 있다. 또한 중국 경제가 세계화함에 따라 전 지구적 구조와 맞물려 있다. 조선족 인구의 세계적 확산은 해외 한인 사회의 존재 및 화인-화교 네트워크와 밀접한 관계가 있다. 조선족은 한국에 거주하는 50여만 명, 일본 10만 명과 미국, 러시아 등에 수만 명씩 약 70만 명이 세계적으로 확산되어 있다. 해외로 나간 조선족 중에는 중국으로 귀국할 사람도 있겠지만, 한국, 일본, 미국 등의 조선족은 현지 사회에 뿌리를 내리고 살게 되었다고 보아도 큰 무리가 없다. 그들은 '중국 출신의 조선족'이지만 더 이상 '중국의 조선족'이 아니라, '재한조선족', '재일 조선족' 등이 되었다. 뉴욕 조선족 사회의 활동에 대해 뉴욕조선족통신(nykca.com)은 1990년대 초 이래 미국에 진출한 조선족들이 어떻게 생존을 위해 모임을 만들고 조직 및 단체 생활을 하고 있는지, 또한 한인 지역사회 및 화인 사회에 참여하고 있는지 보도하고 있다. 이 예는 조선족이 어떻게 글로벌 사회에 진출하여 나름대로의 네트워크를 만들면서 적응해 생활하고 있음을 보여 준다.

이렇듯 조선족의 생활 공간은 이미 세계화하였다. 2백만 명의 조선족 인구 중에서 50만 명 이상이 동북 지방 이외의 수도권 및 연해 지방을 생활 근거지로 살아가고 있고, 70만 명 이상이 해외로 진출하였다는 것은 그들의 생활 공간이 전 지구적으로 확산되었다는 점을 확인해 준다. 이 같은 조선족 사회의 변화를 중국조선족연구회의 이강철 회장은 발전 단계 측면에서 조선인(전(前)조선족 단계, 19세기 후반-20세기 전반) → 중국조선족 단계(1950-80년대) → 후(後)조선족 단계(1990년대 이후)로 나누고, 그 성격을 로컬(동북) 조선족 → 국가적(내셔널) 조선족 → 지역적(동아시아) 조선족 → 글로벌 조선족으로 설명하면서, "조선족이 주변에서 중심으로 지방에서 세계로 이행하고 있다"라고 논술하고 있는데, 이는 의미 있는 지적이라고 아니 할 수 있다(李鋼哲, 2006). 이와 같은 조선족의 다중적 성격과 중층(重層)적 구도는 해외 코리안 네트워크 및 화교-화인 네트워크와 연결되어 있다는 점에서 '동아시아 조선족' 및 '글로벌 조선족'을 논할 근거가 있는 것이다.

최근 중국 조선족 출신 중 일본에서 생활하고 있는 지식인들 중 '동아시아인'으로서의 정체성을 언급하는 경우를 어렵지 않게 찾을 수 있다. 이강철 교수(北陸大)는 기회 있을 때마다 공개적으로 '동북아시아인'으로서의 자신의 정체성을 이야기한다. "10년 전부터 나는 스스로를 '동북아인'으로 부르고 있다. 나의 국적과 성장은 중국이지만 나의 선조는 조선, 현재 나는 일본에 있다. 따라서 나를 만든 것은 중국-조선-일본이라는 세 나라이다. 따라서 나는 나를 '동북아인'으로 부른다. 그리고 나는 이 세 나라가 언제나 하나라는 생각을 갖게 되었다."(李鋼哲, 2006: 3-19) 비슷한 맥락으로 이상철 교수(龍谷大)도 다음과 같이 쓰고 있다. "외국에 나가는 경우가 있으면, 일본 국적을 갖고 있지만, 솔직히 "'I'm from Japan.'이라고 말할 수 없다. '일본인입니다'라는 의미가 되기 때문이다. 엄밀히 말하자면, 나는 중국인도 아니고 한국인도 아니다. 그렇다고 일본인도 아니다. 도대체 나는 누구일까. 'I'm from Pacific Ocean.'이라고 웃어넘길 때도 있지만, 나에게 있어서 '나'는 기존의 관념으로는 설명될 수 없다. 내가 동아시아 문화에 대해 지속적으로 연구하고 있는 것도 개인적인 문화 배경 때문이다."(李相哲, 2004: 22).

비슷한 맥락에서 재일조선족 문필가인 김문학(2010)은 '신조선족'을 이야기한다. 그의 설명에 따르면, 신조선족은 "중국 국내의 대도시, 연해 도시와 해외 대도시에서 일하며 공부하며 또는 정착하여 삶을 이어 가는 조선족들, 국경을 넘은 월경자(越境者)들이며 '경계'를 살아가면서 문화적 창조의 삶을 영위하는 사람들"이다. 이는 "새로운 생활문화권에서 삶을 영위하고 있는 새로운 의식과 가치관, 시각을 갖춘 조선족의 새로운 패턴의 탄생"이다. 더 이상 동질적이지 않은 조선족 사회를 제대로 이해하기 위해서는 "동질성이라는 관념의 틀을 넘어서서 그들을 타자화하고 조선족이 살고 있는 여러 '문화권'으로 관점을 분화시켜 상대화하여 관찰하는 것이 필요하다"라고 주장한다.[12] 김문학에 따르면, 조선족은 "전형적 의미의 월경자, 디아스포라의 사회"이며, 근년 조선족의 이동은 "이미 월경의 민족으로서 신(新)월경으로 다시 새로운 복수의 문화와 사회, 공간에 소속되면서 그 모두와 어울리거나 거리를 둔 채 여러 갈래의 가치관을 갖고 자유롭게 '경계'를 살아가게 되면서, 고착된 디아스포라에 신선한 공기를 주입하고 새로운 삶의 경계를 재구축하는 것"으로 규정한다. 새로운 월경을 감행면서 '신조선족 생활문화권', '신조선족 아이덴티티' 등 새로운 경계를 발견하는 이들이 '중층적 변경성인(邊境性人)'의 특징을 지니는 '신조선족'이다.[13] 김문학에게 있어서 '조선족 아이덴티티'는 "시초부터 월경에서 시작돼 중국 내에서 정착하면서 형성된 또는 지금도 형성하고 있는 불투명체"이며, "현재 세계적 이동, 월경, 타자와의 만남과 충돌 속에서 다시 정리되고 정립되는 과정"이다.[14]

---

12 김문학은 이를 '방법으로서의 조선족'이라고 이름 짓고, 21세기 들어 형성된 '다원적 조선족 사회권'을 비교분석하는 시각과 방법이 필요하다고 역설한다. 그는 또한 2010년 조선족 사회의 특징을 '공시(共時)적 이질문화권'이라고 칭하면서, "다양한 문화권 속에서 살아가고 있는 조선족의 중층 다원적인 공간은 이미 원래 전통적 의미의 조선족으로 일괄하기는 무리가 있다"라면서, "무지개의 색깔을 가까이 접근하여 분석하듯이 여러 지역과 나라에 사는 조선족을, 다양한 문화권, 생활권으로 분화시켜 바라보고 점검하는 방법이 필요하다"라고 역설한다(김문학. 2010. "방법으로서의 조선족". http://zoglo.net/blog/read/jinwenxue/65180에서 2018. 1. 18. 인출).

13 김문학. 2010. "'구조'로서의 조선족 월경". http://zoglo.net/blog/read/jinwenxue/65199에서 2017. 1. 18. 인출. 김문학은 2010년을 '신조선족 元年', '구조선족 終年'으로 이름 짓는다. "한일합방 100년을 맞은 우리 조선족이 대륙으로 월경한 지 100년 후에 새로운 조선족이 탄생한다"라고 말했다("조선족의 '종말'". http://zoglo.net/blog/read/jinwenxue/65218에서 2017. 1. 18. 인출).

14 김문학. 2010. "아이덴티티와 脫아이덴티티". http://zoglo.net/blog/read/jinwenxue/

6. 나가며

이 글은 중국 조선족 사회와 의식의 변화를 제대로 이해하기 위해서 세 가지 차원에서의 논의가 적절히 이루어진 후에 가능함을 지적하였다. 즉 중국 국민으로서의 조선족, 한민족으로서의 조선족, 글로벌 이슈로서의 조선족의 이동, 각기 다르면서도 중첩되는 면이 없지 않은 세 가지의 측면을 공히 염두에 둘 때 조선족 사회의 변화 양상을 제대로 그릴 수 있을 것이다. 조선족과의 만남을 통해 한국 사회가 겪은 경험과 발전은 지속적으로 연구되어야 할 것이다. 그것은 초국가주의, 다문화주의, 이민 정책, 동아시아 공동체 등 다양한 관점에서 접근할 수 있다.

중국조선족은 한반도에 그 뿌리를 둔 한민족의 후예들이다. 중국조선족은 중화민족 대가정의 일원으로 국민 정체성과 민족(종족) 정체성이라는 복합 정체성을 의식하며 살아왔다. 중국 개혁 · 개방과 한중수교 이후, 조선족은 '한국과의 만남'을 통하여 '중국조선족'으로서의 정체성을 확인하는가 하면, 국외이주 및 체류를 통하여 '재한조선족', '재일조선족', 나아가 '동아시아 조선족'이라는 새로운 정체성을 만들어 가고 있다. 조선족은 150여 년의 기간을 거치면서, 조선인에서 조선족으로, 중국공민이자 재중동포로, 그리고 동아시아인으로 중첩적인 정체성을 가지게 된 것이다. 이렇듯 오늘의 조선족은 중국인으로서의 국민 정체성, 한국인의 재외동포로서의 종족 정체성, 인구 확산으로 생성되고 있는 글로벌 또는 동아시아적인 정체성이라는 세 차원의 성격

65197에서 2017. 1. 18. 인출.

을 가지게 된 것이다. 앞으로 조선족의 민족 관계 및 정체성의 변화는 중국 사회의 변화, 한국과의 관계, 한반도를 둘러싼 국제 관계 및 남북 관계의 변화, 개별적인 경험 등에 영향을 받을 것이다. 복합적 네트워크 사회를 맞아 중국조선족의 민족 관계와 자기 인식이 어떻게 진전될 것인지 지속적인 관찰이 요구된다.

한국의 입장에서 보면, 조선족과의 만남은 하나의 배움의 과정이었다. 어느 학자는 한국과 조선족의 만남을 '통일의 예행연습'이라고 하였는데, 그 연습은 순탄치 않았다. 한국 사회는 친척 방문을 통해 들어온 조선족의 한약 장사, 노동 시장의 진입 등을 통하여 사회 문제를 경험하기도 하였다. 재외동포법(재외동포의 법적 지위 및 출입국에 관한 법률)을 둘러싼 정부와 시민사회와의 갈등을 통해 한국 정부의 역사의식 부재가 밝혀지기도 하였지만, 시민단체의 문제 제기가 우리 사회에 받아들여지면서 시민사회가 발전하고 성숙하는 계기가 되었다. 재외동포법과 아울러 재외동포 정책에 대한 논의가 활발히 진행되면서, 재외동포재단이 설립되었다. 조선족에 관한 사항은 외국인 출입국 및 노동자 정책으로 다루어져 왔다. 외국인 노동자 정책은 산업연수생 제도, 고용허가 제도, 방문취업 제도 등의 변화를 겪으면서 문제점을 고쳐 가며 나름대로 개선되어 왔다. 조선족에 대해서는 재외동포의 지위가 여전히 제한적으로 적용되고 있기는 하지만, 자유 왕래 및 문호 개방의 방향으로 정책이 진행되어 왔다. 21세기 들어 다문화주의에 대한 논의가 진행되면서, 재외동포에 대한 관심은 상대적으로 축소되었다. 한국 사회에 외국인 인구가 증가하면서 이민 정책의 필요성이 강조되고 있다.

지구적 차원에서 보통 사람의 이동은 조선족에게만 해당하는 사항은 아니다. 그러나, 국가와 국경을 넘어서는 조선족의 움직임은 타 집단의 추종을 불허한다. 조선족의 이런 움직임을 "동아시아에서의 초국가탈국경적(트랜스내셔널) 활동"이라고 볼 수 있다. 조선족의 전통적인 거주지인 중국의 동북 지방과 연변은 동아시아 한민족의 '트랜스내셔널'한 교류의 교차점이며, 중국의 조선족은 한중, 중조, 중러, 한중조의 각각을 연결하는 매개체 역할을 한다. '조선족'은 이제 단순히 '중국의 조선족'이라거나 한반도 재외동포의 일원으로 규정할 수 없다. 조선족은 지구화 시대, 새로운 동아시아 시대의 교량 역할을 할 존재이다. 새로운 공간이 짜이는 시대, '가깝지만 먼 이웃'들인 중국, 일본, 한반도를 누가 이어 줄 것인가. '동아시아의 조선족'이 상호 이해와 소통의 다리가 될 수 있을 것이다.

조선족은 '중국조선족'에서 '재일(在日)조선족', '재한(在韓)조선족'을 넘어 '동아시아 조선족', '글로벌 조선족'으로 거듭 태어나고 있다. 조선족의 생활 공간은 이제 세계화하였고, 조선족은 그 존재 자체가 다중적 존재이다. 조선족은 '새로운 세기, 열린 공동체'의 가능성에 크게 기여할 수 있는 집단이다. 몇몇 일본 지식인들은 '동아시아 공동의 집'을 제안하기도 하고, 한국의 지식인들도 '다국적 민족 공동체'를 이야기한다. 조선족은 한반도의 통합 과정에 큰 기여를 하고 있으며, 또한 중국, 일본, 한반도의 상호 이해 및 협력을 위한 중개자 역할을 할 수 있다. 유럽은 탈근대를 지나 민족국가를 넘어서는 지역통합의 시대를 열었는데, 동아시아 지역은 '신민족주의의 등장'을 염려하고 있다. 동북아시아의 비극은 단일 민족적 관념을 가진 가장 큰 나라들이 여전히 부딪히고 있다는 사실이다. 국경을 넘어 사는 다중적 존재로서의 화인 또는 한인, 특히 조선족의 존재는 이런 분위기를 반전시키는 데 크게 기여할 것이다.

참고문헌

강주원. 2012. “중조 국경도시 단동에 대한 민족지적 연구”. 서울대학교 대학원 인류학박사논문.

강주원. 2013. “한국어를 공유하는 네 집단의 국민 · 민족 정체성의 지형”. 『統一問題硏究』 25(1): 397-443.

강주원. 2013. 『나는 오늘도 국경을 만들고 허문다: 국경도시 단둥을 읽는 문화인류학 가이드』. 파주: 글항아리.

강진구. 2009. “모국체험이 조선족정체성에 미친 영향 연구: 허련순의 『바람꽃』을 중심으로”. 『다문화콘텐츠연구』 7: 101-125.

강진웅. 2012. “디아스포라와 현대연변조선족의 상상된 공동체: 종족의 사회적 구성과 재영토화”. 『한국사회학』 46(4): 96-136.

건국대학교 통일인문학연구단 외. 2012. 『코리안의 민족정체성』. 서울: 선인.

곽승지. 2008. 『동북아시아 시대의 연변과 조선족: 현실 진단과 미래가치 평가』. 서울: 아이필드.

권희영 외. 2012. 『정체성의 경계를 넘어서』. 서울: 경인문화사.

김강일. 2003. “조선족사회 문화성격과 민족정체성”. 『전남대학교 세계한상문화연구단 국제학술회의』 2003: 5-39.

김경원. 2010. “재한 조선족 유학생의 정체성: 여대생 J의 생애사 연구”. 경북대학교 대학원 문학석사논문.

김관웅. 2011. “중국조선족 문학에서의 정체성문제에 대한 연구-개혁개방 후기 중국조선족문학을 중심으로-”. 『人文科學』 93: 67-99.

김명희. 2003. “한국 내 조선족 정체성과 한국관”. 『계간 사상』 58: 183-201.

김문학. 2010. “신조선족의 탄생”. http://zoglo.net/blog/read/jinwenxue/65178에서 2017. 1. 18. 인출.

______. 2010. “방법으로서의 조선족”. http://zoglo.net/blog/read/jinwenxue/65180에서 2018. 1. 18. 인출.

김범송. 2009. 『그래도 희망은 대한민국: 조국과 고국 사이 경계에 선 이방인이 말한다』. 서울: 글누림.

김신정. 2014. “윤동주 기억의 담론화 과정: 연변의 집단 기억과 조선족 정체성”. 『국제한인문학연구』 13: 61-90.

김호웅, 김관웅. 2009. “이중적 아이덴티티와 문학적 서사: 허련순의 장편소설 『누가 나비의 집을 보았을까』를 중심으로”. 『통일인문학논총』 47: 73-93.

김호웅. 2010. “중국조선족과 디아스포라”. 『한중인문학연구』 29: 1-20.

동북아평화연대. 2011. 『중국 동북3성 재외동포 교육교류 실태 및 지원방안에 관한 연구』.

목수현. 2012. “경계에 선 정체성”. 『한국근현대미술사학』 23: 174-203.

박건화. 2012. “개혁 개방 이후 조선족의 이산(diaspora) 현상과 정체성 문제”. 영남대학교 대학원.

박경주 · 송창주. 2010. “1990년대 이후 조선족 소설에 반영된 민족정체성 연구”. 『한중인문학연구』 31: 47-73.

박광성. 2008. 『세계화 시대 중국조선족의 초국적 이동과 사회변화』. 파주: 한국학술정보.

박금해. 2012. “조선족중소학교에서의 민족정체성교육의 새로운 접근과 대안모색”. 『역사문화연구』 41: 173-200.

박금해. 2012.『중국 조선족 교육의 역사와 현실』. 서울: 경인문화사.

박노종 · 고현철. 2012. “영화속조선족(朝鮮族)의 디아스포라와 정체성 고찰: 장률(張律)과 그의 영화를 중심으로”. 『동북아문화연구』 30: 23-41.

박동훈 · 안화선. 2012. “중국 조선족의 초국가적 활동과 한반도: 디아스포라의 초국가적 성격에 관한 시각을 중심으로”. 『평화학연구』 13: 173-201.

박명희. 2010. “中華民族多元一體로 보는 중국조선족의 정체성문제”. 『신아세아』 17(3): 56-86.

박선영. 2007. “중화인민공화국 동북지역에 거주하는 조선족의 역사적 정체성: 중화인민공화국에서의 연구를 중심으로”. 『고구려발해연구』 29: 477-501.

박선영. 2008. “중화인민공화국의 조선족 역사적 정체성 만들기: 조선족 관련 연구 성과를 통해 본 중화인민공화국의 역사 인식과 그에 대한 비판”. 『고구려연구회 학술총서』 1: 1359-1423.

박우 외. 2012. 『우리가 만난 한국: 재한 조선족의 구술생애사』. 성남: 북코리아.

박정군 · 황승연 · 김중백. 2011. “중국 조선족 정체성의 결정요인: 사회인구학적 특성을 중심으로”. 『동북아연구』 26(1): 149-174.

박정군. 2011. “중국조선족 정체성이 한국과 중국에 대한 태도에 미치는 영향”. 경희대학교 대학원 사회학박사논문.

방미화. 2013. "재한 조선족의 실천전략별 귀속의식과 정체성". 『사회와 역사』 98: 227-257.

방미화. 2013. 『이동과 정착의 경계에서: 재한조선족의 실천전략과 정체성』. 파주: 이담Books.

서준섭. 2012. "석화시에 나타난, 중국 시장경제 이후의 조선족 문화 정체성의 위기: 시집 『연변』을 중심으로". 『한중인문학연구』 37: 387-409.

성공회대학교 동아시아연구소 외. 2013. 『귀환 혹은 순환: 아주 특별하고 불평등한 동포들』. 서울: 그린비.

염인호. 2008. "중국 연변 조선족의 민족정체성에 대한 일고찰(1945. 8.-1950. 말)". 『한국사연구』 140: 125-151.

예동근 외. 2011. 『조선족 3세들의 서울 이야기』. 서울: 백산서당.

예동근. 2009. "공생을 만드는 주체로서 조선족: '제3의 정체성' 형성에 대한 논의: 재한조선족의 현실과 전망". 『재외한인연구』 19: 127-154.

예동근. 2009. "글로벌시대 중국의 체제 전환 과정하의 종족 공동체의 형성: 북경 왕징(望京) 코리아타운을 중심으로". 고려대학교 대학원 문학박사논문.

오상순. 2006. "이중 정체성의 갈등과 문학적 형상화: 조선족 문학의 어제와 오늘과 내일". 『현대문학의 연구』 29: 37-69

오상순. 2013. 『조선족 정체성의 문학적 형상화』. 파주: 태학사.

유명기. 2002. "민족과 국민 사이에서: 한국 체류 조선족들의 정체성 인식에 관하여". 『韓國文化人類學』 35(1): 73-100.

윤인진. 2004. 『코리안 디아스포라: 재외한인의 이주, 적응, 정체성』. 서울: 고려대학교 출판부.

이민호. 2012. "소수자로서 중국 조선족의 이주사(移住史) 및 정치, 사회 환경 변화에 따른 정체성 변동". 『人文科學硏究』 30: 321-350.

이사. 2013. "중국의 개혁개방 이후 조선족 시문학의 민족정체성 구현 양상연구". 『겨레어문학』 50: 221-253.

이사. 2014. "조선족 시의 민족 정체성 구현양상 연구: 개혁개방초기~1990년대 시를 중심으로". 건국대학교 대학원 문학박사논문.

이승률. 2007. 『동북아시대와 조선족』. 서울: 박영사.

이승하. 2011. "재중국 조선족 시인들의 시에 나타난 민족의식과 국가관". 『국제한인문학연구』 8: 229-257.

이윤경. 2014. "재중한인의 초국가주의: 왕징 코리아타운 사례연구". 고려대학교 대학원 문학박사논문.

이정은. 2009. “교문 넘나들기: 중국의 조선족학교를 통해 본 ‘국민 만들기’와 종족정체성”. 서울대학교 대학원 석사논문.

이정은. 2010. “국가와 종족의 상호 작용을 통해 본 조선족의 종족정체성: 대련시 조선족학교의 사례를 중심으로”. 『비교문화연구』 16(2): 151-193.

이주희. 2012. “중국 조선족의 한국 이주 경험과 정체성 전략: 공장노동자와 국적회복자를 중심으로”. 한양대학교 대학원 문학석사논문.

이주희. 2014. “일반논문: 조선족의 한국 이주 경험과 정체성 전략-시화공단 S공장노동자의 일터를 중심으로-”. 『도시인문학연구』 6(1): 177-209.

이진산(편). 2006. 『중국 한겨레사회 어디까지 왔나?』. 흑룡강조선민족출판사.

이진영. 2002. “조선인에서 조선족으로: 중국 공산당의 연변(延邊)지역 장악과 정체성 변화(1945-1949)”. 『중소연구』 26(3): 89-118.

이춘호. 2014. “한국 거주 외국인이주자의 정체성 정치: 이주자 단체 활동을 중심으로”. 전남대학교 대학원 정치학박사논문.

이해응. 2005. “한국 이주 경험을 통해 본 중국 조선족 기혼여성의 정체성 변화”. 『여성학논집』 22(2): 107-143.

이현욱. 2013. “20-30대 조선족의 초국가적 이주의 특성”. 『디아스포라 연구』 7(1): 103-129.

이현정. 2001. “조선족의 종족 정체성 형성 과정에 관한 연구”. 『비교문화연구』 7(2): 63-105.

이현철 외. 2013. 『칭다오 조선족 9명 이야기: 신흥정착지 칭다오의 조선족 그들의 삶 그리고 내러티브』. 대구: 경북대학교 SL나 다문화와 디아스포라연구단: 책과 세계.

임지현. 2013. “중국 연변 조선족의 국민 정체성 형성: 연변의 장소성과 국가의 역할”. 연세대학교 대학원 석사논문.

임채완, 선봉규. 2013. “과계민족으로서 중국조선족 민족정체성과 문화변용의 상관성 연구”. 『世界地域硏究論叢』 31(3): 141-164.

임채완. 2002. “중국 연변조선족의 민족정체성 조사 연구”. 『大韓政治學會報』 10(1): 247-273.

장공자. 2003. “중국의 소수민족정책과 조선족의 정체성 확립에 대한 연구”. 『社會科學硏究』 20(1): 269-300.

전설매 외. 2007. 『중국 조선족의 중간 집단적 성격과 한중 관계』. 서울: 백산자료원.

전학인. 2002. “3관 교양으로 확고한 사상방선 구축해야”. 『연변일보』 7월 8일.

전형권. 2006. “모국의 신화, 노동력의 이동, 그리고 이탈: 조선족의 경험에 대한 디아스포라적 해석”. 『한국동북아논총』 38: 135-160.

정미량. 2010. "중국 조선족 민족교육, 그 지속과 변화-길림성 장춘시 관성구 조선족 소학교(1945-2009)의 사례를 중심으로-". 『한국교육사학』 32(1): 127-156.

조귀화. 2009. "세계화 시대의 소수민족교육의 변화: 중국 조선족학교의 이중 언어교육을 중심으로". 『교육인류학연구』 12(2): 171-195.

조룡호 · 박문일. 1997. 『21세기로 매진하는 중국조선족 발전방략연구』. 료녕민족출판사.

조윤덕. 2001. "중국 조선족의 정체성 형성과 교육". 강원대학교 대학원 박사논문.

차성연. 2010. "중국조선족 문학에 재현된 '한국'과 '디아스포라' 정체성: 허련순의 작품을 중심으로". 『한중인문학연구』 31: 75-98.

최금해. 2005. "한국 남성과 결혼한 중국 조선족 여성들의 한국에서의 적응기 생활체험에 관한 연구: 여성주의적 고찰". 『아시아여성연구』 44(1): 329-364.

최병우. 2009. "조선족 소설에 나타난 민족의 문제". 『현대소설연구』 42: 501-536.

최병우. 2012. "한중수교 이후 조선족 소설에 나타난 삶과 의식". 『한중인문학연구』 37: 107-128.

최병우. 2012. 『조선족 소설의 틀과 결』. 서울: 국학자료원.

최삼룡. 2012. "조선족 소설 속의 한국과 한국인". 『한중인문학연구』 37: 57-84.

최영진. 2012. "환동해권의 소수민족 정책과 정체성: 재외한인의 사례". 『한국민족문화』 45: 265-298.

최우길. 2003. "한중관계와 조선족 문제: 최근 중국에서의 논의와 한국정부의 선택을 중심으로". 『재외한인연구』 14.

______. 2012. "중국 조선족 교육의 현황과 과제: 한국과의 교육 교류를 중심으로". 『디아스포라연구』 6(1): 83-102.

하득선. 2011. "한국 국적 취득과 재한 조선족의 정체성: 서울시 가리봉동, 구로동, 대림동 거주 조선족의 사례". 한국학중앙연구원 대학교대학원 석사논문.

한국정신문화원. 2001. 『새천년 한국인의 정체성』. 성남: 한국정신문화연구원.

한홍화. 2010. "바람꽃을 통해 본 조선족 정체성의 변이양상: 주인공 의식의 변화과정을 중심으로". 『한국민족문화』 38: 193-216.

허명철. 2011. "조선족 공동체와 정체의식". 『통일인문학논총』 52: 307-328.

허명철. 2012. "조선족 정체성 담론". 『중앙사론』 36: 451-470.

Li, Er. 2013. "북경 한국촌에 한민족의 정체성에 관한 연구". 고려대학교 대학원 문학석사논문.

達力扎布 (主編). 2010. 『中國民族史硏究 60年』. 中央民族大學出版社.

孫春日. 2009.『中國朝鮮族移民史』. 中華書局.

李鋼哲. 2006. “グロ__バル化時代 朝鮮族社會構圖__重層的アプロ__チ__”. 中國朝鮮族研究會(編),『朝鮮族のグロ__バ ルな移動と國際ネットワ__ク』. アジア經濟文化研究所, pp. 3-19.

李相哲. 2004.『漢字文化の回路: 東アジアとは何か』. 凱風社.

제8장
재외한인의 연속적 이주와 다자적 동족 집단 관계의 형성: 왕징 코리아타운 사례연구

이윤경 · 윤인진(고려대)

1. 들어가며

한인의 초국가적 이주는 중국 내 한인 종족공동체(ethnic community)의 지형을 바꾸어 놓았다. 1992년 한중 수교를 전후하여 기존의 올드커머(old-comer)[1]에 해당하는 조선족으로 구성되던 한인 종족 공동체에는 뉴커머(new-comer)라 부를 수 있는 한국인이 유입되었다. 대표적인 초국가적 종족 공동체라 할 수 있는 중국 베이징의 왕징 코리아타운은 올드커머 조선족과 뉴커머 한국인이 같은 공간 내에서 밀집해 살고 있는 경우이다.[2] 중국의 조선족은 한국인과 법적인 지위에서 명확하게

1 중국의 올드커머는 민족 분산의 첫 번째 시기인 1900년대 기근, 빈곤, 압정을 피해서 이주한 경제유민들과 두 번째 시기인 1930년대 만주사변과 만주국 건설을 계기로 집단이주한 한인 등의 조선족을 일컬으며 2-4세로 구성되어 있다(윤인진, 2003).

2 조선족이라는 용어는 중국의 56개의 소수민족 중 하나라는 중국 정부의 공식 명칭이다. 중국 정부의 민족 개념에서 나온 용어를 한국인들이 무비판적으로 사용하는 것에는 문제가 있다는 지적이 있다(이진영, 2001). 그래서 한민족의 혈통을 강조하기 위해 재중동포라는 용어를 사

구별이 된다. 조선족은 중국의 국적을 보유한 소수민족인 반면 한국인의 대부분은 중국의 시민권이나 영주권을 갖지 못한 채 장단기 비자로 체류하는 외국인신분이다. 외국인의 정착을 허용하지 않는 중국 정부의 정책이 최근 들어 완화되고 있으나 한국인 중에서 중국 국적을 취득한 사람들은 수십 명에 지나지 않는다. 이렇게 재중한인 집단은 동일한 종족이긴 하나 이주 시기의 시간적 격차로 인해 생애 경험과 법적 지위에서 질적인 차이를 보이는 두 개의 하위 집단으로 분화되었다. 본 장에서 필자들은 초국가적 이주로 인해 창출되는 동일한 사회 공간 속에 종족성을 공유하지만 국적이 서로 다른 두 개 이상의 동족 집단 간의 관계를 분석하고자 한다.

지금까지 초국가적 종족 공동체에 관한 선행연구는 암묵적으로 단일 동족 집단 모델(mono co-ethnic group model)에 기반을 두어 왔다(윤인진, 2013). 즉 거주국 내의 이민자 집단을 주류 집단과의 관계 속에서 파악하다 보니 자연히 모국이 같은 이민자 집단을 하나의 동질적인 집단으로 상정한 것이다. 기존의 단일 동족 집단 모델은 하나의 동질적인 종족 집단을 상정함으로써 같은 한인이라고 하더라도 국민적 정체성과 종족적 정체성이 혼존하는 동족 집단 간의 복잡한 관계를 포착하는 데 한계가 있었다. 따라서 왕징 코리아타운과 같은 초국가적 종족 공동체의 계층적, 문화적 다원화와 같은 사회 변화의 역동적인 측면을 살펴보

용하거나 또는 중립적인 입장에서 재중한인이라는 용어를 사용해야 한다는 주장이 있다. 그런데 조선족 중에는 자신을 중국공민으로 인식하고 조선족이라고 불리기를 원하는 사람들이 많다. 아울러 본 장에서는 종족은 같지만 국적이 다른 두 동족 집단 간의 관계를 다루기 때문에 종족의 동일성보다 국적의 상이성을 드러내는 조선족이라는 용어를 사용하도록 하겠다.

기 위해서는 동족이라도 출신국과 국적에 따라 복수의 하위 집단들이 존재하는 것을 고려하는 분석틀이 필요하다. 윤인진(2013)은 '다자적 동족 집단 모델(multilateral co-ethnic group model)'을 제안하면서 이 모델이 하나의 종족 집단 내에 복수의 하위 종족 집단들(sub-ethnic groups)이 존재하고 이들이 거주국의 주류 집단뿐만 아니라 동족 내 하위 집단들과 복잡한 관계를 맺는 양상을 분석하는 데 유용할 수 있다고 말한다. 본 연구는 다자적 동족 집단 모델을 적용하여 왕징 코리아타운과 같은 초국가적 종족 공동체 내의 복잡한 동족 집단 관계를 분석하고자 한다.

보다 구체적으로 본 장에서는 왕징 코리아타운 내에서의 한국인과 조선족 간의 상호 인식, 정체성, 집단 동일시, 사회 관계를 분석하고자 한다. 왕징 코리아타운을 선택한 이유는 첫째, 중국과 한국 간의 물적 및 인적 교류의 확대로 인해 이곳에 초국가적 사회적 공간이 형성되었기 때문이다. 둘째, 이곳에서 동족이지만 법적 지위가 확연히 다른 한국인과 조선족이 공조와 협력 관계를 맺으면서도 동시에 차별과 배제의 양면적인 모습을 보이기 때문이다.

본 연구의 조사를 위해 주 필자는 2010년~2012년에 걸쳐 베이징의 왕징 코리아타운에 거주하였다. 2010년 10월 17일~24일에 사전 예비조사를 위해 베이징을 방문하여 왕징 코리아타운의 특성을 파악하였고, 본격적으로 2010년 12월 10일~2011년 2월 23일까지 참여관찰법을 이용한 현지연구를 실시하고 이를 바탕으로 질문지 문항을 설계하였다. 설문조사와 심층면접을 통한 자료 수집은 2012년 7월 15일~8월 14일의 한 달 동안 진행되었다. 본 연구를 위한 대상 지역은 왕징 코리아타운으로 한정하고, 연구 대상자는 이곳에 거주하거나 직장을 가진 20세 이상의 성인 남녀로 정하였다. 주 연구 대상자는 조선족과 한국인 두 집단 각각 100명으로 선정하고, 비교 집단으로 왕징에 거주하는 한족 100명에 대해서도 설문조사와 심층면접을 병행하여 보조 자료로 사용하였다. 표집은 성별과 연령대별 각 집단이 고른 분포를 보일 수 있도록 할당표집(quota sampling) 방법을 사용하였다. 무응답의 설문지를 제외한 유효 설문지는 한국인은 100명, 조선족은 101명, 한족은 103명이었다.

2. 다자적 동족 집단 모델의 배경과 개념

중국 동북 3성의 조선족은 베이징, 상하이 등의 대도시로, 그리고 한국의 도시와 농촌 지역으로 이동하는 것에서 그치지 않고 미주, 유럽, 일본 등 재외한인이 밀집한 곳으로 초국가적 이주를 하고 있다(박광성, 2011; 박동훈 · 안화선, 2012). 이러한 조선족의 초국가적 이주는 흥미롭게도 새로운 집단 간의 관계를 배태하고 있으며, 한인 사회 구도를 복잡다단하게 변화시키고 있어 재외한인 연구의 새로운 지평을 열고 있다. 그러나 초국가적 이주로 초국가적 종족 공동체의 새로운 한인 집단의 등장은 단지 갈등과 공조와 같은 동족 집단 간 새로운 관계 맺기의 문제로만 그치는 것이 아니다. 한인 동족 집단 간의 관계는 기존의 재외한인사회와 한인 집단이라는 범위와 그 범위를 구획 짓던 관념에 대한 도전으로 이어지면서 앞으로 풀어내야 할 실질적인 문제를 양산해 나가고 있다.

조선족의 연속적 이주로 인해 한인 집단 범위에 대한 논란이 빚어진 대표적인 사례는 뉴욕 한인회장 선거에서 조선족의 투표권 행사를 둘러싼 갈등을 들 수 있다.[3] 2009년 뉴욕 한인회장 선거에서 조선족은 중요한 역할을 할 것으로 예상됐다. 조선족이 한인회장 선거에서 영향력을 발휘하는 것을 차단하기 위해 한인회 집행부는 회원 자격을 한국 국적자나 한국에서 귀화한 미국인으로 제한해서 조선족은 투표권이 배제됐다. 한인이라는 종족 성원권이 혈통에 의거하지 않고 국적에 의해 결정된 사건이었다. 조선족을 배제한 이유로 일부 보수적인 인사들은 "한인회 회원에서 중국동포를 배제하지 않으면 조만간 한인회장 자리를 조선족들에게 빼앗기게 된다"라거나 "조선족 동포 중에 빨갱이들이 있을지 모른다"라는 논리를 들었다(정광일, 2011; 윤인진, 2013에서 재인용).[4] 이런 배타적인 조치에 대한 조선족의 항의와 재미한인 사회의 여론이 부정적으로 형성되자 한인회는 결국 2011년 3월 정기총회에서 회원 자격을 '한민족 혈통을 가진 자'로 개정해서 조선족의 선거 참여를 허용했다(윤인진, 2013). 이처럼 다자적 동족 집단 관계는 정치적인 영역에서 '한민족 됨'이라는 한인 범주의 문제로 제기되고 있다. '한민족 됨'에 대한 논란은 기본적으로 한민족은 하나의 단일 집단인가라는 질문을 우리 스스로에게 하게 하며 다자적 동족 집단 모델의 필요성을 드러내 준다.

다자 집단 간 관계가 발현되는 방식도 지역에 따라 다른 형태로 나

---

3 "뉴욕 한인회장 선거에 조선족 참여하나". 『재외동포신문』. 2011. 2. 23.

4 한민족신문. 2011.2.13. "뉴욕한인회 개정안 마련, 한민족 하나되기 실천 통큰 조치".

타난다. 중국에서는 올드커머 조선족과 뉴커머 한국인의 양자 집단으로 구성되지만, 조선족의 초국가적 이주가 활발한 미국, 일본, 유럽의 한인 종족 공동체는 세 개 또는 네 개 이상의 다자 집단들로 구성되어 있다. 예를 들어, 뉴욕의 플러싱, 런던의 몰든, 도쿄의 쇼쿠안도리에 있는 코리아타운에는 1980년대 말 해외여행 자유화 이전에 이주한 올드커머 한인, 1990년대 이후 이주한 뉴커머 한인, 2000년대 중반 이후 이주한 조선족과 북한이탈주민이 혼재해서 살고 있다(윤인진, 2013).

민병갑 · 김미란(2012)은 2000년부터 뉴욕에 조선족의 이주가 증대되기 시작한 현상에 주목하여 뉴욕에 거주하는 조선족에 관한 실태조사를 한 바 있다. 이들의 연구는 이주한 조선족 중 70~80%가 한인들이 가장 많이 살고 있는 플러싱 지역에 거주하고 있으며 경제 활동도 한인 업소에서 일하는 경향이 있다고 지적했다. 그러나 미국의 사례 연구 결과와는 다르게 재일 조선족에 관한 연구들은(권향숙, 2011; 김광림, 2011) 타 지역으로 이주한 조선족이 노동이주자 성격을 띠는 것과는 달리 일본으로 이주한 조선족은 주로 유학생, 엔지니어 등과 같은 엘리트 이주자라는 점을 강조하였다. 엘리트 조선족은 도일 과정에서 일본어 구사 능력이라는 문화 자본에 힘입어 일본 사회 적응이 타 지역의 이주노동자 조선족들에 비교해서 용이하다고 지적하였다. 예를 들어, 미국으로 이주한 조선족이 재미한인과 교류가 많고 이들에게 의존하는 경향이 강한 반면 재일조선족은 일본어 구사력이라는 문화 자본을 통해 자립하고 독자성을 유지하는 경향이 있다고 한다.

다자적 동족 집단에 관한 국내의 선행연구로 올드커머와 뉴커머와의 관계를 다룬 재일한인 사회를 분석한 임승연 · 이영민(2011)의 연구를 들 수 있다. 주 연구자였던 임승연은 현지 답사와 심층면접을 통해 일본에서 가장 많은 한인이 살고 있는 오사카 한인 사회 내의 올드커머와 뉴커머, 뉴뉴커머 간의 관계를 조명하였다. 뉴커머와 올드커머는 같은 공간인 이쿠노쿠에 밀집해 살아가고 있는데 뉴커머가 짝퉁 브랜드 판매나 불법노동에 주로 연루되어 있어 올드커머와 일본인의 뉴커머에 대한 인식은 점차적으로 부정적으로 변했다. 처음 뉴커머가 등장하였을 때에 맺었던 사회 관계들은 소원해지기 시작했고 올드커머는 뉴커머를 동포로 여기는 것을 꺼려하게 되었다. 이러한 올드커머의 비우호적인 태도에 뉴커머 역시 올드커머에게 섭섭함과 서운함을 느끼면서 둘 사이의 관계가 끊어지게 되었다고 저자들은 분석한다. 오사카 이쿠노쿠는 가장 오래된 재일한인 사회로 올드타이머의 대다수는 일본에서 태어나 일본 사회에서 생활한 2~3세이다. 일본 사회에 동화된 이들은 일시 체류자인 뉴커머와는 언어, 문화, 생활 습관 등에서도 많은 차이를 보여서 뉴커머보다는 오히려 일본인과 더 우호적인 관계를 형성하고 있다고 한다(〈그림 8-1〉 참조).

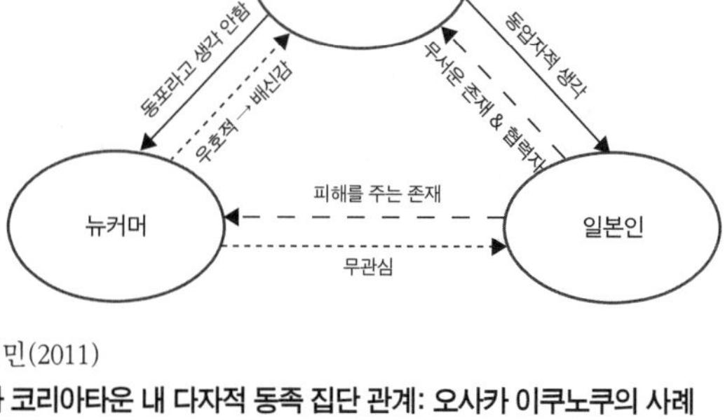

자료: 임승연 · 이영민(2011)

〈그림 8-1〉 오사카 코리아타운 내 다자적 동족 집단 관계: 오사카 이쿠노쿠의 사례

재중한인 사회 내 다자적 동족 집단 관계에 관한 선행연구는 중국인 연구자에 의해 수행된 피아오셩쩐(朴盛镇, 2010)의 석사학위논문과 류샤(刘莎, 2011)의 석사학위논문 등이 있다. 피아오셩쩐의 연구는 설문조사(한국인 97명, 조선족 131명, 한족 152명)와 심층면접을 통해 조선족과 한국인 간의 관계를 고찰하였다. 그의 연구에 따르면 조선족은 "한국인이 조선족을 무시한다", 한국인은 "신뢰할 수 없는 사람", "우쭐대는 사람", "의지할 수 없는 사람"이라고 인식하고 있어 두 집단 간에 긴밀한 관계가 있어도 상호 간에 상당한 거리감이 존재함을 지적하였다. 마찬가지로 한국인은 조선족을 "눈앞의 이익에 연연한다", "배타적인 사람", "조선족과 속 깊은 대화를 할 수 없다"로 인식하면서 두 집단 간 관계를 물과 기름의 관계로 파악하고 있다. 류샤의 연구도 집단 간 관계를 파악하고자 심층면접(한국인 15명, 한족 10명, 조선족 5명)을 실시하였는데, 연구 결과 한국인은 주로 한국인끼리 관계를 맺으며 한국인과 조선족 간의 관계는 의존성(依赖性)의 양상을 보이는 것으로 나타났다.

앞에서 소개한 선행연구들은 조선족과 한국인이 하나의 동질적인 동족 집단으로 묶일 수 없다는 점을 경험적으로 밝혔지만 두 집단 간의 상이한 상호 인식과 거리감을 확인하는 수준에 머물고 동족 집단 내부의 실질적인 문제들을 깊이 있게 분석하지 못한 한계가 있다. 본 장에서는 왕징 코리아타운에서 조선족과 한국인은 서로뿐만 아니라 인구 규모와 영향력에서 다수 집단에 속하는 한족과 관계를 맺고 있다는 점을 고려해서 조선족, 한국인, 한족 간의 상호 인식과 사회 관계를 설문조사와 심층면접을 사용해서 다차원적으로 분석하고자 한다.

3. 분석 결과

1) 상호 인식

집단 간 상호 인식을 조사하기 위해 상대방에 대해 갖는 인식을 5점 척도의 설문 문항들로 측정했다. 여기서 1은 '매우 좋음', 5는 '매우 나쁨'으로 코딩해서 점수가 낮을수록 긍정적인 인식이 높아짐을 나타냈다. 비교 집단으로 왕징 지역에 거주하는 한족을 포함해서 세 집단 간의 상호 인식을 조사했다.

〈그림 8-2〉는 각 집단이 서로에 대해 느끼는 인식의 긍정적 정도를 비율(%)로 나타낸 것이다. 조선족과 한국인 간의 상호 인식 정도를 살펴보면, 조선족이 한국인에 대해 갖는 긍정적인 인식 비율은 60%이며 한국인이 조선족에 대해 갖는 긍정적 인식 비율은 34.4%이다. 즉 조선족이 한국인에 대해 갖는 긍정적 인식 비율이 한국인이 조선족에 대해 갖는 비율보다 두 배 가까이 높은 것이다. 한족과의 상호 인식을 살펴보면, 조선족이 한족에 대해 긍정적으로 인식하는 비율은 61.8%인 데 반해 한족이 조선족을 긍정적으로 인식하는 비율은 24.6%에 그쳤다. 한국인이 한족을 긍정적으로 인식하는 비율은 44.6%인 데 반해 한족이 한국인을 긍정적으로 인식하는 비율은 26.9%에 그쳤다. 따라서 조선족과 한국인은 한족을 대체로 긍정적으로 바라보는 반면 한족은 두 집단을 공통적으로 부정적으로 바라보고 있다.

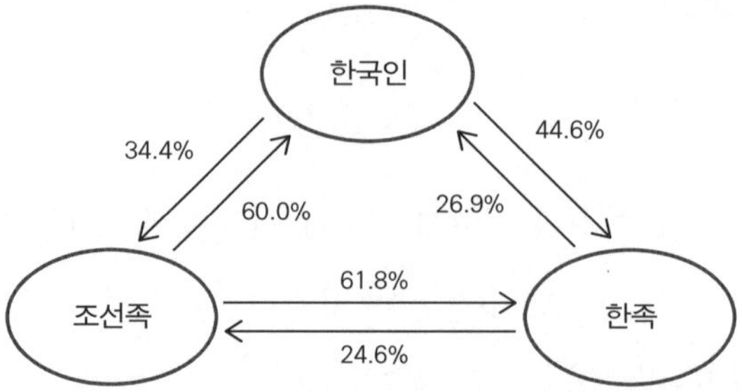

〈그림 8-2〉 조선족, 한국인, 한족 간 긍정적 상호 인식 정도(%)

2) 집단 동일시

자기가 속해 있는 사회 집단에 대한 동일시는 '나는 어느 집단에 속하는가'라는 소속감 동일시(belonging), '나는 어느 집단에 가깝게 느끼는가'라는 근접함 동일시(closeness), 그리고 '나는 어느 집단의 가치관을 공유하는가' 하는 가치관 동일시(value)로 측정하였다. 소속감 동일시의 대상 집단은 ① 베이징에 거주하는 한국인, ② 베이징에 거주하는 조선족, ③ 외국에 거주하는 한인으로 나누었다. 응답 결과 자신을 한국인 또는 조선족으로 동일시한 경우는 국민정체성에 대해 응답한 것으로, 자신을 외국에 거주하는 한인으로 동일시한 경우는 초국가적 정체성에 대해 응답한 것으로 해석했다. 동일시의 정도는 5점 리커트 척도로 사용하여 '1은 매우 동의', '5는 매우 동의하지 않음'으로 코딩하였다.

〈표 8-1〉에 나타난 조선족과 한국인의 국민정체성과 초국가적 종족정체성의 수준을 살펴보면 조선족이 자신을 중국의 국민으로 동일시하는 비율이 92.5%에 달해 매우 높은 국민정체성 수준을 확인할 수

있다. 반면 한국인이 한국인으로 동일시하는 비율은 80%로 상대적으로 낮았다. 이런 결과를 통해 조선족 정체성 담론을 주장하는 조선족 학자 황유복 교수의 지적처럼 조선족의 '중국 내의 조선족' 집단의식이 매우 강하게 자리 잡고 있음을 확인할 수 있다. 하지만 한국인 역시 한국인으로서의 국민정체성 수준이 높아서 두 집단 간의 국민정체성의 평균 차이는 통계적으로 유의미하지 않았다. 하지만 외국에 거주하는 한인으로 동일시하는 초국가적 종족정체성에 있어서는 조선족의 10.3%만이 동의한 반면 한국인의 82%가 동의해서 두 집단 간에 매우 큰 차이를 보이고 있다.

〈표 8-1〉 조선족과 한국인의 국민정체성과 초국가적 종족정체성

구분	조선족	한국인	F(유의 수준)
국민정체성	92.5%(1.44)	80.0%(1.69)	1.670
초국가적 종족정체성	10.3%(4.26)	82.0%(1.68)	250.175***

*** P〈.001

이런 결과를 통해 조선족의 집단소속감이 국민정체성에 깊게 뿌리박혀 있는 반면 외국에 거주하는 '한민족'이라는 종족정체성에 기초하는 정도는 매우 약하다는 것을 알 수 있다. 조선족은 혈통적으로 한민족이라는 점을 받아들이고 한국어, 풍습 및 생활 습관 등 민족 문화의 공유된 부분에 대해서는 인정을 하고 있으나 한국이 모국이라는 '국가적' 차원의 접근에 대해서는 동의하지 않는 것이다. 따라서 조선족의 정체성을 한민족의 관점에서 접근하는 것은 모국지향적인 사고일 뿐 현실을 반영하지 못한다는 것을 확인할 수 있다.

조선족이 같은 국적을 공유한 국민 집단인 한족에 대해서 어느 정도 동일시하는지를 조사하기 위해 조선족의 소속감, 가치관, 근접성 동일시 정도와 한족 가치관, 한족 근접성 동일시 정도 간의 상관 관계를 조사했다. 분석 결과, 조선족 소속감은 조선족 가치관, 조선족 근접성, 한족 가치관과는 통계적으로 유의미한 정적 관계를 맺는 반면 한족 근접성과는 통계적으로 유의미한 관계를 보이지 않았다. 그리고 조선족 근접성은 한족 가치관과 한족 근접성과 통계적으로 유의미한 관계를 보이지 않았다. 이런 결과는 조선족이 같은 국민 집단으로서 한족의 가치관에 동일시하는 측면은 있으나 이들과 심정적으로 가깝게 느끼지는 않는 것으로 해석할 수 있다.

〈표 8-2〉 조선족과 한족 간의 동일시 정도

구분	1.조선족 소속감	2.조선족 가치관	3.조선족 근접성	4. 한족 가치관	5.한족 근접성
1. 조선족 소속감	1				
2. 조선족 가치관	.558**	1			
3. 조선족 근접성	.287**	.197	1		
4. 한족 가치관	.430**	.233*	.126	1	
5. 한족 근접성	.176	.070	.143	.423**	1

*.p〈 0.05, **. p〈0.01

조선족이 같은 종족성을 갖고 있는 한국인(재중 한국인과 재한 한국인)

에 대해 동일시하는 정도는 매우 낮았다. 조선족 소속감의 정도는 재중 한국인과 재한 한국인의 가치관과 근접성과 동일시하는 정도와의 관계에서 통계적으로 유의미하지 않았고 관계의 정도 역시 매우 작았다. 이런 결과는 조선족이 중국과 한국에 거주하는 한국인의 가치관에 동일시하지도 않으며 심적으로도 가깝지 않다는 것을 보여 준다.

〈표 8-3〉 조선족과 한국인 간의 동일시 정도

구 분	1. 조선족 소속감	2.재중 한국인 가치관	3.재중 한국인 근접성	4.재한 한국인 가치관	5.재한 한국인 근접성
1. 조선족 소속감	1				
2. 재중 한국인 가치관	.031	1			
3. 재중 한국인 근접성	.000	.742**	1		
4. 재한 한국인 가치관	.111	.658**	.530**	1	
5. 재한 한국인 근접성	-.198	.377**	.357**	.673*	1

*.p〈 0.05, **. p〈0.01

지금까지 살펴보았던 조선족, 한국인, 한족 간의 국민정체성, 초국가적 종족정체성, 동일시의 정도를 종합적으로 정리하면 다음과 같이 요약할 수 있다. 첫째, 조선족은 국민정체성은 매우 높은 반면 초국가적 종족정체성은 낮은 수준이다. 그리고 같은 조선족 간의 가치관과 근접성에 동일시하는 비율이 높았다. 반면 국민 집단인 한족에 대해서는 가치관 동일시의 정도가 종족 집단인 한국인의 가치관과 동일시하는 비율보다 높았다. 둘째, 한국인은 국민정체성과 초국가적 종족정체성의 정도가 높았다.

〈표 8-4〉 조선족, 한국인, 한족 간의 정체성과 동일시 정도

집단 범주	인식 집단 - 대상 집단	요인	비율(%)
자집단	조선족-조선족	국민정체성	92.5
		초국가적 종족정체성	10.3
		근접성	75.3
		가치관	73.8
	한국인-한국인	국민정체성	80.0
		초국가적 종족정체성	82.0
		(재중)근접성	54.0
		(재한)근접성	59.0
		(재중)가치관	65.7
		(재한)가치관	71.0
국민 집단	조선족-한족	근접성	50.6
		가치관	43.8
	한족-조선족	근접성	34.4
		가치관	45.7
종족집단	한국인-조선족	근접성	12.0
		가치관	10.0
	조선족-재중(재한)한국인	근접성	29.6(21.3)
		가치관	23.1(13.0)
주류 -이주자 집단	한국인-한족	근접성	25.0
		가치관	27.0
	한족- 재중(재한)한국인	근접성	53.8(47.8)
		가치관	40.6(48.4)

종족 집단인 조선족의 가치관과 근접성에 동일시하는 정도는 국민 집단인 한족의 가치관과 근접성에 동일시하는 정도보다 낮았다. 그

리고 한국인이 조선족에 대해 거리감을 두는 정도가 조선족이 한국인에 대해 갖는 거리감보다 컸다. 셋째, 한족은 조선족과 가치관을 공유하는 면에서 조선족이 한족의 가치관을 공유하는 수준과 비슷했으나 근접성에서는 조선족에 대해 거리를 두는 정도가 더 강했다. 반면 한족은 한국인에 대해서 심리적으로 동일시하는 정도가 한국인이 한족에 대해 하는 것보다 강했다(〈표 8-4〉 참조).

3) 집단 간 사회 관계

사회 관계는 지역에 기초한 자산, 즉 로컬 자산을 획득하고 교환, 배분하게 하는 집단 간 연계 맺기와 관련된다. 앞서 살펴본 집단 간 상호 인식, 정체성, 동일시가 다른 집단에 대한 의식의 차원이라면, 의식이 구체적인 행위로 발현되어 나타나는 것이 사회 관계이다. 집단 간 사회 관계는 집단 연계에 내재해 있는 사회 자본, 문화 자본, 기술, 노하우 등과 같은 다양한 자원이 희소 자원의 형태로 전환하도록 도와준다. 사회 관계는 그물처럼 엮이는 연계 속에서 가치, 신뢰, 감정이 축적되고 여러 차원의 자원이 이전되는 만큼 중요하다.

사회 관계는 ① 조언자적 관계, ② 정서적 관계, ③ 경제적 관계, ④ 생활편의 관계, ⑤ 사회적 활동의 관계라는 5가지 영역으로 나누어서 측정했다. 설문 문항은 리커트 척도를 사용하여 1은 '매우 빈번', 5는 '매우 적음(또는 없음)'으로 코딩하였다. 집단 범주에 따라 자집단 간 사회 관계, 종족집단 간 사회 관계, 국민집단 간 사회 관계, 주류-이주자 집단 간 사회 관계로 구분하여 각 집단들이 맺는 사회 관계의 양상을 분석하였다. 집단 간 관계의 긴밀함은 관계 맺기의 빈번함의 평균값으로 측정했는데 값이 작을수록 빈번한 관계를 맺는 것으로 해석했다.

분석 결과, 조선족은 한국인에 비교해서 자기들끼리 관계를 맺는 정도가 강했다. 종족집단 간 관계에서는 조선족이 한국인과 관계 맺는 정도(3.45점)가 한국인이 조선족과 관계 맺는 정도(3.98점)보다 강했다. 국민집단 간 관계에서 조선족이 한족과 관계 맺는 정도(2.58점)가 한족이 조선족과 관계 맺는 정도(4.06점)보다 훨씬 강했다. 주류-이주자 집단 간 관계에서 한국인이 한족과 관계 맺는 정도(3.66점)는 한족이 한국인과 관계 맺는 정도(3.94점)에 비교해서 강했다.

〈표 8-5〉 조선족, 한국인, 한족 간의 사회 관계 정도(평균값)

구 분	조선족	한국인	한족	F(유의확률)
자집단 내 관계	2.22	2.67	-	3.241*
종족집단 간 관계	3.45	3.98	-	12.932***
국민집단 간 관계	2.58	-	4.06	86.828***
주류-이주자 집단 간 관계		3.66	3.94	45.066***

* p〈.05, ***p〈.001

5가지 세부 영역별 사회 관계의 정도를 살펴보면 다음과 같다. 첫째, 조선족은 모든 영역에서 조선족과 빈번한 사회 관계를 맺고 있는데, 그중에서도 조언자 관계와 정서적 관계에서 관계 맺기의 정도가 높았다. 조선족이 한국인과 관계 맺는 양상은 경제적 관계에서 약간 강하고 조언자 관계에서는 상대적으로 약했다. 조선족이 한족과 관계 맺는 양상은 사회문화 활동 관계와 생활편의 관계에서 강했고 조언자 관계와 정서적 관계에서 약했다. 둘째, 한국인은 모든 영역에서 동료 한국인과 관계 맺는 정도가 빈번했는데, 그중에서도 정서적 관계와 생활편의 관계에서 강했다. 조선족과의 관계에서는 모든 영역에서 약했으나 그중 상대적으로 강한 것이 생활편의 관계였고 가장 약한 영역은 정서적 관계였다. 한족과의 관계에서는 모든 영역에서 약했으나 상대적으로 조언자 관계가 강했고 정서적 관계가 약했다. 셋째, 한족은 조선족과의 관계에서 모든 영역에서 약했는데, 그중 상대적으로 정서적 관계가 강했고 사회문화 활동 관계에서 가장 약했다. 한국인과의 관계에서는 모든 영역에서 약했으나 그중 경제적 관계가 강했고 조언자 관계가 가장 약했다.

〈표 8-6〉 세부 영역별 조선족, 한국인, 한족 간의 사회관계 정도(%)

구분	자집단		종족집단		국민집단		주류-이주민 집단	
	조선족→ 한국인	한국인→ 조선족	조선족→ 한국인	한국인→ 조선족	조선족→ 한족	한족 → 조선족	한국인→ 한족	한족→ 한국인
조언자 관계	67.6	48.0	19.8	7.0	43.2	9.2	21.0	9.1
정서적 관계	65.4	52.0	21.0	4.0	44.4	14.3	15.0	11.6
경제적 관계	55.6	43.0	24.7	10.0	49.4	11.2	16.0	17.9
생활편의 관계	60.5	52.0	22.5	18.0	54.3	12.1	19.0	10.2
사회문화 활동 관계	54.3	45.0	21.0	9.0	57.5	8.2	19.0	14.1

위의 결과를 종합해서 정리하면 자집단 내에서의 사회 관계가 가장 빈번했고 같은 종족집단일지라도 조선족과 한국인 간의 사회 관계

에 많은 장벽이 존재함을 알 수 있다. 조선족과 한국인 간의 사회 관계는 앞서 살핀 5가지 영역에서 모두 약한 것으로 나타났다. 이를 통해 초국가적 종족공동체에서 공생 관계를 유지해 왔던 조선족과 한국인 간에 관계 맺기는 사실상 매우 줄어들었다고 볼 수 있다. 친밀감과 공유의식이 가장 주요한 요인으로 작용하는 정서적 관계는 4%대에 머물고 있다. 두 집단 간의 사회 관계가 그래도 빈번하게 나타나는 영역은 한국인의 경우에는 생활편의 관계이고 조선족의 경우에는 경제적 관계이다.

4) 심층면접 결과

설문조사에서 나타난 조선족의 한국인에 대한 인식과 사회 관계의 양상은 상반된 측면이 있다. 한국인에 대한 인식에 관한 질문에서는 긍정적으로 응답한 비율이 높았으나 한국인의 가치관을 공유하는 정도나 가깝게 느끼는 정도에 있어서는 부정적으로 응답하는 비율이 높았다. 아울러 사회 관계 양상에서도 5가지로 세분된 영역 모두에서 관계 맺는 정도가 약했고 경제적 관계에서만 조금 빈번했고 정서적 관계는 매우 약했다. 이런 상반된 결과는 한국인에 대한 인식 관련 질문이 규범적으로 받아들여져서 속마음과는 달리 사회적으로 바람직하게 보이는 방향으로 응답했기 때문인 것으로 해석된다. 실제로 그런 것인가를 검증하기 위해 심층면접을 통해 조선족이 한국인에 대한 정서를 조사해 보았다. 심층면접 결과는 조선족이 한국인에 대해 매우 부정적인 감정과 태도를 갖고 있는 것으로 나타났다. 한국인의 조선족에 대한 긍정적인 인식의 정도는 설문조사 결과에서도 낮게 나타났으며 심층면접의 내용에서도 대체적으로 좋지 않은 견해를 드러내어 차이가 없었다. 하지만 조선족은 한국인에 대한 긍정적인 인상을 갖고 있지만 심층면접에서 구체적으로 질문하게 되자 부정적인 감정과 태도를 드러냈다. 한 예로, 한국인 카페에서 근무하는 조선족 楊씨는 현재 대학생 신분으로 한국인과 매일 일상생활 속에서 접촉하고 있지만 한국인에 대해 우호적인 태도를 갖지 않았다. 그는 '한국에서 온' 한국인이 조선족에 관한 설문조사를 하는 것에 대한 역력한 거부감을 표시하였고, 그와 같은 거부감이 생기는 연유에 대해 다음과 같이 설명하였다.

> 한국 사람들이 얼마나 조선족에 대해서 안 좋게 생각하는지 알고 있어요. 당신이 한국인이기 때문에 아무런 말도 하고 싶지 않아요. 조선족은 중국 내에서는 자랑스러운 민족으로 인정받고 있지만 한국에서는 그렇지 않으니….(20대 대학생)

그는 재중한국인과 재한한국인을 분리하여 인식하고 있으며, 재중한국인보다 재한한국인을 더욱 신뢰하지 않고 상당한 거리감을 느끼고 있었다. 그는 재한한국인과는 달리 재중한국인은 적어도 조선족의 달라진 위상을 공감하고 있다고 생각한다. 재중조선족은 중국의 경제 성장으로 동반 성장하고 있으며 중국에서 터전을 잡고 재중한국인보다 언어, 사회문화적 통합, 법적인 지위, 한족과의 네트워크 등 모든 점에서 유리한 고지를 점하고 있다고 생각한다. 조선족은 중국 건립에 공을 세운 소수민족으로 인정받고 1952년 9월 중국조선족이라는 이름으로 거듭난 민족으로 중국 정부로부터 소수민족 우호 정책의 혜택을 받고 살아왔다. 이렇듯 중국이라는 사회적 공간은 조선족이 중국의 시민으로 떳떳하게 살아갈 수 있는 공간인 반면에 한국은 조선족에 대한 온갖 차별과 배제의 관행이 여전히 지속적으로 이루어지고 있는 공간으로, 이 두 공간은 조선족에게는 다르게 인식된다.

그러므로 '한국에 거주하는' 재한한국인에게 조선족이란 한국에서 단순 노무 직종에서 일하는 조선족으로 인식되기 때문에 반동적으로 조선족은 재한한국인에 대해 반감을 갖는 것이다. 중국 사회에서는 조선족에 대한 평가가 상승하고 있으나 한국 사회에서는 여전히 조선족의 실상과 평가는 변함없기 때문에 한국인을 재중한국인과 재한한국인으로 나누어 인식한다. 楊씨는 한국에서 온 연구자 또한 그러한 시선과 인식을 갖고 있으리라고 가정한다. 또한 한국인이 수행하는 설문조사에 큰 불편함과 거부감이 든 이유도 재한한국인의 시선과 관점에서 재중조선족이 평가될 수 있다는 우려 때문이었으리라 짐작할 수 있다.

비록 심층면접의 첫 진입 단계를 수락하였다 할지라도 조선족 연구 참여자들은 거리감을 느끼는 한국인에게 속내를 이야기하고 싶어 하지는 않았다. 심층면접의 초반에는 라포(rapport) 형성에 많은 어려움을 겪었으며 대화가 단편적으로 흐르기 일색이었다. 그러나 연구자가 자신의 이야기에 진심으로 귀를 기울이고 있다고 판단하자 한국인에 대한 부정적인 견해와 감정도 함께 개진하였다. 구체적인 상황을 예로 들거나 대화 중 간간이 드러나는 조선족들의 견해를 바탕으로 한국인과의 관계에 관한 질문을 하면 연구 참여자들은 서서히 자신이 평소 갖고 있던 생각과 감정을 풀어내기 시작하였다. 대다수의 연구 참여자들은 자신들이 경험했던 한국인의 비인간적인 처사와 인정 없음에 대한 분개심을 표출하였다. 한국에서 5년을 일했다는 70대의 조선족 할머니 朴씨의 경우에도 한국인의 상호 인식에 대한 설문 문항에 긍정적인 답변을 하였지만 실제로 심층면접을 수행할 때에는 한국인의 생활방식에 대해서 부정적인 견해를 드러냈다. 특히 한국인의 저급한 유흥문화를 비판했다. 조선족 남자들은 본래 가정적이고 밤 문화에 익숙해져 있지 않은데 한국인이 베이징에 오면서 순수한 조선족들이 망가지기 시작했다고 말했다. 한국 사람들이 중국에 와서 가라오케를 비롯해 유흥주점들을 개업하고 이를 조선족 남자들에게 전파하면서 조선족 남자들이 밤 문화에서 타락하게 되었다고 지적하였다.

조선족이 우려하는 것은 단순히 밤 문화에 국한된, 한국인이 전파한 유흥 문화에서 파생되는 비도덕적 행동들에 전염되는 것만이 아니다. 한국인의 행위는 단지 드러난 일부분일 뿐이며 조선족의 한국인에 대한 부정적인 견해는 한국인의 전반적인 사고방식과 인성 전반에 걸쳐 있다. 또한 조선족 李씨는 한국인이 중국에서 고전을 면치 못하는데 대한 원인도 다른 무엇보다도 한국인 방식에 기인하는 것이라고 보았다. 따라서 한국인이 자신의 정신 구조를 바꾸지 않는 이상 중국에서 성공하는 건 요원한 것이라고 주장하였다. 한국인의 사고 방식은 단지 조선족뿐만 아니라 중국 사회에서도 통용될 수 없는 것이며, 이를 증명하듯 한국인들은 중국에서 수많은 실패와 시행착오의 과정을 겪었다고 언급한다. 崔씨도 자본주의 체제에 물든 한국인의 물질만능주의가 그대로 한국인의 행위에 표출된다고 보았다. 한국인의 사고방식에서 기인하는 태도, 행위는 이미 조선족의 사고방식과는 양립 불가능한 것으로 받아들이고 있다.

> 한국이 어려운 사람들한테 그렇게 함부로 대하는데 나중에 통일이 되면 북한 사람들한테 어떻게 대할까 걱정돼. … 중국에서는 자기가 사장이라고 직원들에게 욕하고 막 대하는 경우가 없어. 인격적으로 대해 주는데 … 한국 사람들은 자기가 높은 데 있으면 자기 기분 내키는 대로 행동하니까 … 왜 한국 사람이 중국 와서 성공 못 하는지 아나? 한국 방식 그대로 와서 하니까 그런 거야. 그러면 절대 성공 못 하고 망해서 돌아가는 거지.(朴씨, 조선족 70대 할머니)

> 한국인하고는 다시는 말도 섞기 싫고 한국인들이 사기 치는 것에 질려 버렸어요. 제 친동생이 한국에 가서 직장 생활을 하더니 한국 사람들처럼 변해 버려서 친동생이라고 하더라도 난 친동생하고도 관계 끊고 지내요.(崔씨, 조선족 30대 식당 주인)

더욱이 조선족의 모국 귀환에서 겪은 직간접적인 경험은 조선족 집단의 '종족적 담쌓기(ethnic enclosure)'를 강화시켰다. 종족적 정체성은 자아-타자의 경계 짓기에 기초해 있는데 민족적 뿌리가 같은 한국인을 타자로 위치시킬 만큼 조선족의 모국 경험은 강하게 작용하였다. 조선족의 모국으로의 이주 효과는 이주하지 않은 조선족에게까지 미쳤으며 이주한 조선족과의 연계가 없는 조선족에게도 집단적인 의식을 갖게 할 만큼 컸다. 조선족 자신이 직접 겪은 경험이 아니라 하더라도 동포가 겪은 무시와 차별 경험에 대해 울분과 분노의 감정을 드러냈다. 조선족에 대한 끈끈한 동포애는 한국인에 대한 배타적인 감정을 양산했다. 거주국에서의 이주자 집단에 대한 차별이 이주자 집단의 결속력과 연대감을 높여 주는 것처럼 비록 같은 동족이지만 차별을 경험한 조선족은 '반동적인 종족성(reactive ethnicity)'이 발전되어 나타났다. 반동적인 종족성은 단지 공통의 혈연 관계에 있지 않는 집단 간에 한정되어 나타나는 것이 아니라는 것을 알 수 있었다. 강한 반동적인 종족성의 형성으로 조선족 집단의 경계는 뚜렷해지고 집단주의 사고로 기울어지게 되었다. 이렇듯 조선족의 모국 귀환이 경제적인 고려에서 추동되었다고 하더라도, 경제적인 송금에 버금갈 정도로 모국으로부터 건너온 사상과 감정 전파의 사회적인 송금(social remittance)의 영향력은 막대했다. 주로 사회적 송금은 모국보다 선진화된 거주국의 사상, 제도, 의식이 모국으로 전파되어 모국의 민주화 발전으로 이어지는데, 한국에서 중국조선족에게 전파되는 감정, 의식, 사상 등은 한국인을 타자화하고 조선족 사회의 내적 결속력을 강화하는 것으로 이어졌다.

> 우리 부모님 세대들이 지금도 얼마나 한국에서 고생을 하고 있는데 한국 사람이라고 하면 울컥하는 감정이 있어요.(柳씨, 조선족 30대 주부)

> 내가 솔직히 말해 줄게요. 조선족들은 한국 사람 싫어해요. 아마 조선족들이 솔직하게 한국 사람한테 아무 말도 안 해 줄걸요.(姜씨, 조선족 50대 사업가)

> 우리들은 직접 한국에 가 보지는 않았지만 다들 알고 있어요. 그래서 상처를 많이 받았고….(高씨, 조선족 30대 회사원)

배타적인 경계 짓기는 조선족 지식인이나 지도자들의 경우 조선족을 보호하고 이끌어야 한다는 사명감으로 이어졌다. 이들은 의도적이면서 의식적인 차원에서 더욱 조선족 집단을 구획하고 '우리 의식'을 조장하였다. 외부의 적이 내부의 구성원을 집결시키는 만큼 어려움에 처해 있는 조선족의 현실은 조선족 집단 모임을 보다 활성화시키는 기제가 되었다. 왕징의 수백 명 신도가 참여하는 조선족 교회의 목사 草씨는 조선족에 관한 앎을 구성하는 지식인은 조선족일 수밖에 없으며 한국인은 조선족을 이해하거나 설명할 수 없다고 강하게 일축한다. 조선족 지식인들은 조선족 사회의 주체성을 확보하고 이를 양산하기 위한 '인식론' 구축에 있어 자생적인 노력을 기울여 왔다. 그중 하나가 한국인과 구별되는 조선족 정체성 담론을 확산시키는 데 있었다.

> 한국인이 조선족에 대해서 뭘 알겠어요. 나는 조선족들을 보호해야 할 사명이 있고 또 그러한 점에서 한국인들 때문에 더 이상 조선족들이 상처 입는 걸 원하지 않아요. 그게 제 임무입니다.(草씨, 조선족 60대 교회 목사)

조선족 사회의 정체성 담론은 인식적 권력을 유지하고 주체성을 확보하는 데 있다. 이는 서구 우월적인 시각이 전제하는 오리엔탈리즘을 연상하게 한다. 인식적 주체가 누구인가에 따라서 인식되는 대상의 속성이 결정되기 때문에 인식 대상은 우월적 인식 주체의 인식적 폭력성에 고스란히 노출된다. 인식의 전제가 우월한 것과 열등한 것을 나누는 이분법에 기인한다면 더욱 주체성을 확보하는 것이 시급한 문제이다.

그러므로 조선족 집단의 종족적 담쌓기는 조선족 종족 정치를 위해 필수적인 조건이기도 하다. 종족적 담쌓기는 집단의 연대에 크나큰 역할을 한다. 인종 차별을 철폐하고자 하는 가장 광범위하고 규모가 큰 집단인 프로-아프리칸(Pro-Arican) 집단은 어느 지역에 살고 있든, 어느 시민권을 갖고 있든, 어느 민족에 속하든 상관없이 아프리카 출신이라는 그 지점에서 종족적 담쌓기를 강화하고 모든 아프리카인들과 감정적으로 소통하고 연대할 수 있도록 한다. 차별이 여전히 용납될 수 없을 만큼 존재하고 있을 때 연대는 지속되어 나타나는 것처럼, 조선족의 경우에도 한국인과의 관계에서 여전히 조선족이 열악한 상황에 놓여 있다면 조선족 집단의식은 지속될 것이다. 타 집단이나 사회와의 관계에서 취약한 위치에 놓이는 것이 개인의 무능력이나 자질 부족의 문제로 기인되는 것이 아닌 단지 특정 집단에 속해 있다는 것만으로 발생된다면 집단의식은 고양되어 나타나게 된다.

4. 나가며

본 장은 한인의 초국가적 이주로 형성된 초국가적 종족공동체의 변화와 한인 집단의 내적 분화를 분석하기 위해 다자적 동족 집단 모델의 필요성을 제기하고, 왕징 코리아타운을 사례 지역으로 선정하여 동족 간 상호 인식과 사회 관계에 관한 실증적 자료를 수집하여 분석하였다.

본 연구의 주된 연구 결과를 요약하면 다음과 같다. 한쪽은 국내 이주자로서, 또 다른 한쪽은 국제 이주자로서 베이징에서 새로운 기회를 찾아 왕징 코리아타운에서 삶의 터전을 마련해 가는 조선족과 한국인은, 초기에는 공생 관계를 맺어 갔다. 그러나 거주 기간이 길어지고 가치관과 생활 양식의 차이를 발견해 가면서 두 집단 간의 상호 인식과 사회 관계는 더욱 부정적인 방향으로 향하고 있다. 조선족의 한국인에 대한 전반적 인식은 설문조사에서는 긍정적으로 나타났으나 가치관, 근접성, 사회 관계 등 세부 영역으로 들어가서 조사하면 상당한 거리감을 노출하고 있다. 특히 심층면접 결과 한국인에 대한 조선족의 감정은 매우 부정적이고 분노심으로 가득 차 있다. 또한 조선족은 한국인과 달리 중국 국민으로서의 정체성은 강했으나 해외에 거주하는 한인이라는 초국가적 종족정체성은 약했다. 그리고 한국에서 한국인이 조선족에 대해 행한 차별과 무시는 중국 내 조선족에게서 반동적 종족성을 일으켜 한국인에 대한 전반적인 거부감을 일으켰다. 이로 인해 조선족과 한국인 간의 사회 관계는 경제적 영역에서만 조금 빈번하고 정서적 관계, 조언자적 관계에서는 매우 약했다. 즉, 친밀함을 수반하지 않은 피상적인 이해관계에 머물고 있다고 진단할 수 있다.

이러한 연구 결과는 앞서 지적했듯이 더 이상 재외한인 사회를 동질적인 단일 동족 집단으로 볼 수 없다는 점을 다시 확인시켜 준다. 이주 시기, 국적, 정체성, 사회문화 양식 등의 차이로 인해 같은 종족 공동체에 거주하더라도 서로 간에 상이한 가치관과 관점을 갖고 있고, 거주국 내 주류 집단과의 관계 양상도 상이하기 때문에 이제는 재외한인 사회를 연구하는 데 있어서 다자적 동족 집단 모델을 도입할 시점이다.

참고문헌

권향숙. 2011. "조선족의 도일 과정에서 나타나는 문화자본의 영향". 『미드리』 6: 34-59.

김광림. 2011. "나의 체험을 통해 본 일본과 미국의 조선족". 『미드리』 6: 84-91.

민병갑 · 김미란. 2012. "뉴욕 플러싱 지역의 조선족 이민자들: 경제적응 및 문화생활". 『조선족의 신이주와 콘텐츠 기획』. 2012년 조선족의 이주와 콘텐츠 국제학술회의 자료집, pp. 25-32.

박광성. 2011. "중국: 세계화시대 조선족을 이해할 수 있는 핵심적 키워드들". 『미드리』 6: 72-83.

박동훈 · 안화선. 2012. "중국 조선족의 초국가적 활동과 한반도: 디아스포라의 초국가적 성격에 관한 시각을 중심으로". 『평화학연구』 13(1): 173-201.

윤인진. 2013. "연속적 이주와 동포사회의 다원화". 2013년 한인 디아스포라연구 국제학술대회 발표논문. 고려대 청암MK문화관. 9월 27일.

이래호. 2009. "중국의 외국인관리제도와 한국인 장기체류자의 적응양태 분석". 한양대학교 박사학위논문.

이진영. 2001. "중국정부가 바라보는 조선족과 조선족 정책". 2001년 '재외동포법 개정'을 위한 세미나 발표논문. 국회 의원회관 1층 소회의실. 9월 25일.

임승연 · 이영민. 2011. "오사카 한인타운의 장소성과 재일한인 정체성의 관계적 특성연구". 『로리티 인문학』 5: 87-123.

정광일. 2011. 2. 13. "뉴욕한인회 개정안 마련, 한민족 하나되기 실천 통큰 조치". 『한민족신문』.

朴盛镇. 2010. "北京望京地区朝鲜族与韩国人的关系研究". 中央民族大学 碩士論文.

刘莎. 2011. "在京韩国人跨文化人际交往特征分析". 兰州大学 碩士論文.

제9장
초국가주의의 시각에서 본 재일한인의 투표권

최영호(영산대)

1. 들어가며

이 글은 '디아스포라와 트랜스내셔널리즘의 이슈, 이론, 방법론'을 주제로 하여 2012년 9월에 개최된 학회에서 발표하고 그해에 발행된 논문집 『재외한인연구』 제28호에 게재한 논문을 보완한 것이다. 이때 필자는 초국가주의의 시각에서 재일한인 투표권 현황을 비판적으로 검토하고자 하는 문제의식을 나타냈다. 이 글의 제목에서 사용되고 있는 '초국가주의'는 트랜스내셔널리즘을 한국어로 번역한 것이다. 초국가주의 혹은 트랜스내셔널리즘이 의미하는 바가 무엇인지에 대한 견해는 연구자에 따라 다양하게 나타나겠지만, 필자는 국가를 '초월'하는 움직임 가운데 국가와 국가 사이를 '관통'하는 움직임도 포용하는 넓은 의미로 이 단어를 사용하고자 한다. 재일한인 특별영주권자의 역사적 존재성을 강조하는 시각에서 보면, 비록 투표권 문제가 그들에게 근본적으로 국가를 '초월'하는 문제가 되기는 어렵겠지만, 적어도 국가와 국가 사이를 '관통'할 수 있는 문제로서 기존의 국민국가 중심적 사고를 뛰어넘는 차원의 문제라고 할 수 있기 때문이다.

필자가 논문을 발표한 후 2012년 연말이 되어 한국과 일본에서 국정 선거가 이루어졌고 이때 한국의 대통령 선거에서는 처음으로 재외한인들이 투표권을 행사하는 중대한 변화가 일어났다. 일본에서도 2012년 12월의 중의원 선거 결과, 재일한인의 투표권에 대해 상대적으로 우호적인 입장을 표방해 온 민주당이 참패하여 자민당에게 정권을 내어주는 중대한 정치적 변화가 일어났다. 근래에 들어 이처럼 나타나는 현실 정치의 변화에 따라 적시성(適時性)을 확보하기 위하여 필자는 기존의 논문 내용을 수정하고 보완해야 하는 과제에 직면하게 되었다. 이 장에서는 기본적으로 기존 논문의 틀을 유지하면서, 2012년 대통령 선거와 재외투표와의 관계를 논한 연구들을 추가로 소개하면서 그 선거 결과를 덧붙여 소개하고자 한다. 이에 따라 이 글에서는 2012년 시점에서 파악한 재일한인 관련 통계를 사용하게 되었다. 또한 일본 민주당 정권의 후반기부터 오늘날에 이르는 재일한인의 일본 국내 투표권 실상을 부연하여 소개하고자 한다. 이 장의 2절에서는 2013년에 필자가 민주당 정권 시기의 한일 관계를 논하면서 정리한 글[1]을 기본 내용으로 하면서 여기에 주제에 맞는 편집과 참고문헌 제시를 통해 내용을 보완하고자 한다.

이 장의 목적은 특별영주권자 재일한인을 중심으로 투표권의 의미를 강조하고 재외국민 선거와 일본 지방선거권의 동향을 가능한 한 최근의 움직임을 중심으로 정리하는 일이다. 여기서 필자는 재일한인

1 최영호. 2013.『한일관계의 흐름 2011-2012』. 논형, pp. 235-242.

의 투표권 문제를 한국과 일본을 '관통'하는 문제라고 보고 각각 한국과 일본의 움직임을 정리함으로써 결과적으로 투표권의 트랜스내셔널한 측면을 부각시키고자 한다.

돌이켜 보면 지난 2010년 11월 14일과 15일 양일간에 걸쳐 총 21개국 26개 한국 대사관 또는 영사관에 설치된 투표소에서 재외국민 모의투표가 실시되었다. 2012년 4월의 국회의원 선거부터 처음으로 적용되는 재외국민 투표에 대비한 연습용 투표였다. 시차에 따라 뉴질랜드 오클랜드의 총영사관을 필두로 하여 현지 시각 오전 10시부터 오후 5시까지 각각 순차적으로 모의투표가 진행되었다. 당시 약 230만 명에 달하는 재외국민 가운데 총 10,991명이 선거인 명부에 등록했고 그 가운데 4,203명이 투표에 참여한 것으로 밝혀졌다(윤종빈, 2011: 58-60). 이때 실시한 모의투표는 투표용지에 특정 정당이나 후보자 이름이 기입되어 있지 않았고 빈 기표 란에 도장을 찍어 보도록 하는 연습에 불과했다. 투표용지는 한국의 등록 거주지 관할 지방 선관위가 보낸 봉투 속에 들어 있어 이것과 함께 여권 혹은 체류증명서를 지참하고 투표에 참여하게 했다. 투표용지는 주로 EMS로 우송되었는데 앙골라 등과 같은 특수 지역에는 외교 행낭을 통해 송달되었다. 일본의 경우에는 도쿄의 대사관과 오사카의 총영사관에 각각 모의투표를 위한 투표소가 마련되었다.

본론에 들어가기에 앞서 왜 하필 2년 전의 모의투표를 거론하는가 하면, 이때 투표에 참가한 재일한인 중에서 난생 처음 투표권을 행사하는 사람이 많았고 이들에게 있어서 투표는 정치 참여 이상의 의미를 내포하고 있었기 때문이다. 흔히 한국 국민이나 일본 국민이면 일반적으로 당연하게 행사하고 있는 선거권(투표권)이 재일한인 특별영주권자에게 있어서는 특별한 의미를 갖고 있다는 것을 강조하고 싶은 것이다. 어느 특정 후보를 선택하고 공무원을 선임한다고 하는 정치 행위 이전에 투표권은 자신이 정치적인 선택을 할 수 있는 존재라는 것을 확인하게 하는 기본권과 같은 성격을 가지고 있다는 것이다.

이러한 이유 때문에 모의투표임에도 불구하고 재일한인의 경우 다른 국가에 거주하는 한인에 비해서 월등히 높은 투표 참여율을 보였다. 선거인 등록자 가운데 61%, 1,450명이 투표에 참여한 것으로 나타난 것이다. 이것은 재일한인의 거주 지역이 비교적 집중되어 있는 데다가 투표소가 교통상 편리한 위치에 있었기 때문이기도 하지만 재일한인의 경우 투표 행위 자체에 대한 호기심 때문에 이와 같은 높은 참여율을 보인 것이다(『民団新聞』, 2010. 11. 17.). 높은 투표율이 반드시 한국 국정에 대한 높은 관심에 의한 것이라고 단정하기는 어렵다. 하지만 재외국민 투표가 재일한인 사회에 한국인으로서의 정체성을 확인하게 하는 계기가 된 것은 분명하다. 이러한 의미에서 필자는 재일한인 사회에 처음으로 투표가 실시된 2010년의 모의투표가 2012년 국회의원 선거 때보다도 훨씬 더 역사적 의의가 큰 것으로 이해하고 있다.

모의투표 과정에서 도쿄의 주일 대사관에는 첫날 아침 투표 개시 30분 전부터 민단 단원을 중심으로 하는 재일한인 100여 명이 투표권 행사를 위해 장사진을 이루는 진풍경이 연출되기도 했다. 정진(鄭進) 당시 민단 단장과 여옥선(余玉善) 부인회 회장이 역사적인 투표의 선두에 섰다. 민단 단장은 투표 후 한국 언론 기자들의 인터뷰에 대해 "70살이 넘었는데 이제까지 한 번도 선거권을 부여받은 일이 없다. 조국의 선거에 처음 참가할 수 있게 되어 감개무량하다"라고 하며 감격스럽게 소감을 피력했다(『民団新聞』, 2010. 11. 17.). 또한 15일 오사카에서 투표를 마친 재일한인 2세 고인봉(高仁鳳) 건국학원 이사는 아사히신문 기자의 인터뷰에 대해 "단지 한 표이지만 조국의 정치에 영향을 주게 된다. 정말 기쁘다. 선거는 한국인으로서 자신의 아이덴티티를 재확인하는 좋은 기회"라고 대답했다(『民団新聞』, 2010. 11. 17.).

이러한 재일한인 특별영주권자의 투표권에 대한 절실한 심정을 사회과학적으로 이론화하기는 쉽지 않다. 이론적으로 투표권이 민족주의를 초월하는 기본권인가에 대해서는 부정적인 견해가 매우 강렬하기 때문이다. 그리고 투표권이라고 하는 정치적 권리가 국민국가 성립 이후에 부여되어 오고 있는 권리라고 하는 것을 부정하기도 어렵기 때문이다. 즉 투표권이 역사적으로 국민국가 성립 이전부터 향유해 오던 자연권은 아니라는 견해가 관련 이론을 주도하고 있다. 결국 선거권은 국민국가를 전제로 하는 권리이기 때문에 그 국가에 귀속되지 않는 외국인에게 반드시 부여되어야 하는 것이 아니며 또한 해외에 나가 있는 구성원의 경우에도 국가의 행정적인 사유에 따라 제한될 수 있다는 것이다. 이러한 국민국가의 의사를 앞세우는 견해가 오늘날 헌법 이론에 있어서 다수설을 차지하고 있다(近藤敦, 1996: 64).

그러나 또 한편으로 이론적인 측면에서 위와 같은 다수설에 대한 반론도 적지 않다. 선거권은 오직 권리자가 속한 국가에 의해 보장되는 권리라고 하는 점에서는 반론의 여지가 없지만, 그것이 '인간성'에 유래하는 국가 성립 혹은 헌법 성립 이전의 성격을 가지는 것으로 어디까지나 인권과 같은 성격을 갖는다고 보는 견해가 강하다는 것이다. 또한 선거권을 기본권이라고 보기는 무리가 따르지만 자연권과의 관련성을 강조하는 견해가 나오고 있는 것도 사실이다. 즉 인간은 모두 그가 소속되어 있는 공동체에서 스스로의 이익, 특히 자연권을 지키기 위하여 국가의 작용에 능동적으로 참가할 수 있는 권리를 태어나면서부터 가지고 있다는 것이다(近藤敦, 1996: 65).

오늘날 전 세계적으로 국민국가가 보편화되고 있는 상황에서 선거권은 각자 개인이 속한 국가의 정치가를 선출하는 역할을 수행하고 있다. 따라서 선거권을 허용하고 보장하는 주체는 각각의 국민국가가 되고 있다. 하지만 교과서와 같은 설명에 불과할지 모르겠으나, 개인에게 있어서는 자신이 속한 국가나 지방의 대표를 선임하거나 정책 결정에 참여할 수 있다고 하는 권리의식을 가짐으로써, 국가에 대한 주인의식을 갖고 나아가 국가를 통하여 자신의 개인적 존엄을 확인하게 된다. 시대에 따라 보통선거가 보편화됨에 따라 선거권도 이제는 보편의 권리가 되어 가고 있는 것이다.

이 장은 재일한인 가운데 흔히 역사적인 존재로 일컬어지는 특별영주권자를 논의의 중심에 두고 이들에게 오늘날 선거권이 현실적으로 어떻게 적용되고 있는지 검토하고자 한다. 이들이 한국 정부로부터 재외국민으로서의 선거권을 인정받아 이를 행사하게 된 것은 최근의 일이다. 그러나 이들이 태어나고 계속 거주해 온 일본 사회로부터는 오늘날에 이르기까지 선거권을 인정받지 못하고 있다. 이러한 상황을 보다 심층적으로 확인하고 비판적으로 검토하는 것이 이 장의 목적이다. 서술 내용으로서는 한편으로 이왕 부여된 한국의 재외국민 투표권이 2012년 국회의원 선거와 2012년 대통령 선거에서 어떻게 행사되었고 어떠한 문제점을 안고 있었는지 살펴보고, 다른 한편으로는 오늘날 일본 사회에 존재하는 재일한인의 주민투표권을 둘러싼 부조리적인 현실을 확인하고자 한다.

선행연구를 살펴보면, 대체로 재일한인에 주목하여 재외국민 선거의 의의와 문제점을 깊이 연구하고 있는 움직임은 그다지 활발한 것으로 보이지 않는다. 이것은 도입된 지 얼마 되지 않은 재외국민 선거의 일천한 역사와 재일한인 사회의 비교적 낮은 관심도에 따른 것으로 보이는데, 이러한 환경 가운데서도 김웅기(2011a; 2011b)와 기무라 다카시(木村貴, 2013)를 비롯한 일부 연구자들이 일찍부터 2012년 재외선거를 앞두고 재일한인 사회에 초점을 맞추고 재외국민 선거가 도입되는 배경과 현황에 관한 글을 발표했다. 특히 김웅기는 페이스북(facebook) 등을 통해 독자적으로 재일한인 사회와 재외국민 선거와의 상호 관계에 관한 모니터링을 실천하는 가운데 재일한인 사회에서 재외국민 선거가 도입되는 배경과 현황에 관한 귀중한 연구를 남겼다. 또한 박범종(2012)은 미국과 중국에 거주하는 재외한인과 함께 재일한인을 대상으로 하여 2011년에 설문조사를 실시하고 투표자의 관점에서 현행 재외투표 제도의 문제점과 개선 방안을 제시한 바 있다.

한편 2012년 한국의 대통령 선거가 시행된 이후 최근까지 그 선거 결과와 관련지어 재일한인의 투표 성향을 분석하는 연구들이 한국에서 발표되고 있다. 특히 강성훈(2013)은 해외한인 가운데 일본 거주자 479명과 미국 거주자 583명, 그리고 중국 거주자 454명을 대상으로 하여 재일국민 선거권 인지 여부, 바람직한 선거인 등록 및 투표 방법, 재외투표 적용 선거 범위, 재외투표의 정치적 효과, 지지 후보 선택 기준,

한국 정당 정보에 대한 인식 정도, 정치적 이념과 성향 등을 조사하여 재외투표와 관련한 조사 결과를 발표했다. 표본 추출과 조사 일정 등에서 문제점이 보이고 있기는 하지만 설문조사를 통하여 재외국민 투표의 성향을 수치화했다는 점에서 괄목할 만한 조사였다고 평가할 수 있다. 그는 조사 결과로서 선거권 인지 정도에서 대통령 선거(68.0%)가 국회의원 선거(42.0%)보다 높고, 선거인 등록과 투표 방법에 대해서 인터넷(40.0%와 32.5%)을 현행 재외공관(17.9%와 27.5%)에 비해 월등히 선호하고 있다는 것, 재외투표는 대통령 선거에만 허용하자는 의견(49.4%)이 국회의원 비례대표 선거까지 허용하자는 의견(35.3%)보다 높았다는 것, 재외국민 투표에 대한 긍정적인 평가(70.4%)가 많았다는 것, 일시체류자의 경우 '정책과 공약'을 보다 중시하고 정주자의 경우 '후보 능력'을 보다 중시했다는 것, 한국의 정당 인지도에서 거주지별로 일본(53.9%), 미국(46.9%), 중국(43.3%) 순으로 나타났다는 것, 종합적으로 정치적 성향은 중도적 성향을 띠고 있으며 중국 거주자, 여성, 30대, 광주광역시 출신자 등에서 진보적 성향이 나타났다는 것을 밝혔다.

또한 김영하(2013)는 제18대 대통령 선거 직후에 이 선거와 관련한 재외국민 투표 결과를 정리하여 논문으로 발표했다. 그는 재외국민 투표의 배경과 실시 결과에 관한 일반적인 통계를 제시한 후, 공정성과 효율성이 떨어지는 현행 제도의 문제점을 해소하는 방안으로 선거 홍보의 강화, 정당의 해외 지부 활성화, 재외공관의 관리 능력 강화, 후보자의 정책 차별화 등을 들었다. 다만 그는 현행 재외국민 투표 제도에서 공정성과 효율성을 함께 확보하기가 어렵다고 하는 다각적인 비판을 시도한 연구 성과에도 불구하고 개선 방안에서 구체성을 결여하고 포괄적이면서 당위적인 의견 제시에 그치고 있다는 한계점을 드러내고 있다. 아울러 지충남 · 이소영(2014)에 의한 공동 연구는 재일한인 사회를 보다 세분화하여 민단과 한인회가 2012년 재외 선거에서 어떻게 다른 투표 행태를 보였는가를 논하고자 하는 매우 참신한 문제의식을 나타냈다. 하지만 민단과 한인회 내부의 자료나 조직 구성원에 대한 직접적인 접근이 이루어지지 않아 기본적인 이해에서 결함을 보이고 있을 뿐 아니라 조사 방법과 조사 대상조차 명확하지 않다고 하는 문제점을 드러냈다.

이처럼 한국의 재외국민 선거 문제에 관한 연구자들의 관심이 비교적 낮은 것에 비하면 재일한인의 일본 지방참정권 문제에 대한 연구자의 관심은 상대적으로 높았다고 할 수 있다. 1990년대부터 2000년대에 이르기까지 재일한인 사회는 물론, 한국과 일본의 학계에서 이와 관련하여 수없이 많은 연구 결과가 나왔다는 것은 이를 잘 말해 주고 있다. 하지만 2009년 이후 민주당 정권이 들어서고 나서는 이 문제가 일본의 정치권에서 어떻게 전개되고 있는지에 대해서 그다지 연구가 활발하게 전개되지 않았다. 필자가 2014년 8월 현재까지 파악하고 있는 연구 성과로서는 히라마쓰 시게오(平松茂雄, 2010), 다나카 히로시(田中宏, 2010), 다니노 류(谷野隆, 2010), 니와 마사오(丹羽雅雄, 2010), 요시카와 사토시(吉川智, 2010), 서원철(徐元哲, 2011) 등의 논문에서 민주당 정권 시기의 외국인 선거권 관련 동향에 관하여 부분적으로 언급하고 있는 것을 꼽을 수 있다. 또한 2012년 자민당 정권 이후의 외국인 지방참정권의 동향과 관련해서는 이듬해 3월 21일 중의원 헌법조사회에서 제1여당 자민당이 일본유신회 등과 함께 외국인의 참정권을 인정하지 않겠다고 공식 표명한 이후(『産経新聞』, 2013. 3. 21.), 인터넷상에서 이에 대한 찬성과 반대 의견이 치열한 공방이 전개되고 있는 가운데, 아직까지 이렇다 할 연구 성과는 나오고 있지 않는 실정이다.

2. 재일한인의 한국 재외국민 투표권

1) 재외국민 선거인으로서의 재일한인

2009년 2월에 한국 국회는 2012년 국회의원 선거에서부터 재외국민에게 투표권을 전면적으로 허용하는 것을 골자로 하는 공직선거법, 국민투표법, 주민투표법 개정안을 통과시켰다. 과거 이건우(李健雨) 등을 비롯한 재외한인과 시민단체의 부단한 청원 운동이 결실을 맺은 것이다. 1997년 한국의 헌법재판소가 재외국민에게 투표권을 행사할 수 없게 한 것에 대해 위헌 판결을 내렸고, 이를 받아들여 뒤늦게 한국 국회가 재외국민에게 투표권을 부여하는 입법 조치를 하게 되었다. 이로써 영주권자를 포함하여 대한민국 국적을 가진 19세 이상의 재외국민 전원에 대하여 대통령 선거와 국회의원 비례대표 선거에서 투표권을 부여하게 되었다. 국내에 주민등록이 되어 있는 해외 일시체류자는 지역구 국회의원 선거에도 부재자 투표 형식으로 참여할 수 있게 되었다(최영호, 2011: 139).

오늘날 중앙선관위가 안내하고 있는 재외국민 선거 제도에 따르면, 재외국민은 본인 또는 가족 대리인이 직접 공관을 방문하거나 순회하는 공관 직원에게, 그리고 전자우편을 통하여 재외공관에 선거인 등록을 신청할 수 있다. 선거인 등록 기간은 투표일 150일 전부터 60일 전까지이며, 중앙선관위는 선거일 49일 전부터 40일 전까지 10일간 재외선거인 등록 신청에 따라 재외선거인 명부를 작성하고 30일 전까지 명부를 확정한다. 중앙선관위는 선거일 39일 전부터 5일간 인터넷을 통하여 재외선거인 명부를 열람할 수 있도록 하고 명부에 대한 이의 신청을 받는다. 이어 선관위가 투표용지를 선거인에게 직접 우송한다. 선거일 14일 전부터 9일 전까지 6일간 원칙적으로 재외공관에 투표소를 설치 운영하며 재외국민은 투표용지와 신분증명서 등을 제출하고 본인 확인을 거쳐 투표에 참여하게 된다.[2] 중앙선관위는 2012년 4월의 재외투표 시기부터 재외투표소 책임위원이 투표소에서도 프린터와 같은 기계 장치를 이용하여 투표용지를 작성 · 교부할 수 있도록 조치하고 있다.[3]

한편 일본의 재외국민 투표 제도를 간단히 살펴보면, 일찍이 1998년에 일본 국회가 선거법을 개정하여 2000년 이후부터 20세 이상의 재외 일본 국민 가운데 재외선거인 명부 등록자에게 투표권을 행사할 수 있게 하고 있다. 2005년까지는 투표권을 중의원과 참의원의 비례대표 선거에만 국한하여 부여했는데, 일본 사법부가 선거구(지역구) 선거에서의 투표권 배제는 '위헌'이라고 판결하자, 일본의 선관위는 이를 받아들여 선거구 선거에 있어서도 재외국민이 투표권을 행사할 수 있

2 중앙선거관리위원회. http://www.nec.go.kr(분야별정보/재외선거제도). 2014. 8. 3.

3 중앙선거관리위원회. "제19대 국회의원 재외선거 투표용지 작성 · 교부 방법 안내"(2011. 10. 6.); 중앙선거관리위원회. "제18대 대통령 재외선거 투표용지 작성 · 교부 방법 안내"(2012. 7. 19.).

게 했다.[4] 실제로 2007년 7월에 실시된 참의원 통상선거와 중의원 보궐선거에서 처음으로 재외국민의 선거구 투표가 적용되었다. 또한 일본의 경우 재외공관을 통한 방문 투표와 함께 한국과는 달리 우편 투표 제도를 인정하고 있다. 우편 투표를 희망하는 선거권자가 본적지 선관위에 재외선거인증 원본을 우송하고 우편 투표를 청구할 수 있게 했다. 이때 원칙적으로 중의원과 참의원의 임기 만료 예정일로부터 60일 전부터 본적지 선관위가 선거인에게 투표용지를 우송하며 중의원 해산으로 인한 총선거의 경우에는 해산 당일부터 투표용지 우송을 개시한다. 선거 공고일부터 선거 당일 일본 시간 투표 마감 시각까지 본적지 선관위에 도착된 투표용지를 유효표로 인정하고 있다.[5]

일본에 비해 한국이 재외국민 선거권 부여에 비교적 소극적이었고 뒤늦게 시행된 것은 무엇보다 투표 행정의 원활한 지원이 어려웠기 때문이며, 또한 세계적으로 비교적 많은 수의 재외국민을 가지고 있는 상황에서 재외국민 투표가 국내 정치에 끼치는 영향이 클 것으로 보았기 때문이다. 한국의 외교통상부는 지난 2011년 7월에 발간한 『재외동포현황』에서 〈표 9-1〉과 같이 전체 재외국민 수가 2,796,024명이라고 했다. 또한 중앙선관위는 2012년 재외투표를 앞두고 전체 재외국민 가운데 80%를 19세 이상의 유권자가 될 것으로 보고 예상 선거인 수를 2,236,819명으로 추정한 바 있다.[6] 2011년 통계에 따르면 일본에 거주

---

4 裁判例情報. http://www.courts.go.jp/app/hanrei_jp/list2(事件番号:平成13[行ツ]82). 2014. 8. 3. 事件名: 在外日本人選挙権剥奪違法確認等請求事件, 裁判年月日: 2005年9月14日.

5 外務省. http://www.mofa.go.jp/渡航関連情報/在外選挙. 2014. 8. 3.

6 중앙선거관리위원회. http://www.nec.go.kr(정보광장/선거마당/재외선거자료/재외국민현

하는 재외국민 수는 총 578,135명이었다. 이 중에서 영주권자가 전체의 80.0%를 차지하는 461,627명으로 되어 있어 중앙선관위가 추정하는 예상 선거인 수 462,508명과 거의 비슷한 수치를 나타냈다.

〈표 9-1〉 재외국민 수(외교통상부, 2011년 7월 통계)

구 분	계(E=C+D)	영주권자(D)	체류자			예상 선거인 수 (E × 80%)
			소계(C=A+B)	일반체류자(A)	유학생(B)	
전체	2,796,024	1,148,891	1,641,133	1,317,554	329,579	2,236,819
일본	578,135	461,627	116,508	96,146	20,362	462,508

한편 일본 법무성의 통계 자료에 의하면 〈표 9-2〉와 같이 2011년 재일한인의 외국인 등록자가 총 545,401명으로 나타났다.[7] 전후에 들어 가장 많은 재일한인 수를 기록한 것이 1992년 말이었는데 그때의 693,050명에 비하면 78.7%에 불과한 수치였다. 1992년 이후로 재일한인 수가 매년 줄어드는 경향을 보였으며 이것은 중국 국적자가 계속 늘고 있는 현상과 대조를 이루고 있다. 이처럼 대한민국 국적(조선적 포함)의 재일한인 숫자가 계속 감소하는 가장 중요한 요인으로는 역사적 존재로서의 재일동포인 특별영주권자 수가 해마다 줄어들기 때문이라고 말할 수 있다.

황). 2011. 8. 10.

7 法務省. http://www.moj.go.jp(白書統計/統計/法務省の統計/統計表一覧/登録外国人統計統計表/年報/2011年/国籍[出身地]別在留資格[在留目的]別外国人登録者). 2012. 8. 10.

〈표 9-2〉 일본의 자격별 외국인등록자 수(法務省, 2011년 12월 통계)

구 분	총수	교수	예술	종교	보도	투자 경영	법률 회계	의료	연구	교육	기술	인문지식 국제업무
전체	2,078,508	7,859	461	4,106	227	11,778	169	322	2,103	10,106	42,634	67,854
한국 조선	545,401	956	45	977	51	2,872	6	22	232	97	5,828	9,166

구 분	기업 내 전근	흥행	기능	기능 실습	문화 활동	단기 체재	영주자	일본인 배우자	영주자 배우자	특별 영주자	미취득자	기타
전체	14,636	6,265	31,751	141,994	2,209	23,978	598,440	181,617	21,647	389,085	3,506	3,675
한국 조선	1,873	313	1,421	22	295	2,307	60,262	18,780	2,523	385,232	417	495

2000년대에 들어서 나타나는 재일한인 인구 동향을 보면 영주권자 가운데 일반영주권자가 매년 3천 명 내외로 증가한 것에 비해, 특별영주권자는 매년 1만 명 이상 감소해 왔다. 특별영주권자가 감소한 것은 일본 사회 전반에 걸친 출생률 감소와 같은 자연 감소 요인과 전혀 무관하지 않다. 그러나 무엇보다도 1985년부터 일본의 국적법이 종래의 부계혈통주의에서 부모양계주의로 개정되면서 일본 국적 취득이 용이해진 까닭에 재일한인 어린이가 대폭 감소한 것이 결정적인 요인이 되었다. 1985년 한 해에 재일한인 젊은이들 사이에 결혼한 부부가 2,404쌍에 불과했던 것에 비해, 배우자로서 일본 국적자를 선택하는 재일한인이 6,147명(남 2,525명, 여 3,622명)이었던 것으로 나타났다. 오늘날에 이르기까지 해마다 재일한인끼리 결혼하는 수는 감소하고 있는 반면에 일본 국적자와 결혼하는 한인 젊은이들이 많아지고 있는 현상은 달라지지 않고 있다. 이와 함께 일본에 귀화함으로써 대한민국 국적

이나 조선적으로부터 이탈하는 사람들이 지속적으로 나오고 있는 것도 특별영주권자 감소의 요인 가운데 하나가 되고 있다. 1952년 한 해에 재일한인 232명이 일본 국적을 취득한 것을 시작으로 점차 대체로 귀화하는 사람의 수가 늘어났으며 1995년부터는 그 수가 매년 1만 명을 넘기 시작했다(최영호, 2011: 133-134).

2) 2012년 국회의원 선거와 재일국민 투표

이처럼 일본에서 역사적 의미의 재일한인 인구가 줄어드는 상황에서 2010년에 모의투표가 이루어졌으며 이어서 2012년에 들어서 국회의원 선거에서부터 실질적으로 재외투표가 처음 적용 실시되었다. 모의투표를 통해 난생 처음으로 투표 행위에 참여한 재외국민들에게 있어서 2012년 국회의원 선거는 이들이 국민으로서의 권리를 이행하는 첫 무대가 되었고, 2012년 연말에 치러진 대통령 선거는 소속 국가의 정치적 대표를 뽑는 일에 재외국민으로서 처음 참여하는 역사적 이벤트가 되었다.

2012년 국회의원 선거는 일정에 따라 3월 28일(수)부터 4월 2일(월)까지 6일간에 걸쳐 재외투표가 실시되었다. 현행 재외투표는 한국에 주민등록 혹은 거소신고가 되어 있는 유권자를 대상으로 하는 '국외부재자투표'와 재외선거인등록을 마친 유권자를 대상으로 하는 '재외선거인투표'로 이루어진다. '국외부재자투표'의 경우에는 지역구 국회의원과 비례대표 국회의원을 뽑는 투표인 데 반하여, '재외선거인투표'는 유권자가 국내 주민이 아니라는 이유로 비례대표 국회의원만을 뽑게 되어 있다. 따라서 이 장에서 주된 논의 대상으로 삼고 있는 특별영주권자를 중심으로 하는 재일한인의 경우에는 대부분 '재외선거인투표'에 참여하게 되었다.

일본의 경우 재외공관 10개소에서 투표가 이루어졌는데 4월 3일 12시(국내 시각)까지 중앙선관위가 집계한 투표 결과는 다음 〈표 9-3〉과 같다.[8] 재일한인 가운데 선거인등록을 마친 선거인은 총 18,575명으로 애초 중앙선관위가 추정한 예상 선거인(유권자) 수 462,509명의 4.0%에 불과하여 매우 저조한 등록률을 나타냈다. 이것은 세계 전체 한인의 등록 상황(예상 선거인 2,233,695명, 선거인 수 123,418, 등록률 5.5%)에 비해서도 아주 낮은 것이며, 비영주권자가 많은 중국의 한인(예상 선거인 295,221명, 선거인 수 23,952명, 등록률 8.1%)과 비교하면 그 절반 정도에 불과한 아주 낮은 비율이었다. 재외국민 절대수에서 볼 때 재일한인의 수가 재중한인보다 많음에도 불구하고 2012년 국회의원 선거에서 재외선거인으로 등록한 절대수는 그 반대의 결과가 나온 것이다.

하지만 관점을 달리하여 생각해 보면 2012년 국회의원 선거에서 반드시 재일한인의 투표에 대한 관심도가 낮았다고만 할 수 없는 측면이 있다. 당시 미국 거주 한인의 등록 상황(예상 선거인 866,166명, 선거인 수 22,969명, 등록률 2.7%)에 비하면 오히려 재일한인의 경우가 상대적으로 높은 선거인 등록률을 보였기 때문이다. 처음 실시한 재외투표이기도 하지만 2012년 국회의원 선거만을 가지고는 재외한인의 투표에 대한 관심도를 일반화하여 평가하기는 어려운 일이었다.

---

8 중앙선거관리위원회. http://www.nec.go.kr(정보광장/선거마당/재외선거자료/재외선거정보/[제19대국선] 재외투표마감). 2012. 4. 30. 검색.

〈표 9-3〉 재외공관별 투표 마감 상황(2012. 4. 3. 12:00(국내 시각))

공관명	선거인 수	투표자 수							투표율
		누계	1일 차	2일 차	3일 차	4일 차	5일 차	6일 차	
세계 전체	123,418	56,456	7,160	6,674	8,320	11,267	11,976	11,059	45.69
일본 전체	18,575	9,793	1,435	1,259	1,250	1,619	2,505	1,725	52.57
도쿄(東京)	5,758	3.086	371	322	354	539	919	581	53.59
고베(神戸)	1,449	633	85	115	73	91	179	90	43.69
나고야(名古屋)	2.012	1,167	166	144	200	198	282	177	58.00
니가타(新潟)	354	167	52	18	16	36	24	21	47.18
삿포로(札幌)	319	198	35	29	33	11	40	50	62.07
센다이(仙台)	644	346	91	38	43	47	63	64	53.73
오사카(大阪)	3,945	2,407	378	371	304	414	543	397	61.01
요코하마(横浜)	1,747	672	104	77	79	95	196	121	38.47
후쿠오카(福岡)	1,319	696	70	88	93	112	191	142	52.77
히로시마(広島)	1,081	421	83	57	55	76	68	82	38.95

사실 재외국민에게 있어서 한국 국내의 정당이나 정치가에 관한 정보가 불확실한 가운데 교통의 불편함을 무릅쓰고 시간과 비용을 들여 재외공관을 찾아가 선거인 등록을 한다고 하는 것은 쉽지 않은 일이기 때문이다. 이러한 상황에서 영주권자가 많은 재일한인 사회에서 4.0%의 선거인 등록 비율을 기록한 것은 오히려 다른 재외한인 사회에 비해 결코 낮지 않은 관심도를 나타낸 것으로 해석할 수 있는 측면도 있다.

또한 이때 투표율에 주목하여 보면 재일한인의 투표에 대한 관심도가 다른 국가에 비해 상대적으로 높게 나타났다는 점이 오히려 분명해진다. 일본 전체의 투표율은 52.6%로, 세계 전체의 45.7%나 미국 44.8%, 중국 32.9%와 비교하여 볼 때 상대적으로 높은 결과로 나타났기 때문이다. 이것은 일본의 투표소가 다른 국가에 비해 상대적으로 교통이 편리한 위치에 있었기 때문이기도 하겠지만 반드시 그것 때문이라고만 보기는 어렵고 무언가 재일한인의 경우 다른 국가에 비해 투표에 대한 관심도가 상대적으로 높았기 때문이라는 점을 부정하기 어려울 것 같다. 마찬가지로 단일 지역의 투표자 수에 있어서 세계 전체 가운데 도쿄 대사관 투표소에서 투표한 사람(3,086명)이 가장 많은 인원으로 기록된 점을 보아도 위와 같은 평가가 가능하다고 생각한다.

지역별로 재일한인의 투표 결과를 살펴보면 니가타의 경우 6일간에 걸쳐 총 167명만이 투표에 참가하여 하루 평균 30명 안팎의 적은 투표로 해당 총영사관의 투표장이 매우 한산했다고 하는 것을 충분히 짐작할 수 있다. 이러한 현상은 삿포로나 센다이와 같이 재일한인 거주자가 비교적 적은 지역에서 동일하게 나타났다. 반면에 재일한인 거주자가 많은 도쿄, 오사카, 나고야에서 많은 투표가 나온 것을 확인할 수 있다. 이것은 거주지에서 가까운 대도시에서 투표자가 많이 나왔다고 하는 것을 여실히 보여 주고 있는 수치라고 할 수 있다. 일본 법무성이 발표한 2011년 말 외국인등록자 통계를 보면 오사카에 거주하는 재일한인 총수가 124,167명으로 일본 전국에서 가장 많았고 그 뒤를 이어 도쿄 거주자가 104,915명, 고베가 속한 효고현(兵庫縣)의 거주자가 50,438명이었다.[9] 이 가운데 특별영주권자 수를 보면 오사카에 거주하

9 法務省. http://www.moj.go.jp(白書統計/統計/法務省の統計/統計表一覧/登録外国人統

는 재일한인 총수가 101,211명으로 역시 일본 전국에서 가장 많았고 그 뒤를 이어 도쿄 거주자 47,053명, 효고현 거주자 45,088명 순이었다.[10] 이렇게 볼 때 지역별로 재일한인 거주자 절대수 순위가 재외투표자 절대수 순위와 일치하지 않는다는 것을 알 수 있다. 다만 오사카 총영사관에서 61.0%라고 하는 매우 높은 투표율이 기록된 것은 특별영주권자를 포함하여 재일한인의 투표에 대한 비교적 높은 관심도를 읽어 내는 데 주목할 만한 통계라고 할 수 있다.

투표일별로 보면 5일차인 4월 1일에 가장 많은 투표자가 나왔다. 투표자 수가 적은 니가타, 삿포로, 센다이, 히로시마 등 소도시를 제외하고는 나머지 대도시 지역에서 일요일에 가장 높은 투표 참여가 이루어진 것으로 나타난 것이다. 이것은 생업에 종사하면서 투표에 참여해야 하는 상황에 따른 것으로 세계 전체의 투표자 통계에서도 비슷한 결과가 나왔다. 특히 일본의 국정선거에서 1970년 이후부터 보궐선거를 제외하고는 평일을 투표일로 지정하는 것을 법률로 금지하고 있다. 일본 사회에서 일요일에 투표를 하는 것이 일상화되어 있는 사회적 풍토와 맞물려 재일한인의 투표에 있어서도 일요일에 가장 많은 투표가 이루어진 것으로 보인다.

각 지역별로 개표 결과가 나오는 까닭에 일본의 투표소에서 재일한인들이 어떠한 성향의 투표 성향을 보였는지 파악하기란 곤란하다.

計統計表/年報/2011年/都道府県別国籍[出身地]別外国人登録者). 2012. 8. 10. 인출.

10 法務省. http://www.moj.go.jp(白書統計/統計/法務省の統計/統計表一覧/登録外国人統計統計表/年報/2011年/都道府県別在留資格[在留目的]別外国人登録者[その2韓国・朝鮮]). 2012. 8. 10.

다만 중앙선관위의 "제19대 국회의원 재외선거 비례대표 선거 정당별 득표 현황" 자료에 의하면 비례대표 투표 결과 새누리당이 22,646표로 득표율 40.4%, 민주통합당이 19,757표 35.2%, 통합진보당이 8,132표 14.5%의 순으로 나타난 것으로 되어 있다. 이것은 재외한인 사회의 정치적인 성향을 한마디로 단정하기는 어렵다는 것을 여실히 보여 준 것이다. 언론 보도에 의하면, 비례대표 투표만 할 수 있는 영주권자들을 중심으로 하는 재외선거인 투표에서 보수적 성향의 정당이 약간 많은 지지를 획득한 반면, 유학생 등 단기체류자들에 의한 국외부재자 투표에서는 진보적 성향의 정당이 보다 많은 지지를 획득한 것으로 나타났다고 한다(『연합뉴스』, 2012. 6. 27.).

세계 한인 전체 수에서 볼 때, 2012년 국회의원 선거의 재외투표 결과 123,418명밖에 등록하지 않은 데다가 56,456명만이 투표에 임하여 결과적으로 50%에도 못 미치는 투표율이 나왔다. 이러한 저조한 등록률과 투표수를 둘러싸고 한국의 여러 언론 매체들이 재외투표를 위한 예산 213억 원을 결국 낭비한 것이 아닌가 하는 비판을 제기한 바 있다(『연합뉴스』, 2012. 4. 3.). 물론 재외한인 커뮤니티를 활용한 예산 절감의 노력과 함께 재외투표율 제고를 위한 편의성 확보나 홍보 확대 등이 필요한 것은 두말할 필요가 없다. 그러나 재외한인 사회에 대한 정체성을 확인하는 재외투표의 근본적인 역할을 도외시하고 재외투표를 정치과정 행위로서만 이해하고 피상적으로 드러난 투표자 수만을 가지고 예산 낭비 운운하는 논의는 재고되어야 한다고 본다.

2012년 국회의원 선거 과정에서 나타난 재외투표의 문제점에 대해서는 규슈대학 법학연구원의 협력연구원 기무라 다카시(木村貴)가 잘 정리하고 있다. 그는 투표 절차상 문제점으로 방문에 의한 재외선거인 등록의 불편함, 투표용지 교부 시의 지문 인식, 선거 정보를 인지할 시간의 부족 등을 들었다. 이와 함께 그는 불공정 선거의 문제점으로 다양한 형태로 이뤄지는 특정 후보에 대한 사전 홍보 움직임, 그리고 민단 구성원 일부가 제기하고 있는 바와 같이 총련 단체의 선거 개입 가능성 문제도 거론했다(木村貴, 2013: 36-41).

3) 2012년 대통령 선거와 재일국민 투표

2012년 한국의 대통령 선거는 국내외 동포 사회에 큰 관심을 불러일으켰다. 다음 〈표 9-4〉는 중앙선관위 재외선거상황실이 2012년 10월 22일에 집계한 통계를 다시 가공한 것이다.[11] 세계 전체, 미국, 중국과 비교하여 재일한인 사회의 재외선거인과 국외부재자 신청 접수 상황을 나타낸 것이다. 이때 재일한인 가운데 선거인등록을 마친 선거인은 총 37,126명으로 예상 선거인 수 462,509명의 8.0%를 차지했다. 이 수치는 국회의원 선거 때의 4.0%에 비하면 그 두 배에 달하는 것으로 대통령 선거에 대한 상대적으로 높은 관심도를 반영한 것이었다. 세계 전체 한인의 경우 78.3%의 증가율을 보였는데 재일한인의 경우에는 이를 뛰어넘는 보다 높은 증가율을 보인 것이다. 그러나 이러한 증가율도 한편으로 재미한인의 123.5%에 비하면 매우 낮은 것이었고, 또 한편으로 재중한인의 49.0%에 비하면 매우 높은 것이었다.

---

11 중앙선거관리위원회. http://www.nec.go.kr(정보광장/선거마당/재외선거자료/재외선거정보/[제18대대선] 재외투표마감). 2012. 12. 8.

〈표 9-4〉 대통령 선거 재외선거인 등 신청 결과

국가별	공관별	재외선거권자 추정 수	신청 및 신고자 수		
			계	재외선거인	국외부재자
세계	163개 공관	2,233,695	220,042	43,248	176,794
미국	12개 공관	866,170	51,454	12,491	38,963
중국	10개 공관	295,220	35,630	269	35,361
일본	10개 공관	462,509	37,126	20,140	16,986
	東京(대사관)	134,035	13,519	5,281	8,238
	神戸	49,800	2,604	2,022	582
	名古屋	44,615	3,720	2,517	1,203
	新潟	8,351	714	440	274
	札幌	4,287	596	275	321
	仙台	9,260	1,244	650	594
	大阪	140,662	7,796	5,002	2,794
	横浜	32,508	2,730	1,492	1,238
	福岡	21,598	2,293	1,075	1,218
	広島	17,393	1,910	1,386	524

재일한인의 선거인 등록 상황만을 보면, 세계 전체 한인의 선거인 등록률 9.9%에 비해 약간 낮은 것이었고 재중한인의 등록률(12.1%)에 비해서도 낮은 것이었다. 그러나 국회의원 때와 마찬가지로 재미한인의 등록률(5.9%)과 비교해 보면 반드시 낮은 것만은 아니었다. 이처럼 등록률이 높고 낮은 것은 교민들이 본국 국정선거에 얼마나 관심을 가지고 있는가와 함께 재외공관 소재지에서 가까운 곳에 얼마나 집중하

여 거주하고 있는가와 밀접한 관계가 있었다고 본다. 재일한인의 경우 세계 전체의 한인이나 재미한인, 재중한인에 비해 재외선거인 신청자 수가 국외부재자 수에 비해 많았다. 이것은 재일한인의 경우 다른 국가에 비해 비교적 정주성이 높다고 하는 특성을 잘 나타낸 것이다. 일본 국내 지역별로 보면 도쿄, 삿포로, 후쿠오카 재외공관에 신청한 재일한인의 경우에만 국외부재자 신청인이 많아 이들 지역에 상대적으로 뉴커머가 많이 거주하고 있다는 것을 잘 나타낸 것이다. 하지만 나머지 지역에서는 재외선거인 신청자가 월등하게 많았고 이들 지역에서도 국회의원 선거 때에 비해 높은 등록률을 보임으로써 정주성 높은 재일한인의 경우에도 대통령 선거에 대해서는 상대적으로 높은 관심도를 나타낸 것을 알 수 있다.

대통령 선거 일정에 따라 2012년 12월 5일(수)부터 12월 10일(월)까지 6일간 재외투표가 실시되었다. 전 세계의 재외유권자 총 222,389명 가운데 158,225명이 투표에 참여하여 전체 71.2%의 투표율을 보였다. 이것은 국회의원 선거 때의 투표율 45.7%와 비교하여 1.5배 이상 증가한 것으로 그만큼 대통령 선거에 대한 재외한인의 관심도가 높았다는 것을 나타낸다. 바레인의 경우에는 204명이 선거인 등록을 마쳤는데 다른 지역에 신고한 사람들까지 이곳에 들어와 총 250명이 투표함에 따라 122.5%의 투표율을 보이는 기현상을 나타냈다. 또한 비교적 선거인 규모가 작고 재외한인 거주자가 밀집된 지역에서 높은 투표율이 나타났다(김성곤, 2013: 19-20). 일본의 경우 국회의원 선거 때와 마찬가지로 재외공관 10개소에서 투표가 이루어졌는데, 중앙선관위가 집계한 일자별 공관별 투표 결과는 다음 〈표 9-5〉와 같다.

〈표 9-5〉 재외공관별 대통령선거 재외투표 결과

공관명	선거인수	투표자 수							투표율
		누계	1일(수)	2일(목)	3일(금)	4일(토)	5일(일)	6일(월)	
세계 전체	222,389	158,225	20,045	18,732	23,306	39,709	33,860	22,573	71.1
미국	51,794	37,094	4,142	3,911	4,969	11,618	7,694	4,760	71.6
중국	35,674	24,330	2,658	2,885	3,508	6,327	5,375	3,577	68.2
일본	37,342	25,310	3,726	3,267	3.039	5,695	6,250	3,333	67.8
도쿄(東京)	13,658	9,631	1,095	1,098	1,147	2,545	2,368	1,378	70.5
고베(神戸)	2,609	1,685	243	228	213	359	418	224	64.6
나고야(名古屋)	3,724	2,373	374	310	250	513	631	295	63.7
니가타(新潟)	713	320	72	50	28	66	68	36	44.9
삿포로(札幌)	598	444	95	111	35	73	66	64	74.2
仙台	1,240	803	249	121	113	107	124	89	64.8
오사카(大阪)	7,826	5,964	968	880	792	1,120	1,445	759	76.2
요코하마(横浜)	2,743	1,572	270	200	163	340	406	193	57.3
후쿠오카(福岡)	2,323	1,627	237	161	190	365	495	179	70.0
히로시마(広島)	1,908	891	123	108	108	207	229	116	46.7

투표율에서 보면 국회의원 선거 때와는 달리 재일한인의 투표에 대한 관심도가 다른 국가에 비해 상대적으로 낮게 나타났다고 할 수 있다. 일본 전체의 투표율은 67.8%로, 세계 전체의 71.1%나 미국 71.6%, 중국 68.2%와 비교하여 볼 때에도 상대적으로 낮은 결과를 보였기 때문이다. 이것은 일본의 투표소가 다른 국가에 비해 상대적으로 교통이 편리한 위치에 있었음에도 불구하고 낮게 나타난 것으로서, 역

시 대통령 선거에 대한 관심도가 낮았기 때문이라는 점을 부정하기 어려울 것 같다. 다만 단일 지역의 투표자 수에 있어서는 국회의원 선거 때와 만찬가지로 세계 전체 가운데 도쿄 대사관 투표소에서 투표한 사람(9,631명)이 가장 많은 것으로 나타났다. 세계적으로는 도쿄의 뒤를 이어 로스앤젤레스 총영사관(8,156명), 뉴욕 총영사관(7,548명), 베이징 대사관(6,846명), 상하이 총영사관(6,745명), 오사카 총영사관(5,964명) 순이다. 이들 재외공관에서 투표한 사람은 중동 국가 전체(5,660명)나 아프리카 전체(2,407명)보다도 많았다.

일자별 투표 결과를 보면 도쿄의 4일 차(2,545명)와 5일 차(2,368명)에 가장 많은 투표자가 몰렸다. 이때 전 세계 투표소 가운데서도 가장 많은 투표자가 몰린 것이다. 이에 비하면 니가타, 삿포로 총영사관의 경우에는 하루에 100명이 안 되는 적은 인원이 투표장을 찾아 상대적으로 한산했다는 것을 알 수 있다. 비교적 비영주권자가 많은 도쿄의 투표율(70.5%)에 비해 영주권자가 많은 오사카에서 상대적으로 높은 투표율(76.2%)이 기록된 것은 역시 특별영주권자의 투표에 대한 높은 관심도를 나타낸 것이다. 투표일별로 보면 국회의원 선거 때와 마찬가지로 일본의 경우 5일 차 일요일에 가장 많은 투표자가 나왔다. 미국이나 중국, 그리고 세계 전체에서 4일 차 토요일에 가장 많은 투표자가 나온 것에 비하여 재일한인의 사회적 특징을 반영한 것이었다.

이어 대통령 선거에서 실시된 재외투표의 개표 결과를 보면, 총 선거인 수 222,389명에서 158,196명이 투표를 실시하고 64,193명이 기권한 것으로 나타났다. 투표자 가운데 905명이 무효표를 던져 총 157,291명이 유효투표를 실시한 것으로 나타났다. 대통령 후보자별 재외투표에 의한 득표 현황은 다음 〈표 9-6〉과 같다(김영하, 2013: 197). 재외투표 개표 결과 민주통합당 문재인 후보가 56.7%로 가장 많은 표를 얻었고 새누리당 박근혜 후보는 42.8%의 표를 얻는 데 그쳤다. 이로써 재외국민투표는 국내투표와 다르게 야당에게 유리한 결과가 나온 것을 알 수 있다.

민주통합당 김성곤 의원은 2013년 1월 23일 국회의원 별관 제2세미나실에서 정책 세미나를 열고 중앙선관위 자료를 이용하여 각 지역별 득표 결과를 발표했다. 그는 재외선거인 가운데 가장 많은 투표자를 기록한 서울의 경우 박근혜 후보에게 25,572명(44.1%)이 투표했고 문재인 후보에게는 31,804명(54.9%)이 투표한 것으로 밝혔다. 또한 대구·경북·경남·제주도를 제외한 모든 지방에서 야당이 상대적으로 높은 득표율을 기록했다고 밝혔다(김성곤, 2013: 22-23). 이와 함께 그는 투표율 제고 방안으로 거론되고 있는 우편투표 제도에 대해서 공정성 확보를 위한 안전장치가 확보되지 않은 한 도입하기 어렵다고 하는 반대 의견을 나타냈고 재외한인 조직을 이용한 선거 홍보와 교통편의 제공, 정당의 해외 지부 설립 허용이 필요하다고 주장했다(김성곤, 2013: 25-26).

〈표 9-6〉 재외투표 개표 결과 후보자별 득표 현황

유효투표 수	박근혜 (새누리당)	문재인 (민주통합당)	박종선 (무소속)	김소연 (무소속)	강지원 (무소속)	김순자 (무소속)
157,291 (100%)	67,319 (42.8%)	89,192 (56.7%)	94 (0.1%)	155 (0.1%)	353 (0.2%)	178 (0.1%)

3. 재일한인의 일본 국내 투표권

1) 일본 정주외국인 지방참정권 법안의 사멸

1990년 9월 재일한인 김정규(金正圭) 등이 정주외국인의 지방선거권 배제 문제를 둘러싸고 오사카시(大阪市)의 선관위를 상대로 제소한 것을 계기로 하여 일본 사회에서 외국인의 지방참정권 부여 문제가 사회 전면에 부각되기 시작했다(한경구, 2009: 371-372). 여기에 일본의 지방자치체 가운데 기시와다시(岸和田市) 의회가 1993년 "정주외국인에 대한 지방참정권을 포함한 인권보장에 관한 요망"을 채택했고, 1995년 2월 28일 일본의 최고재판소가 영주권자 등에게 "지방 공공단체의 장이나 의원에 대한 선거권을 부여하는 조치를 강구하는 것은 헌법상 금지되어 있는 것이 아니다"[12]라고 하는 판시를 내린 것을 계기로 하여 민단이 조직을 들어 지방참정권 획득을 위한 운동을 전개하기 시작했다. 이에 따라 관련 법안이 일본 국회에 1998년 10월 처음으로 제출되었고 그 후 수차례에 걸쳐 선거법 개정을 위한 특별위원회에 상정되기는 했지만 '계속 심의 중'으로 묶인 채 통과 절차에 들어가지 못하고 자동 폐기되어 왔다(최영호, 2004: 121-123). 재일한인을 포함한 재일외국인에게 지방참정권을 부여하는 문제가 일본 정당 내외에서 풍성하게 '논의'는 되어 왔지만 전혀 '실행'은 이루어지지 않은 것이다.

2009년 8월 중의원 선거에 임할 때 민주당은 선거공약에서 지방

12 最高裁判例. 1995년 2월 28일 제3소법정 판결. "選挙人名簿不登録処分に対する異議の申出却下決定取消請求事件". 平成5年(行ツ) 第163号. http://www.courts.go.jp/app/hanrei_jp/detail2?id=52525. 2014. 8. 3.

참정권 부여에 관한 적극적인 의향을 밝힌 바 있다. 이에 따라 민단을 중심으로 지방참정권 획득 운동을 전개해 온 사람들은 민주당에 의한 정권 교체 이후 참정권 부여 '실행'에 대한 기대를 걸었다. 민주당을 포함하여 외국인에 대한 지방참정권 부여에 찬성한다고 하는 의사를 표시한 정치가 가운데 2009년 중의원 선거에서 당선된 사람은 모두 280명 정도에 이른다. 중의원의 총정원이 480명인 점에 비추어 볼 때, 과반수를 훨씬 넘기고 있는 이들이 선거 때 내세운 정치적 공약을 의기투합하여 실행했더라면 외국인 지방참정권 문제는 쉽게 해결될 수 있었을 것이라는 계산이 나온다(최영호, 2011: 142). 선거 공약으로 정주외국인에게 지방참정권을 부여하겠다는 정치적 의사를 밝힌 민주당으로서는 정권 초기 정치적 책임을 느끼고 '실행'을 위한 움직임을 보이지 않을 수 없었다. 이에 따라 2010년 1월 18일의 통상국회 소집을 앞두고 당시 하토야마 유키오(鳩山由紀夫) 총리가 총무성에 대해 정부 발의로 참정권 부여 법안을 제출하는 방침을 검토하도록 지시하는 움직임을 보이게 되었다(『民団新聞』, 2010. 1. 15.).

그러나 정권 변화에서 위기를 느낀 일본의 일부 국가주의자나 우익단체들이 2009년 가을부터 외국인 지방참정권을 반대하는 운동을 강력하게 전개하기 시작했다. 이들은 제1 야당이 된 자민당에게 갖가지 압력을 행사했고 자민당은 2009년 10월부터 12월에 걸쳐서 일본의 각종 지방자치체 의회에 외국인 투표권 부여 반대 의견서를 채택하게 하는 움직임을 보였다. 2010년에 들어서자 일본 사회에서 반대 움직임이 더욱 격렬해졌다. 1월 25일부터 일본 전국의 자치단체장 또는 지방의회 의원 등 1,600명이 1만 명 서명 획득을 목표로 하여 일제히 반대

운동을 전개하는 움직임을 보이기도 했다(『産経新聞』, 2010. 1. 25.). 또한 4월 6일 도쿄에서 열린 전국 도도부현(都道府縣) 자치단체장 회의에서는 정주외국인에 대한 지방참정권 부여 법안에 대한 대응 방침이 의제 가운데 하나로 떠올랐다. 전반적으로 외국인 참정권을 인정하면 단체장 선거에 악영향을 끼치게 될 것이라는 인식을 공유하고 관련 법안 부여 움직임에 대해 신중한 검토를 요구하자는 의견이 대세를 이루었다. 이 회의에서 이시하라 신타로(石原愼太郎) 도쿄 도지사는 참정권 부여가 지방에 국한되지 않고 국가 이익에 결부될 가능성이 있다고 하며 '절대 반대'의 입장을 표명했고, 가토 모리유키(加戸守行) 에히메(愛媛) 현지사도 "기본적으로 반대한다"라는 입장을 밝혔다. 반면에 노로 아키히코(野呂昭彦) 미에(三重) 현지사, 가바시마 이쿠오(蒲島郁夫) 구마모토(熊本) 현지사, 가다 유키코(嘉田由紀子) 시가(滋賀) 현지사는 참정권 부여에 찬성하는 입장을 밝혔다(時事ドットコム, 2010. 4. 6,).

민주당 정권의 두 번째 총리가 된 간 나오토(菅直人)는 2010년 10월 4일 중의원에서 참정권 부여 문제는 위헌이 아니라 입법 정책에 관련된 것이라고 하며 참정권 부여에 찬성하는 의견을 나타낸 바 있다. 또한 그는 그해 10월 29일 우에노 미치코(上野通子) 자민당 참의원 의원의 질문서에 대한 답변서에서도 일본 정부는 정주외국인에게 선거권 부여 조치를 강구하는 것은 헌법상 금지된 것이 아니라는 1995년 최고재판소 판결을 존중한다고 하면서 전향적인 견해를 피력한 바 있다. 그렇지만 각료 사이에서조차 관련 법안 발의에 대해 의견이 분분한 가운데 누구 하나 법안 발의에 적극적인 움직임을 보이지 않았다. 결과적으로 전향적인 말은 하고 있었지만 그에 상응하는 적극적인 행동은 보이지 않은 것이다. 여기에다가 집권 후 민주당 수뇌부의 정치 자금 문제, 미숙한 국정 수행 문제, 연립정당과의 부조화 문제, 당 지도부 인사들의 신중하지 못한 언행이 계속 언론에 회자되면서 정권에 대한 지지도가 지속적으로 떨어지게 되었고, 이러한 상황에서 민주당의 외국인 지방참정권 부여 법안 상정 움직임도 함께 크게 위축되기에 이르렀다. 결과적으로 민주당의 2009년 지방참정권 부여 공약은 선거를 위한 전술로서의 역할에 그치고 말았다. 일본의 보수 우익 세력이 갖은 언설과 행동으로 위협하고 있는 가운데 이 문제에 대해 비교적 전향적인 태도를 보여 왔던 민주당이 집권 이후 무기력함을 드러낸 것이다.

2011년 8월에 민주당에서 세 번째 총리가 된 노다 요시히코(野田佳彦)는 집권 이전부터 당 내부에서 정주외국인의 참정권 문제에 대해 부정적인 태도를 취해 온 대표적인 인물이다. 그는 재무성 부대신을 역임하고 있던 2010년 1월 30일, 아이치현(愛知縣)의 민주당 지부에서 당시 하토야마 총리의 의사에 반대하는 의견을 제시했다고 하여 언론에 보도된 일이 있다. 그는 당시 지방참정권 법안을 제출하여 "민주당 내분을 부추길 필요가 없다", "정부제안 법안이든 의원제안 법안이든 이를 제출할 필요가 없다"라고 하는 '신중한' 입장을 표명했으며, 외국인에게 선거권을 부여하기보다는 일본 국적 취득의 요건을 간단히 하면 된다고 하는 자민당 당론과 같은 견해를 나타냈다(『朝日新聞』, 2010. 1. 30.). 2011년 그가 집권한 이후로는 재일외국인에게 지방참정권을 부여하는 문제가 일본의 정치권에서 실행은커녕 논의조차 이루어지지 않았다.

2012년 12월에 민주당으로부터 정권을 탈환한 자민당은 외국인 지방참정권 도입에 반대하는 일치된 당론을 분명히 하고 있어 관련 법안에 관한 언급조차 회피해 오고 있다. 자민당은 2010년 정책집 271항에서 외국인 지방참정권 부여 문제를 "국가의 형태를 파괴하는" 것이라고 비판하고 강경한 반대 입장을 분명히 나타낸 바 있다. 정책집에서 자민당이 언급한 반대 이유는 다음과 같다. "정주외국인에 대한 지방참정권 부여는 국민주권 · 민주주의의 근간과 관련되는 중대한 문제다. 헌법상 공무원의 선정파면 권리는 '국민 고유'의 권리다. 최고재판소 판례에서도 지방선거를 포함하여 선거권이 보장되고 있는 것은 '일본 국민'이라는 점에서, 정주외국인에 대하여 지방선거 선거권을 부여하는 법안은 헌법 위반이며 이에 반대한다."[13] 즉 자민당은 당론으로 외국인 지방참정권 법안을 위헌적이라고 지적한 것이다. 이러한 견해라면 오늘날 재일민단이 조직을 들어 지방참정권 획득 운동을 전개하고 있는 것도 위헌적인 움직임으로 비판받아야 한다. 하지만 민단은 주지하는 바와 같이 1995년 2월의 일본 최고재판소에 의한 "헌법상 금지된 것이 아니다"라는 판결에 따라 합법적으로 관련 조직 운동을 전개해 오고 있다. 이처럼 지방참정권 법안의 위헌성 여부를 둘러싸고 집권 자민당과 일본 사법부 그리고 재일한인 단체가 각각 견해를 달리하고 있는 상황에서 일본 사회의 보수우경화 움직임은 위헌이라고 하는 평가에 힘을 실어 주고 있는 것이다.

한편 한국 정부는 1991년 한일 외무장관 회의 때부터 공식적인 채널을 통하여 정기적으로 일본 정부에 대해 재일한인에 대한 지방참정권 부여를 요청해 왔다(田中宏 · 金敬得, 2006: 26). 일본 정부에 의한 참정권

---

13 https://www.jimin.jp/election/results/sen_san22/kouyaku/22_sensan/contents/10.html. 2014. 8. 3.

부여의 전망이 보이지 않는 가운데 한국 정부는 공염불하듯 재일한인 단체의 요청 사항을 외교적으로 전달해 온 것이다. 최근에 들어 한국과 일본 사이에 외교 관계가 멀어지면서 재일한인의 참정권 문제는 거론조차 되지 않고 있다. 이러한 상황에서 2013년 6월 27일 한국 국회는 "해외 거주 대한민국 재외동포에 대하여 거주국의 지방참정권 부여 촉구 결의안"을 출석 의원 203명, 찬성 202표, 기권 1표로 채택했다.[14] 결의안은 일본을 직접 지칭하지 않았지만 명백하게 일본을 향한 메시지였다. 결의안은 자국의 국적 유무를 기준으로 하여 정주외국인을 지방참정권으로부터 배제하는 국가의 입법부에 대해, 한국과의 상호주의적인 차원에서 정주외국인의 지방참정권을 보장하는 법률안을 신속하게 제정하도록 촉구했으며, 이를 위해 적극적인 의원 외교를 전개하기로 결의했고 한국 정부에 대해서도 외교적인 노력을 촉구했다.

일본의 정주외국인 가운데는 우리가 역사적 존재로 간주하고 있는 재일한인 특별영주권자들이 포함되어 있다. 이들은 일제 시기 일본에 거주했던 자와 그 후손들에게 안정적인 거주 조건을 제공한다는 취지 아래 한국과 일본이 협정을 맺어 특별영주권을 부여한 자들이다. 일반영주권자들과는 달리 역사적으로 일본 사회에 뿌리를 내리고 살아온 사람들이다. 18세 이상 성인으로서는 오늘날 2-3세가 주류를 이루고 있으며 뉴커머 재일외국인들과 달리 대체로 한반도로의 귀환은 생각하기 어렵고 한반도 국가 국민으로서의 정체성도 지극히 희박하다. 엄연한 일본 사회의 정착 주민인 이들에게까지 일본의 정치권이 지역

14 『民団新聞』, 2013. 7. 17.

문제 참여의 기회를 허용하지 않는 것은 아무리 보아도 이해하기 곤란하다. 이들에게 일본 국적으로의 귀화나 자녀들의 일본 국적 선택을 위협적으로 유도하고 있는 행위로밖에는 보이지 않는다.

2) 재일한인 정치헌금으로 인한 민주당의 곤혹

지난 2011년 민주당 정권하에서 총리와 외상이 재일한인으로부터 정치헌금을 받았다는 이유로 야당 자민당과 보수적인 단체로부터 추궁을 당했다. 특히 당시 72세의 재일한인 할머니로부터 정치자금을 받은 것이 발단이 되어 관련 법에 위배된다는 이유로 마에하라 세이지(前原誠司) 의원이 3월 초 외상 자리에서 물러났다(『産経新聞』, 2011. 3. 4.). 일본의 정치자금규정법(政治資金規正法) 제22조 5항에는 "누구도 외국인, 외국 법인, 또는 주된 구성원이 외국인 혹은 외국 법인인 단체로부터 정치 활동에 관한 기부를 받아서는 안 된다"라고 규정되어 있다.[15] 금액과 상관없이 외국인이나 외국 법인으로부터 기부금을 받는 것을 금지하고 있는 것이다. 야당 의원들의 집요한 추궁에 직면한 마에하라는 주위의 만류에도 불구하고 3월 6일 정치적 책임을 지고 사임하겠다는 의향을 밝혔다. 간 나오토(菅直人) 총리는 그의 후임으로 이토 히로부미(伊藤博文)의 자손으로 유명한 마쓰모토 다케아키(松本剛明) 당시 외무성 부대신을 임명했다.

마에하라는 외상에 재직하면서 중국과 러시아에 대해 영토 문제

15 "政治資金規正法". 1948년 7월 29일 법률 제194호, 최종 개정 2004년 5월 30일 법률 제42호. http://law.e-gov.go.jp/htmldata/S23/S23HO194.html. 2014. 8. 3.

에서 단호한 자세를 보였고 국토교통상 재직 때 인프라 수출을 위해 세일즈 외교에 앞장서기도 하여 그 행정 역량에서 비교적 높은 평가를 받아 왔다. 한편 그는 주변에 한인 지인을 많이 가지고 있고, 한국에 대한 이해가 깊어 민주당 초기에 한국과 원만한 외교 관계를 유지하는 데 중심적 역할을 담당해 왔다. 그런 사람이 그를 아끼는 이웃 재일한인 여성으로부터 생각 없이 받은 정치헌금으로 어처구니없이 갑자기 장관직 사퇴에 몰리게 된 것이다.

오늘날 대부분의 국가에서 공직자가 외국인으로부터 정치헌금을 받는 것에 대해서는 법률적으로 엄격하게 금지하고 있다. 다만 일본에서도 과거 냉전 시기 자민당 정권이 미국으로부터 자금 지원을 받았던 것처럼 오늘날에도 법망을 피하거나 초월하여 외국인 자금을 받아 쓰는 일이 비일비재하게 일어나고 있고, 인터넷에 의한 정치헌금이 일상화되고 있는 상황에서 외국인인지 아닌지를 가려서 헌금을 받기도 어렵다. 하지만 민주 사회에서는 공직자가 외국인이나 외국 회사로부터 정치헌금을 받은 것이 밝혀지면 당연히 정치적 책임을 져야 한다. 일본 민주당 의원 가운데 일부가 몇 푼도 안 되는 정치헌금으로 마에하라가 사임한 것이 부당하다고 하는 의견을 내놓은 일이 있는데 이러한 움직임은 오히려 야당의 공격을 부채질하고 민주당의 입지를 더욱 좁히는 역할을 했다.

문제는 정치헌금을 기부한 재일한인 여성을 단순히 정치자금법에 규정된 '외국인'으로 볼 수 있는가에 있다. 이 점에서 마에하라의 사임은 일본 사회에서 재일한인을 비롯한 정주외국인의 정치 참여 문제에 관한 논의를 불러일으키는 계기가 되었다. 문제의 여성은 재일동포 2

세 혹은 3세로 일본에서 태어나고 자랐지만 일본의 국적법에 의해 한국 국적을 유지하고 있는 특별영주권자임에 틀림없다. 평상시에 일본식 이름을 쓰고 있으며 언어도 한국어는 제대로 모르고 있고 일본어만 사용하고 있어, 당사자와 허물없이 지내는 절친한 관계가 아닌 이상 정체성에 관하여 깊은 대화를 나누어 보지 않고서는 이런 사람이 일본인이 아니라 '외국인'이라고 판별하기는 지극히 어려웠을 것이다.

한국적을 가진 재일한인, 조선적을 가진 재일조선인, 일본 국적을 가진 코리안, 중국 국적을 가진 재일조선족 등, 우리가 재일동포라고 부르는 사람은 국적만 가지고 볼 때에도 다양하다. 일본 사회에서는 이들을 포괄적으로 통칭하는 용어로 '자이니치(在日)'가 사용되고 있다. 근래에 들어 한국식 이름을 가진 채 일본 국적을 취득하는 재일동포가 많아지고 있는 현상에서 보면 이름만 가지고 일본 국적자인지 아닌지를 구분하는 것도 쉽지 않다. 다만 마에하라의 경우는 문제의 여성이 '자이니치'라는 것을 인지하고 있었으며 다만 정치자금법에 걸리는 '외국인'일 수 있다는 것을 미처 의식하지 못한 것이다. 또한 문제의 여성도 선량한 주민의 한 사람으로서 자신의 정치헌금 행위가 불법 행위가 될 수도 있다고 하는 것을 미처 의식하지 못함으로써 결과적으로 자신이 아끼는 정치가에게 정치적 손상을 입히는 사건을 일으키게 된 것이다.

이 사건 이후 일본 민주당은 집권하면서 외국인 참정권 부여에 관한 선거 공약을 지키지 않은 것은 물론 나아가 당대표 선거에서도 외국인 당원의 투표를 아예 인정하지 않겠다는 방침을 굳혔다. 2011년 12월 2일에 열린 당 규약 검토위원회가 종래에 인정해 오던 외국인 당원이나 외국인 지지자에 의한 투표를 인정하지 않기로 결정한 것이다. 이러한 방침은 노다 요시히코 대표의 제1기 임기가 만료되는 2012년 9월에 실시된 당대표 선출부터 적용되었다. 재일한인을 포함하여 일본에 뿌리를 내리고 살고 있는 정주외국인들에 대해 일본 의회가 지방참정권을 부여하고 있지 않은 가운데, 이러한 민주당의 방침 변경은 정주외국인이 정당의 당원으로서 정치적 의사를 표현할 수 있는 공식적인 기회를 박탈한 것이다.

그때까지 일본의 정당 가운데 민주당은, 공명당, 사민당과 함께 18세 이상의 정주외국인에게도 당원이 될 수 있는 자격을 부여해 왔다. 반면에 자민당과 공산당의 경우에는 당 규약에 18세 이상의 일본 국민에게만 당원 자격을 한정하고 있어 외국인의 정당 참여를 원천적으로 배제하고 있다. 민주당에 국한하여 대표 선출에 관한 당 규칙을 보면, 임기 도중에 대표를 교체하는 경우에는 신속한 결정을 위하여 소속 국회의원 투표만으로 선출한다. 하지만 임기 만료에 따라 차기 대표를 선출해야 하는 경우에는 국회의원뿐만 아니라, 당의 공천을 받은 의원 후보자, 소속 지자체 의원, 그리고 일반 당원과 지지자도 투표에 참여할 수 있게 하고 있다.

일본의 민주당에서는 현직 국회의원 1명당 2점, 공천받은 의원 후보자 1명당 1점을 부여하며, 지자체 의원 전체에게는 총 100점을 부여하고 득표수에 따라 점수를 배분한다. 또한 당원과 지지자의 경우는 중의원 선거구 총 300개에 1점씩 부여하며 각 선거구에서 가장 많은 득표자에게 점수가 부가되도록 하고 있다. 이러한 방식으로 점수를 모두 합하여 그 과반수를 획득한 후보가 대표로 선출되며, 만약 과반수를 획득한 후보가 없을 경우에는 1위와 2위 후보자에 의한 결선 투표를 통해 대표를 결정한다. 결선 투표에서는 현직 국회의원과 공천을 받은 자만이 유권자가 된다. 이렇게 보면 대표 선출에 있어서 사실상 당원과 지지자의 영향력이 극히 미미한 것임을 알 수 있다. 이런 가운데 외국인 당원과 지지자가 투표를 한다고 해도 이들이 대표 선출에 끼칠 수 있는 영향력은 거의 없다고 말할 수 있다.

그럼에도 불구하고 이렇듯 민주당이 대표 선거에서 정주외국인을 배제시킨 것은 외국인 지방참정권에 대한 비판론자들이 제기하고 있는 바와 같이, 여당 대표가 총리가 되는 상황에서 민주당 대표 선출 과정에 외국인이 정치에 참여하는 행위가 곧 국가 정책에 대한 외국인의 관여가 될 수 있다고 하는 견해를 수용한 결과다. 또한 자민당을 중심으로 하는 보수 성향의 정치가들이 민주당의 외국인 당원에 의한 정치헌금을 문제 삼아 지속적으로 여당을 곤혹스럽게 하는 가운데 당 차원에서 앞으로 외국인 정치헌금 수수의 기회를 줄여 가겠다는 의지를 표명한 것이기도 하다.

3) 재일 외국인의 주민투표권

선거권을 중심으로 하는 외국인 지방참정권 법안이 중앙에서 표류하고 있는 가운데 일본의 지방자치단체가 조례 제정을 통하여 정주외국인에게 주민투표권을 부여하는 경우가 있다. 비록 단체장과 지방의회 의원 선출을 위한 투표권은 아니라고 하더라도 해당 지방의 주요 정책에 관하여 의견을 제시함으로써 부분적으로 참정권을 행사할 수 있도록 하는 것이다. 2014년 8월 3일 현재까지 정주외국인에게 주민투표권을 행사할 수 있도록 조례를 제정한 지자체는 다음 〈표 9-7〉과 같이 40개 단체로 파악되고 있다.[16] 현재 일본 전국 지자체가 1,742곳[17]에 이르는 것과 관련하여 주민투표권 가능성을 열어 놓은 지자체는 전체의 2.3%에 불과하며 이것도 지자체에 따라 반대론이 강령하게 전개되고 있는 가운데서 조례를 유지 혹은 보류하고 있는 실정이다. 더욱이 폭력도 불사하겠다는 반대론자들의 움직임이 험악해지고 있는 가운데서 최근에 들어서는 외국인들에게 실제로 주민투표권을 행사할 수 있도록 하는 움직임은 전혀 나타나지 않고 있다.

지자체의 정주외국인에 대한 주민투표의 역사는 시가현 마이하라쵸(滋賀県 米原町)에서 시작되었다. 이 지자체가 2002년 3월 31일 주변 지자체와의 합병 문제를 둘러싸고 주민투표를 실시하면서 일본에서 최초로 정주외국인에게 투표권을 인정한 것이다.[18] 주민투표 당시 이 지자체의 인구는 약 12,700명이었고 그중에 영주외국인은 30명 정도였고 대부분이 재일한인이었다. 당시의 단체장 무라니시 도시오(村西俊雄)가 적극 주도하여 성립된 주민투표 조례는 총 16조로 되어 있었고 투표 자격자로 공직선거법에 규정된 유권자에다가 20세 이상으로 3개월 이상 지자체 안에 거주하는 영주외국인도 포함시켰다. 물론 투표자격

16 http://ja.wikipedia.org/wiki(日本における外国人参政権/地方自治体の動き). 2014. 8. 3.

17 http://info.jmc.or.jp/shikuchosonsu.html. 2014. 8. 3.

18 주민투표 결과 찬성 다수로 합병이 결정되었다. 그 결과 2005년 2월 주변의 山東町, 伊吹町와 합병되어 마이바라시(米原市)가 되었고 이에 따라 종래의 마이하라쵸(米原町)는 소멸되었고 합병된 새로운 지자체는 정주외국인의 주민투표권을 인정하지 않고 있다.

자 명부에 등록을 신청한 사람에 한하여 투표권이 부여되었다.[19] 그해 1월 18일에 조례가 제정된 직후 조직적인 협박 전화 등에 못 이겨 투표를 포기한 외국인도 있지만 결국 절반 정도가 투표에 참여한 것으로 알려지고 있다.[20]

마이하라쵸 이외에도 아키타현 이와키마치(秋田県 岩城町)가 2002년 9월에, 그리고 사이타마현 이와키시(埼玉県 岩城市)가 2003년 1월에, 각각 지자체 합병과 관련한 주민투표에 정주외국인을 참여시켰다.[21] 아이러니하게도 이처럼 2002년과 2003년에 지자체 합병 과정에서 정주외국인을 참여시킨 지자체는 모두 합병이 결정되어 해당 지자체가 소멸되었다. 어차피 소멸될 지자체에서 마지막 청산 작업에 정주외국인 주민들을 참여시킨 셈이다. 또한 그때에는 아직 정주외국인의 주민투표 참여 문제에 대한 사회적 저항이 미약한 시기였고 해당 지자체에서 합병 문제가 그다지 쟁점화되지 않았기 때문에 외국인의 투표 참여가 가능했다고 말할 수 있다.

〈표 9-7〉이 제시하는 바와 같이 민주당 정권이 들어서기까지 일본의 지자체 가운데 소신을 가지고 조례 제정을 통해 정주외국인과의 '공생'을 추구하는 단체가 속출했고 오늘날까지 관련 조례를 유지하고 있는 것이다. 하지만 민주당 정권 출범 이후 현재에 이르기까지 존재하는 지자체 가운데 실질적으로 조례를 적용하여 주민투표를 실시하면서 여기에 정주외국인을 참여시킨 사례는 없다.

---

19 http://tamutamu2011.kuronowish.com/maibara.htm 2012. 9. 9.

20 http://www.gcnet.at/residence/jumin-tohyoken.htm 2012. 9. 9.

21 http://www.gcnet.at/residence/jumin-tohyoken.htm 2012. 9. 9.

〈표 9-7〉 외국인의 주민투표권을 유지하는 일본 지자체

도도부현	시정촌	조례 제정일
홋카이도(北海道)	増毛町	2002년 9월 11일
	遠軽町	2007년 4월 1일
	稚内市	2008년 4월 1일
	北広島市	2009년 6월 1일
이와테현(岩手県)	宮古市	2008년 7월 1일
	滝沢村	2010년 10월 1일
군마현(群馬県)	高崎市	2011년 2월 18일
도쿄도(東京都)	杉並区	2003년 4월 1일
	三鷹市	2006년 4월 1일
	小金井市	2009년 9월 1일
사이타마현(埼玉県)	富士見市	2002년 12월 20일
	美里町	2003년 4월 1일
	鳩山町	2004년 12월 7일
	和光市	2004년 1월 1일
지바현(千葉県)	我孫子市	2004년 4월 1일
가나가와현(神奈川県)	逗子市	2006년 4월 1일
	大和市	2008년 10월 1일
	川崎市	2009년 9월 1일
니가타현(新潟県)	上越市	2003년 4월 1일
이시카와현(石川県)	宝達志水町	2007년 4월 1일
후쿠이현(福井県)	越前市	2005년 10월 1일
시즈오카현(静岡県)	静岡市	2005년 4월 1일
아이치현(愛知県)	高浜市	2002년 9월 1일
	一色町	2007년 7월 1일
	安城市	2010년 4월 1일
나가노현(長野県)	小諸市	2010년 3월 19일
시가현(滋賀県)	近江八幡市	2008년 3월 30일

오사카부(大阪府)	岸和田市	2005년 8월 1일
	大東市	2008년 4월 1일
	豊中市	2009년 3월 26일
나라현(奈良県)	生駒市	2010년 11월 1일
	大和郡山市	2011년 3월 14일
미에현(三重県)	名張市	2006년 1월 1일
효고현(兵庫県)	篠山市	2006년 10월 1일
돗토리현(鳥取県)	境港市	2007년 7월 1일
	北栄町	2008년 10월 1일
히로시마현(広島県)	広島市	2003년 9월 1일
	大竹市	2004년 4월 1일
야마구치현(山口県)	山陽小野田市	2006년 7월 1일
후쿠오카현(福岡県)	宗像市	2006년 1월 1일

특히 민주당 정권 이후 일본 사회 전반에 걸쳐 지방참정권 부여 법안에 반대하는 움직임이 왕성해지고 있는 가운데 이러한 조례를 유지하는 데에도 반대하는 움직임이 강해지고 있다. 홋카이도 왓카나이시(北海道 稚内市)와 히로시마시(廣島市)와 같은 지자체는 한편으로 조례를 통해 정주외국인의 주민투표 가능성 인정을 유지하고 있으면서 다른 한편으로는 지방참정권 부여에 반대하는 의견서를 제출하기로 가결함으로써 이율배반적인 움직임을 보이기도 했다(최영호, 2011: 144-145).

여기에 우회적으로 정주외국인을 주민투표에 참여시키는 것과 비슷한 정치적 효과를 거두고자 하는 지자체의 움직임도 있다. 예를 들어 1996년 12월에 시작된 가와사키시(川崎市)의 '외국인시민대표자회의'나 2003년 4월에 시작된 오사카부 도요나카시(豊中市)의 '외국인시민회의 설치준비회의'와 같이 외국인 참가형 자문기구를 두고 있는 지자체가 있다(澤敬子, 2004: 213-214). 그 이외에 심의회나 자문 기관 등의 공모위원 제도, 시민회의 제도를 운용하면서 국적 조항을 두지 않기 때문에 정주외국인에게 실질적으로 개방되어 있는 지자체가 있다(大杉覚, 2007: 14-16). 하지만 이렇듯 사회적 현실과 인권적 당위성의 타협점에서 마련되는 정주외국인 참여 방식은 이것이 공식적인 정책 결정 기구와 별도로 운영되거나 정주외국인의 참여가 공식화되지 않은 경우에는 그때그때의 사회적 분위기에 따라 언제든지 실질적인 지자체 경영에서 정주외국인의 배제가 이루어질 수 있다는 한계를 안고 있다.

오늘날 일본 사회의 보수화 경향에 따라 일본의 지자체로부터 주민투표에서 정주외국인의 참여를 배제하려는 움직임이 나타나고 있다. 2011년 하반기에 들어 미에현 마쓰사카시(三重県 松阪市)에서 조례 제정을 둘러싸고 이러한 불온한 움직임이 현실로 나타났다. 이곳 야마나카 미쓰시게(山中光茂) 시장이 외국인에게도 주민투표권을 부여하는 것을 골자로 하는 지방 활성화를 위한 기본 조례안을 제시한 데 대해, 10월 초부터 2개월간 주민의 의견을 공모한 결과 160명이나 되는 주민들이 가부 의견을 제시했고, 이 가운데 대부분이 외국인 참여 허용 방침에 반대하는 목소리를 낸 것이다. 이러한 움직임은 '일본회의지방의원연맹' 등의 단체가 외국인에 대한 주민투표권 부여가 실질적인 참정권 부여이며 위헌의 소지가 있다고 주장하는 보수적인 움직임을 보이고 있는 것과 무관하지 않다.

결국 주민들의 반대 의견에 봉착하자 야마나카 시장은 내부적으로 재검토하겠다고 하며 12월 중에 지방의회에 조례안을 제출하기로 한 일정을 연기하기에 이르렀다. 야마나카는 2009년 1월에 치러진 시장 선거에서 당시 33세의 나이로 일본 최연소 시장에 당선된 인물이다. 그는 비교적 우파적 성향을 띠고 있는 정치가이며 외국인 지방참정권 부여 문제에 대해서는 반대 의사를 분명히 하고 있다. 그러면서도 지방 특유의 문제에 대해서는 지역 주민들이 정치가 이상으로 잘 파악하고 있다는 점을 들어 아무리 외국 국적자라고 해도 이들이 주민인 이상 지자체 활성화 정책에 적극 관여시켜야 한다는 의견을 굽히지 않고 있다. 2012년 말 시점에 총 17만 정도의 인구를 가진 마쓰사카시에는 외국 국적자로서 필리핀 국적자 1,987명을 비롯하여 브라질 국적자 283명 등 총 3,600명가량이 거주하고 있으며 재일한인은 극히 적은 것으로 알려졌다.[22]

4. 나가며

이상으로 재일한인의 투표권을 사례로 하여 투표권의 '초국가주의'적인 성격을 살펴보았다. 서론에서는 투표권이 개개인의 정체성을 확인하는 자연권적인 속성을 가진다고 하는 점을 강조했다. 투표권이 권리자가 속한 국가에 의해 보장되는 권리라고 하는 점에서는 반론의 여지가 없지만, 그것이 개인의 정체성과 관련된다는 점에서 국가 성립 혹은 헌법 성립 이전의 성격을 가지는 것이며 인권과 같은 성격을 갖

22 http://www.city.matsusaka.mie.jp/www/contents/1371513146747/files/kokusaika 2014. 8. 3.

는다는 점을 강조했다.

또한 본론에서는 재일한인의 투표권 문제를 한국과 일본을 '관통' 하는 문제의 하나로 보고, 한국의 재외국민 선거에서 투표권이 어떻게 부여되었고 2012년 국회의원 선거와 대통령 선거에서 어떻게 투표권이 행사되었는지, 그리고 일본 사회의 주민으로서 선거투표권이 여전히 부여되지 않은 부조리 상황과 어렵사리 일부 지역에서 주민투표권이 유지되고는 있으나 실제로 적용되고 있지 않은 상황을 살펴보았다.

특별영주권자를 중심으로 하는 재일한인에게 있어서 재외국민 투표나 지역주민 투표는 모두 정치 과정으로서의 의미보다 정치적 정체성이나 사회적 소속감을 확인하게 하는 행위로서 의미가 훨씬 크다. 그것은 정치권력적인 차원에서 접근해야 할 문제가 아니라 인권적인 차원에서 접근해야 하는 문제라는 것이다. 그럼에도 불구하고 한국은 모두 현실적 정치 과정을 중시하는 입장에서 재외국민의 투표권 문제를 다루다 보니 관련 법 개정이 늦어졌고 투표 참여의 편의성을 제고하는 방안을 마련하는 데 소극적으로 임해 왔다.

마찬가지로 일본의 중앙 정치권도 정치 과정을 중시하다 보니 지방선거권 부여 법안에 대해 지극히 소극적인 태도를 보여 왔고 민주당 정권에서는 물론 오늘날 자민당 정권에서는 강렬한 사회적 반대에 부딪쳐 관련 법안에 관한 논의조차 이루어지지 않고 있다. 투표권에 한정하여 볼 때, 민족주의 차원을 극복하려는 움직임이 전반적으로 사회적 저항을 받고 있는 가운데 일본 사회에서 소수 주민의 인권이 전적으로 무시되는 상황에 이르고 있다고 말할 수 있다. 이러한 분위기는 일본의 지자체에도 파급되어 2000년대 전반까지 활발하게 일어났던 내셔널리즘(nationalism)을 넘어서고자 하는 인권 옹호 차원의 '공생' 움직임들이 오늘날 전반적으로 위축되고 있다.

참고문헌

강성훈. 2013. “재외국민선거에 대한 여론조사 결과 분석”. 『한국시민윤리학회보』 26(1): 123-142.

김성곤. 2013. “제18대 대선 재외국민선거 결과와 그 의의”. 김성곤의원실 주최 세미나 〈제18대 대통령 재외선거 · 평가와 과제〉. 1월 23일.

김영하. 2013. “재외선거 결과 분석을 통한 개선방안 모색: 공정성, 대표성 및 효율성을 중심으로”. 『대한정치학회보』 20(3): 179-201.

김웅기a. 2011. “재외국민 국정참정권과 재일동포사회의 변화”. 『일본학』 32: 41-84.

김웅기b. 2011. “韓國 國政參政權과 在日韓國人 母國修學生의 政治參與意識”. 『한일민족문제연구』 21: 111-144.

박범종. 2012. “재외선거 현황 분석과 투표율 제고방안: OECD국가의 재외선거제도 비교와 미국, 중국, 일본의 설문조사를 중심으로”. 『한국민족문화』 44: 251-280.

윤종빈. 2011. “재외국민선거 모의투표를 통해 본 제도개선방안-현장조사보고서 리뷰”. 『국회입법조사처보』 9: 58-60.

중앙선거관리위원회. 2011. 10.6. “제19대 국회의원 재외선거 투표용지 작성 · 교부방법 안내”.

중앙선거관리위원회. 2012. 7. 19. “제18대 대통령 재외선거 투표용지 작성 · 교부방법 안내”.

지충남 · 이소영. 2014. “재외국민선거에 대한 민단과 재일한인회 회원들의 인식 비교”.『OUGHTOPIA』 29(1): 67-104.

최영호. 2004. “재일한국인의 일본 지방참정권, 그 현황과 전망”. 『21세기정치학회보』 14(3): 121-146.

최영호. 2011. 『한일관계의 흐름 2010』. 논형.

______. 2013. 『한일관계의 흐름 2011-2012』. 논형.

한경구. 2009. “일본사회의 국제화와 공존을 지향하는 재일한인의 운동”. 『일본 한인의 역사(상), 재외동포사총서 10』. 국사편찬위원회.

徐元哲. 2011. “永住外国人の地方参政権を考える”. 『平和運動』 483: 4-18.

大杉覚. 2007. 『住民と自治体：自治体経営への住民参加』(分野別自治制度及びその運用に関す

る説明資料 No.1). 自治体国際化協会(CLAIR).

木村貴. 2013. "国境を越えた韓国'民主化':'自由'と'参加'を求めて". 『東アジア研究』 13 · 14 合併号: 31-47..

近藤敦. 1996. 『外国人参政権と国籍』. 明石書店.

澤敬子. 2004. "中小自治体における外国人諮問制度の課題:大阪府豊中市の事例から". 『現代社会研究』 7: 213-219.

田中宏. 2010. "外国人地方参政権はなぜ必要か 疎外の社会か' 共生の社会か". 『世界』 803: 36-44.

田中宏 · 金敬得. 2006. 『日韓「共生社会」の展望: 韓国で実現した外国人地方参政権』. 新幹社.

谷野隆. 2010. "在日外国人の地方参政権をめぐって". 『アジェンダ: 未来への課題』 29: 75-78.

丹羽雅雄. 2010. "外国人地方参政権法案の背景と課題". 『ヒューマンライツ』 265: 12-17.

平松茂雄. 2010. "国を危うくする外国人地方参政権". 『治安フォ—ラム』 16(4): 39-47.

吉川智. 2010. "日本における外国人の地方参政権に関する一考察". 『憲法論叢』 17: 135-158.

제10장
트랜스내셔널리즘과 재일한인: 정체성 변화를 중심으로[1]

라경수(학습원여자대학)

1. 들어가며

본 장에서는 '초국가주의'라는 관점에서 흔히 '자이니치(在日)'로 명명되는 재일한인들의 정체성(identity) 문제를 재조명코자 한다. 주지하다시피, 재일한인, 그것도 그들의 정체성만을 테마로 다룬 책들이 일본은 물론이거니와 한국과 영어권에서도 많이 출간되고 있는 것은 일본이라는 사회 속에서 그들이 얼마나 '특별한 존재'이자 '관심의 대상'이 되고 있는지, 그리고 일견 일반화/단순화되기 쉬운 그들의 정체성이 얼마나 복잡하고 중층적인 성격의 것인지를 드러내는 하나의 방증이 아닐 수 없다.

---

1 본 장은 고려대학교 아세아문제연구소 한민족공동체연구센터가 한국학중앙연구원의 지원을 받아 2011년부터 2016년까지 전개한 '한인 디아스포라 연구 중앙허브 사업단'이 2012년 9월 21일에 주최한 국제학술회의 〈디아스포라와 트랜스내셔널리즘의 이슈, 이론, 방법론〉에서 발표한 원고 및 『민족연구』 56: 4-23에 게재된 졸고 "초국가주의를 통해 본 재일한인의 정체성 변용"을 수정 · 가필한 것임을 밝힌다.

여기서 '초국가주의(transnationalism)'라는 관점에서 재외한인, 특히 재일한인의 정체성 문제를 보기 위해서는 그 역사성 때문에 먼저 '초'를 떼어 낸 '국가주의(nationalism)' 관점[2]에서 논하는 것이 선행될 필요가 있다. 필자는 이미 별도의 논고(羅京洙, 2013)에서 재외한인의 국제이동과 내셔널리즘과의 관계성을 고찰한 바 있다. 즉 재외한인의 월경(越境) 행위가 내셔널리즘과 불가분의 상호 작용을 하면서 전개되었음을 분석했다. 국제이동을 하는 재외한인은 민족과 국가가 발신하는 내셔널리즘에 의해 많은 영향을 받아 왔다. 그들은 그 영향하에서 '(재외)동포'라는 이름으로 명명/표상되면서 항상 이를 의식하며 생활하지 않을 수 없었다. 그리고 이러한 '동포' 담론은 근대기에는 '민족 독립을 위해', 현대기에는 '국가 발전을 위해'라는 역사적 계보성을 띠면서 현재에 이르고 있다. 본 장의 주된 연구 대상인 재일한인도 예외는 아니었다. 특히 식민지 종주국으로 건너간 재일한인의 이동의 역사의 경우는 더더욱 그렇다. 이로 인해 재일한인의 정체성은 민족과 국가와 결부시켜 확대 재생산되는 과정의 반복 속에서 상당히 획일적이고 집단적인 것으로 인식되는 경향이 여전히 강한 편이다.

본론에 본격적으로 들어가기에 앞서, 개인과 국가 사이의 관계 설정 및 그 변용에 대한 필자의 견해를 피력코자 한다.

---

2 비교적 근래의 현대적 개념인 '초국가주의'를 영어 표현인 '트랜스내셔널리즘'으로 환치시키는 것은 그리 별 무리가 없겠으나, '초(超)'를 떼어 낸 '국가주의'를 그대로 '내셔널리즘'으로 등치시키기에는 다소 무리가 있다고 판단된다. 왜냐하면 한국 사회에서는 그 역사적인 배경으로 인해 여전히 영어의 내셔널리즘을 '국가주의'보다는 '민족주의'로 번역/해석하는 경향이 강하기 때문이다. 따라서 한국적 내셔널리즘은 국가주의와 민족주의가 절묘하게 결합된 것으로 이해하면 될 것이다.

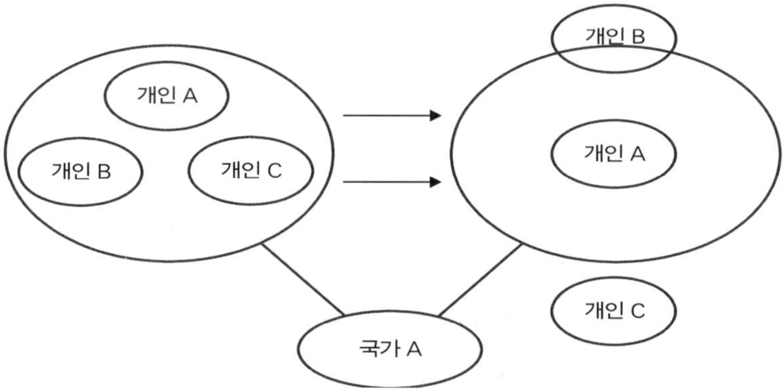

〈그림 10-1〉 개인과 국가 사이의 관계 변용

글로벌라이제이션(globalization)과 국민국가의 상대화로 국경을 초월해 삶을 영위하는 개인 혹은 민족 등의 초국가적 존재에 대한 관심이 날로 높아지고 있다. '국민'이라는 미명하에 국가의 경계 틀 안에 갇혀 지내야 했던 개인이나 민족은 이제는 국경이라는 물리적/심리적 경계를 비교적 자유롭게 넘나드는 초국가적 월경/이동을 활발히 전개하고 있다.

필자가 작성한 〈그림 10-1〉은 이러한 개인과 국가를 둘러싼 국제관계의 변용을 표현한 개념도이다. 예를 들어, 근대기에는 (국민)국가 A는 그 국경선을 그어 원래 그곳에 살던 개인 A와 개인 B와 개인 C 등의 사람들을 '국민'이라는 명명으로 경계/국경의 안쪽에 가두어 왔다(〈그림 10-1〉의 왼쪽 부분). 이를 통해 각각의 개인들은 국가 A의 '충실한 국민'이 되었다. 이와 동일한 방식으로 복수의 국가군이 만들어 낸 것이 근대기의 '국제' 관계라 할 수 있다. 그러나 이러한 근대기의 '국제' 관계는 변화를 거듭해 나간다. 정치적 망명, 경제적 난민, 전쟁과 분쟁, 불법체류 등 다양한 요인이 지금까지 강력한 틀이라 여겨졌던 국민국가라는 체제를 흔든 것이다(〈그림 10-1〉의 화살표 부분). 그 결과, (개인 A처럼 한 국가에 속해 '국민'으로 살아가는 것이 여전히 주류이자 당연하다는 인식이 팽배해 있지만) 이중국적자나 무국적자 등과 같이 국경선에 걸치거나 이를 넘나드는 개인 B나 개인 C와 같은 존재들이 부상하게 되었다(〈그림 10-1〉의 오른쪽 부분). 이러한 국가와 국경 그 자체는 여전히 엄연하게 존재한다는 점을 간과해서는 안 되겠지만, 현재 국경을 초월한 보통 사람들의 월경/이동에 의해 국민국가라는 종래의 체제가 상당히 흔들리고 있다는 점을 천착할 필요가 있겠다.

그러한 의미에서 본고는 단적으로 말해 지금껏 일본 혹은 모국이라는 국민국가의 틀 안에 갇혀서 해석되고 표상되었던 재일한인 사회 및 그들의 자기 정체성을 틀 밖으로 끌어내서 재조명/재인식하는 '새로운 학문적 시도'라 할 수 있겠다.

2. 사람의 월경/이동에 관한 이론적 검토

먼저, 재일한인을 포함한 한인들의 트랜스내셔널한 이동/월경이라는 구체적인 현상에 대한 이해를 돕기 위해 사람의 국제이동에 관한 대표적 이론이자 담론 중의 하나인 '이민론'에 대한 비판적 검토를 시도코자 한다. '이민'이라는 개념은 이주지의 변화를 의미하는 라틴어 'migrare'에서 유래했다(나윤기, 1988: 7). 동 개념은 보통 두 개의 상이한 국민국가 사이에서 합법적으로 이루어지는 이주를 일컫는다. 또한 그

기간에 있어서 여러 이견이 있지만, 적어도 1년 이상의 비교적 장기간에 걸쳐 해당국에 거주하는 것을 전제로 한다. 이 때문에 단기간의 취업, 유학, 관광, 출장과 같이 자국으로의 재입국을 상정하는 경우는 이민의 범주에 들지 않는다. 이민이 반영구적인 '정주'를 의미한다면, 그 밖의 국제이동은 일시적 '체류'를 목적으로 한다.

그러나 이러한 이민의 개념은 국민국가라는 틀을 사람들의 월경 기준으로 하는 이른바 '국가 간의 이동'이다. 이 때문에 동 개념에는 월경하는 주체인 개인의 관점이 부족하거나 결여되어 있다. 지금까지 이러한 이민론은 자명한 것으로 받아들여져 이에 대한 반론이 거의 없었다. 그러나 시대가 변하면서 이민론은 그 한계를 드러내고 있다. 고전적인 협의의 이민론만으로는 송출국과 거주국이라는 2국에 한하는 사람의 국제이동밖에 상정할 수 없다. 그러나 특히 오늘날에 있어서 사람의 국제이동은 반드시 2국의 틀 안에서만 일어나는 현상이 아니라, 불법체류(미등록체류)나 밀항 등의 '비합법적 이주'를 포함해 보다 복잡한 상황과 관계 속에서 전개되고 있다. 종래의 이민론만으로는 이러한 초국가적 차원의 전개 양상을 설명할 수 없다는 한계를 갖는다.

이러한 종래의 이민론이 갖는 한계를 극복하고 사람들의 복잡한 국경 넘기를 보다 입체적이고 유연하게 이해하기 위한 새로운 개념 및 이론적 분석틀이 필요한 시점이다. 그러한 의미에서 본고의 핵심 키워드인 초국가주의, 즉 트랜스내셔널리즘도 이상에서 살펴본 기존의 이민론이 갖는 한계를 보완/극복할 수 있는 유용한 이론적 분석틀이 될 수 있다. 버토벡(Vertovec, 1999: 447)은 트랜스내셔널리즘을 "국민국가의 경계를 넘어서 사람과 조직을 연결하는 다원적 관계 혹은 상호 작용"으로 정의한다. 또한, 우에스기 토미유키(上杉富之, 2004: 107)는 트랜스내셔널리즘 개념의 전제 조건으로, ① 복수의 국경을 넘나드는 현상일 것, ② 장기간 계속되는 현상일 것, ③ 규칙적이자 빈번하게 관찰되는 왕복 운동일 것, ④ 다원적 귀속의식 혹은 네트워크가 형성될 것 등을 들고 있다. 이들의 주장과 필자의 견해를 종합하자면, 국가 본위의 이민론과 달리 트랜스내셔널리즘론은 역시나 이동/월경의 당사자이면서도 그동안 객체화/주변화되었던 개인 단위의 초국가적 이동/월경 행위를 보다 중시한다는 이론적 장점이 있다.

다음은 근래 들어 각광을 받고 있는 '디아스포라(diasporas)'라는 개념이다. 이 용어는 명확한 정의도 내리지 않고 연구자에 따라 그 해석과 의미가 약간씩 다르게 사용되는 경우가 적지 않다. 이 개념이 이 시기에 왜 재등장했으며, 어떠한 인문사회과학적인 의미와 문제의식을 우리에게 주는지에 대한 면밀한 검토가 불충분하다. 동 개념은 박해나 추방 등에 의한 민족적 이산이라는 부정적인 협의의 이미지가 여전히 강하다. 그래서 사프란(Safran, 1991: 83)도 디아스포라를 "국외로 추방을 당한 소수 집단 공동체(expatriate minority communities)"로 정의했다.

한편, 전 지구화로 인해 근대적 산물인 국민국가의 기능이 상대적으로 약해지고 있는 가운데, 개인과 민족집단의 아이덴티티는 더 이상 특정 국가의 영토(영역) 안에만 한정되지 않는다는 '아이덴티티의 탈영토화(deterritorialization of identity)' 현상이 학계의 많은 관심을 끌고 있다. 그리고 그 관심의 중심에 디아스포라라는 개념도 있다. 이처럼 아이덴티티의 탈영토화를 강조하는 개념인 디아스포라는 내셔널리즘의 극복과 국민국가의 상대화를 가능케 하는 장점도 있다. 그럼에도 불구, 디아스포라 개념을 모국과의 관계나 비참한 역사적 경험, 민족끼리의 연대 의식 등과 과도하게 결부시키는 것은 오히려 민족주의적인 사고를 더욱 강하게 하는 방향으로 이어질 수 있다는 점도 간과되기 쉽다(최협 외, 2004: 159, 174).

디아스포라가 갖는 이러한 민족주의적 맹점을 이론적으로 보완할 수 있는 개념으로 활용될 수 있는 것이 트랜스내셔널리즘이 갖는 잠재성이라 하겠다. 따라서 재외한인을 논함에 있어 디아스포라와 트랜스내셔널리즘 중 어느 한 관점에 치우치기보다는 두 관점의 장점을 살림과 동시에 상호 보완적인 담론 전개가 바람직하겠다. 예를 들어, 재일한인에 있어 일본 식민지 시대에 행해진 이른바 '강요된 이동(forced migration)'에 대해서는 디아스포라의 개념을, 1980년대 후반부터 보다 나은 삶을 찾아 개인의 자유 의지에 따라 도일한 뉴커머 재일한인에 대해서는 트랜스내셔널리즘의 관점을 적용해 해석하는 학문적인 유연성이 요구된다.

이상의 이론적 검토를 참고하면서 재외한인에 관한 현황을 개괄하면 다음과 같다. 외교통상부가 2015년에 발표한 재외동포 현황에 따르면, 2014년 12월 말 현재, 718만여 명의 코리안이 전세계 181개 국가 혹은 지역에 흩어져 살고 있다.[3] 그중 약 259만 명의 중국조선족이 가장 많고, 다음으로 재미한인(224만), 재일한인(86만), 재캐나다한인(22

3 총인구 대비 그 규모는 같은 동아시아권 출신으로 3-4천만 명 정도로 추정되는 화인/화교 혹은 약 350만 명 정도로 추정되는 닛케이진(日系人)에 비해 결코 작다고 할 수 없다. 또한, 화인/화교가 주로 동남아시아로, 닛케이진이 미주 지역을 중심으로 집중 이동한 것에 비해 한인들의 경우는 보다 광범위한 지역으로 이동한 월경의 역동성이 그 특징이라 할 수 있겠다.

만), 재우즈베키스탄한인(19만), 재러시아한인(17만) 등의 순이다.[4]

여기서 특히 흥미로운 것은, 위에서 언급한 것과 같이 한국 정부는 재일한인의 인구 규모를 86만 정도로 상정하는 것에 비해, 일본 정부는 이미 일본인으로 귀화한 자들은 제외하고 순수 외국인등록[5]을 한 이들 53만여 명만을 재일한인으로 카운트하고 있다는 점이다. 한국 정부가 이미 일본인으로 귀화한 이들도 재일한인의 범주에 포함시키는 '혈통주의'를 취하고 있는 반면, 일본 정부는 귀화한 이들을 재일한인의 범주에서 배제시키는 '국적주의'를 택하고 있는 것이다.

〈표 10-1〉에서 보듯, 2015년 12월 말 현재, 일본 정부가 집계 및 관리하는 전체 체류 외국인 수에 있어 재일한인의 수적 규모는 한국 및 조선 항목을 합친 491,711명으로, 전체 재일외국인 규모의 22% 정도를 차지하고 있다. 이는 665,847명으로 전체의 29.8%를 차지하는 재일중국인 다음으로 큰 규모이다. 역사적으로 일본 사회에서 가장 큰 소수민족 그룹으로 재일한인들이 '군림'해 왔던 수적 우위의 자리를 2007년을 기점으로 재일중국인에게 내주게 된 것은 재일한인에게는 하나의 '사건'으로 각인되고 있다.

---

4 외교통상부 발표 재외동포 현황을 보자면, 모두 50만 명 이상으로 추정되는 보통 '고려인'이라 불리는 독립국가연합(CIS)의 한인들은 구소련의 해체로 인해 그 통계에 있어 우즈베키스탄, 러시아, 카자흐스탄과 같이 각각의 독립국가 단위로 해당 한인들의 규모가 분산 파악되고 있음을 알 수 있다.

5 일본정부는 원칙적으로 90일 이상 일본에 머무는 중장기 체류자 및 특별영주자를 대상으로 했던 기존의 외국인등록제도를 2012년에 폐지하고, 이를 대신해 재류카드를 발급해 관리하는 제도를 새롭게 도입 및 시행하고 있다.

〈표 10-1〉 일본 내 체류 외국인의 수적 규모(2015년 12월 말 현재)

국적/지역	인원수(명)	구성비(%)	전년 대비 증감률(%)
중국	665,847	29.8	1.7
한국	457,772	20.5	-1.7
필리핀	229,595	10.3	5.5
브라질	173,437	7.8	-1.1
베트남	146,956	6.6	47.2
네팔	54,775	2.5	29.4
미국	52,271	2.3	2.0
대만	48,723	2.2	21.2
페루	47,721	2.1	-0.5
태국	45,379	2.0	5.3
조선	33,939	1.5	-5.1
기타	275,774	12.4	11.2
합계	2,232,189	100.0	5.2

출처: 일본 법무성 보도 발표 자료(2016. 3. 11.)[6]

이처럼 그 수적 규모에 있어 재일한인이 재일중국인에게 추월당한 것은 재일한인 사회에서의 귀화자 증가, 일본인과의 국제결혼 증가, 그리고 중국인들의 도일 급증 등의 요인과 맞물려 나타나는 현상으로 사료된다. 또한, '한국 · 조선'을 한 단위로 묶어서 집계를 했던 기존의 방식과 달리, 2012년부터 일본 정부는 '한국'과 '조선'을 분리해서 각각 집계해 발표하는 방식을 취해서 결과적으로 재일한인 사회의 인구 규

6 http://www.moj.go.jp/content/001178165.pdf에서 2017. 1. 3. 인출.

모가 더욱 왜소해 보일 수 있겠다. 〈표 10-1〉에서 보듯, '한국'과 '조선'의 카테고리를 막론하고 재일한인의 인구 규모는 전년에 비해 감소했음을 알 수 있으며, 이러한 감소 추세는 앞으로도 계속될 것으로 판단된다.

3. 재일한인의 정체성 변용에 관한 담론 분석

여기서는 민족과 국가에 의한 내셔널리즘의 영향하에서 국경을 넘었던 재일한인이 형성한 자기 정체성의 특징과 성격에 대해서 고찰코자 한다. 서두에서 언급한 바와 같이, 그들은 '민족 독립'과 '국가 발전'을 위한 '동포'라는 집단의식을 항상 가져왔으며, 이 때문에 그들의 아이덴티티는 매우 획일적인 것으로 이해(오해)되기 쉬운 측면이 있다. 그러나 다양한 이동 경험을 했던 그들의 아이덴티티는 그렇게 단순하지 않다는 것이 필자의 견해이다. 내셔널리즘에 의한 '동포'로서의 집단적 아이덴티티를 강요당하면서도 한편으로 그들 각자는 각각의 판이하고 독자적인 아이덴티티를 형성해 왔다.

재일한인, 재미한인, 중국조선족, 고려인 등 전 세계 재외한인들은 같은 '동포'이면서도, 서로가 갖는 인식과 정체성에는 커다란 차이가 있다. 정체성 면에 있어서는 반드시 "내외동포는 하나"라고 할 수 없다. 특히, 재일한인은 러시아, 중국, 미국으로 이동한 한인과 달리, 당시 식민지 종주국인 일본으로 이동한 특수한 경우로 그들의 아이덴티티도 모국 사람이나 여타 지역으로 이동한 한인과는 일견 비슷하면서도 다른 훨씬 더 복잡한 성격의 것이다. 예를 들어, 그다지 세상에는 많이 알려지지는 않았지만, 와세다대학에 다니던 양정명(梁政明)이라는 재일한인 2세는 1970년에 대학 근처 한 신사에서 분신자살을 했다. 유년 시절 가족 전원이 일본인으로 귀화한 사실을 대학 진학 후에 안 그는 자기 자신이 일본인인지 아니면 한국인인지를 고민하다 결국에는 죽음을 택했던 사건이다. 현재 살아 있다면 70대 초반의 나이였을 그의 죽음이 무엇을 의미하는지 되새길 필요가 있겠다. 재일한인 1세와 그들의 후손들에게 형성된(되고 있는) 자기 정체성이 얼마나 복잡한 것인가를 알려 주는 일례가 되겠다. 재일한인 2세인 서경식(徐京植)도 재일한인 사회의 세대교체가 거듭되어도 그들이 "나는 누구인가?"라는 물음에서 해방되는 일은 없을 것이라고 단언한다(재외동포재단, 2007: 307). 모국과 거주국이라는 국민국가 사이의 경계를 넘나들어야 했던 그들의 '경계인'으로서의 삶과 정체성은 그만큼 강렬하고 복잡하고 혼종적인 것으로 풀이된다.

'일본인'으로 귀화한 재일한인의 자기 정체성은 더더욱 중층적이고 복잡하다. 다음 〈표 10-2〉는 2003년부터 2015년까지 13년 동안 일본인으로 귀화한 재일한인의 수적 추이를 나타낸 것이다. 매년 1만 명 이상이 귀화했던 2000년대 초반에 비해 근래에는 4-5천여 명 수준으로 감소는 했지만, 여전히 여타 소수민족에 비해 재일한인의 귀화자 수는 절대다수를 차지하고 있다. 그리고 이러한 귀화자의 감소 추세는 귀화를 하지 않겠다는 재일한인의 의지 표현의 결과라기보다는 재일한인의 전체 인구 규모 자체가 감소했기 때문으로 풀이된다.

〈표 10-2〉 일본 내 귀화자의 수적 추이(2003-2015)

(단위: 명)

연도	한국/조선	중국	기타	총계
2003	11,778	4,722	1,133	17,633
2004	11,031	4,122	1,183	16,336
2005	9,689	4,427	1,135	15,251
2006	8,531	4,347	1,230	14,108
2007	8,546	4,740	1,394	14,680
2008	7,412	4,322	1,484	13,218
2009	7,637	5,392	1,756	14,785
2010	6,668	4,816	1,588	13,072
2011	5,656	3,259	1,444	10,359
2012	5,581	3,598	1,443	10,622
2013	4,331	2,845	1,470	8,646
2014	4,744	3,060	1,473	9,277
2015	5,247	2,813	1,409	9,469

출처: 일본 법무성 민사국 통계[7]

이처럼 '일본인'으로 귀화하는 재일한인에 대해 '일본에 굴복했다'라거나 '민족의 반역자' 혹은 '반쪽바리'라는 차별의 인식이 시대가 변해도 여전한 가운데, 일본 국적을 취득한 것 때문에 이들의 자기 정체성도 모두 일본인화한 것처럼 인식되는 경향이 있다. 그러나 이들 귀화자들이 갖는 아이덴티티는 그렇게 단순한 것이 아니라 이보다 훨씬

7 http://www.moj.go.jp/content/001180510.pdf 2017. 1. 4. 일본 법무성 민사국 통계를 보자면, 공식 집계를 시작한 1952년부터 2015년 현재까지 일본인으로 귀화한 재일한인은 36만 명 이상에 달하는 것을 알 수 있다.

더 중층적이면서 혼재적인 것이다. 이와 관련, 김현선은 "일본 국적 코리안은 그동안 양쪽 집단 모두에서 배제되던 주변적인 존재였지만, 반대로 불리한 조건을 역전시켜 국적과 민족이 분리된 새로운 재일의 삶의 가능성을 보여 주는 점에서도 주목되는 유형"으로 규정하고, 동시에 귀화한 재일한인은 "흔히 지적되어 온 것처럼 일본인이 되고 싶은 주류인 콤플렉스를 지니고 있음에도 불구하고, 일본 국적을 취득한 이후에 혹은 현재 역으로 자신의 삶과 아이덴티티를 코리안 혹은 더블·재일로 새롭게 재구축하는 전환 양상을 보인다"라고 주장한다(김현선, 2011: 318). 귀화한 재일한인이 자신의 의지로 오히려 더 적극적으로 민족적인 정체성 형성에 임할 수 있다는 역설적인 논리로, 그들이 갖는 정체성의 중층성을 예리하게 꿰뚫고 있다는 점에서 상당히 흥미롭다.

박지향은 이렇게 주장한다. 민족주의에 집착하는 사람들은 세계가 여전히 국민국가 체제 속에서 움직인다는 사실을 지적한다. 이것은 틀리지는 않지만, 그 흐름 자체는 쇠퇴의 길로 들어섰다. 민족은 아이덴티티의 범주로는 아직 유효하다는 것도 인정한다. 그러나 그것이 배타적일 필요는 없다. "아이덴티티는 모자가 아니다"라는 것이다. 즉 이는 한 번에 하나밖에 쓸 수 없는 것이 아니라는 의미이다. 인간을 구성하는 다양한 아이덴티티 중에서 민족적 아이덴티티는 유일하거나 압도적이지도 않다. 국가는 시민들에게 하나의 아이덴티티만을 강요하는 것이 아니라, 그들의 다양한 아이덴티티를 법적/제도적으로 보호하는 기능을 갖추어야 한다(『조선일보』, 2006. 5. 20.). "아이덴티티는 모자가 아니다"라는 말은 국경을 넘었던 재일한인의 경우에도 해당하는 표현이다. 재일한인의 아이덴티티는 국민국가가 강조하는 민족과 동포라는 '모자'만이 아니라, 그들이 속한 가족, 학교, 직장, 고향, 지방 등등의 다양한 '모자'로부터 영향을 받고 형성되는 중층적이자 혼성적인 성격의 것이다. 국민국가 그 자체도 개인의 아이덴티티의 모든 것을 규정하는 것이 아니라, 다양한 '모자' 중의 하나로 간주될 수 있다.

한편, 재일한인의 아이덴티티는 모국 사람들과 어떻게 다르며, 상호 간의 인식에는 어떠한 차이가 있는지에 대해서도 검토할 필요가 있다. 그들은 모국 사람들을 같은 '동포'로 간주하는 반면, 모국 사람들은 그들을 '외국인'으로 간주하려는 경향도 여전하다. 이와 관련해 고려인이자 카자흐스탄국립대학교 교수인 김게르만의 견해가 흥미롭다. 그는 도쿄에서 개최된 한 강연회[8]에서 고려인의 정체성에 관한 필자의 질문에 이렇게 답했다. 그는 현재의 고려인의 정체성을 '바나나'에 비유했다. 외견은 황색으로 한국인과 다름이 없지만, 그 껍질을 까면 백색의 러시아인이라는 것이다. 19세기 중반으로 거슬러 올라가는 고려인의 이동의 역사를 감안한다면, 그들의 정체성 변용은 어쩌면 당연한 일일 것이다. 그러나 모국의 한국인은 껍질을 벗기기 전의 모습(상태)만을 보는 편견과 선입견 때문에 왜 고려인과 그 후손들이 한국어를 제대로 할 수 없는지에 대해 이해를 못 한다는 것이다. 고려인의 정체성은 이미 상당한 변화를 보이고 있으며, 한국인과는 다르다는 인식과 배려가 결여되어 있다. 고려인이 '바나나'라면 재일한인들은 과연 '무엇'에 비유될 수 있을까?

---

8 2008년 10월 11일에 도쿄 소재 분쿄구(文京区) 구민센터에서 〈高麗人: 旧ソ連及びソ連崩壊後の中央アジアにおけるコリアン(고려인: 구소련 및 소련 붕괴 후 중앙아시아의 코리안들)〉이라는 강연 제목으로 개최되었다.

4. 재일한인 청년들에 대한 면담조사를 통해 본 정체성의 '중층성(重層性)'

이상에서 살펴본 재일한인의 정체성 변화를 둘러싼 담론 분석을 뒷받침하기 위해서 이하에서는 필자가 수행한 네 개의 사례 분석을 통해 재일한인이 갖는 자기 정체성의 '다양성/혼합성/중층성'을 실증코자 한다. 구체적으로는 재일한인의 중층적 아이덴티티를 검증하기 위해서 2003년 5월에 네 명의 차세대 재일한인들을 대상으로 면담조사를 실시한 바 있다. 면담조사로부터 다소 시간이 흐르기는 했지만, '자이니치'로서 갖는 이들의 자기 정체성에 대한 고민은 2017년 현재에 있어서도 그 맥락을 같이해 사례 연구로서 유의미하다고 본다.

〈표 10-3〉 재일한인의 연령별 인구 구성(2015년 12월 현재)

연령층	비율(%)	연령층	비율(%)
0-9	3	60-69	14
10-19	5	70-79	10
20-29	11	80 이상	5
30-39	15	미상	-
40-49	18	합계	100
50-59	17		

출처: 재일본대한민국민단 홈페이지를 참고로 필자 재작성[9]

9 http://www.mindan.org/shokai/toukei.html에서 2017. 1. 5. 인출. 동 자료의 원전은 일본 총무성 통계국이 2015년 12월에 공표한 인구 통계로, 국적 · 지역별 체류 외국인 분류에 있어 '조선'을 뺀 '한국' 카테고리에 들어가는 재일한인만을 대상으로 한 것이다.

현재 재일한인 사회는 여타 한인 사회와 마찬가지로 1세에서 2, 3, 4, 심지어는 5세로 본격적인 세대교체가 진행되고 있다. 〈표 10-3〉은 2015년 12월 현재, 재일한인 사회를 연령대별로 차지하는 비율로 분류한 것이다. 재일한인 사회를 실질적으로 이끌며 중심적인 역할을 하는 20대, 30대, 40대, 50대의 비율을 합치면 61%를 차지한다. 그리고 자기 정체성 문제에 대해 가장 예민하게 고민하는 차세대 그룹인 10대와 20대를 합치면 16%를 차지한다. 이처럼 세대교체가 급속하게 진행되고 있는 가운데, 근현대기에 있었던 식민지 경험, 남북 대립, 민주화 운동 등의 시대를 살아온 재일한인 1세의 정체성은 지금의 차세대 재일한인에게 어떻게 전해지고 있는지를 파악하기 위해 이들 차세대 재일한인의 정체성에 대해 고찰할 필요가 있다.

아래에서는 네 명의 차세대 재일한인들에 대한 인터뷰를 바탕으로 이들 네 명의 자기 정체성에 내재된 공통점과 상이점을 개괄코자 한다. 인터뷰 대상자는 재일한인이 행한 이동 및 월경의 경험으로부터 형성된 정치사회적 배경에 따라 민단계, 총련계, 귀화자, 중립파 중에서 한 명씩 선택했다. 이들에 대한 주된 질문은 크게 개인적 성장 배경, 자기 정체성, 모국관, 이들의 일본(인)에 대한 인식 등이다. 각각의 대상자로부터 얻은 구체적인 인터뷰 내용은 다음과 같으며, 대상자들의 관점을 최대한 존중하는 차원에서 1인칭 직접 화법으로 정리한다.

(1) R씨(1978년생, 도쿄 출신, 남성)[10]

재일한인이 많이 거주하는 도쿄 아다치구(足立区)에서 유년 시절을 보냈고 와세다대학을 2003년에 졸업했다. 현재(인터뷰 당시)는 외국계 기업에 근무하고 있다. 본명(민족명)을 사용하고 있으나, 학교 다닐 때는 이름만 일본식으로 불렸으며, 성은 보통 '통명(通名)'이라고 하는 일본식 성을 사용하지 않았다. 이 점이 나름의 재일한인으로서의 정체성을 확립하는 계기가 되었다. 조상이 제주도 출신인 이유로 민단에 소속하고 있으며, 철이 들었을 때에 부모로부터 직접 '자이니치'라는 사실을 들었다.

그 후, 선거권이 없다는 것을 알고 자기 정체성에 대해 고민하기 시작한다. 또한, 자신을 포함해 재일한인은 한국과 일본이라는 두 국가 사이에 끼인 존재로 인식하고 있다. 일본인으로 귀화하고 싶은 마음도 있다. 그 이유는 국적 때문에 해외에서 일을 하는 경우에 여러 가지로 불편한 점이 많기 때문이다. 여기에 언어 문제도 크다. 나에게 모국어는 한국어가 아니라 일본어이기 때문에 언어 면에서 재일한인 1세들과의 인식 차가 상당히 크다고 느낀다. 대학 수업에서 처음으로 재일한인의 역사와 한글을 배웠고 기본적인 회화 정도의 한글 능력을 가지고 있다. 부모가 일본에서 살아가기 위해서는 민족교육보다는 일본의 교육을 받고 일본의 대학에 진학하는 것이 향후 인생을 위해서 좋다는 교육 방침을 가지고 있었기 때문에 민족교육에 그다지 정성을 다하지 못했다. 일상생활에 있어서도 항상 일본어로 커뮤니케이션을 하고 있

10 R씨에 대한 인터뷰는 2003년 5월 3일에 도쿄에서 실시했다.

다. 그러나 부모가 제사 등 모국의 훌륭한 문화라고 판단한 것에 대해서는 교육을 받았다. 이와 관련해 자신이 '자이니치'라는 의식은 항상 가지고 있었지만, 민족의식에 대해서는 많이 부족하다. 그리고 최근에 만난 중국 화교 출신을 통해서 민족성을 유지하고 있는 그들의 모습을 부럽게 여기게 되었으며, 특히 언어(한글)를 아는 것이 무엇보다도 중요하다는 것을 인식하기 시작했다.

모국관에 대해서는 한국에서 조상들이 살았다는 것을 자랑스럽게 여기지만, 한편으로는 한국보다는 태어난 일본을 더 모국으로 생각한다. 나의 모국관이란 인생에 있어서 가장 오랫동안 살았던 곳이라는 것에 바탕을 두고 있다. 또한, 빨리 남북 통일이 되었으면 한다.

다음으로 일본과의 관계에 대해서는 일본인으로부터 괴롭힘이나 차별을 받은 적은 있다. 그럼에도 불구하고 일본인으로부터 거의 '일본인'으로 인식되고 있다. 또한 결혼 상대로 한국인도 가능성은 있지만, 역시나 일본인을 우선적으로 생각한다. 재일한인 사회를 위해서 일본이 해야 할 것으로는 무엇보다도 '법적/제도적 정비'를 들고 싶다. 현재 재일한인의 정체성은 각양각색이지만 상당히 획일적인 것으로 인식되고 있다는 점이 재일한인 문제를 더욱 복잡하게 하고 있다. 마지막으로 '국가와 국가 사이에 끼어서 제도의 결함 속에서 삶을 영위하고 있는 존재가 있다는 사실을 널리 알릴 필요가 있다'는 점을 부언하고 싶다.

(2) L씨(1973년생, 도쿄 출신, 남성)[11]

현재 도쿄에 살고 있으며, 도쿄 소재 조선학교를 졸업하고 부기 학원에 다녔다. 그 후로는 일본인이 경영하는 국제회계사무소에서 일하고 있다. 재일한인 1세인 아버지 고향이 함경남도인 관계로 현재 총련에 속해 있다. 과거에 아르바이트를 하면서 일본명 사용을 요구받은 적도 있으나, 현재 상대방으로부터 요청이 없는 한 민족명을 사용하고 있다. 재일한인은 적극적으로 민족명을 사용해야 한다. 민족명 사용을 통해서 자기 정체성을 남들에게 더욱 잘 이해시킬 수 있기 때문이다. 어렸을 때부터 민족교육을 받아 상당한 한글 능력을 가지고 있다. 그 때문에 스스로 '외국인'이라는 사실을 숨기기 위해 일본명을 쓸 필요가 전혀 없다고 생각한다. 자신이 '자이니치'라는 사실을 모르는 사람들에게 자신의 '유창한' 일본어에 대해 칭찬을 받는 경우가 많은데, 이에 대해 자신의 출신 배경이나 '자이니치'라는 사실을 자세히 설명하는 좋은 기회로 인식하고 있다.

민족교육에 대해서는 재일한인으로서 일본에서 살아가고자 한다면 민족교육은 반드시 받아야 한다고 생각한다. 또한 한국의 사회, 제도, 사상 등 민족교육의 범위는 넓지만 무엇보다도 중요한 것은 모국어를 익히는 것이다. 만약 모국어를 전혀 모른다면 일본명을 사용하고 자연스럽게 귀화해 일본인이 될 수 있기 때문이다. 초등학교부터 고등학교까지 민족학교에 다녀서 재일한인에 대한 이해자로서 모국은 물론 재일한인에 대한 역사를 비교적 상세히 알고 있다. 스스로가 '자이

11 L씨에 대한 인터뷰는 2003년 5월 3일 도쿄에서 실시했다.

니치'라는 사실을 처음 안 것은 유치원 시절에 총련의 한 지부가 주최한 하계학교에 참가해 거기서 한글을 배우면서부터이다. 또한, 아버지가 북한이나 당시 사회주의 국가와 무역 사업을 해 여섯 살 때 평양을 방문했던 것도 자신이 '자이니치'라는 사실을 깨닫는 계기가 되었다. 이러한 배경 때문에 의외로 정체성 문제에 대해 고민한 적이 거의 없었다. '자이니치'라는 것에 대해서 직장에서도 사생활에서도 주위로부터 차별을 받거나 괴롭힘을 당한 적이 한 번도 없다. 굳이 말하자면, 해외여행을 갈 때에 외국인등록상 '조선적(朝鮮籍)'이라는 것으로 비자 신청에 시간이 걸리는 불편함이 있다는 정도이다. 이 때문에 일본인으로 귀화하는 것에 대해서는 전혀 고려하지 않는다. 재일한인 1세와의 관계에 대해서는 세대 차이를 전혀 느끼지 않는다. 오히려 식민지나 전쟁 등으로 고생한 분들이 많아서 귀엽게 자란 지금의 차세대 재일한인들과 달리 1세로부터 '파워'를 느끼고 받는다.

일본인들과는 현재 비교적 좋은 인간관계를 유지하고 있다. 재일한인 사회를 위해 일본이 했으면 하는 점과 관련, 재일한인은 일본에서의 영주권이 있으며 일본인과 동일한 교육을 받는 것은 물론, 취직을 하거나 사업을 할 권리가 있다. 선거권이 필요하다면 그 나라의 인간이 되면, 즉 귀화하면 될 문제이다. 일본 정부에 뭔가를 요구하기 전에 '자이니치'라는 신분으로도 이 정도로 할 수 있다는 무엇인가를 재일한인 스스로가 빨리 발견하는 것이 중요하다. '자이니치'라는 말에 그다지 집착하지 않고, 자연스럽게 자신의 꿈과 목표를 향해 노력을 다하는 '한 인간'으로서 살아가고자 한다.

그러나 모국관은 다소 복잡한 측면이 있다. 원래 하나의 민족인 남북이 통일하는 것을 당연한 것으로 생각한다. 그래서 나에게 모국이란 조상이 태어난 땅, 즉 남북한 모두로 인식한다. 총련계인 관계로 민단계 지인은 거의 없다. 그러나 총련계에도 한국적 사람들이 많기도 하거니와 '북은 총련, 남은 민단'이라는 이분법적 사고방식은 인간관계에 있어서는 그다지 무관하다.

최근(2003년 현재) 국적을 '조선적'에서 '한국적'으로 변경하려고 수속을 밟고 있다. 언어 표현 등에 있어서는 다소 차이가 있기 때문에 '조선어'에서 '한국어'로 바꾸려고 노력하고 있다. 이러한 심경의 변화에는 이유가 있다. 먼저, 스스로의 모국관을 바탕으로 한 번도 가 본 적이 없는 남쪽의 한국을 방문해 관광으로 서울의 거리를 걸어 보고 싶다는 소박한 꿈이 있다. 그리고 북한에 대해 그다지 좋지 않은 추억을 가지고 있기 때문이다. 지금까지 북한을 세 번 방문한 적이 있다. 북한 사람들은 농촌 지역으로 가면 갈수록 가난한 생활을 하고 있으며, 그 개선은커녕 역으로 더욱 악화 일로에 있는 것을 보고 너무나 마음이 아팠다. 또한 일본인 납치 문제에 대해서도 군정을 방패로 외교를 행하는 자세에 상당히 실망했다.

마지막으로 재일한인 사회(특히 총련계)의 문제점을 다음과 같이 지적코자 한다. 즉 총련은 독립적인 단체로 거듭날 필요가 있다. 북한의 지령에 따라 송금을 하거나 여타 행동을 일으키는 것은 좋지 않다. 총련계 재일한인도 일본 사회에서 어떻게 하면 잘 살아갈 수 있는지를 최우선으로 생각해야 한다.

(3) G씨(1974년생, 도쿄 출신, 남성)[12]

현재 한일 문화 교류 관련 일을 하고 있다. 일반 일본인학교에 다녔으며, 일본의 지방 소재 국립대학을 졸업했다. 기본적으로 민족명을 사용하고 있으나, 그 민족명을 일본식 발음으로 명명하고 있다. 또한, 부모의 결정으로 이미 일본인으로 귀화했다. 이러한 배경으로 민족교육에 대한 관심도 낮고 한글 능력도 그다지 없다.

자신이 '자이니치'라는 것을 처음으로 알았을 때에는 왠지 싫었지만, 정체성 문제로 고민한 적은 그다지 없었다. 게다가 재일한인 1세들과 그다지 접한 적이 없는 관계로 1세들의 정신적 고통 등을 자세히 알지 못한다. 또한 재일한인에 대한 역사는 책이나 다큐멘터리 영화 등을 통해 간접적인 형태로 접해 왔다.

모국관에 관해서는 그다지 의식한 적이 없다. 일본과의 관계에 있어서도 자신의 이름 때문에 놀림을 당한 적은 많이 있었으나, 일본인과의 인간관계는 양호한 편이다. 결혼 상대도 일본인이 가장 유력하다. 재일한인 사회가 직면하고 있는 문제는, 일본인과 일본 사회로부터 받는 법적/사회적 차별이고, 일본인과 동등한 인권을 법적으로 보장해 줄 것을 일본 측에 요구하고 싶다. 한편, '자이니치'가 일본 사회에 잘 적응하지 못하는 것은 '자이니치' 스스로가 일본 사회를 경원시하기 때문이다. 스스로는 '자이니치'라는 사실을 그다지 의식하지 않고 삶을 영위하고 있다. 그리고 국가에 대한 아이덴티티도 그다지 없다. 다시 말해서 스스로는 일본인이라고도 한국인이라고도 생각지 않는다. 옛

12 G씨에 대한 인터뷰는 2003년 5월 5일에 도쿄에서 실시했다.

날에는 민족명이나 '자이니치'라는 사실을 부끄럽게 생각했으나, 지금은 두 개의 다른 피(아버지는 한국인, 어머니는 일본인)가 흐르고 있다는 것을 '운명'으로 받아들이고 긍정적으로 인식하고 있다.

(4) Y씨(1973년생, 사이타마 출신, 여성)[13]

한국 국적을 가지고 있으며, 일본의 사립대학 한국어학과를 졸업했다. 현재 한일 교류 관련 사무소에서 일한다. 아버지가 일곱 살 때 경상남도에서 도일해 가와사키시(川崎市)에 정착했다. 부모와의 가치관 차이로 많은 어려움을 느끼고 있다. 고등학교 졸업까지는 일본명을 사용했으나, 그 후로 원래의 민족명을 사용하고 있다. 직업으로 번역이나 통역이 가능할 정도로 상당한 수준의 한글 능력을 가지고 있다.

민족교육에는 관심이 있으나, 무엇을 근거로 민족교육이라 하는지 그 개념과 내용이 다소 추상적인 측면이 있다. 재일한인의 역사를 많이 배웠던 점이 민족교육에 흥미를 가지는 계기가 되었다. 자신이 '자이니치'라는 것을 확실히 안 것은 초등학교 고학년이었을 때로 기억한다. 스스로가 한국인이라는 것을 부모로부터 듣거나 국적이 한국이라고 해도 자신이 '코리안'이라는 요소를 전혀 느끼지 못하는 것을 고민하게 되었다. 이를 계기로 언어를 말할 수 있게 되었으면 하는 바람에 대학에서 한국어를 공부하게 되었다.

민단 아니면 총련이라는 구분 방식이 싫어서 어느 쪽에도 속하지 않고 중립을 지키고 있다. 이념으로 대립하던 시대는 이미 끝났다고

---

13 Y씨에 대한 인터뷰는 2003년 5월 2일에 도쿄에서 실시했다.

본다. 이러한 생각에 현재(2003년 당시) 재일한인 혹은 일본인 청년이라면 누구나 참가할 수 있는 '재일코리안청년연합(KEY: Organization of United Korean Youth in Japan)' 활동도 하고 있다. 나에게는 모국이 두 개로, 하나는 자신이 태어나고 자란 일본(우라와시, 浦和市)이고 다른 하나는 조상의 묘가 있고 친척을 만날 수 있는 한국(경주)이다. '국적 = 모국'이라는 도식의 모국 개념은 성립하지 않는다고 본다. 오히려 모국이란 '고향'에 가까운 개념이다. 내가 태어난 모국에 안 좋은 기억을 가지고 있다. 우라와시는 외국인 정책이 뒤떨어져 옛날에는 안이 보이지 않는 유리로 된 창구에서 외국인등록 수속을 하기도 했다. 또한, 여타 지자체에서는 출장소에서도 외국인등록증명서를 발급받을 수 있으나, 우라와시에서는 거절당한 적이 있다.

한편, 일본과의 관계에 있어서는 '일본어가 이상하다'라는 의미 불명의 놀림을 학교 선생으로부터 여러 번 받은 적이 있다. 그리고 일본인과의 인간관계에 있어 일본명을 사용하고 '일본인'으로서 생활했던 시기에는 자신이 뭐라도 숨기고 있다는 기분이 들어 마음고생이 심했으나, 현재는 감각이나 가치관 등이 일본인과 거의 비슷하다고 느낀다. 귀화에 대해서는 부정적이다. 귀화 제도의 차별성과 번거로움이 그 이유이다. 즉, 재일외국인 참정권이나 외국인등록법 문제 등 재일외국인 문제가 해결되지 않은 상황에서 귀화자만이 특권을 받는다는 것이 싫다. 특히, 재일한인을 위해서 일본이 행해야 할 것은 ① 민족학교에 대학 입학 자격을 부여할 것, ② 민족학교에도 일반 사립학교 수준의 보조금을 지급할 것, ③ 민족학교에 기부하는 이들의 세금을 공제해 줄 것, ④ 지방참정권을 부여할 것, ⑤ 외국인등록이 아니라 각 지자체에

주민등록이 되도록 할 것 등을 들고 싶다.[14]

재일한인 사회의 문제점으로는, 일본 사회나 모국 사회에 자신들의 의견을 전달하는 힘이 너무나 취약하다는 점, 그리고 사회성이 많이 부족하다는 점을 지적하고 싶다. 앞으로 더욱 적극적인 자세와 행동으로 모국 혹은 거주국인 일본 사회에 공헌하는 것이 '자이니치'로서 살아가는 길이라 본다.

이상, 네 명의 재일한인 2세와 3세에 대한 인터뷰 내용을 정리해 보았다. 결론부터 말하자면, 인터뷰 전에 가졌던 이들의 자기 정체성에 대한 필자의 '전제'가 거의 빗나갔다는 점을 강조하고 싶다. 즉 인터뷰 면담을 실시한 네 명의 차세대 재일한인들은 재일한인 커뮤니티의 세대교체가 급속히 진행되고 있는 상황 속에서 그들의 아이덴티티도 상당히 다양하고 중층적인 성격의 것임을, 또한 그렇게 변화하고 있음을 확인할 수 있었다.

후쿠오카 야스노리(福岡安則)는 1999년에 재일한인 청년들이 갖는 모국관과 일본 사회와의 관계성을 바탕으로 '공생지향형', '모국지향형', '개인지향형', '귀화지향형' 등 크게 네 가지 유형으로 그들의 정체성을 분류해 설명코자 했다(梶田孝道編, 1999: 320-325).[15] 첫째, '공생지향형'의 경우, 재일한인들은 일본 사회 내에서 민족 차별 없이 '함께 살기

14 Y씨가 일본에 주장하는 내용 중에는 예를 들어 2012년 7월부터 일본인과 동일하게 재일외국인들한테도 주민기본대장법을 적용해 주민등록을 실시하는 등 일부 개선되고 있는 점도 있으나, 여전히 일본 정부는 외국인 정책의 적극적인 추진과 개선에 보수적이다.

15 후쿠오카는 1993년에 이미 재일한인 청년들의 정체성을 유형화해서 고찰한 책들을 출간한 바 있다. 자세한 것은 福岡安則(1993)을 참조 바란다.

(共生)'를 바란다는 것이다. 또한 재일한인은 스스로를 모국과도 일본과도 동일시하지 않으며 '자이니치'로서 살아간다는 것이다. 둘째, '모국지향형'의 경우, 재일한인 사회의 중심 과제는 모국의 발전과 남북 통일이라는 것이다. 이 유형은 특히 총련계 사회에 두드러지는 특징이다. 그들은 철저하게 민족교육을 받고 있으며, 이름도 민족명을 사용하고 있다. 이 밖에도 모국어를 할 수 있는 것을 당연하게 생각하는 등, 모국에 대한 긍지와 자부심이 매우 강한 유형이다. 셋째, '개인지향형'의 경우, 이들의 주된 관심은 '자기 실현'이다. 이로 인해 그들에게는 민족적/국민적 아이덴티티나 재일한인으로서의 의식은 그다지 없다. 넷째, '귀화지향형'의 경우, 이들은 '자이니치'라는 사실을 가능한 한 숨기면서 일본으로의 귀화를 선택한다. 이들은 스스로 민족명보다는 일본명을 사용하며, 철저하게 일본인이 되어 일본 문화에 동화해 가는 유형이다.

굳이 후쿠오카가 분류한 위의 네 유형에 전술한 인터뷰 대상자들을 적용하자면, R씨는 개인지향형, L씨는 민족의식이 투철한 총련 출신임에도 불구하고 공생지향형, G씨는 귀화지향형, 그리고 Y씨도 공생지향형으로 분류할 수 있겠다. 인터뷰 내용에서도 알 수 있듯, 대상자에 따라서는 복수의 유형, 많을 경우에는 네 유형 모두의 특징을 가지고 있다고 할 수 있다. 또한, 한 명의 '개인'으로서의 관점보다는 '자이니치'라고 하는 스테레오타입으로 자신들이 인식되는 것 자체에 상당한 거부 반응을 보이는 차세대 재일한인들도 점점 증가하고 있다. 그러한 의미에서 다면적이자 중층적인 측면을 가지는 차세대 재일한인의 자기 정체성을 유형화하는 것 자체가 특히 현재로는 무의미하면서 동시에 불가능하다고 본다.

인터뷰 중에 각각의 대상자들에게 민족적 정체성과 국민적 정체성에 대한 의식이 어느 정도 강한지를 확인했다. 대답에 어려움을 토로하면서도 답한 이들의 의견을 살펴보면, 각각 정도의 차이는 있지만, 양쪽 모두의 아이덴티티가 혼재하고 있음을 알 수 있었다. 총련 출신인 L씨는 '자이니치' 중에는 일본을 '제2의 모국'이라고 여기는 사람이 많으며, 자신도 그중의 한 명이라면서 일본 국민으로서의 정체성을 의외로 강하게 인식했다. Y씨의 경우, 상황에 따라 크게 달라지기 때문에 어느 쪽의 정체성이 강한지에 대해서는 답하기 어렵다고 했다.

심지어 이들 네 명의 차세대 재일한인과 별도로, 2006년 8월 4일부터 5일까지 이틀 동안 실시한 재일한인 1세들에 대한 인터뷰 조사에서도 정체성의 혼재성/중층성을 엿볼 수 있었다. 재일외국인을 위한 사회복지 시설인 가와사키시 소재 후레아이관(ふれあい館)이 주재한 '자이니치 1세의 목소리로부터 배우는 여름 집중 면담조사 사업(在日一世の声に学ぶ夏の集中聞き書き事業)'에 필자도 참가해 세 명의 재일한인 1세 할머니들을 대상으로 인터뷰 조사를 행한 바 있다. 대상 할머니들에게는 도일 배경이나 생활상 등에 대한 질문을 했는데, 예상과 다른 답이 돌아왔다. 예를 들어, 일본인한테 차별을 받은 적이 있는지에 대한 질문에 대해서는 "그런 적 없다", "일본 사람도 좋았다", "옆에 살던 일본인 할머니는 좋은 분이셨다", "자이니치라서 괴롭힘을 당한 적은 없었다" 등의 증언을 얻을 수 있었다. 이로부터는 식민지 지배하에서의 도일로 인해 그들의 일본이라는 이국 생활에 관한 의식과 아이덴티티를 단순화해서는 안 되며, 재일한인 1세들의 자기 정체성에 있어서도 실제로는

상당히 중층적인 측면이 내재되어 있음을 알 수 있었다.[16]

앞서 살펴본 후쿠오카의 네 가지 유형화 논리는 1999년 당시는 물론이고 오랜 기간에 걸쳐 상당한 반향을 불러일으키며 주목을 받았던 것이 사실이다. 그러나 근 17년이 지난 2017년 현재의 재일한인, 특히 차세대 재일한인에게는 이러한 유형들이 반드시 합치되지 않을 뿐만 아니라, 그들은 훨씬 더 복잡한 형태의 자기 정체성을 갖고 있음을 네 명의 차세대 재일한인들에 대한 면담조사를 통해서 확인할 수 있었다. 물론, 몇몇 소수에 대한 인터뷰라 일반화하기에는 다소 무리가 있을 수 있겠으나, 현재의 재일한인의 자기 정체성 변용을 인식하는 데 시사하는 바가 상당히 크다고 본다. 이처럼 재일한인이 갖는 자기 정체성의 혼종성/중층성은 트랜스내셔널리즘이라는 시대적 변화 및 재일한인 사회의 세대교체 등과 맞물려 향후 더욱 가속도가 붙어서 진행될 것으로 예상된다.

5. 동아시아를 단위로 하는 재일한인 인식의 '월경성(越境性)'

서두에서 언급한 바와 같이, 내셔널리즘과의 관계성 때문에 기존의 재외한인 디아스포라를 둘러싼 담론들은 거주국과 모국이라는 이분법적 경계의 틀 내에서만 형성되고 논의되는 측면이 있었다. 특히,

16 가와사키시 거주 재일한인 1세들을 대상으로 하는 상세한 인터뷰 조사내용은 かわさきのハルモニ・ハラボジと結ぶ2000人ネットワーク生活史聞き書き・編集委員会編. 2009.『在日コリアン女性20人の軌跡：国境を越え、私はこうして生きてきた』. 明石書店)을 참조 바란다.

재일한인 디아스포라는 민족 차별이 엄연한 일본이라는 국민국가, 같은 동포라고 반겨 줄 것으로 알았던 모국이라는 국민국가, 그리고 심지어는 민단과 총련이라는 민족단체 내부라고 하는 3중 혹은 그 이상의 경계의 틀 속에서 자신들의 삶을 영위해야 했던 존재들이다. 그리고 각각의 경계를 넘나드는 '경계인'으로서 살아야 했던 그들의 혼종적 삶과 정체성은 주체적이고 긍정적인 측면보다는 '우리'와 '그들'을 구분하기 위한 수동적이고 부정적인 측면이 강조되는 경향이 강했다.

그렇다면 이러한 과거의 인식과 굴레에서 벗어나 21세기 트랜스내셔널리즘 시대에 걸맞은 재일한인 및 그들의 정체성에 관한 새로운 관점 제시와 담론 형성은 가능할까? 주어진 틀 내부에 안주하는 수동적인 경계인이 아닌, 초국가주의라고 하는 시대적 변화에 걸맞은 새로운 관점과 패러다임이 재일한인 디아스포라에게 필요한 시점이다. 이를 위해 그들을, 그들에 관한 담론들을 기존의 경계 밖으로, 적어도 현재 활발하게 논의되는 '동아시아'라는 지역적 단위의 장으로 유도하는 것을 상정할 수 있다. 즉 한인들의 근린 동아시아 지역으로의 초국가적 이동/월경에 초점을 맞추고, 그들의 역동적인 역내 이동이 '동아시아공동체(EAC: East Asian Community)'로 대표되는 지역통합론과 어떠한 관계성을 가질 수 있는가에 대해 분석하는 시점이 필요하다.

이와 관련, 재일한인을 포함한 재외한인 디아스포라들을 국민국가라는 단위를 초월해 적어도 동아시아라는 지역 단위에서 새롭게 재해석하려는 시도들은 이미 진행되고 있다. 예를 들어, 이광규(2002: 89-90, 99-100, 111)는 (다소 민족주의적인 시각에 바탕을 두고 있지만) 동북아공동체 역내에 거주하는 재외한인(재중동포, 재CIS동포, 재일동포)의 인구 규모를 강조하면서, 동북아공동체에 기여할 이들의 역할론에 주목하고 있다. 특히, 재일한인과 관련해서는 동북아공동체 형성의 중심축이 될 한일 관계 개선에 재일한인의 역할이 크다는 점과, 동북아공동체 형성 논의에서 배제되고 있는 북한과의 연결 고리 역할을 재일한인들이 할 수 있다는 점을 역설한다.

이와 맥락을 같이해 중국조선족도 그들의 역동적인 국내외 이동 때문에 근래 들어 동아시아 역내의 초국가적인 존재로 학계의 상당한 주목을 받고 있다. 조선족은 물론 중국 전역에 흩어져 살고 있지만, 그 90% 이상이 동북 3성에 집거하고 있었다. 그러나 중국의 개혁개방 정책과 맞물려 종래의 조선족 커뮤니티에도 많은 변화들이 생기고 있다. 많은 조선족이 보다 나은 삶을 찾아서 상해나 북경 등의 대도시로 국내이동을 하고 있다. 또한 1988년 서울올림픽과 1992년의 한중 수교는 조선족의 한국으로의 '귀향'을 재촉하는 계기가 되었다. 근래 들어서는 한국만이 아닌, 일본으로 이동하는 조선족이 급증해 이미 일본에서도 상당한 수준의 조선족 네트워크가 형성되고 있다. 한편, 역사적 경위를 갖는 종래의 조선족과 달리, 근년에는 '신(新)조선족'이라 불리는 이들도 등장하고 있다. 다름 아닌 그들은 근년에 한국에서 중국으로 건너간 뉴커머 코리안들로, 2007년 통계에서는 약 50만 명 정도로 추산되었다(佐々木衞編, 2007: 19). 이들 신구 조선족들은 중국 현지에서 '동포'라는 특별한 사이를 적극 활용해 상호 공생하면서도 경우에 따라서는 대립과 갈등도 일으키고 있다. 이러한 국내외적인 활발한 이동은 동북 3성에 형성되었던 전통적인 조선족 커뮤니티의 '공동화(空洞化)' 현상을 급속히 진행시키는 부정적인 측면도 있지만, 한편으로는 동아시아 역내에서의 활발한 이동/월경을 전개해 자신들의 초국가적 정체성을 새롭게 재확립해 나가는 긍정의 측면은 부정할 수 없다.

일본 내에서도 재일한인을 둘러싼 담론을 일본 혹은 한국이라는 국민국가의 경계 밖으로 끌어내려는 노력들이 일부 지식인 사이에서 활발히 전개되고 있으며, 그 중심에 와다 하루키(和田春樹)와 강상중(姜尚中)이 있다. 먼저 와다 하루키(和田春樹, 2003: 17-18)는 일본, 중국, 러시아 등지에 흩어져 살고 있는 한인 디아스포라들의 존재와 역할을 일찍부터 주목한 인물 중의 한 명이다. 그는 식민지 지배, 한국전쟁, 이념 대립 등 온갖 근대적 경험을 한 역사의 산증인으로 재외한인을 평가한다. 더 나아가 동아시아 지역에 산재해 있는 재외한인들의 연대야말로 한반도와 동아시아의 평화와 번영에 직결된다는 점을 강조한다. 다음으로 재일한인 2세인 강상중(姜尚中, 2004: 213-214)은 와다의 견해와 같은 맥락에서 동아시아 지역에 산재해 살고 있는 재외한인의 존재를 중시한다. 그는 동아시아 역내의 재외한인의 연대를 '코리안 네트워크'로 명명하고, 이들의 네트워크를 통해서 '동북아 공동의 집'이라는 본인의 공동체 구상이 실현될 수 있다고 주장한다. 와다 하루키와 강상중의 이러한 견해의 근저에는 재일한인을 포함한 재외한인 디아스포라에 내재된 '초국가적 월경성'에 대한 인식과 자각이 있었던 것이다. 특히, 강상중은 이러한 견해를 그의 자서전에서 다음과 같이 비교적 자세히 언급하고 있다(인용자역).

> 나는 동북아시아 지역에 산재한 코리안계 마이너리티의 관계를 '코리안 네트워크'라 부르고 있다. 각각의 호스트 사회 속에서 정착해

> 살고 있는 코리안계 마이너리티의 역사와 네트워크는 동북아시아 지역의 장래를 고려해 나가는 데 있어서 매우 중요하다. 물론 그러한 마이너리티 사이에는 다양한 갈등과 대립이 있어서 결코 우호적인 관계만이 아니며, 남북한과의 관계도 복잡하다. 그럼에도 불구, 코리안 네트워크라고 하는 동북아시아 지역에 퍼져 있는 관계망 속에 '자이니치'를 위치시키는 것으로 인해 그 가능성은 더욱 커질 것이다. … 나는 독일 유학 전까지 '자이니치'를 국가라는 틀 안에서만 생각했다. 독일에서 다양한 민족과 역사적 배경을 가진 친구들과 교류하고 세계적 변동을 실감하면서 나는 국가, 민족, 내셔널리즘 등과 같은 것들에 대해서 그때까지와 다른 시점을 가질 필요성을 느끼게 되었다. 역시나 국가의 문제나 민족의 문제를 무시할 수는 없다. 그러나 어쩔 수 없이 국가를 초월해 경계를 넘어서 살아야 하는 코리안계 마이너리티만도 동북아시아에 약 3백만 명이나 존재한다. 그럼에도 불구, 지금까지 그들은 서로 교류하지 못했다. 그 존재조차도 서로 몰랐다. 그러한 이들이 … 비록 마이너리티이기는 하지만 현재 역사적인 역할을 모색하고자 한다.

이러한 강상중의 견해는 국민국가의 틀 안에서 고뇌하는 재일한인 디아스포라들의 정체성을 재인식하는 차원에서 시사하는 바가 크다. 즉 국민국가라는 틀에서만 '경계인'으로서 인식되었던 재일한인 디아스포라를 경계/틀의 밖인 동아시아라는 단위에서 보다 유연하고 역동적인 '초국가적 월경인(transnational migrant)'으로 재해석할 수 있는 가능성을 제시한다.

6. 나가며

이상, 본 장에서는 식민지 종주국 일본으로의 국경 넘기라는 역사적 특수성으로 인해 그 정체성이 내셔널리즘과 결부되어 상당히 획일적이고 집단적인 것으로 인식되기 쉬웠던 재일한인에게서 보이는 아이덴티티의 '혼재성'과 '중층성'의 현실과 가능성을 관련 담론에 대한 분석과 네 명의 차세대 재일한인들에 대한 면담조사를 바탕으로 고찰했다.

지금까지의 재일한인 사회는 남북의 이념 대립과 연동해 민단과 총련이라는 양대 민족단체의 대립과 갈등으로 인해 여타 지역의 재외한인에 비해 정체성의 집단성이 훨씬 알기 쉽고 명확했다. 그러나 근래 들어 재일한인들의 정체성의 집단화는 약화 혹은 탈구축되면서 대신 그 혼재화는 더더욱 강화 혹은 가속화하고 있다. 이러한 정체성의 혼재화 현상은 비단 재일한인만이 아니라, 재미한인, 재중한인, 재러한인 등 여타 지역 및 국가에 거주하는 한인들에게도 공통적으로 나타나는 성격의 것이다.

문제는 재일한인을 포함한 재외한인 사회의 세대교체가 세대 간의 '단절'을 의미할 수도 있다는 것이다. 한인 1세들의 이동/월경 경험과 그로 인한 고생에 대해서는 지금의 후세들은 잘 모른다. 1세가 적극적으로 가르치려고도 하지 않으며, 2 · 3세들도 그다지 알려고 하지 않는 것이 현실이다. 이러한 상황 속에서 한인 사회의 세대 간 단절이 생길 수 있는 것이다. 본 장에서 살펴본 차세대 재일한인 인터뷰 대상자 모두가 부모 세대와의 커뮤니케이션이 적고 이로 인해 부모 세대와 정신적 거리감을 느끼고 있었다. 이와 같은 재외한인 세대 간의 '단절'은 일반적인 '세대 차이'와는 또 다른 복잡한 성격의 것이다. 모국으로부터 이산한 한인 1세, 그리고 그 1세들과 단절된 2, 3세라고 하는 이중삼중의 '단절' 과정 속에서 젊은 재외(일)한인 세대들이 자기 정체성에 대해서 고민하는 것은 어떻게 보면 당연한 것이다. 따라서 1세들이 언제 어떠한 연유로 현지에 정착하게 되었는지를 포함한 1세들의 이동/월경의 역사를 한인 2, 3세들에게 상시 교육시킬 필요가 있다. 한국 정부에 의한 일방적 주입식 교육이 아닌 재외한인/재일한인 당사자들이 주체가 되어 이러한 '이동/월경사 교육'을 행하는 세대 간 커뮤니케이션을 통해서만이 상호 간의 '단절'을 피할 수 있을 것이다.

마지막으로, 재일한인을 일본이라는 국민국가 내의 '在日'이라는 부정과 불가능의 어두운 이미지의 존재가 아니라, 동아시아라는 트랜스내셔널한 시공간을 자유롭게 이동하면서 삶을 적극적으로 영위/개척하는 긍정과 가능성의 밝은 이미지의 존재로 재인식하는 것이 무엇보다도 중요한 본 장의 핵심임을 거듭 강조한다.

참고문헌

김현선. 2011. “재일의 귀화와 아이덴티티: ‘일본국적 코리안’ 사례를 중심으로”. 『사회와 역사』 91: 293-323.

나윤기. 1988. “한국의 해외이주정책에 관한 연구”. 한양대학교 박사학위논문.

이광규. 2002. 『동북아시대, 한민족이 연다』. 백산서당.

재외동포재단. 2007. 『재일한인 100년의 사진기록: 분단의 경계를 허무는 두 자이니치의 망향가』. 현실문화연구.

최협 외. 2004. 『한국의 소수자: 실태와 전망』. 한울아카데미.

上杉富之. 2004. “人類学から見たトランスナショナリズム研究： 研究の成立と展開及び転換”.『日本常民文化紀要』 24: 84-126.

梶田孝道編. 1999. 『国際社会学』. 名古屋大学出版会.

姜尚中. 2004. 『在日』. 講談社.

佐々木衞編. 2007. 『越境する移動とコミュニティの再構築』. 東方書店.

徐龍達編. 2003. 『ロシアの韓朝鮮人問題と日本』. 国際在日韓国・朝鮮人研究会.

福岡安則. 1993. 『在日韓国・朝鮮人：若い世代のアイデンティティ』. 中央公論新社.

羅京洙. 2013. “コリアンの国際移動とナショナリズム：「同胞」という言説の系譜”. 『アジア太平洋討究』 20: 211-225.

Safran, William. 1991. “Diasporas in Modern Societies: Myths of Homeland and Return”. *Diaspora: A Journal of Transnational Studies* 1(1): 83-99.

Vertovec, Steven. 1999. “Conceiving and Researching Transnationalism”. *Ethinic and Racial Studies* 22(2): 447-461.

일본 법무성 홈페이지. http://www.moj.go.jp/content/001178165.pdf 2017. 1. 3.

일본 법무성 홈페이지. http://www.moj.go.jp/content/001180510.pdf 2017. 1. 4.

재일본대한민국민단 홈페이지. http://www.mindan.org/shokai/toukei.html 2017. 1. 5.

제11장
국내 고려인의 이주와 정착: 광주광역시 우즈베키스탄 고려인을 중심으로

김경학(전남대)

1. 들어가며

한국에 형성된 이중화된 노동 시장의 소위 3D 업종에 종사할 비숙련 단순노동력의 절대 부족으로 1990년대 초부터 다양한 노동이민 정책을 통해 주로 아시아 국가들로부터 단순 노동력이 유입되고 있다. 이들 아시아 노동이주자들과는 달리 중국 조선족과 함께 구소련권의 고려인들의 국내 유입은 역사적 조국으로의 귀환이라는 점에서 소위 '민족적 귀환이주(ethnic return migration)'로 간주될 수 있다. 다른 아시아 국가 이민자에 비해 인종적으로나 문화적으로 한국인과 동질성이 높아 이민자 유입으로 인한 사회통합에 심각한 문제를 발생시키지 않을 것이라는 암묵적인 전제로 조선족과 고려인에게 '방문취업제'가 도입되었다. 그러나 이민 정책의 일환으로 고려인을 불러들이는 한국 정부나 이러한 정책에 따라 이주하는 고려인 모두에게 한국으로의 이주의 이유가 경제적 배경이 있다는 점에서 고려인의 한국 이주를 '민족적 귀환이주의 경제학(economics of ethnic return migration)' 시각에서 바라보는 것(Tsuda, 2009)에는 큰 무리가 없다. 이들 귀환 고려인에 대한 한국의 이민 정책은 한국의 노동 시장에 노동력을 제공하기 위한 경제적 이해관계가 계산된 것이라는 점은 분명해 보인다.[1]

본 장은 구소련권 국가, 특히 중앙아시아의 우즈베키스탄 출신 고려인의 한국으로의 이주와 정착 과정을 탐색하기 위한 목적을 두고 있다. 소련 붕괴 후 우즈베키스탄이라는 독립국가가 형성된 1990년대 이래 소수민족에 대한 정치, 경제, 교육 등의 다양한 영역에 걸친 일련의 차별 정책과 새로운 질서에 대한 적응 부담은 고려인에게 중앙아시아로의 강제이주 이후 또 다른 심리적 트라우마로 작용했다. 사실 강제이주 후 고려인은 거주 지역에서 1950년대 중반까지 이동의 자유를 제한받고 살아왔으며, 강제이주라는 심리적 트라우마를 안고서도 1980년대 말까지는 적극적으로 소비에트에 동화하며 근면하게 살았다. 소련 붕괴와 새로운 독립국가의 탄생으로 고려인, 특히 젊은 청장년 세대의 고려인은 '생존을 위한' 재정착 전략을 세워야만 했다. 독립 초기에 러시아 일대로의 대규모 이주에 이어 2000년대 이후 한국으로의 이주 규모의 증가는 심리적 트라우마를 경험했던 고려인들의 생존을 위한 노력의 증좌로 이해될 수 있다.

---

1 물론 '고용허가제' 프로그램에 따라 일부 아시아 국가 출신 단순노동력을 최대 4년 10개월 체류시키다 귀국시키는 '순환형' 노동력으로 인식한 것과는 달리, 방문취업비자(H-2)를 소지한 조선족과 고려인에게는 일련의 조건을 갖추면 '재외동포비자'(F-4)와 '영주권'(F-5) 등으로 전환하여 국내 체류 기간의 연장 가능성을 열어 놓았다는 점에서 한국 정부가 재외동포에게는 더 우호적인 정책을 시행하고 있다.

고려인의 한국으로의 귀환이주는 경제적 동기가 가장 중요하게 작용하고 있다. 필자가 광주광역시 고려인 집거지에서 만나는 성인 자녀와 그들 부모 세대 가운데 적지 않은 사람들은 "윗대 어른들이 늘 말하시던 역사적 모국에 한 번쯤은 관광하러 올 수는 있었지만, 한국에 와서 지금처럼 일만 하면서 생활하리라고는 꿈에도 생각해 본 적이 없다"라는 말을 한다. 사실 구소련권 고려인에게 소련 붕괴와 우즈베키스탄 독립국가의 형성은 한국을 포함해 러시아 일대와 우크라이나 등 새로운 지역으로의 사회적 연결성을 확장시켜 주는 예상치 못한 계기가 되고 있다. 소련 붕괴 후 우즈베키스탄 고려인 이주자의 국제이주 대상 국가와 이주 배경 등에 대해 거시적 수준에서 논의를 하고 있는 일부 국내 연구들(김혜진, 2010; 성동기, 2010; 이채문 · 박규택, 2003)이 있지만, 고려인의 한국으로의 이주와 정착에 대한 연구, 특히 미시적 수준에서의 논의는 거의 이루어지지 못했다.[2] 고려인의 한국으로의 유입 경로 등 이주와 정착 등에 대한 거시적 수준에서의 연구도 필요하지만, 가족과 친족 및 공동체 등을 대상으로 하는 미시적인 중범위 수준에서의 연구도 활발히 이루어질 필요가 있다. 사실 한국으로 유입하는 우즈베키스탄 고려인은 우즈베키스탄에서 직접 이주하지만, 러시아 일대에서 이주와 정착 생활을 거친 후 한국으로 재이주하는 우즈베키스탄 고려인도 적지 않다. 이주와 정착 과정의 이러한 차이에도 불구하고 이들 우

2 국내 고려인 연구에는 신현준(2012), 김영술 · 홍인화(2013), 김경학(2014, 2015, 2016a, 2016b, 2017), 김재기(2014) 등 일부 연구가 있으나 아직 활발하지 못하며, 국내 일부 특정 지역에 형성된 고려인 사회들에 대해 심층적인 연구를 통해 국내 고려인 이주와 정착에 대한 종합적인 논의가 더욱 활발히 진행될 필요가 있다.

즈베키스탄 고려인들에 대한 미시적이고 중범위적인 수준에서의 적절한 이해를 위해서는, 우즈베키스탄, 한국, 우크라이나 및 러시아 일대에 산재해 있는 가족과 친족과의 초국적 네트워크 유지를 위한 초국적 돌봄과 정서적 지지 등에 관한 구체적인 실천 행위와 그 성격 등에 대한 질적 차원의 연구가 수행될 필요가 있다.

본 장은 우즈베키스탄 고려인의 한국으로의 이주의 지속과 정착 과정을 주로 미시적 수준에서 살펴보기 위한 것이며, 이 글에서 사용되는 자료들은 국내 고려인 집거지의 한 곳인 광주광역시 광산구에 위치한 세칭 '고려인마을'의 우즈베키스탄 출신 고려인을 대상으로 2013년-2017년까지의 현지조사 과정에서 필자가 수집한 것이다. 우즈베키스탄 고려인의 한국으로의 국제이주와 정착을 체계적으로 설명하기 위해서는 고려인이 직면한 정치, 경제적 구조라는 거시적 양상과 이러한 구조적 환경 속에서 이주 당사자가 선택하는 이주와 정착 전략이라는 미시적 양상을 접목시켜야 할 것이다. 그러나 필자는 이 글에서 거시적 수준에 대한 논의보다는 행위자로서의 고려인이 가족과 친족의 맥락에서 국제 이주와 한국에 정착하는 사회·문화적 현상을 개인과 가족뿐만 아니라 고려인 공동체를 통해 만들어 내는 '이주자 네트워크(migrant networks)'를 중심으로 바라보고자 한다. 필자의 주요 관심이 국제이주 같은 초국적 현상을 '아래로부터(from the below)' 이민자가 구축한 사회적 네트워크의 분석에 있기 때문에, 우선 광주광역시에 형성된 고려인 집거지와 고려인 사회를 개관하고, 광주로 이주와 정착을 이끄는 초국적인 고려인 이주자 네트워크를 분석하고, 마지막으로 세대 간 호혜적 돌봄의 실천이 만들어 내는 고려인의 한국으로의 이주와 정착의 지속 체계를 설명하고자 한다.

2. 구소련권 고려인의 국제이주와 한국으로의 입국

2015년 말 현재 구소련권 내 고려인 수는 우즈베키스탄 약 18만 명과 러시아 일대에 약 15만 명을 합쳐 약 50만 명으로 추정된다(외교부, 2015). 1991년 우즈베키스탄 독립 이후 고려인은 주로 러시아와 인근 국가인 카자흐스탄으로 이주하였다. 독립 이후 우즈베키스탄 정부는 정치와 경제 영역의 우즈벡 민족 중심적인 정책을 토대로 소수민족 차별 정책을 시행하였다. 우즈베키스탄 내 고위직이나 전문 직종에 고려인의 진출이 제한되고 특히 국내에서 적절한 임금 지급이 되는 일자리가 없는 열악한 경제적 환경은 고려인의 국외로의 이주를 추동하는 배출요인으로 작용해 왔다.

1950년대-1980년대까지 중앙아시아의 고려인의 국제적 이동은 활발하지 않았기 때문에 거주국 내에서 대체로 동질적인 성격의 환경에서 생활하였다. 1990년대 초 소련 붕괴 후 소수민족에 대한 다양한 형태의 압박은 주로 젊은 중장년층의 고려인을 중심으로 해외로의 재이주를 추동하는 원인이 되었다. 고려인의 해외로의 대규모 이주의 주요 대상국은 러시아이며 고려인은 러시아 내의 다양한 지역으로 이주하였다. 고려인, 특히 우즈베키스탄 고려인은 1990년대 초반부터 연해주와 러시아의 남부의 볼고그라드와 로스토프 주의 농촌 지역뿐만 아니라 모스크바와 상트페테르부르크 등의 러시아 대도시들로 대규모로 이주하였다. 소련 붕괴 후 고려인의 러시아 일대로의 대규모 이주 배경에는 러시아어 사용의 빈도, 새로운 국적의 취득 가능성, 경제적 소득의 증대, 사회적 지위 개선 등의 요인들이 중요하게 작용하였다(오정은 외, 2014: 49). 특히 중앙아시아와 러시아는 과거 소련연방의 일원으로 동일한 정치와 경제 및 사회 시스템을 공유하고 학위 등 교육 과정을 상호 인정하고 있다는 점 때문에 자신의 학력과 경력을 인정받아 전문직에 종사하고자 하는 젊은 세대의 고려인은 러시아로 국제이주를 하고자 한다.[3]

대규모의 구소련권 고려인이 한국으로 이주하기 시작한 것은 2002년 '재외동포법'의 불평등 적용에 대한 차선책으로 중국과 독립국가연합(CIS) 지역 동포에게 단순노무 분야 취업을 허용하는 '취업관리제'가 도입되면서부터이다. 그러나 취업 업종의 제한, 복잡한 취업 및 고용 절차 등을 기피하기 위한 불법체류 증가 등 부작용이 속출하자, 2007년 3월에 중국과 CIS 지역 동포의 자유로운 출입국과 단순노무 업종에 자율적인 취업을 허용하는 '방문취업제'가 도입되었다. 방문취업제가 도입되면서 국내 고려인의 수는 큰 폭으로 증가하기 시작했다. 2016년 6월 말 현재 중앙아시아 국가들과 동유럽 국가(러시아와 우크라이나) 출신 국내 거주 고려인 인구는 약 3만 9천 명인데, 여기에 결혼이주

3 한국 정부가 상대적으로 개방된 출입국 정책을 시행하고 노동 시장에서 높은 수준의 임금을 제공한다는 점에도 불구하고 고려인들이 한국으로 이민을 주저하는 것은, 본국에서 취득한 학력과 경력에 관계없이 한국 내 고려인 대부분이 생산직이나 건설 현장에서 일하고 있으며 이로 인한 적지 않은 지위 하락을 감수할 수밖에 없기 때문이다.

민과 단기동거자를 포함하면 약 4만 3천 명 이상으로 추정된다.[4] 법무부 출입국관리본부 통계자료에 따르면 국내 거주 고려인의 약 85%는 우즈베키스탄, 카자흐스탄, 키르기스스탄, 타지키스탄을 중심으로 하는 중앙아시아 국가 출신이며 나머지 약 15%는 러시아와 우크라이나 출신이다. 출신 국가별 고려인의 분포에 따르면 2016년 6월 말 현재 우즈베키스탄 국적의 고려인은 약 2만 3천 명 이상으로 국내 전체 고려인의 약 60%를 차지하고 있다(김경학, 2017: 47).

국내 체류 고려인 인구는 급증하는 추세에 있으며 2013년-2016년 4년에 걸쳐 재외동포비자(F-4), 영주권(F-5), 방문취업비자(H-2) 소지자만을 합한 고려인 수는 21,171명(2013년)-25,371명(2014년)-29,240명(2015년)-38,605명(2016년)으로 꾸준히 증가 추세에 있다. 2016년 6월 현재 F-4, F-5, H-2 비자 소지자만을 토대로 추정한 우즈베키스탄 출신 고려인의 수는 23,274명이며, 여기에 단기 방문자까지 포함하면 약 2만 5천 명 이상의 우즈베키스탄 출신 고려인이 국내에 체류하고 있을 것으로 추정된다. 우즈베키스탄 출신 고려인 수는 최근 2013년-2016년 사이에 지속적인 증가 추세에 있으며, 우즈베키스탄 고려인은 중앙아시아 국가 출신 전체 고려인 가운데 약 84%를 차지한다. 2013년-2016년 사이의 우즈베키스탄 출신 고려인 가운데 재외동포비자(F-4) 소지자의 비율은 해마다 증가 추세에 있는 반면, 방문취업비자(H-2)

4 법무부 출입국관리본부 통계자료에는 출신 국가별 고려인의 체류 자격에 따른 인구수에 관한 통계자료가 제공되지 않기 때문에, 중앙아시아 국가와 러시아 및 우크라이나 국가 통계 가운데 재외동포에게만 부여되는 재외동포비자(F-4), 영주권(F-5), 방문취업비자(H-2) 소지자의 수를 중심으로 국내 고려인 인구수를 추정할 수 있었다.

소지자의 비율은 다소 감소 추세에 있는데, 이는 국내 우즈베키스탄 고려인의 체류 지위가 5년 만기 체류 자격인 H-2에서 국내에 계속 체류할 수 있는 자격인 F-4로 점진적으로 변화하고 있음을 말한다. F-4의 증가 추세는 H-2에서 F-4로의 자격 변화 외에 60세 이상의 고령 고려인 인구의 국내 유입의 증가 때문인 것으로 추정된다.[5]

60세 이상의 국내에 입국한 우즈베키스탄 고려인의 대부분은 F-4 비자 소지자로서 한국 입국을 비롯해 한국과 우즈베키스탄 간의 왕래 과정에서 출입국에 관한 어려움을 경험하지 않을 것으로 사료된다. 이러한 제도적 변화에 따른 60세 이상 고려인 인구의 유입 증가는 2012년에 비해 2013년 12월 말의 60세 이상의 우즈베키스탄 고려인 인구가 거의 2배에 가깝게 급증한 점에서 드러난다. 2016년 기준으로 지난 4년 동안 국내에 유입한 60세 이상 고려인 가운데 약 90%는 60대에 걸쳐 있고 70대는 전체 고령자 인구의 약 8%에 불과한 점을 볼 때 국내 고려인 노년 인구의 대부분은 60대에 속하고 있음을 알 수 있다. 또한 2015년 고려인 노년 인구의 약 65%가 여성이며 그 이전에도 여성 인구가 남성 인구에 비해 크게 많았던 것은, 국내 성인 자녀의 한국 생활을 지원하기 위한 노년 세대의 주요 역할이 손자녀 돌봄과 성인 자녀 가정의 가사 전담이라는 점에 비추어 볼 때 이해 가능할 것으로 생각된다. 이는 국내 고려인 노년 세대의 돌봄노동 역할에 있어서 젠더에

5 한국 법무부는 만 60세 이상의 재외동포의 경우 방문취업(H-2)비자를 발급받아 입국 뒤 일정 기간이 지난 후 F-4를 발급받을 수 있던 기존 제도에서, 2013년부터 만 60세가 넘은 외국 국적 재외동포는 누구나 한국 입국 시에 재외동포비자를 발급받을 수 있게 재외동포비자 발급 조건을 완화하였다.

따른 노동 분화가 지속되고 있음을 짐작하게 한다(김경학, 2017: 50).

한국으로의 고려인의 유입이 늘어나면서 고려인 가족의 유형에 변화가 일어난다. 다시 말해 이주 초기의 '부부 가족' 유형에서 '부부와 자녀 가족' 유형으로 변화하고, 최근 노년층의 급증으로 부부와 자녀 가족 유형에 조부모 세대가 합류하면서 소위 '3세대형' 가구 유형이 증가 추세에 있다. 특히 우즈베키스탄, 키르기스스탄, 우크라이나 등의 정치적 불안정과 경제적 상황의 악화가 가까운 시일 내에 정상화되기 어렵기 때문에 국내 고려인의 본국으로의 귀국 시기를 짐작하기 어렵다. 이러한 본국의 상황들과 성인 자녀 부부 모두가 노동 시장에 적극 개입해야 할 상황에서 이들의 자녀를 돌보기 위한 고려인 조부모 세대의 한국으로의 국제이주는 증가 추세에 있다.

3. 광주광역시 고려인 엔클레이브(enclave), '고려인마을'

동일한 민족 집단이 고도로 밀집되어 있는 집거지인 물리적 공간은 흔히 '민족 엔클레이브(ethnic enclave)'로 불린다. 특정 민족 집단이 밀집된 이러한 집거지는 주류 사회와 사회 · 문화적으로 격리되며, 민족 집거지의 발전은 특정 민족 이주자의 경제적 자립도와 밀접히 연관된다. 사실상 민족 엔클레이브는 독특한 문화적 정체성과 경제활동이 겸비된 지리적으로 한정된 공간을 의미한다(Abrahamson, 1996). 특정 집단의 이주자는 일정한 지리적 공간 내로 밀집함에 따라 자신들이 유용한 자원과 지식 및 정보의 교환을 통해 이주 비용을 낮출 수 있는 '대인관계 체계(systems of interpersonal relations)'라는 이주자 네트워크를 발전시킨다. 상호 교환되는 정보는 고용 기회, 적절한 가격대의 주거지, 지원 프로그램과 협력 NGO 등에 관한 것이다(Messey, 1999). 민족 엔클레이브 개념은 이민사회로 성공적으로 편입되어야 하는 미래 이민자의 이주 비용을 낮출 수 있기 때문에 이민과 정착 과정에 밀접히 관련된다(김경학, 2014: 271).

광주광역시 광산구 소위 '고려인마을'은 국내 대표적인 고려인 밀집 거주 지역의 한 곳이며, 고려인가족지원센터의 주장에 따르면 2016년 8월 현재 약 3천 명의 고려인이 광산구 월곡동을 중심으로, 일부는 산정동과 우산동 일대에 거주하고 있다. 광주광역시 '고려인마을'은 2000년대 중반부터 이 지역 일대에 고려인이 몰려 살게 되면서 고려인 집거지로 형성되었다. 고려인들 대부분은 고려인가족지원센터와 고려인아동지원센터 및 고려인교회가 위치한 월곡2동을 중심으로 거주하고 있다. 고려인가족지원센터의 주장에 따르면 2016년 현재 광주광역시의 고려인은 약 3천 명이며,[6] 이 중 약 80% 이상이 고려인마을에 거주하고 있다.

---

6 광주광역시 내 고려인 인구수를 정확하게 파악하기란 쉽지 않다. 광산구청 '다문화팀'의 2016년 9월 말 현재 관내 고려인 주민 통계에 따르면, 1,935명의 고려인이 광산구 월곡동, 산정동, 우산동을 중심으로 거주하고 있다. 이 통계에 따르면 출신지별로 우즈베키스탄 1,484명, 카자흐스탄 219명, 우크라이나 128명, 키르기스탄 100명, 한국계 러시아인 4명이 광산구에 거주하고 있으며, 이를 토대로 볼 때 광산구 고려인 대부분은 우즈베키스탄 출신인 점을 알 수 있다. 광주광역시의 광산구 외의 다른 구들의 고려인을 합치더라도 고려인가족지원센터가 주장하는 약 3천 명의 고려인 수는 통계자료에 비해 많은 것으로 보인다. 이에 대해 상당수의 광주 거주 고려인 가운데 광주 출입국사무소가 아닌 다른 지역에 외국인등록신고를 했으나 실제로는 가족과 친인척이 있는 광주 고려인마을에서 생활하고 있기 때문이라고 고려인가족지원센터는 주장한다(김경학, 2016b: 83).

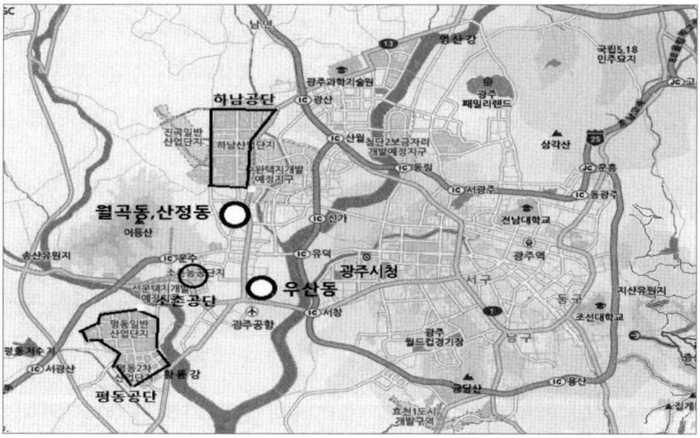

〈그림 11-1〉 광주광역시 광산구 '고려인마을' 위치

〈그림 11-1〉에서 알 수 있듯이 고려인이 광산구의 월곡동 인근에 밀집해 사는 것은 광산구의 하남공단, 평동공단, 소촌공단 등의 광주광역시 주요 공단이 인근에 위치해 있기 때문이다. 고려인마을과 인근 지역에 고려인을 비롯한 외국인 노동자들이 밀집 거주하는 것은 2층 단독주택과 원룸 건물이 이 지역에 밀집되어 있고 주거 비용이 매우 저렴하기 때문이다. 대부분의 고려인 가족은 층별 독채 또는 한두 개의 방을 월세로 살고 있거나 원룸 빌딩에 거주하기 때문에 일반적으로 가족 수에 비해 거주 공간이 매우 좁은 편이다.

고려인마을 고려인 주민의 수가 증가하면서 이들과 관련된 고려인식당, 고려인카페, 잡화점, 여행사 등이 입점하였고 그 수도 늘고 있다. 고려인마을에 고려인 수가 증가하면서 이들을 대상으로 하는 인력사무소도 20여 개로 늘어났다. 이는 육체적으로 고되지만 일당이 10-15만원으로 상대적으로 높은 일용직 일을 인력사무소를 통해 구하고자 하는 젊은 고려인 남성들이 늘고 있기 때문이다. 고려인마을의 60대 이상의 소수의 노년 고려인들도 이들 인력사무소를 통해 시간제 '아르바이트'에 나가 용돈을 번다. 영유아 손자녀를 돌보거나 건강상 문제가 있는 노년 세대는 아르바이트를 못 하지만, 손자녀가 보육과 교육 기관에 다니는 노년 인구 가운데 시간제로 모텔과 원룸 등의 청소일을 하는 할머니들은 5-6시간 노동에 약 3-4만 원의 수익을 올린다. 또한 배와 아로니아 등 과일 농장과 채소 농장에서 일손을 필요로 하는 계절에는 남녀 노령 인구들의 아르바이트 일자리가 많은 편이며 일당은 5-6만 원으로 노인들 입장에서는 상당히 임금이 높은 일로 간주된다.

고려인가족지원센터 인근에는 고려인 유아를 돌보는 센터 직영 유료 '새날어린이집'과 초중등생의 방과 후 활동이 진행되는 무료 '고려인아동지원센터' 등이 위치해 있다. 고려인가족지원센터에서 직영하는 새날어린이집은 거의 대부분의 교육 시간이 러시아어로 진행되기 때문에 한국에서 초등학교를 다닐 계획이 있는 고려인 아동은 최근 2-3년 사이에 한국어를 학습하기 위해 한국유치원으로 옮기는 추세에 있다. 새날어린이집은 오전 7시부터 밤 10시까지 아동을 돌봐 줄 수 있다는 장점 때문에, 잔업이 많은 공장에서 일하지만 아이를 돌봐 줄 노년 세대가 없는 성인 자녀에게는 여전히 선호되고 있다. 고려인아동지원센터 외에 KB 국민은행 지원으로 2017년 1월에 개소한 공립형 아동지역센터는 다문화가정의 아동을 포함한 고려인 아동들을 돌볼 수 있는 공간이지만, 센터 입지 위치상 여전히 고려인 아동들만이 이용하고 있는 현실이다.

〈사진 11-1〉 광산구 월곡2동에 위치한 '고려인가족지원센터'

보육 기관 외에 고려인마을이 위치한 광산구에는 고려인마을과 협력 체계를 맺고 있는 병 · 의원, 외국인 노동자 건강 센터, 정부 인가 중도입국 자녀를 위한 '새날학교'[7] 등이 위치해 있다(김경학, 2017: 52).

새날학교에는 약 120명의 다양한 국적의 학생들이 재학하고 있는데 이들 중 약 과반수 이상이 고려인 학생이다. 새날학교에 오는 고려인 아동은 한국 입국 후 한국어 능력이 부족하여 관할 초중등학교에

---

7 새날학교는 국제결혼과 이주노동으로 한국에 정착한 외국인의 중도입국 자녀를 위한 학교로 2009년 2월에 개교하였다. 새날학교 재학생은 광산구 일대의 공립학교에 원적을 두고 위탁학교인 새날학교에서 한국어 중심 교육을 받으며, 한국어 수준이 향상되면 원적학교로 돌아간다. 2013년 고등학교 과정이 신설되었으며, 지난 2년 사이에 2명의 새날학교 출신 고려인 학생이 외국인 특례 입학으로 지역 대학에 진학하였다. 2015년에는 전남대학교에 2년 장학생으로 두 명의 학생이 입학하고, 2016년에는 수도권 대학과 전남대학 등 지역 대학에도 입학함으로써 한국에서 고등교육 과정을 이수하고 있는 고려인 자녀들이 점차 늘고 있다.

진학할 수 없는 학생들이며 새날학교에서 일정 기간 동안 한국어 학습을 중심으로 교육을 받고 난 후 고려인마을 인근의 초중학교로 진학하고 있다. 그러나 최근에는 광주광역시로 정착하는 고려인 인구의 급증에 따라 새날학교에 입학하고자 하는 고려인 아동의 수도 급증하자 초등학교 1-3학년 사이의 아동들은 고려인마을 인근의 8개 공립초등학교로 입학하는 실정이다, 이에 따라 한국어를 구사할 수 없는 어린 고려인 아동들의 학교생활에 어려움이 따를 뿐만 아니라 이들을 수용한 학교 입장에서도 고려인 학생의 학업과 생활 지도에 어려움이 발생하고 있다. 고려인마을 인근의 4개의 중학교에도 고려인 학생들이 재학중이지만 이들 대부분은 한국어 능력과 한국 생활에 대한 적응력의 부족으로 극히 저조한 학업 성취도를 보이고 있다. 일반 고등학교는 한국어 구사 능력이 떨어지고 학력 차이가 있는 고려인 학생을 수용하지 않기 때문에 일반학교에서 중학교를 졸업한 고려인 아동은 새날학교 고등학교 반으로 진학하고 있는 실정이다.

고려인센터 이사장이 운영하는 인터넷 방송 '나눔방송'이 2011년 이래 고려인을 포함한 이주노동자, 새날학교, 재외동포 이민 정책에 관한 뉴스를 내보낸다. 나눔방송은 특히 고려인마을 동향과 동포 비자 문제 등 고려인 기사를 가장 비중 있게 다룬다.[8] 최근 2016년 9월에 월곡동 고려인가족지원센터가 운영하는 고려인 라디오 '고려 FM'이 개국

---

8 나눔방송 운영자는 고려인 관련 후원 등 크고 작은 내용을 방송 외에 동일한 내용으로 약 1만 명에게 문자로 보내며, 트위터, 페이스북, 카카오톡 등 SNS를 통해 광주시와 전국적으로 네트워크를 맺고 있는 내국인에게 보낸다. 주로 고려인공동체가 직면한 어려움과 행사 관련 소식을 접한 사람들은 고려인센터에 대한 후원으로 이어지게 된다(김경학, 2014: 275).

하였으며, 비록 1킬로와트 안에서 송출된다는 지역적 한계를 지니고 있지만 스마트폰 앱을 통해 시간과 장소에 구애받지 않고 많은 사람들이 고려인 방송을 접할 수 있게 되었다.

광주 지역사회가 '고려인마을'의 존재에 주목하게 되는 것은 고려인센터가 '고려인마을' 내에서 고려인 관련 행사를 끊임없이 만들어 내기 때문이다. 2013년 10월 20일 '광주광역시 고려인주민 지원조례'제정 기념 '제1회 고려인의 날' 행사가 광산구 월곡동 고려인센터 인근 공원에서 시교육감과 광산구청장 등 일부 내·외빈의 참여 속에 공식 행사, 축하 공연, 고려인이 준비한 음식 나눔 잔치 프로그램으로 진행됐다. 2016년 10월 4번째를 맞은 고려인의 날 행사에는 다양한 지역사회 개인과 단체에서 지원을 하여 평소에 고려인가족지원센터를 찾지 않는 고려인을 포함한 약 450여 명의 고려인이 행사에 참여하였다. 고려인가족지원센터는 설과 추석 등에도 고려인 잔치 명목의 행사를 대대적으로 진행함으로써 광주뿐 아니라 국내 언론의 주목을 받기 시작하면서 광주의 고려인 존재를 알리는 기능을 하고 있다.

2000년대 후반 이후 고려인은 가족 구성원의 연쇄적 이주가 심화됨에 따라 기존 고려인 가족 규모가 커지고 있다. 대부분의 고려인은 가족 규모가 커져 주거지를 옮기더라도 월곡동 일대를 벗어나지 않는 경향이 있다. 최초 부부 가구에서 자녀가 합류하고 최종적으로 손자녀를 돌보기 위해 조부모 세대가 합류하여 3세대형 가구가 형성됨에 따라 순차적으로 방 개수가 많은 주택으로 옮기고 있지만 이들은 고려인가족지원센터가 위치한 월곡동을 벗어나지 않으려 한다. 이러한 고려인의 주택 공간의 요구에 따라 기존 개인주택지가 원룸 빌딩으로 개조되는 경향이 최근 2-3년 사이에 두드러지고 있어, 월곡2동의 거의 대부분의 주요 지역은 크고 작은 원룸 빌딩의 숲을 이루고 있으며 원룸 건설 공사는 현재 진행형이다. 개인주택에 거주하던 고려인 가족이 각종 시설이 붙박이로 된 최신 시설을 갖춘 원룸 빌딩으로 이사하여 개인주택의 세입자가 점차 줄면서, 기존 개인주택 소유주와 외부 원룸 빌딩 소유주 간의 갈등이 일어나고 있다.

사실 월곡동은 1987년부터 광주광역시 최대 공업 단지인 하남공단의 배후 주택 단지로 개발되었다. 주로 개인주택지로 개발되어 당시 입주했던 가옥 소유주는 대체로 연로한 세대들이다. 현재까지 하남권의 상업 중심지 역할을 부분적으로 하고 있지만 택지 개발이 된 지 오래되어 주거환경은 좋은 편이 아니기 때문에 저렴한 집값이나 좁은 평수의 주택이 대부분이다. 그러나 2000년대 중반 이후 공단에서 근무하는 외국인 이주노동자의 유입과 특히 2010년대 이후 구소련권 고려인 이주자의 수가 급격히 늘면서 주택과 택지의 가격이 상승하고 있다. 현재 고려인 외에 외국인 이주자의 수가 급격히 증가하면서 주변 한국인 거주자의 불평과 밤길 안전에 대한 위기의 목소리가 들리기 시작한다. 월곡2동은 세간에 '고려인마을'로 알려지기 시작하였는데, 이러한 고려인 집거지 명칭이 널리 알려진 것은 '고려인가족지원센터'에 관계하는 한국인 조력자들의 자가발전에 의한 것이다. 이 지역의 한국인 거주자들은 자신들의 거주지가 '고려인마을'로 불리는 것에 대해 적지 않은 불만을 표시하고 있다.

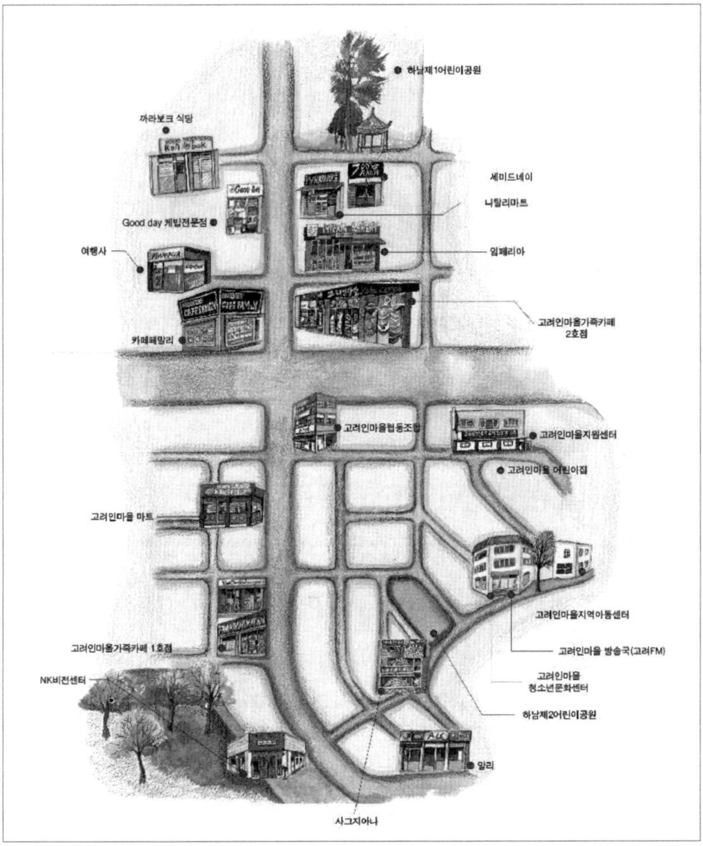

〈그림 11-2〉 고려인마을 관광지도

행정구역상으로나 거리에 공식적으로 '고려인마을'이 없음에도 불구하고, 고려인마을을 관광하기 위해 찾아드는 내국인들이 늘어나는 것에 대해 지역 주민들은 불편한 마음을 감추지 않는다. 월곡동에 일대에서 가장 다수인 집단은 고려인들이지만 러시아나 우크라이나 출신 외국인뿐만 아니라 다양한 국적의 외국인 인구가 증가하면서 길

거리 음주, 고성방가, 쓰레기 무단 투기, 도난 사건 등 불미스러운 작은 사건들의 발생이 증가하고 있다. 특히 외국인과 낯선 얼굴이 급증하면서 이 지역 한국인 여성들의 야간 통행에 불안을 호소하는 불만의 목소리가 커지고 있다. 불미스러운 사건들의 발생에 고려인도 예외는 아니다. 고려인 주민들 사이에 음주 후 물리적 충돌이나 경미한 절도 등 불미스러운 사건들이 늘어나고 있는 점에 대해 한국인 주민들의 불만도 커져 간다. 그러나 지속적으로 구소련권 일대에서 광주 지역으로 고려인이 이주하는 상황에서 고려인을 지원하고 있는 고려인가족지원센터 관계자의 입장에서는 월곡2동을 고려인 관광 특구로 만들고자 하는 생각을 감추지 않는다. 센터 관계자들은 국내 내국인들이 고려인마을을 방문하여 고려인의 역사와 이들의 한국 생활에 대한 이야기에 귀를 기울여 주기를 바랄 뿐만 아니라 고려인 식당과 카페를 활성화시켜 고려인의 경제적 자활에 기여할 수 있게 하려는 목표를 세우고 있다. 고려인마을을 관광 특구로 만들려는 센터의 계획은 고려인이 운영하는 식당과 카페를 중심으로 최근 '고려인마을 관광지도'를 제작한 바에도 드러난다.

4. 한국으로의 이주와 정착: 이주자 네트워크(migrant network)

구소련권 국가들로부터 한국으로의 국제이주가 발생하고 지속되고 있는 바를 분석하기 위해서는 거시(macro), 중범위(meso), 미시적(micro) 수준의 요인들을 총체적으로 접목시켜 이해할 필요가 있다. 거시적 수준에서 소위 '배출과 흡인 요인(push and pull factor)'의 관계를 통해서 해석하는 시각은, 우즈베키스탄의 정치와 경제 등 다양한 분야에 걸쳐 고려인에게 가해지는 차별과 불이익 및 제한된 기회 구조 등의 배출요인과, 한국의 높은 노동 기회와 임금 구조와 고려인에 대한 우호적인 한국의 이민 정책이라는 흡인요인 간의 상호 작용을 토대로 고려인의 국내 유입과 지속을 설명하고 있다.

중범위 수준에서 고려인 유입의 지속을 광주광역시에 한정시켜서 설명하더라도, 광주광역시 내의 소위 '고려인마을'의 형성과 고려인들의 다양한 지원을 돌봐 주는 '고려인가족지원센터'와 그 관련 기관들(아동센터와 보육원 등)의 존재, 한국어 구사 능력이 없어 일반 초등학교로 진학할 수 없는 중도입국 자녀들의 초기 정착교육에 도움을 줄 수 있는 정부 위탁 대안학교의 존재, 거주지를 중심으로 국내 고려인공동체와 본국의 소식 및 음악 등을 러시아어로 청취할 수 있게 하는 이민자 미디어로서의 '고려 FM' 운영, 공식적인 고려인 중심의 연합체는 없지만 일상생활과 의례(돌, 결혼, 환갑) 생활을 함께 할 수 있는 친족 집단과 고려인 공동체의 존재 등은 중범위 수준에서 작동하는 요인들로 간주된다. 또한 최근 광주 지역으로 유입되는 노년층의 고려인 인구가 증가하고 있음에도 불구하고 고려인 성인 자녀가 전체 인구의 과반수 이상을 차지하고 있으며 특히 가임 시기에 있는 젊은 고려인 부부의 거주 비율도 매우 높은 편이다. 이러한 인구 분포로 인한 현지에서 출산하는 젊은 고려인 부부가 적지 않은데, 이들의 출산을 지원하고 아동 건강을 돌봐 줄 수 있는 산부인과와 소아과 등이 고려인가족지원센터와 자매결연을 하고 있어 극히 소액으로도 출산과 아동 건강을 관리하고 있다.

중범위 수준에 해당하는 다양한 요인들은 고려인의 국내 유입 및 광주광역시 '고려인마을'로의 정착을 설명하는 데에 관여하고 있다.

고려인의 한국으로의 이주와 정착에 관여하는 거시적이고 중범위적인 수준의 다양한 요인들에도 불구하고, 고려인이 다른 국가가 아닌 한국으로 이주를 선택하는 것, 동일한 구조적 압력에 반응하는 고려인 개개인과 가족이 취하는 방식의 차이 등은 미시적 수준에서 작용하는 요인들의 분석을 통해 이해할 수 있다. 국내 고려인의 이주 과정과 정착은 '이주자 네트워크(migrant network)'에 대한 분석을 통해 가능하며, 이러한 이주자 네트워크는 한 사람 또는 한 가족이 새로운 곳에 임의로 정착하는 것으로부터 시작된다. 특정 고려인 이주자가 한국에서의 이주에 성공하면 본국의 다른 가족과 친지에게 다양한 정보를 전달하면서 한국으로의 '연쇄 이주 메커니즘'이 작동된다. 대부분의 이주자들은 자신의 가족, 친척, 친구가 이미 자리를 잡은 국가와 지역으로 이주하는 경향이 있으며, 이들은 흔히 '초국가적 이주 네트워크(transnational migration network)'를 형성하고 있다. '자기 영속적인 이주 주기(a self-perpetuating migration cycle)'인 이주자 네트워크로 인해 이주는 과거보다 양적으로 크게 늘어 간다. 우즈베키스탄 고려인의 경우 구소련 시절에도 교육과 결혼 및 경제적 이유로 러시아를 비롯한 구소련 지역으로 이주를 하였지만, 소련 해체 후 고려인의 이주 규모와 지역은 일부 서구 지역과 한국으로 크게 확장됨에 따라 과거보다 더 많은 사람들이 다양한 복수의 해외 국가에 가족과 친지를 두게 되었다. 특히 혁신적인 교통·통신 수단의 발달로 초국적 가족과 친족들은 이주자의 초국적 일상을 통한 초국적 실천을 다양한 방식으로 수행하고 있다. 이주자 네트워크는 우즈베키스탄에서 국제이주를 계획하는 사람에게 재정적 후원을 하고, 특정 국가 이주 후에도 이주자의 정착, 구직, 경제적이고 사회 · 심리적인 지원을 하는 등 중요한 역할을 하고 있다. 우즈베키스탄 고려인은 전형적인 '가족연쇄이주'뿐만 아니라 친구 관계 등 다양한 사회 자본을 통해 이주와 정착을 하고 있다. 이처럼 고려인 이주가 지속될 수 있는 것은 이주자 네트워크가 작동하기 때문이다. 아래의 사례들은 기존 고려인 이주자가 정착 · 개척해 놓은 네트워크, 특히 가족, 친족, 친구 네트워크를 통해 한국으로의 고려인 이주가 지속되고 있음을 분명히 보여 준다.

광주에 거주하는 우즈베키스탄 출신의 대부분의 고려인은 이주 전에 이미 광주에 정착한 가족과 친족원의 물질적, 정서적 지원을 받고 있었으며, 이를 통해 광주 지역에만 작지 않은 규모의 직계가족과 그 친인척이 거주하는 사례도 많다. 고려인마을 내 우즈베키스탄 출신 K씨 부부(남편 46세, 부인 42세)의 사례를 통해 고려인의 국내 유입과 정착 과정이 가족과 친족 이주자 네트워크를 통해 이루어지고 있음을 알 수 있다. 우즈베키스탄 안디잔 출신 K씨는 부인과 두 딸 및 홀어머니를 본국에 남겨 두고 2005년에 한국에 입국하여 인천의 문짝 공장에서 일하다 2006년 하반기에 불법체류자가 되었다. 2006년 당시 광주 광산구 소재 하남공단에서 일하는 친척인 S씨(여, 57세)의 권유로 광주에 정착하게 되었다. K씨의 부인 N씨(42세)는 방문취업비자로 2007년에 한국에 입국하여 불법체류자로 광주에 살고 있던 남편과 합류했다. K씨는 신분 안정이 필요하여 2010년 4월에 우즈베키스탄으로 자진 출국하여, 1년 뒤인 2011년에 방문취업비자를 취득하여 한국에 다시 입국해

부인과 재회했다. 남편 부재 기간 동안 하남공단의 에어컨 부품 제작 공장에 근무한 N씨는 2009년에 재외동포비자인 F-4를 취득하여, 큰 딸을 동반 자녀로 초청했다. 우즈베키스탄에 남아 있던 시어머니와 막내딸은 2012년에 한국에 입국하여 광주에 3세대형 가족을 형성하였다.

한편 광주에 거주하는 K씨의 셋째 이모 C씨(여, 54세)와 그녀의 남편 A씨(남, 56세)는 조카 K씨의 정보 제공 등에 힘입어 2009년에 방문취업비자로 광주에 정착하여 K씨 집에서 약 6개월 동안 신세를 졌다. K씨의 소개로 C씨와 A씨는 정착 일주일 만에 하남공단에 일을 잡았으며, A씨는 2011년에 재외동포비자 F-4를 취득했다. K씨의 넷째 이모와 그녀의 딸 부부도 2010년에 K씨의 도움을 받아 광주에 정착하여, K씨의 어머니와 두 명의 이모 가족들을 포함해 15명의 친인척들이 한국 생활을 하고 있다. 한편 K씨의 부인 N씨는 2008년 안디잔에 있는 외삼촌 J씨(남, 52세) 가족의 광주 정착에 도움을 주었다. 현재 J씨는 자신의 자녀들과 부인의 가족들의 연쇄이주를 지원하여 2017년 현재 약 50여 명의 친인척이 광주에서 생활하고 있다. J씨는 고려인마을에 3개의 고려인 식당을 운영하고 있는데, 이들 친인척들이 요리, 제빵, 홀 서빙 등의 모든 일에 종사하고 있다.

2005년 K씨의 한국에서의 노동으로 시작된 그의 가족과 친인척들의 이주자 네트워크는 전형적인 가족연쇄이주를 보여 주고 있다. K씨의 외가 친족원은 모두 고려인가족지원센터가 위치한 월곡2동에 살고 있지만 주중에는 공장과 건설 현장에서 일하기 때문에 서로 만날 시간이 없다. 이들은 휴무인 주말에 만나거나, 특히 생일잔치와 환갑잔치 등의 일생의례나 신년과 추석 명절에는 모든 친족원이 함께 축하하는 자리에 참여한다. 2017년 1월에 있었던 K씨의 셋째 이모부의 환갑잔치에는 광주의 가족과 친족과 우즈베키스탄에서 3명의 조카들이 참여하는 초국적 공간에서의 일생의례의 성격을 보여 주었다. 여러 사정으로 참여하지 못하는 우즈베키스탄과 러시아의 친족들은 파티 장소에 설치된 대형 모니터를 통해 '스카이프' 앱을 이용, 사이버상에서 환갑잔치의 주인공에게 축하 메시지를 보냈다. K씨의 가족과 친족을 기반으로 작동하고 있는 이주자 네트워크는 가족과 친족 구성원의 국제이주와 한국에서의 정착 과정과 구직뿐만 아니라 일상과 의례 생활에서의 경제적이고 사회 · 심리적인 맥락에서 운영되고 있다.

1990년대 말부터 본격화된 한국 남성과 아시아 국가 여성과의 결혼 가정 가운데 한국 남성과 중앙아시아 고려인 여성의 결혼 사례도 어렵지 않게 찾아 볼 수 있다. 광주에서 한국 남성과 결혼한 고려인 여성들 대부분은 2007년 이전에 입국한 사례들이다. 2007년 구소련권 고려인에게 방문취업비자의 발급이 되면서 고려인 한국 남성과의 결혼을 통해 입국한 고려인 여성 사례는 크게 줄었다. 필자가 만난 국제결혼으로 광주에 정착한 고려인 여성들 모두 2000년대 초반에 결혼하였으며, 이들의 결혼은 친정어머니를 비롯한 가족원들의 후속적인 한국 이주를 매개하는 이주자 네트워크의 주요 결절(node)의 역할을 하였다. 광주에 거주하는 S(여, 60세)씨는 2001년 한국 남성과 결혼하여 오산에 살고 있는 딸(39세)의 출산을 돕기 위해 2003년에 한국에 입국했다. 3개월 정도 출산과 육아를 지원한 후 S씨는 2006년까지 불법체류자 신분으로 서울과 수도권 및 광주전남에서 다양한 업종에서 일을 했다. 2007년 우즈베키스탄으로 자진 귀국하였다가 남편과 함께 한국에 재입국하여 현재 월곡동에 살고 있다.

다른 결혼이주자 딸을 둔 월곡동에 거주하는 P씨(여, 64세)는 2003년에 한국 남성과 혼인한 딸의 출산을 돕기 위해 한국에서 6개월 머물렀다. 그녀의 딸이 남편과 함께 식당을 경영하기를 원하며 육아를 부탁하자, 우즈베키스탄에 남아 있는 남편과 아들들을 돌보기 위해 광주의 손자를 본국으로 데려가 약 3년 동안 손자를 키웠다. 2008년에 손자와 함께 한국에 입국한 P씨는 남편과 두 명의 아들들을 순차적으로 광주에 정착시켜 현재 P씨의 가족들 모두 한국에 살고 있다. 앞서 언급한 몇 명의 고려인 사례뿐만 아니라 광주의 대부분의 고려인들은 가족, 친족, 친구 등의 이주자 네트워크를 통해 이주와 정착 생활을 하고 있기 때문에 연고 없이 한국에 입국한 사람은 거의 없다고 말해도 과언이 아니다. 가족과 친족 및 친구 관계를 매개로 하는 이주자 네트워크는 고려인의 연쇄적 이주와 정착을 미시적 수준에서 파악할 수 있게 하는 주요 기제라고 간주된다.

5. 세대 간 호혜적 '돌봄'을 매개로 한 이주의 지속과 정착 생활

우즈베키스탄 고려인은 한반도에서 러시아 연해주와 중앙아시아로의 이주 및 약 60년의 소비에트 시절 그리고 1990년대 초 우즈베키스탄공화국 시대 등을 지내 오면서, 사회주의 이념과 러시아와 우즈벡 민족 등 다양한 민족의 문화적 영향을 받아 왔다. 그러나 이러한 이념적 영향과 타 민족 간의 상호 교류에도 불구하고 가족과 친족의 영역에서는 한반도의 문화적 전통이 유지되고 있는 편이다. 무엇보다도 고려인은 강한 가족 유대를 유지하고 있는데, 이는 중앙아시아로 강제 이주 후 적성민족으로 분류되고 1950년대 중반까지 거주 이전의 자유를 박탈당한 상황에서 자신들을 믿고 의지할 수 있는 대상은 국가도 아닌 오직 가족밖에 없다는 생각을 가지게 되었기 때문이다. 강제이주, 소비에트 시절과 그 붕괴, 우즈벡 민족 중심주의 정치 체계라는 정치적 격변기에 고려인들을 결속시켜 준 것은 가족 제도였다(김경학, 2016b: 72).

〈사진 11-2〉 고려인 식당에서의 환갑잔치

〈사진 11-3〉 고려인마을의 고려인 돌잔치

고려인 사회에서 가족 간 응집력의 구체화는 생일잔치, 돌잔치, 결혼, 부모의 환갑, 제사 등에서 가족 구성원의 '세대 간 호혜적 관계'의 유지에서 드러난다. "손자의 돌잔치는 조부모가, 결혼식은 부모가, 그리고 환갑잔치는 성인 자녀가 준비해야 한다"라는 고려인들의 말은 고려인 가족 구조 내 세대 간 호혜적 돌봄을 잘 표현해 주고 있다. 그러나 1990년대 초 소련 해체 후 우즈베키스탄 고려인은 생존을 위해 가족원의 일부가 러시아 일대와 인근 카자흐스탄으로 이주하고, 2000년대 이래 일부 가족원은 한국으로 이주하면서 대부분의 고려인 가족은 '초국적 가족(transnational family)'[9]의 형태로 변화하고 있다. 한국으로 이주한 우즈베키스탄 고려인 성인 자녀들은 한국에서의 이주 생활이 안정을 찾기 이전까지 자녀를 본국의 노부모에게 맡기고, 정착 생활이 안정되면서 자녀를 한국으로 데려온다. 본국에 남아 있는 노부모는 남겨진 손자녀를 돌보는데, 한국에 정착한 성인 자녀들은 물리적으로 떨어져 있지만 본국의 노부모에 대한 자식으로서의 효도 의무를 수행하고자 한다. 한국의 성인 자녀들의 본국 노부모에 대한 초국적 돌봄은 송금과 정서적 지지 및 상호 방문의 형식으로 수행된다. 특히 부모에 대한 송금은 소규모 정부 연금에 의존하는 부모의 의료 비용, 돌 · 결혼 · 환갑

9 '초국적 가족'은 국제이주로 가족 간에 떨어져 지내더라도 가족 공동의 복지와 가족이라는 소속감을 지니고 살아가는 가족을 의미한다. 지리적으로 떨어져 지내지만 초국적 가족 구성원은 본국에 남아 있는 자녀와 노부모에게 경제적 지원을 하고 다양한 통신 수단을 통해 정서적으로 상호 지지하고 직접 방문하는 등 다양한 형식으로 초국적 돌봄을 실천하고 있다. 초국적 가족은 '초국적인 사회적 장(transnational social field)'에서 다양한 형식으로 초국적 돌봄을 수행할 수 있으며, 이러한 돌봄이 근접한 상황에서 행하는 돌봄보다 항상 질적으로 떨어진다고 간주될 수도 없는 것이다.

잔치에 필요한 의례 비용, 생활 수준 향상과 복지 비용에 실제적인 도움이 되고 있다. 혁신적으로 발달한 통신 수단을 이용하여 부모의 안녕을 걱정하는 규칙적인 자녀의 정서적 지지는 중요한 초국적 돌봄으로 간주될 수 있다. 또한 이주 자녀들은 가족과 친족원의 통과의례 참여나 여권 변경 등 공식적 목적으로 본국을 방문하여 부모에 대한 직접적인 돌봄도 수행하고 있다.

한국에서 초국적으로 본국의 노부모를 돌보는 일부 고려인 성인 자녀 가운데는 본국 노부모를 한국으로 초청하여 함께 살면 가까이에서 부모를 돌볼 수 있다는 생각으로 한국으로의 부모 초청을 심각하게 생각하기 시작한다. 이들 성인 자녀들은 부모를 가까이에서 돌보는 것이 보다 효율적이고 실용적인 돌봄 실천이라 생각한다. 부모를 만나기 위해 지출되는 항공료, 배우자 중 한 사람만 이동할 경우 육아 부담, 장기 휴가를 받기 힘든 직장 환경 등은 영구 거주를 꿈꾸는 성인 자녀의 입장에서 부모를 한국으로 모시는 것이 정서적으로나 물질적으로 더 낫다고 생각하게 한다. 특히 우즈베키스탄 현지에 더 이상의 자녀 없이 부모만 남아 있는 경우와 부모가 만성적 질환에 고통을 받고 있어 불시에 위기 상황이 닥칠 가능성이 있는 경우 정착지 한국으로의 부모 초청은 매우 적극적으로 고려된다.

보육원과 초등학교에 다니는 자녀가 있는 한국의 성인 자녀는 이른 출근과 늦은 퇴근으로 자녀의 등하교 시간을 맞추기 매우 어렵다. 이 때문에 부모 중 한 사람, 일반적으로 엄마가 보육원과 학교에서 하교하는 자녀를 맞이하기에 적합한 퇴근 시간이 보장되는 직장을 찾아보려 하지만, 제조업종 내에서 이런 조건을 맞출 수 있는 직장을 찾기는 거의 불가능하다. 이 경우 문제 해결의 한 가지 가능한 대안으로 떠오르는 것은 우즈베키스탄의 노부모를 한국으로 초청하는 것이다. 그러면 성인 자녀는 노부모를 가까이에서 돌볼 수 있고, 손자녀에 대한 돌봄은 노부모가 할 수 있을 것이라는 생각을 갖게 된다. 한국에서 노부모의 정착으로 3세대 가족 유형이 형성되면 노부모, 성인 자녀, 손자녀를 둘러싼 소위 돌봄이 상호 호혜적으로 제공되는 '세대 간 돌봄의 호혜성(intergenerational care reciprocity)'이 작동하는 가족 환경이 조성된다(김경학, 2015: 56).

한국의 성인 자녀의 이주 생활을 지원하기 위해 한국으로 이주하는 고려인 노부모들은 초국적인 맥락에서 돌봄과 지지를 제공하는 당사자이면서, 다른 한편으로는 성인 자녀의 돌봄을 받는 돌봄 수혜자로 간주될 수 있다. 이런 점에서 고려인 조부모의 한국 이주와 '조부모 노릇(grandparenting)'은 돌봄을 매개로 하여 초국적 가족이라는 보다 광범위한 연구 맥락 안에서 이해될 수 있다. 한국으로 이주한 조부모가 손자녀를 포함하여 가족을 돌보고 친족 관계를 유지하는 것은 이주자 성인 자녀가 한국의 경제와 사회 생활에 적극적으로 참여할 수 있게 한다. 한국에 이주한 조부모들은 대부분의 시간을 손자녀를 돌보고 가사 전담에 할애하고 있다.

한국에 정착한 조부모 세대는 실제적인 돌봄 제공 활동 외에도 가족 관계의 유지라는 상징성을 복합적으로 보여 주고 있다. 조부모는 초국적 가족 관계를 유지하기 위해 한국과 해외 여러 국가에 산재해 있는 가족 구성원이 모일 수 있는 의례를 주관하고 가족 구성원 간의 갈등을 조정하는 등, 단순 기능적 측면을 뛰어넘는 활동들을 한다. 조부모 세대는 중앙아시아 강제 이주나 고려인 민족 문화 그리고 가족사에 얽힌 소소한 이야기를 손자녀 세대에게 이야기해 주고, 모국어에 해당하는 러시아어와 가족의 음식 전통 등을 계승시킴으로써 가족과 친족 관계의 의미와 중요성을 강조한다. 조부모 세대의 이러한 상징적인 가족 관리는 실제적인 돌봄 제공 못지않게 초국적 맥락에서의 조부모 이주자의 존재의 의미를 부각시켜 줄 수 있다. 그러나 한국에서의 조부모 세대의 성인 자녀와 손자녀에 대한 돌봄 제공의 기간이 장기화됨으로써 조부모 세대가 경험하는 육체적이고 정서적인 복지에 문제가 발생한다. 이들 노부모 이주자는 낯선 한국 사회에서 언어적 의사소통의 한계와 사회적 네트워크의 제한 및 경제적 독립성 결여를 우려하면서 성인 자녀의 가구에서 이주 생활을 하고 있다. 손자녀를 돌보는 것이 조부모 세대의 한국 생활의 주요 목적일 수 있지만, 노년 세대의 한국으로의 이주는 노년 세대 자신의 노년의 삶에 부정적으로 영향을 줄 수도 있다(김경학, 2016b: 82).

외아들 부부와 살고 있어 노년을 기댈 다른 가족이 없거나 대부분의 가족원이 한국에 있는 노년 고려인은 본인의 의지와 상관없이 자녀와 손자녀 돌봄을 위해 한동안 한국에서 살 수밖에 없다. 고려인 노부모들은 다양한 이유로 우즈베키스탄을 방문하고자 하지만, 막상 우즈베키스탄의 친인척과 지인을 만나기 위해 본국 방문을 하여도 적지 않은 수의 지인들은 여러 지역으로 흩어져 더 이상 아는 사람이 많지 않아 한국으로 빠른 시일 내에 돌아온다. 고려인 성인 자녀들은 물리적으로 동일 공간에서 살면서 노부모를 존중해 주고 보살핌도 제공하고 있으며, 노부모 역시 다양한 맥락에서 자녀의 돌봄을 느끼며 한국에서의 이주 생활을 보낸다. 지금까지 받아 본 적 없는 매우 섬세한 건강검진을 받게 해 주는 등 자녀들의 일상적인 관심은 이들 고려인 노부모들로 하여금 단조롭고 고된 한국에서의 노년의 삶을 장기적으로 계획하게 한다(김경학, 2017: 69-70).

독립 이후의 우즈베키스탄처럼 정치 · 경제 · 사회 면에서 안정성이 떨어진 국가에서 가족 구성원의 국제이주는 이제 일상화되어, 한국과 구소련권 일대에 가족원이 이산되어 살고 있는 초국적 가족은 이제 전형적인 하나의 고려인 가족 형태로 자리 잡았다. 교통과 정보통신 기술의 혁신적 발전으로 이들 가족원의 상호 연결이 어렵지 않게 되었으며, 특히 우즈베키스탄 고려인의 가족 관계를 강하게 유지시켜 주는 한 가지 요인은 세대 간 호혜적인 돌봄의 실천이며, 가족과 친족 구성원을 묶어 주는 가족 수준에서 수행되고 유지되는 다양한 통과의례라는 문화적 힘이다.

우즈베키스탄 고려인처럼 소수민족의 삶이 어려워지고 가까운 미래에 밝은 경제적 전망을 기대할 수 없는 상황에서, 재외동포에게 상대적으로 개방된 이민 정책과 우호적 경제 환경은 우즈베키스탄 고려인의 한국 이주를 지속시키는 거시적 수준의 중요 요인들이다. 이러한 요인들이 고려인의 한국으로의 국제이주를 유발시켰다면, 이러한 거시적 구조 속에서 이주와 정착을 통해 이루어지는 가족 재결합을 위한 이주자 네트워크는 한국으로의 이주의 지속과 순조로운 정착 생활을 이끄는 매우 중요한 미시적 수준의 분석을 가능하게 한다. 따라서 한국으로의 고려인 이주와 정착 과정은, 고려인의 가족과 친족 네트워크와 세대 간 호혜적인 돌봄 문화와 같은 미시적 수준의 요인과, 일련의 거시적 수준의 요인 간의 조합이 만들어 낸 타협의 산물이라 간주될 수 있다.

6. 나가며

구소련의 붕괴 후 우즈베키스탄의 종교 및 종족적 민족주의 발흥과 국가 경제의 악화로 시작된 고려인의 국제 이주가 구소련권 국가를 벗어나 한국 등으로 확장됨에 따라 고려인의 국제화 경향이 심화되고 있다. 특히 한국 정부의 2007년 재외동포에 대한 '방문취업제' 도입 후 고려인의 한국으로의 이주 물결은 급물살을 타고 있다. 이 글은 한국으로의 우즈베키스탄 고려인 이주의 일련의 거시적 구조와 이러한 구조하의 '이주자 네트워크'라는 미시적 수준에서, 고려인 개인과 가족 및 친족의 이주와 정착 생활을 위한 이주자 네트워크 작동의 의미와 그 중요성을 보여 주고자 하였다. 가족과 친족 네트워크는 고려인을 광주광역시의 광산구 일대로 밀집시켜 아직은 자율성과 주체성이 약하지만 고려인들의 공동체가 형성되는 데에 기여하고 있다.

고려인 사회의 중심축이 노동 가능 연령대인 중장년층에 있지만 이주 생활이 안정되면서 자녀들이 입국하고, 이들 손자녀를 돌보고 성인 자녀의 가사를 전담하기 위해 노부모 세대들이 국내로 입국하고 있다. 이는 고려인 가족 유형에서 '다중적 세대(multi-generation)'가 거주하는 3세대형 가구의 증가로 나타난다. 한국에서 3세대형 가족 재결합이 가능한 것은 고려인의 가족과 친족에 대한 강한 집착과 세대 간 호혜적인 돌봄이라는 문화적 전통의 힘으로 사료된다. 어려운 여건 속에서도 가족 재결합을 지향하는 고려인 가족이 늘고 있지만, 이러한 가족 재결합은 가족 단위 내 세대 간 문제 또는 미약한 재외동포에 대한 지원 정책으로 이들의 한국 생활에 안정성을 담보하지 못한다. 사실 다문화가정 등에게 지원되는 다문화사회의 원활한 정착을 위한 정부 차원의 지원 대상에서 국내 고려인은 배제되어 있으며, 이는 고려인을 노동력을 제공하는 경제적 목적의 대상으로만 인식하는 한국 정부의 이민 정책의 일면을 보여 준다. 강제이주 등의 역사적 배경을 고려하여 국내 고려인에게 체류 자격을 부여하고 복지 차원에서의 특별한 지원을 해야 한다는 것이 국내 고려인 지원단체의 요구 사항이다.

중앙아시아로의 강제이주, 소련 사회주의 체제, 소련 붕괴 후 독립국가의 차별 정책 등 일련의 역사적 격변기를 고스란히 경험한 고려인들에게 자신들의 안녕을 보장할 가장 믿을 수 있는 대상은 가족과 친족이었다. 소련 붕괴 후 가족과 친족 구성원의 초국적 이산의 확대로 가족과 친족의 결속력이 약화된 우즈베키스탄 고려인들은, 새로운 정착지에서 발견된 기회 구조와 개별적 전략을 통해 이산된 가족원 간의 초국적 네트워크를 유지하고 이를 통해 가장 유리한 지역으로 가족 재결합을 진행하고 있다. 본 장이 주목한 점은 한국으로 이주한 우즈베키스탄 고려인들이 일상생활에서 크고 작은 차별적 경험을 하지만, 우호적인 경제 기회 구조, 고려인 지원을 위한 민간 차원의 지원단체가 이끄는 고려인 공동체의 존재 등을 근거로, 이주자 네트워크 유지와 세대 간 호혜적 돌봄의 전통을 통해 한국에서 가족이 재결합하는 사례가 급증하고 있다는 것이다.

참고문헌

김경학. 2014. "중앙아시아 고려인의 한국 이주와 정착: 광주 '고려인마을'을 중심으로". 『국제지역연구』 17(4): 259-281.

김경학. 2015. "우즈베키스탄 고려인의 한국 이주와 가족유형의 성격: 광주광역시 고려인 사례를 중심으로". 『디아스포라연구』 9(2): 37-67.

김경학. 2016a. "우즈베키스탄 고려인 이주자의 노부모에 대한 '초국적 돌봄': 광주지역의 사례를 중심으로". 『비교문화연구』 21(1): 169-226.

김경학. 2016b. "국제이주의 맥락에서 본 '조부모노릇(grandparenting)'에 대한 연구: 광주광역시 고려인 노년세대를 중심으로". 『문화역사지리』 28(4): 69-85.

김경학. 2017. "국제이주의 맥락에서 노년 보내기: 광주광역시 우즈베키스탄 고려인 노년세대를 중심으로". 『비교문화연구』 23(1): 169-226.

김영술 · 홍인화. 2013. "중앙아시아 고려인의 광주지역 이주와 문화변용에 관한 연구". 『디아스포라연구』 7(1): 131-161.

김재기. 2014. "광주광역시 광산구 지역 귀환 고려인의 이주배경과 특성". 『재외한인연구』 12: 139-163.

김혜진. 2010. "러시아 로스토프 주 내 고려인 사회의 형성과정과 특징". 『동북아역사논총』 28: 337-366.

성동기. 2010. "중앙아시아 고려인 이주의 새로운 유형과 연구과제". 『한민족연구』 8: 59-81.

신현준. 2012. "포스트소비에트 공간에서 재한 고려인들의 월경 이동과 과문화적 실천들: 재한 고려인들의 생활세계와 문화적 교섭". 『사이』 12.

오정은 · 강희영 · 성동기. 2014. 『한-CIS 관계증진을 위한 CIS출신 동포 활용방안: 국내체류 경험 고려인을 중심으로』. IOM 이민 정책연구원 연구보고서.

외교부. 2015. "재외동포정책 및 현황-2015재외동포현황".

이채문 · 박규택. 2003. "중앙아시아 고려인의 러시아 극동 지역 귀환이주". 『한국지역지리학회지』 9(4): 559-575.

Abrahamson, M. 1996. "Urban Enclaves: Identity and Place in America". Review by David M. Hummon. *Contemporary Sociology* 25:6.

Messey, D. S. 1999. "Why Does Immigration Occur? A Theoretical Synthesis". *The Handbook of International Migration: The American Experience.* Charles Hirschman et al. eds. New York: Russell Foundation.

Tsuda, T. 2009. "Why Does the Diaspora Return Home?". *Diasporic Homecomings: Ethnic Return Migration in Comparative Perspective.* T. Tsuda(ed.) California: Stanford University Press.

찾아보기

ㅇ

123

편저자 소개

김경학 khkim@jnu.ac.kr

전남대학교 문화인류고고학과 교수. 인도 자와할랄 네루대학교 인류학 박사. 한국문화인류학회 부회장. 전남대 BK21플러스 글로벌 디아스포라 창의인재양성팀장. 주요 논저로는 《터번의 문화정치: 시크의 초국가적 민족주의》, 《귀환의 신화: 해외 인도인의 이주와 정착》(공저), 《글로벌 시대의 인도인 디아스포라》(공저), 《경계를 넘나드는 사람들》(공저) 등이 있다.

라경수 kyungsoo.rha@gakushuin.ac.jp

가쿠슈인여자대학 국제문화교류학부 준교수. 고려대학교 정경대학 신문방송학과 졸업. 와세다대학 대학원 아시아태평양연구과 국제관계학 전공 석사 및 박사 학위 취득. 와세다대학 아시아연구소 조수, 하와이대학교 한국학센터 객원연구원, 고려대학교 아세아문제연구소 HK연구교수, 가쿠슈인여자대학 국제학연구소 부소장 등 역임. 전공은 동아시아 지역연구. 주요 논저로는 〈일본의 다문화주의와 재일코리언: '공생(共生)'과 '동포(同胞)'의 사이〉(《재외한인연구》제22호, 2010년 8월), 〈일본의 '다문화공생'을 둘러싼 정책과 쟁점〉(《민족연구》제50호, 2012년 6월) 등 다수.

윤인진 yoonin@korea.ac.kr

고려대학교 사회학과 교수. 미국 시카고대학교 사회학 박사. 미국 캘리포니아 산타바바라 캠퍼스 아시안 아메리칸학과 조교수. 재외한인학회, 북한이탈주민학회 회장, 한국

이민학회 부회장, 고려대 아세아문제연구소 부소장. 주요 논저로는 On My Own: Korean Businesses and Race Relations, The Korean Diaspora: A Sourcebook (공편), 《코리안 디아스포라》, 《북한이주민》, 《동북아시아의 국제이주와 다문화주의》, 《세계의 한인이주사》, 《한국인의 정체성 : 변화와 연속, 2005-2015》(공편) 등이 있다.

이윤경 demianne@korea.ac.kr

고려대학교 한국사회연구소 연구교수, 한양대학교 사회학과 겸임교수. 고려대학교 사회학 박사. 미국 유엔본부 경제사회국 인구분과 이주정책과 방문연구, 독일 튀빙겐 대학교 한국학과 교환교수, 미국 뉴욕 사회과학연구원 이주프로그램 방문연구, 대만 중앙연구원 사회학연구소 방문학자. 주요 논저로는 《재중한인의 초국가주의》, National Heterogeneity and Transnational Linkage to Homeland , "거주국 사회통합과 초국가주의 활동: 중국 지역 사례에 대한 경험적 접근", "초국가주의와 거주국 사회통합에 관한 이론적 접근" 등이 있다.

이창호 anthleech@paran.com

한양대학교 글로벌다문화연구원 연구교수. 한국학중앙연구원 한국학대학원 인류학 박사. 연세대학교 사회발전연구소 연구원, 한국학중앙연구원 문화와종교연구소 연구교수, 한국외대 · 한양대 · 고려대 · 홍익대 · 강원대 강사, 재외한인학회 총무이사, 역사문화학회 편집이사 역임. 주요 논저 및 번역서로는 《20세기 동아시아화교의 지속과 변화》(공저), 《동아시아 관광의 상호시선》(공저), 《향수 속의 한국 사회》(공저), 《한국의 다문화 공간》(공저), 《러시아 사할린 지역의 북한 노동자》(공저), 《연해주 지역 북한 노동자의 실태와 인권》(공저), 《세계 신화의 이해》(공저). 《글로벌시대의 문화인류학》(공역), 《베트남 전쟁의 유령들》(공역) 등이 있다.

임영언 yimye@hanmail.net

전남대학교 세계한상문화연구단 연구교수. 일본 조치대학교(上智大学) 사회학박사. 한국일본문화학회부회장, 조선대학교 《국제문화연구》 편집위원장, 재외한인학회 총무이사. 주요 논저로는 《韓国人企業家: ニューカマーの起業過程とエスニック資源》, 《재일코리안 기업가: 창업방법과 민족네트워크》, 《재일코리안 기업의 경영활동》(공저), 《글로벌디아스포라와 세계의 한민족》(공저), 《재일코리안 기업의 형성과 기업가정신》, 《일계인 디아스포라의 문화적응과 정착기제》(공저) 등이 있다.

최영호 choiygho@ysu.ac.kr

영산대학교 교수. 일본 도쿄대학 국제관계학 박사, 일제강제동원진상규명위원회 미수금 분과위원장, 재외한인학회, 한일민족문제학회 회장, 영산대 국제학연구소장. 주요 논저로는 Institutionalizing Japan's Relief System for Repatriates: Koreans and Japanese at Hakata Port in 1945, The Korean Diaspora : A Sourcebook (공편), 《일본의 공적개발원조와 기업의 인프라수출》, 《한일관계의 흐름 2015-2016》, 《일본인세화회》, 《현대한일관계사》, 《재일한국인과 조국해방》 등이 있다.

최우길 woogill@hanmail.net

선문대학교 국제관계학과 교수. 스위스 제네바대학교 국제관계대학원 정치학박사. 주요논저로 《중국조선족연구》, The Korean Diaspora: A Sourcebook (공편), 《시베리아개발은 한민족의 손으로》(공저), 《중국 한인의 역사》(공저), 《재외한인연구의 동향과 과제》(공저) 등이 있다.

Sheila V. Siar sheila.siar@gmail.com

필리핀 개발학연구소 연구정보 디렉터(Director for Research Information, Philippine Institute for Development Studies). 오클랜드대학교 개발학 박사. De La Salle 대학교 부교수(파트타임). 전 오클랜드대학교 개발학센터 강의/연구조교. 주요 논저로 "Diaspora knowledge transfer as a development strategy for capturing the gains of skilled migration" (Asian and Pacific Migration Journal), "The diaspora as carrier to the home country of "soft knowledge" for development" (chapter in Global Diasporas and Development: Prospects and Implications for Nation-States, Springer), "Highly skilled migrants' strong ties with their home country: evidence from Filipinos in Australia and New Zealand" (Journal of International Migration and Integration), and "Skilled mobility, knowledge transfer and development: The case of the highly skilled Filipino migrants in New Zealand and Australia" (Journal of Current Southeast Asian Affairs).

민병갑 pyonggap.min@qc.cuny.edu

퀸즈칼리지 사회학과 석좌교수. Research Center for Korean Community 소장. 조지아주립대학교 사회학 박사. 주요 논저로는 “Preserving Ethnicity through Religion in America”, “Korean Protestants and Indian Hindus in New York City”, “Solidarity for Economic Survival”, “Changes and Conflicts, Caught in the Middle” 등 다수가 있다.